編集復刻版

学童保育関係資料集成

石原剛志＝編

第2巻

「留守家庭児童／不在家庭児童」調査資料編Ⅱ

六花出版

編集復刻版『学童保育関係資料集成』第2巻

刊行にあたって

一、本資料集成は、1960年代に入って認識されるようになった共働きやひとり親世帯の小学生の放課後の生活問題、それに対する教育・福祉・青少年行政としての調査や対策、学童保育をつくり求める保護者と学童保育指導員による運動と実践について、相互の関連と展開を歴史的に明らかにするための資料集である。

収録の対象とした時期は、1960年代以降、各地の学童保育運動が全国的に組織化されるようになった1970年代半ばまでとした。

一、本資料集成（第Ⅰ期）では、全国および各地での実態調査、全国的な運動に関する資料のみならず、各地域における資料の収録にもつとめたが、大阪府・市や愛知県における資料の収録が多くなった。第Ⅰ期では収録できなかった地域の資料について、第Ⅱ期以降の資料集成で復刻・収録できるよう調査研究を進めていく予定である。

一、第1巻巻頭に編者による「解説」を掲載した。

一、最終巻である第16巻に編者による「資料解題」を掲載する。

一、本資料集成は、原資料を原寸のまま、あるいは適宜縮小・拡大し、復刻版1ページに付き1面または2面を収録した。

一、資料の中の氏名・居住地などの個人情報については、個人が特定されることで人権が侵害される恐れがあると考えられる場合は、■で伏せ字を施した。

一、資料の中には、人権の視点から見て不適切な語句・表現・論もあるが、歴史的資料の復刻という性質上、そのまま収録した。

一、収録した資料のなかには、下記の機関・団体にご提供いただいたものがある。ここに記して、厚くお礼申し上げます。

大阪保育研究所、全国学童保育連絡協議会、富山県立図書館、日本社会事業大学附属図書館

一、石原剛志研究室所蔵資料のなかには、下記の団体・個人から寄贈をうけたものが含まれている。ここに記して、厚くお礼申し上げます。

愛知学童保育連絡協議会、城丸牧夫氏（元・学童保育指導員）

（編者・六花出版編集部）

付記　本研究の一部は、JSPS科研費JP24K05833，JP24530697の助成を受けたものです。

（編者）

第2巻｜目次

資料名（所蔵機関名蔵『簿冊名』）●編著者名／発行所●発行年月●〈資料提供機関／団体（簿冊の所蔵機関と同じ場合、略。その他、記載のないものは静岡大学石原剛志研究室）〉……復刻版ページ

＊資料名、編著者名、発行所、発行年月が明示されていない場合、内容から類推し、〔　〕で補充した。

◉『学童保育関係資料集成』第Ⅰ期 全巻収録内容

第１巻	「留守家庭児童／不在家庭児童」調査資料編Ⅰ	解説＝石原剛志
第２巻	「留守家庭児童／不在家庭児童」調査資料編Ⅱ	
第３巻	学童保育連絡協議会編Ⅰ	
第４巻	学童保育連絡協議会編Ⅱ	
第５巻	全国学童保育連絡協議会編Ⅰ	
第６巻	東京編Ⅰ	
第７巻	東京編Ⅱ／埼玉編Ⅰ	
第８巻	神奈川編Ⅰ	
第９巻	大阪編Ⅰ	
第10巻	大阪編Ⅱ	
第11巻	大阪編Ⅲ	
第12巻	大阪編Ⅳ	
第13巻	愛知編Ⅰ	
第14巻	愛知編Ⅱ	
第15巻	愛知編Ⅲ	
第16巻	京都編Ⅰ／兵庫編Ⅰほか	解題＝石原剛志

「留守家庭児童／不在家庭児童」
調査資料編Ⅱ

転入勤労青少年および留守家庭児童・生徒と非行との関連調査報告書

神奈川県

刊行にあたって

近年、産業の伸長が目覚ましい本県では、労働力の不足と関連して、他県から転入してくる青少年労働力人口の問題と家庭を留守にして働く母親とその子どもの問題が着目されています。これらは，青少年問題として，調査を進め，対策を講じて行く必要があると思われます。

そこで，さきに　働く母親とその子どもの一般的な問題について，「母子関係の現状に関する調査一神奈川県下の就業する母親を中心として一」を行ない，昭和４１年３月に報告書を刊行いたしました。今回は，転入勤労青少年および留守家庭児童・生徒が，前者は適応・定着の困難により，後者は保護者との接触不足による情緒不安定により，非行化への危険性を包含しているといわれることから，いずれもその非行との関連の実態調査を東京都立大学社会学研究室（代表　岩井弘融教授）に委託して，ここに報告書を刊行いたしました。

この報告書が，非行の防止，青少年の健全育成のために何らかの資料となれば幸いです。

おわりに，調査の実施，報告書の執筆にお骨折りいただいた岩井教授，調査の実施に協力いただいた神奈川県生徒指導連絡協議会の方々および県内各警察署の方々に厚くお礼申し上げます。

昭和４２年１１月

神奈川県青少年担当参事
小　林　正　次

目次

序論

1. 調査目的

2. 調査の対象と方法

3. 本報告の構成

序　　　論

1. 調　査　目　的

わが国の最近における著しい高度工業化と都市化は，青少年に対してもまた新しいさまざまな影響を及ぼしている。特に神奈川県は，日本でも代表的な工業化，都市化の顕著な県であって，その産業発達に寄与すると同時に，これによって惹起される青少年問題にもたえず深い関心を払い，その健全な保護，育成を図ってゆく必要がある。本調査は，このような必要に基づいて二つの問題を取り上げ，その実態を追求しようとしたものである。その二つとは，(1)転入勤労青少年とその非行化の問題，(2)留守家庭児童・生徒とその非行についての問題，である。はじめに，その問題の所在に関して，簡単に述べておきたい。

およそいかなる国においても，その工業発展は，その基礎となるマン・パアーの問題に関連をもつ。地方から工業諸都市への青少年労働力人口の転出・流入と，従来とかく非労働力であった既婚婦人の労働力化の問題が，今日，わが国の各方面において問題とされるにいたっているのも，こうした時代の流れに即したものである。わが神奈川県において，これが重要な問題となるのも，また，当然のことである。たとえば，本県の工業発達は，県内出身の青壮年生産人口を母体としつつも，他方，その膨張にあわせて不断に県外からの新鮮な若年労働力の補給を行なってきている。元来，本県の社会増加率は昭和３５年〜４０年の国勢調査によるも全国最高の２１.６％を示している。日本全体を概観すると，三大都市圏に労働力人口の集中が高く，その中でも第１位の首都圏の２４.４％の，そのまた重要な一角を形成しているのである。特に，本県は工業水準のみならず，文化水準でも高度化が顕著であるので，たとえば青少年の進学率のごときも逐年高まりつつあり，このような学歴構造の高度化にともなって，地元出身青少年の非労働力化の傾向が見られ，その自然的な流れに対する代替としてもますます他府県からの転入勤労青少年への依存度は高まり，その周到な保護が重要となってくる。いうまでもなく，これらの勤労青少年は遠く故郷を離れて，複雑な大都市の機構に組み込まれるのであって，身体的・心理

的・社会的に未成熟で，動揺・不安の時期にある彼らにとっては，その適応，定着の過程は，さほど安易なものではあり得ない。「神奈川県における流入青少年の適応と定着に関する調査研究」報告書（昭和４２年　神奈川県立教育センター）にも示されるように，そこには期待と現実の矛盾，職場や日常生活でのさまざまな困難，悩みが発生してくる。このような一種の危機の時期において，不適応となり，脱落，転落する事例もまた生じてくるであろう。非行はその顕著なあらわれであるが，果してその実態はどうであろうか。隣接東京都の「流入青少年実態調査報告書」（昭和３９年）では，半数近くの非行青少年がいわゆる流入少年によって占められているといわれているが，本県ではどうであろうか。

青少年労働力の問題とならんで，婦人労働力の問題もまた大きい。特に最近においては，有配偶婦人の有職化が顕著である。工業の発達した諸国においては既婚婦人が各労働分野に進出，雇用者として働く比重が高くなっているのは今日では常識であるが，最近わが国でもこの傾向は顕著となった。元来，わが国の婦人の就業率は世界的にも高い部類に属していたが，その内容は農・漁業や販売業の家族従業者によって占められるところが多かった。しかし，最近ではさらに純然たる雇用者として働く者の比重が高まってきた。一体，未婚・既婚を問わぬ女子労働の全体的見地からみても，勤労女性中の雇用者が増加し，昭和４０年では全体の５９.５％を占めるにいたっているが，その中でも家庭をもつ婦人が経済活動に従事する気運が高まってきている。家族従業者をも含んだ総体的観点から見ると，従来，未配偶者が優位であったのに対し，昭和３８年からは有配偶者が優位と変化したが，その中におけるいわゆる働く妻（ワーキング・ワイフ）や母親雇用者（エンプロイド・マザー）の相対的増加を見のがすことはできない。少なくとも女子の雇用者の３５％は，既婚婦人によってになわれるにいたっているのである。しかも，若い女性の労働力化の伸び悩みと相まって今後，こうした既婚有職婦人の増加はますます伸展するであろう。

家庭をもつ婦人が経済活動に従事するという趨勢は，しかしながら，一面において深刻な問題もはらんでいる。特に，幼い子どもをもつ母親の場合，その重要な形成母胎である家庭生活にひびを入れぬという配慮が必要となる。ここ数年来，問題とされているいわゆるカギッ子問題は，こうした重要な変化過程

に発生した問題である。すなわち，家庭環境を媒介とし，ここにも青少年への影響が新たな問題として生れてきている。既婚婦人の職場進出や家族皆労働という非労働力の労働力化やいわゆる共稼ぎの問題は，単に労働問題にとどまらず青少年問題にも重要な検討と研究の課題を提供しつつある。

こうした働く母親と子どもの問題に関連しては，本県でも「母子関係の現状に関する調査報告書」（昭和４１年　神奈川県青少年企画課）をはじめ，いくつかの市を中心としたカギッ子問題の調査報告がなされてきているが，本調査ではさらに広く深く調査を行なうこととした。本論の第２編はこのような留守家庭児童・生徒，即ち「放課後帰宅したとき，両親またはこれに代る成人の保護者がおおむね６ヵ月以上継続して不在の状態にある家庭の児童・生徒」を中心として，その非行や生活実態の現実の調査を意図したものである。

これらを要約するに，流入若年労働力，婦人非労働力の労働力化といい，いずれも基本的には工業化，都市化にともなう必然的趨勢であることはもとよりであるが，他方，その推進に即応して，そうした事態から生ずる青少年の問題にも，十分な，そしてより進んだ対策を講じてゆくことが重要となる。こうした観点から，本調査ではやや問題をしぼって，いずれもその非行化の問題に焦点を当てて，まずその正確な実態の把握を行ない，これを手がかりとして今後の青少年の健全育成に対する基礎的な資料として役立てようと考えたのである。

2.　調査の対象と方法

本報告の基礎となる調査は，次の４種類から成っている。すなわち，(A)転入勤労青少年の非行に関する調査，(B)留守家庭児童・生徒の非行に関する調査，(C)留守家庭児童・生徒の校内外生活に関する学校調査，(D)留守家庭児童・生徒および母親に対する面接調査，であり，それぞれ別箇に行なわれたものである。

(1)転入勤労青少年の非行に関する調査

昭和４１年４月１日から昭和４２年３月３１日までの間において，神奈川県警察において検挙，補導した転入勤労青少年の全数を対象とする。この場合，転入勤労青少年とは，働いている青少年（定時制，通信制の学生，現在は無職であるものを含む）のうち，他府県で生長し，学校生活を終えて，就職のため出身地以外の府県に転入し，現に神奈川県に居住している２０歳未

満の青少年，とした。

調査の方法は，別掲の転入勤労青少年非行調査票を使用し，所轄各警察の担当者により記入してもらった。記入の調査票を寄せた警察署名を示すと，加賀町署，磯子署，金沢署，寿署，戸部署，神奈川署，鶴見署，保土ヶ谷署，川和署，戸塚署，水上署，川崎署，川崎臨港署，中原署，高津署，稲田署，御幸署，逗子署，大船署，藤沢署，平塚署，大磯署，小田原署，松田署，秦野署，伊勢原署，厚木署，大和署，津久井署の合計２９署である。

調査事項の詳細は別添のとおりであるが，その大要を示すと次のようである。

性別，年齢，転入時の学歴，出身地，経過年数，転入以前の就職地，勤め先の状況，生活状況，最初の就職経路，転職経験，現在の職業等および転職状況，収入，従業員規模，転職理由，居住状況，転入後の勉学状況，中退原因，罪種と件数，非行態様，非行歴等，措置。

転入勤労青少年非行調査票の回収は，昭和４２年３月末日に行なわれた。

(2)留守家庭児童・生徒の非行に関する調査

この調査は，別掲の留守家庭児童・生徒非行調査票を用いて行なわれた。期間は，同じく昭和４１年４月１日から昭和４２年３月３１日にいたるまで，対象も同じくこの１年間に検挙，補導した留守家庭児童・生徒の犯罪・触法少年の全数であり，この場合の留守家庭児童・生徒とは調査の目的の箇所で述べたような定義をとった。

調査の方法も転入勤労青少年の場合と同様，各警察署の担当者に調査票記入を依頼した。調査票を記入，回収した各警察署は，加賀町署，金沢署，寿署，戸部署，神奈川署，鶴見署，保土ヶ谷署，川和署，戸塚署，川崎署，川崎臨港署，中原署，高津署，稲田署，御幸署，横須賀署，田浦署，浦賀署，三崎署，逗子署，大船署，平塚署，大磯署，小田原署，松田署，秦野署，大和署の２７署である。

調査事項の詳細は，これまた別添のとおりであるが，この調査票における主たる項目は次のようである。

性別，学年，主たる家計の職業，家計の状態，放課後の状況，家の状況，夕食の状況，保護者の帰宅時間，長期欠席の有無，直接的動機・原因，罪種

と件数，非行態様，措置，保護者が働くことについての希望。

留守家庭児童・生徒非行調査票の回収の結果，分析の対象となったのは451名であった。

(3)留守家庭児童・生徒の校内外生活に関する学校調査

(1)と(2)の調査はいずれも非行をなした者に関して行なわれたものであるが，この調査はそうではなく，普通の児童・生徒に関して学校で調査を行なったものである。その重点は，留守家庭の児童・生徒と他の家庭（仮りに一般と呼ぶ）の児童・生徒との比較をし，そこに何らかの差があるかないか，あるとすればどのような点であるかをは握しようとしたものである。従来，ともすれば留守家庭の児童・生徒はカギッ子という名の下に消極的な評価をされ勝ちであったが，これは必ずしも好ましいことではない。むしろ，働く自分の母親の姿を日常見ていて誇りとある種の自覚をもち，積極的に評価しうる要素をめばえさせている子どもたちもあるかもしれない。もちろん，反面，放任されたり，しつけが不十分であったりする子どもたちもあろう。その影響はさまざまであろうが，あるいはまた，両者がたいして差はないということもありうるかもしれない。いずれにしても，まず相違があるのかないのかを調べてみる必要がある。これを要するに，常識的な成心なく事実を調査することが第一である。また，もし仮りにそこに若干のマイナス面が見られるとしても，それを直ちに母親は家庭に帰れといった結論に過早に結びつけることには慎重でなければならぬ。母親が働くには，働かなければならぬ経済的な理由もある。さらに，アメリカ，イギリス，ソ連など欧米諸国では母親の就労は普通で子どもはそれを当然としてノルマルに育っており，日本も時代と共にこうした欧米型にすすむとすれば，その欠陥のみを指摘するのでなく，むしろ積極的にどうしたらこれらの欠陥を克服しうるか，働く母親はその子どもに対してどこにその特別な配慮を加え，より一層の努力をすべきか，こうした点に重点を置かねばなるまい。本調査は，必ずしもこの狙いが十分に達せられたとはいい難いが，少なくともこの報告の執筆者はこのような基本的態度をもって事に当ることにしたのである。

そこでまず調査の実施のために，留守家庭児童・生徒調査票A票，A票補助調査票，留守家庭児童・生徒調査票B票，留守家庭児童・生徒調査実施要

領を作製し，対象の選定と実施は教育委員会を通じ生徒指導連絡協議会に依頼した。昭和41年4月28日の生徒指導連絡協議会では，調査票の検討がなされ，全県下の規模で学校，学年の抽出がなされ，調査方法の大要が決められた。すなわち，実際の調査担当者は各小学校，中学校の関係教師がこれに当ることとなり，同年5月1日から10月31日までの調査記入を終了し，11月中に回収が行なわれた。記入に当っては，たとえば，次のような事項に注意が払われた。(イ)それが果して真実に留守家庭であるかどうかは，5月頃の家庭訪問の際，実態を把握する。(ロ)調査票中の「放課後の状況」等，児童・生徒からの情報により記入できる項目は面接調査とするが，しかし，それはいわゆる調査としてその子どもたちを特別に抜くのではなく，学級全員との学業その他についての話し合いの中で周到に留意して行ない，留守家庭児童・生徒に不安感，不信感をもたせるような事は絶対に避ける。(ハ)「各教科の評定」は1学期の成績を記入する。(ニ)「行動および性格の評定」は，5段階評価とし，また，信頼性を高めるために，継続的な観察によるものとする。そのために，A票補助票として，5月，7月，9月というように，3枚の予備調査用紙を作成する。その他，いくつかの注意点を決めておいたものである。

かくして行なわれた調査結果は，小学校10校，中学校10校，計20校，各学校では小学校第5学年，第6学年の各1学級ずつ計19学級（1校のみ1学級），中学校第1学年，第2学年の各1学級ずつ計18学級（2校のみ1学級），総計は37学級で一般児童・生徒1,177名，留守家庭児童・生徒374名の総数1,551名であった。協力していただいた学校名を示すと，下記のとおりである。

A）小学校の部

横浜市立平沼小学校，横浜市立八景小学校，横須賀市立船越小学校，横須賀市立城北小学校，川崎市立桜本小学校，川崎市立東大島小学校，藤沢市立明治小学校，小田原市立下府中小学校，相模原市立旭小学校，厚木市立清水小学校

B）中学校の部

横浜市立老松中学校，横浜市立宮田中学校，横須賀市立田浦中学校，横

須賀市立久里浜中学校，川崎市立渡田中学校，川崎市立川崎中学校，藤沢市立第一中学校，相模原市立大野北中学校，厚木市立厚木中学校，箱根町立明星中学校

各調査票の詳細は別添のとおりであるが，そのおもな調査事項を述べるとつぎのようである。

調査事項

A票　長期欠席の有無，家庭によるしつけ等についての配慮，保護者のP．T．A等への参加状況，各教科の評定，行動・性格の評定（基本的な生活習慣，自主性，責任感，根気強さ，自省心，向上心，公正さ，指導性，協調性，同情心，公共心，積極性，情緒の安定），所見。

このA票は，一般児童・生徒ならびに留守家庭児童・生徒に共通である。

B票　家庭の状況，放課後の状況，夕食の状況，保護者の帰宅時間。

このB票は，留守家庭児童・生徒のみに使用。

なお，回収総数1,551名のうち，記入不十分で集計にかけ得なかったものが12名であり，したがって最終的に分析の対象となったものは1,539名，そのうち留守家庭児童・生徒370名，一般児童・生徒1,169名である。

(4)留守家庭児童・生徒および母親に対する面接調査

留守家庭の児童・生徒の家庭環境に関しては，より徹底した研究を必要とする。そこで，若干の学校によって留守家庭の児童・生徒に対する一般調査およびその母親に対する面接調査を行なうこととした。たまたま，総理府青少年局においても同種の調査が進行していたので，一部において学生調査員がこれと合流し，共同調査を行なった。

対象とした学校は，川崎市立幸町小学校，川崎市立御幸小学校の2校であり，小学第5，6学年，中学第1学年の合計562名，そのうち留守家庭児童・生徒259名，一般児童・生徒303名であった。

調査方法としては児童・生徒に関しては学校で一般児童・生徒を含めて質問紙調査を行ない，母親に関しては，これまた対象とした全児童・生徒の家庭について，これを訪問し母親の面接調査を行なった。調査は，昭和41年

－7－

10月中に行なわれた。

3. 本報告書の構成

以上に述べた4種類の調査結果に基づきつぎに述べようとする本報告書は，二つの部門に大別される。すなわち，Ⅰ．転入勤労青少年の非行の実態に関する部門と，Ⅱ．留守家庭児童・生徒の非行と生活実態に関する部門である。

Ⅰ．転入勤労青少年の 非 行 は，調査(1)の結果の統計的分析である。その非行様態，非行をおかすにいたるまでの経過状態，特に流入状態，職業適応，生活適応，職業移動などが，その内容をなすものである。

Ⅱ．留守家庭児童・生徒の非行と生活実態は，調査(2)，調査(3)，調査(4)の結果をまとめた部分である。したがって，本篇の内容も三つの部分に分かれる。まず，§2，留守家庭児童・生徒の非行は，調査(2)に相当する部分であり，留守家庭児童・生徒の非行問題の実態をながめた部分である。これに対し，非行の問題をはなれ，さらに普遍的に留守家庭児童・生徒と他の一般家庭の児童・生徒との比較を行なった調査(3)の結果を報告したのが，§3　留守家庭児童・生徒の一般的実態の章である。また，留守家庭の児童・生徒自体だけでなく，その母親との関係について述べるのが，§4　留守家庭の母子関係の章で，いうまでもなく調査(4)に相即する。そして，それぞれの章ではその部分の要約をまとめておいた。本報告書の全体としては，Ⅰに比し，量的には，Ⅱの部分が比較的に多くなっている。なお，統計表は，本文中に掲げてあるもののほか，印刷の関係で巻末の資料に一括してまとめておいたので，本文中の表の番号で参照していただきたい。

－8－

本　　　論

I　転入勤労青少年の非行

1．概　　況
2．非行様態
3．非　行　歴
4．地域移動
5．職業適応と職業移動
6．要　　約

I．転入勤労青少年の非行

1. 概　況

まず最初から結論めいたことを述べると，転入勤労青少年による非行は，思いのほか，多くないことがあげられる。

昭和４０年国勢調査によると，神奈川県における１５歳〜１９歳の全青少年人口は５００，９２２名である。そのうち，勤労している全就業者数（１５歳〜１９歳）は，２１５，７１５名である。これは昭和４０年の数字であるが，これに基づいた昭和４１年の全就業者数は２２０，０００名と推定される。もちろん，この中には本県出身および他府県出身者の両者が含まれている。そのうちの後者，すなわち，県外の他府県出身で県内に流入した転入勤労青少年はどのくらいであろうか。正確な数字はつかみ難いが，仮りに職安経由の転入勤労青少年のみに限定しても，I－１表のように５４，５８２名となる。これは本県の全勤労青少年の約２４．８％である。転入は職安経由以外に個人的縁故等によるものもあるから，実際はこれよりももつと多いはずである。（もちろん，このうちから東京その他，他府県にその後転出した者もある。）

I－１表　転入勤労青少年（職安経由のみ）

	学校卒業年度（年齢）	実　数
中卒	４１年卒（15．16歳）	8,504
	４０年卒（16．17歳）	11,965
	３９年卒（17．18歳）	10,540
	３８年卒（18．19歳）	7,952
	３７年卒（１９歳）	4,305
	計	43,266
高卒	４１年卒（18．19歳）	7,380
	４０年卒（１９歳）	3,936
	計	11,316
総　計		54,582

（職業安定課調）

つぎに，これらの青少年における非行の発生状況を見てみよう。神奈川県警察本部調査によると，昭和４１年４月１日から昭和４２年３月３１日までの少年非行の実数は，I－２表のようである。このうち，業務上過失致死傷を除いた刑法犯，特別法犯の勤労青少年は，２，６９５名である。これに対し，同じく同時期同一年間に行なつた業務上過失致死傷を除く刑法犯，特別法犯の転入勤労青少年の非行に関する本調査の結果は，I－３表のようである。すなわち，実数３０４名（そのほか件数のみ判明したもの７３名，計３７７名)であり，全勤労青少年非行者の約１１．３％（件数のみ判明したものを含めて14.0％）である。意外に転入勤労青少年の非行化率は，低いのである。

もちろん，資料の収集過程に若干の問題がないわけではない。たとえば，選別記入の誤りとしてわずかではあるが，本調査中に4.6％ほどの無職少年が含まれており，もしも現在の無職少年を計算に入れるとすればI－２表中の「その他」の無職者中にも勤労青少年として就職しその後，無職に転じた者のあることも考慮に入れなければなるまい。

１－２表　少年非行（神奈川県，昭 41. 4. 1～昭 42. 3. 31）

	小学生	中学生	勤労青少年	その他	計
刑法犯	747	2,637	2,382	2,721	8,487
特別法犯	1	113	313	276	703
不良ぐ犯行為	1,898	7,642	50,150	29,168	88,858
計	2,646	10,392	52,845	32,165	98,048

注：1.　刑法犯中，業務上過失致死傷は除く。
　　2.　その他は，高校生，大学生，無職等。

しかし，このように若干の問題はあるとしてもその記入誤謬率が4.6％程度であること，また，無職少年において県外からの流入青少年が特に多いと考えるべき積極的理由もないのであるから，総じていえば，やはり転入勤労青少年の非行化が顕著ということはいえないようである。少なくとも，本調査に関する限り，転入勤労青少年の適応は悪くないといえそうである。なお，この問題に関し，東京都の「流入青少年実態調査報告書」では，流入青少年の非行は４３％となつていることが，やや気にかかる点である。しかし，その調査では，調査対象を鑑別所に求め，やや局部的な資料が基礎になつているようにも思われる。同調査では，学生が非行少年の１２．９％の割合になつているが，昭和３９年の刑法犯の検挙人員の職業別を，たとえば犯罪白書によつて見ると，学生・生徒の比率は５８．０％となつている。また，無職

１－３表　転入勤労青少年の非行者（昭41. 4. 1～昭42. 3. 31）

	男	百分比	女	百分比	計	百分比
１５歳	１４	4.9％	3	15.0％	１７	5.6％
１６歳	３８	13.4	1	5.0	３９	12.8
１７歳	４９	17.3	4	20.0	５３	17.5
１８歳	８６	30.3	5	25.0	９１	29.9
１９歳	９７	34.1	7	35.0	１０４	34.2
計	２８４	100.0	２０	100.0	３０４	100.0

注：業務上過失致死傷を除く刑法犯及び特別法犯のみ。

も犯罪白書では１０．１％，これに対し東京鑑別所の鑑別統計年報（昭和４０年）では同３９年に徒遊・失職の男２７．９％，女４９．７％（左の流入青少年実態調査報告では１，６８０名中の２４７名で１４．７％）となつており，いずれにも差異がある。要するに，警察で検挙された段階の刑法犯と鑑別所収容者との間にはずれがあるようであり，それが同じく流入青少年の非行を取り扱つたとしてもその率の差異を生じてきているとみなすこともできよう。

本調査の資料的条件としては，それが①警察の段階で行なわれたものであり②その数は刑法犯と特別法犯のみに限定されたものであり，③県警調査の無職少年と分類されたものに内包される流入勤労青少年の転化者の数は不明であり，④多少の誤記がある，との四つの条件を附した上で判定されなければならぬ性質のものであるが，以上の条件付で見たかぎり，全勤労青少年の県内出身と県外出身の比が７５．２対２４．８であるに対し，両者の非行少年の比が88．７対11．３との結果を示したものであって，それは従来の通説とはやや異なつて転入勤労青少年の非行率は決して高いものでなく，かなり良い適応度を見せていることになろう。それは，他地に転入して働こうと決意した青少年自身の自覚度によるものか，あるいはこれらの青少年に対し最近とみに各方面から特別な注目が払われる傾向があり，また本県でも関係者や職場機関などがたび重ねて努力をしてきたその結果によるものか，さらに他の原因によるものかは，不明である。いずれにしても，この数字の示すかぎりでは，良い意味で最初の予想を裏切り，結局さほど大きな心配をするには当らないようにも思われる。しかし，もちろんそれだからといつて，危険な状態はつねに存在していると考えられるのだから，これらの青少年に対して手を抜いて良いということには，絶対にならないであろう。

つぎに，その具体的状況について，述べてゆこう。

2.　非　行　様　態

(1)　年齢・性・学歴

その年齢は，I－３表に見るように，１９歳がもっとも多くて３4.2％，次いで１８歳の29.9％，１７歳の17.5％，そして１６歳，１５歳の順位となっている。本県下の非行少年全体では１８歳がもっとも多いのであるが，

これは学生，生徒を含むから当然なことであって，本調査の転入勤労青少年に関するかぎりでは，年齢層のあがるほど非行は多い数字を示している。

つぎに，性別では男の９３.４％に対し，女はわずか6.6％で，男が圧倒的に多い。これは，県下の全非行者についても同様のことがいえるのであるから，それにふさわしく局部状況で反映しているとみられる。

転入時の学歴は，Ｉ－４表に示されるように中学卒が圧倒的に多くて全体の７８.９％，高卒は１２.２％にすぎない。しかし，Ｉ－１表で見るように，一般の転入状況でも中学卒７９.３％，高卒２０.７％であるから，それほど比率に変りはない。非行者の場合，高卒は１２.２％でも，高校中退が8.６％あり，両者を合すれば２０.８％になるから，比率的にほぼ同じで，学歴が関係するところはほとんどないといってよかろう。

Ｉ－４表　学歴（転入時）

	男	百分比	女	百分比	計	百分比
中学校卒	２２２	７８.２％	１８	９０.０％	２４０	７８.９％
高校中退	２６	9.2	0	0.0	２６	8.6
高校卒	３５	１２.3	2	１０.0	３７	１２.2
短大中退	0	0.0	0	0.0	0	0.0
大学中退	1	0.3	0	0.0	1	0.3
計	２８４	１００.0	２０	１００.0	３０４	１００.0

女子の学歴は，ほとんど中卒のみである。また，転入後の勉学状況を見ると，Ｉ－５表に示されるように，定時制や通信制の教育を受けている者はわずか男子６名のみで，ほとんど大多数の９８.２％が就職後，教育を受けるようなことはしていない。やはり，それだけの向上意欲がないのが，非行者の場合のようである。

(2) 罪種・措置

転入勤労青少年の犯した非行内容として，その罪種を見ると，Ｉ－６表のようである。すなわち，窃盗が第１位で３６.６％，次いで傷害が第２位で１３.８％，つづいてその他の刑法犯 5.１％，暴行4.４％，強かん2.６％の順となり，以下は各罪種に分散する。女子の場合は，ほとんど窃盗である。本県下全体の少年非行の内容を見ても，刑法犯8,４８７件中，第１位は窃盗で5,６０７，第２位は傷害で８３９であるから，これまたほぼ同様の非行状況の

反映とみられる。少なくとも，罪種の面での転入勤労青少年の特殊性といったものは見られないようである。なお，年齢と罪種の関係は，Ｉ－７表のごとくであり，１５歳がすべて窃盗であるほか，他の年齢層では窃盗，傷害，等々といった順位には大差はない。

Ｉ－６表　罪種（余罪を含む）

	男	女	計	百分比
殺人	0	0	0	0.0％
強盗	9	1	10	2.3
放火	0	0	0	0.0
強かん	11	0	11	2.6
暴行	19	0	19	4.4
傷害	58	1	59	13.8
脅迫	1	0	1	0.2
強かつ	7	1	8	1.9
窃盗	140	17	157	36.6
詐欺	6	0	6	1.4
横領	2	0	2	0.5
偽造	1	0	1	0.2
とばく	3	0	3	0.7
わいせつ	4	0	4	0.9
ぞう物	1	0	1	0.2
その他の刑法	22	0	22	5.1
銃刀法	10	0	10	2.3
暴力行為	6	0	6	1.4
軽犯罪法	1	0	1	0.2
売春防止法	0	0	0	0.0
その他特別法	4	0	4	0.9
小暴力防止条例	2	1	2	0.7
計	307	21	328	100.0％

こうした非行の結果に対する措置は，Ｉ－８表に見るように，そのほとんどの９１.８％（２７９名）が検察官送致であり，以下，簡易送致，家裁送致，その他の順となっている。

(3) 単独と集団

その非行が単独でなされたものか，あるいは何らかの仲間関係での集団でなされたかを見ると，Ｉ－９表のようである。すなわち，全体の６５.８％が単独でなされ，これに対し３４.２％が集団でなされている。男と女とでは，女の方に単独でなされたものが多い。また，年齢と集団関係は，Ｉ－１０表に見るように，１５歳に単独行動が多いが，他の年齢区分では大差はないようである。

１５歳に単独が多く見られるのは，もともと実数そのものが少ないし，また，就職後間もなくて新しい土地での仲間関係がまだそれほどないといったことにもよろう。

集団でなされたものについて，そのリーダーであった者をＩ－１１表によって調べると，集団非行者１０４名中３５名で３３.７％，その他のリーダーでない者が６６.３％である。年齢的には，Ｉ－１２表に見るように，１８歳，

19歳にその実数が多くなっている。これは，年長者がリーダーとなりやすい当然の結果でもあろう。また，その集団人数を調べると，I－13表に示されるように，2人がもっとも多くて44.2％であるが，こうした場合はどちらがリーダーともいえぬ場合も多く含まれている。この集団人数では，2人集団に次いで3人集団が28.9％，つづいて4人集団が21.2％，さらに8人集団が4.8％の順となっている。4人以下と5人以上とに分けてその年齢をみると，後者については17歳に比較的に多く見られるようでもある。しかし，その実数は少ない。

3. 非　行　歴

(1) 補導歴・非行歴

転入勤労青少年で，非行をおかし検挙された時，既に明白に2件以上をおかしていた者は，全体の17.7％（I－14表）であるが，他方，全くそれまで補導されたことのない者も74.0％ある。（女子の場合は，90％までそうである。）すなわち，7割4分がはじみて問題を起した者たちである。これに対し，これまで非行をおかして検挙されたことがあったり，既に少年院に入った経験があったり，また，軽微な問題行動で補導されたことがあるといった者の数を示すと，I－15表のようである。

I－15表　非　行　歴

	男	百分比	女	百分比	計	百分比
補導歴・非行歴なし	207	72.9％	18	90.0％	225	74.0％
補導歴あり	31	10.9	1	5.0	32	10.5
非行歴あり	55	19.3	1	5.0	56	18.4
保護観察	26	9.2	0	0.0	26	8.6
初等少年院	2	0.7	0	0.0	2	0.7
中等少年院	9	3.2	0	0.0	9	3.0
特別少年院	2	0.7	0	0.0	2	0.6
医療少年院	2	0.7	0	0.0	2	0.6
補導歴以上の計	127	44.7	2	10.0	129	42.4

すなわち，まず補導歴のみある者からみれば，それは全体の1割強程度，（10.5％）で，そのうちの5分の1位が2回以上補導されている。（I－16表）。女子は，すべて過去に1回程度で，2回以上の者はない。

—14—

これより問題性の高い非行歴のある者は，約1割8分（18.4％）の56名である。そのうち2回以上の非行歴を有する者は，19名で，いずれも男子である（I－17表）。

保護観察になった経験のある者は26名で全体の8.2％，少年院に収容された経験のある者は15名で，そのうちでは中等少年院がもっとも多い。女子には，少年院や保護観察の経験者はいない。

つぎに，これを年齢との関係において見てみると，非行歴や補導歴のない者は15歳の94.1％がもっとも多く，逆に非行歴や補導歴を有する者は19才がもっとも多く（非行歴・補導歴を有せざる者，67.3％）で32.7％となっている（I－18表）。そして，非行歴以上の内容を見ると，やはり年齢があがるに応じて少年院収容などの非行深度も深くなっている。

(2) 経　験　年　数

このような青少年の非行は，一体，彼らが本県に転入して来てからどのくらい経過した時期において発生するものであるか。ここであらためて，彼らの非行の発生と経過年数との相関を見てみよう。

われわれは，最初に年齢との相関考察において，年齢が高いほど非行者が多いと述べた。しかし，これを経過年数の観点から見ると，その長さに正比例せず，むしろ逆の傾向が示されている。すなわち，I－19表に見られるように，1年未満，次いで1年〜2年未満，そして2年〜3年未満という順にその非行率が低下している。この一見矛盾するように見える数字は，実は，年齢と経過年数とが必ずしも一致しないことによるのである。

I－19表　経　過　年　数

	男	百分比	女	百分比	計	百分比
6カ月未満	46	16.2％	6	30.0％	52	17.1％
6カ月〜1年未満	39	13.7	4	20.0	43	14.1
1年〜2年未満	85	30.0	4	20.0	89	29.3
2年〜3年未満	61	21.5	3	15.0	64	21.1
3年〜4年未満	41	14.4	0	0.0	41	13.5
4年以上	9	3.2	3	15.0	12	3.9
不　明	3	1.0	0	0.0	3	1.0
計	284	100.0	20	100.0	304	100.0

I－20表を見ればわかるように，各年齢層に属する者でも本県に転入した時期

—15—

はさまざまである。たとえば，おなじ18歳でも3年目の者と6か月未満の者とがほぼ同程度におり，19歳でも経過年数が3年から4年ぐらいの者と末だ1年から2年未満といつた経過年数の浅い者とがほぼ同じ程度にふくまれる，というような状態だからである。そして，この経過年数という点から考えると，上に述べたように1年未満がもつとも多く31．2%，次いで1年〜2年未満の29．3%，そして2年〜3年未満の21．1%，さらに3年〜4年未満の13．5%の順位となつている。また，1年未満でも，これを6か月未満と6か月〜1年未満に分けると，前者が17．1%，後者が14．1%となつている。すなわち，これらを通じていえば，早い時期ほど不安定で非行の発生率が高く，時間を経過するにつれて安定が示されてくるというように思われる。これは，既述の東京都の流入青少年調査でも流入後1年以内にそのうちの3分の1が非行をおかしているという事実とも全く一致する。また，同じく前述の本県における流入青少年の適応，定着の調査でも，就職後1年にみたない間に青少年の60〜80%が転職欲求をもつとのべられているが，こうした不安定，動揺の時期の問題からも，こうした傾向が見られるのも当然とみなされるであろう。なお，本報告者が数年前に行なつた事例調査（本調査ではそこまでやれなかつたが）では，流入非行少年の多くは既に他府県在住中に多かれ少かれ行動や性格の問題性を潜在的に内包しており，それが大都市の新環境で加速的に顕在化する傾向がうかがわれたのであるが，おそらくこうした事情もこの場合にも共通かと思う。4年以上経過すると非行化率も激減するが，これはその定着性を示すと同時に，本調査が20歳以下の少年に限つた統計上の問題ともかかわりあいがある。一般に転入勤労青少年の第2の危機は，就職後5，6年目に来るとされるが，本調査では少年事件を離れたその該当年齢層をとることができなかつたので，それが単に職業生活上の問題にかかわるのか，あるいは非行，犯罪にまでかかわりあいをもつかは明らかでない。しかし，行動の性質上，おそらくは前者にとどまるのではないか，と想像される。ただし，断定のかぎりではない。

ちなみに，補導歴・非行歴と経過年数の相関（I—21表）を見ると，当然のことながら経過年数と共に補導歴・非行歴も累積されている。大体において，3年以上経過した非行者ではその3割から4割が何らかの前歴をもつている。

これに対し，2年以下の者は2割5分程度といったところである。

4，地　域　移　動

(1) 出　身　地　域

本県の転入勤労青少年は，その出身地域が遠く北は北海道から南は鹿児島まで全国に分布しているのが特色であるが，非行者の場合においても，I—22表のとおり，39都道府県にわたつている。なかには，ごくわずかではあるが沖縄までも，ふくまれている。これらをさらに，大きく地方別にまとめると，I—23表のようになる。

I—23表　出身地（地方別）

	男	百分比	女	百分比	計	百分比
北海道	14	4.9%	1	5.0%	15	4.9%
東北	100	35.2	6	30.0	106	34.9
北陸	19	6.7	3	15.0	22	7.2
関東	51	18.0	4	20.0	55	18.1
中部	13	4.6	2	10.0	15	4.9
近畿	12	4.2	1	5.0	13	4.3
中国	11	3.9	1	5.0	12	4.0
四国	6	2.1	0	0.0	6	2.0
九州	53	18.7	2	10.0	55	18.1
沖縄	4	1.4	0	0.0	4	1.3
不明	1	0.3	0	0.0	1	0.3
計	284	100.0	20	100.0	304	100.0

もっとも多いのは東北地方で34．9%，次いで関東地方と九州地方とが同率の18.1%である。あとは，北陸地方，北海道，中部地方，近畿地方，中国地方の順となる。もつとも少ないのは，四国地方である。東北地方は，福島秋田，宮城といつた順であるが，注目すべきは福岡，熊本などの九州地方であろう。隣接の関東地方と同程度の比で，中間の近畿，中国を飛ばして九州地方が高いのは，やや目立つ現象であるが，これは実は一般の転入勤労青少年の分布とも関連するところである。県下の工業地帯の川崎市の青少年の出身地調査では，その4割が東北・北海道，その約4分の1が九州出身者であることが明らかにされているが，本調査の非行者の分布もこの一般流入状況を反映しているのであって，特別に非行者の出身地的特性があるというのではないようであ

る。

(2) 転入前就職地

こうした，地方出身の新規学卒者は，直ちに本県に流入した者もあれば，一旦，どこかの都市に就職し，そこからさらに本県へと地域移動を重ねて流入してきているものもある。その実態を見れば，I－24表のようである。

I－24表　転入以前の就職地

	男	百分比	女	百分比	計	百分比
有り	96	33.8	6	30.0	102	33.6
無し	188	66.2	14	70.0	202	66.4
計	284	100.0	20	100.0	304	100.0

学卒後，直ちに本県に流入したものが約6割6分の66．4％，これに対し，出身地に近い都市，あるいは遠隔の大都市に移動し，再流入してきたものが約3割4分の33.6％である。その比率は，男女ともにほぼ等しい。

特に，転入以前の最初の就職地を見ると，I－25表のように，東京・千葉の首都圏が約4割4分（東京37．3％，千葉6．9％）でもつとも多く，次いで大阪，愛知，京都，福岡の順となる。すなわち，6大都市に属する東京，大阪，名古屋，京都，福岡の諸都市を経由したものが，その20．7％を占めている。

なお，この一旦他地に転入し，さらに本県に流入した者の中には，既に2か所以上の場所を移動した者もあり，たとえば，男子で出身府県から東京へ，そこから栃木，栃木から本県へ流入した者，また，出身府県から名古屋市に出て，そこから東京に移り，東京から本県に転入した者，女子で出身府県から千葉，埼玉と移動し，本県に転入した者，等もふくまれている。

5.　職業適応と職業移動

(1) 職業と就職経路

彼らの非行前の職業関係を見ると，I－26表のようになる。すなわち，工場労務者がもっとも多くて40.5％，次いで商店員の8.2％，土木建築労務者の7.9％，飲食店従業員の7.2％，等といった順位になる。表中のその他とは，医療助手，自衛官，農手伝，牧夫，キャデイ，等をふくんでいる。これらの職種をまとめてみると，工員の4割強について仲仕，土建関係，自由労務の単純

—18—

肉体労働者の1割3分，飲食店や接客の風俗関係者の1割強といったところで約6割4分が占められている。

I－26表　職　業

	男	百分比	女	百分比	計	百分比
工場労務者	117	41.2	6	30.0	123	40.5
交通運送労務者	17	6.0	2	10.0	19	6.3
土木建築労務者	24	8.4	0	0.0	24	7.9
自由労務者	7	2.5	0	0.0	7	2.3
その他労務者	10	3.5	0	0.0	10	3.3
商店員	25	8.8	0	0.0	25	8.2
飲食店従業員	16	5.6	6	30.0	22	7.2
接客業従業員	7	2.5	3	15.0	10	3.3
家事使用人	0	0.0	1	5.0	1	0.3
その他従業員	15	5.3	1	5.0	16	5.3
事務員	3	1.1	1	5.0	4	1.3
職人	16	5.6	0	0.0	16	5.3
船員	5	1.8	0	0.0	5	1.6
その他	8	2.8	0	0.0	8	2.6
無職	14	4.9	0	0.0	14	4.6
計	284	100.0	20	100.0	304	100.0

なおこれは現在の職業であつて，すぐ後述するようにその中には4割8分程度の転職者があり，その最初の職業とはかなり変り，ことに工員，商店員がその職場を去り，単純肉体労働や風俗関係のバー，キャバレー等の従業員に転じていることが，注目される。

この青少年たちは，どんな経路で最初の職業についたであろうか。その最初の就職経路を見ると，I－27表のように，「職安」を通じたものが，26．3％，「学校」を通じたものが26．3％，「個人的縁故」が30．9％，「広告」が6．3％，「その他」が10．2％の内訳となつている。「個人的縁故」というのは私的なルートであるが，「職安」，「学校」の公的なものに対しもつとも比重が高くなつているのが，注意する必要があるように思われる。

(2) 職場規模，収入，生活および居住状況

職業に関連して，つぎにその従業員規模を見ると，1－28表のようになる。もっとも多いのは10人未満の零細規模のものであり，32.2％，次いで10人～50人未満の29.0％である。この小・零細規模のものが両者合

—19—

して約6割1分を占めている。これは商店，飲食店，職人などが含まれるかぎり，I－29表に見るようにそれは当然のことともいえる。

I－28表　従業員規模

	男	百分比	女	百分比	計	百分比
10人未満	94	33.1	4	20.0	98	32.2
10人～50人未満	84	29.5	4	20.0	88	29.0
50人～300人未満	46	16.2	6	30.0	52	17.1
300人～500人未満	11	3.9	1	5.0	12	3.9
500人以上	36	12.7	5	25.0	41	13.5
不明	13	4.6	0	0.0	13	4.3
計	284	100.0	20	100.0	304	100.0

交通運送や土木建築に関していえば，10人～50人未満がもつとも多く，工場関係ではむしろ逆に500人以上の大規模工場がもつとも多くなつている。

その収入の面は，どうであろうか。収入はI－30表が示すように，10，000円～15，000円未満がもつとも多くて32，2%，次いで15，000円～20，000円未満の28，3%の順となつている。職業と収入の関係（I－31表）を見ると，20，000円以上の比較的に収入の良いものは交通運送労務者や土木建築労務者や船員に多く，15，000円～20，000円台は接客業や飲食業の関係であり，10，000円～15，000円台は工場労務者や商店員にもつとも多くなつている。収入と規模の関係（I－32表）では，小・零細規模の10人未満，10～50人未満といつた職場が20，000円以上の良い給料が多く，500人以上の大規模のところは15，000円～20，000円で，50人～300人未満のところは10，000円～15，000円未満がもつとも多いという傾向を示している。

つぎに，その勤め先に対する満足度を見ると，意外にもその度合は悪くない。すなわち，I－33表に示すとおり，「まあ満足している」と答えたものが大多数の83．9%もある。これは，実は前述の東京都の調査の場合にも見られるところである。それが，果してどのような内面的状況によるものであるかは明らかでない。あるいは，調査場面の特殊性（検挙されて警察で調べられているといつた）によるのかもしれぬが，断定はできない。その満足感は，勤め先だけでなく生活状況に関連（I－39表）しても表明されている。もつとも，この生活状況の面では，好きな事が勝手にできるといつた生活環境の問題もあ

－20－

るであろう。

その居住状況を調べると，I－41表のように，「寮」がもつとも多く46．7%，次いで「住込み」の30．3%，その他はぐんと下がつて，いずれも10%以下で「単独下宿」，「単独間借り」，「共同間借り」，「共同下宿」，「親戚きぐう」，「縁故者きぐう」等の順位となつている。もちろん，「住込み」は零細規模のものに，「寮」は中規模以上の規模が大きくなるにつれて高くなつている。

I－41表　居住状況

	男	百分比	女	百分比	計	百分比
寮	129	45.4	13	65.0	142	46.7
親戚にきぐう	4	1.4	0	0.0	4	1.3
縁故者にきぐう	3	1.1	0	0.0	3	1.0
住込み	89	31.4	3	15.0	92	30.3
ひとりで下宿	17	6.0	1	5.0	18	5.9
友人・縁故者と下宿	6	2.1	0	0.0	6	2.0
ひとりで間借り	16	5.6	2	10.0	18	5.9
友人・縁故者と間借り	12	4.2	1	5.0	13	4.3
不明	8	2.8	0	0.0	8	2.6
計	284	100.0	20	100.0	304	100.0

(3)　転職経験・理由

転入勤労青少年の非行化は全体としてそれほど多くはないとさきに述べたが，しかしながらそのうちの非行化した者のみについて見ると，その転職率がかなり高い事が目立つている。前述の本県下の流入青少年の適応・定着調査では，一般の青少年の場合，16歳から25歳幅でとつて，その転職率は24．5%となつているが，これに対しI－43表に見るように本調査の非行少年の場合は48．0%とその2倍に近い比率を示している。これをもつてしても，非行少年の場合はいかにその不安定性が顕著であるかが明らかであろう。この状態は，男女ともに同じである。非行性がこのような結果をもたらしたのか，あるいは逆に職場の不適応が非行化をもたらしたかは，にわかに断定のかぎりでないが，おそらく両者の要因は相互的にからみあつているであろう。そこで，その転職状態を，幾分立ち入つてながめてみよう。

まずその転職回数を見ると，既に1回の転職を行なつているもの21．7%，2回の転職経験者13．2%，3回が8．2%，4回が2．9%，5回以上

－21－

も転職した者が２．０％となつている。女では，３回以上の者はない。

Ｉ－４３表　転　職　経　験

	男	百分比	女	百分比	計	百分比
転職経験有り	136	47.9	10	50.0	146	48.0
1回	61	21.4	5	25.0	66	21.7
2回	36	12.7	4	20.0	40	13.2
3回	25	8.8	0	0.0	25	8.2
4回	9	3.2	0	0.0	9	2.9
5回以上	5	1.8	1	5.5	6	2.0
転職経験なし	148	52.1	10	50.0	158	52.0
計	284	100.0	20	100.0	304	100.0

つぎに，その年齢を見ると，Ｉ－４４表に示されるように，１７歳がもつとも転職率が高くて５８．５％，つまり，その年齢層の半分以上が転職経験者となつている。その転職回数は，１回～２回が４５．３％を占めている。

Ｉ－４４表　転職経験と年齢

年齢	転職経験なし	転職経験 1回(%)	2回(%)	3回(%)	4回(%)	5回以上(%)	計(%)	計(%)
15歳	16 (94.1%)	0	1 (5.9)	0	0	0	1 (5.9)	17 (100%)
16歳	24 (61.5%)	10 (25.6)	1 (10.3)	4 (2.6)	0	0	15 (38.5)	39 (100%)
17歳	22 (41.5%)	13 (24.5)	11 (20.8)	5 (9.4)	2 (3.8)	0	31 (58.5)	53 (100%)
18歳	44 (48.3%)	23 (25.3)	13 (14.3)	5 (5.5)	3 (3.3)	3 (3.3)	47 (51.7)	91 (100%)
19歳	52 (50.0%)	20 (19.2)	14 (13.5)	11 (10.6)	4 (3.8)	3 (2.9)	52 (50.0)	104 (100%)
計	158	66	40	25	9	6	146	304

これに対し，もっとも転職率の低いのは１５歳で，ここでは逆に一度も転職したことがない者が９４．１％である。これは，もちろん，就職したばかりの状態であるから当然の事であり，また，その実数の少ない事も関係している。転職率は１７歳に次いで１８歳も５１．７％とその定着率を上回るが，１９歳となると定着率（ 50．0％）と転職率（５０．０％）が半々となる。これは，年齢が高まるとある程度，安定度をましてくるものと解されようが，他方，転職者についていえば３回以上の転職回数を示す者も１７．３％とかなり多くなつている。いわば，両極分解が示されているとも見られよう。

－22－

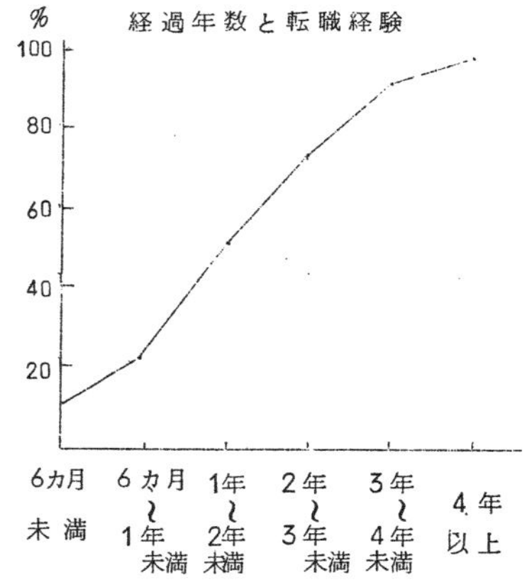

これを経過年数の角度から見れば，どのようであろうか。Ｉ－４５表は経過年数と転職経験の相関を見たものであるが，これによると，本県流入後１年～２年未満の者がもっとも転職率高く２８．８％，次いで２年～３年未満の２４.０％，３年～４年未満の１７.１％，次いで６カ月～１年未満の１３.０％，６カ月未満の１０.３％の順となる。もっとも，６カ月未満と６カ月～１年未満の１年未満全体を合計すると２３.３％となり，２年～３年未満に次ぐ。すなわち，第１位が１年～２年未満，第２位が２年～３年未満，第３位が１年未満で，３年以降がそれにつづいている。こうした転職速度を全体の曲線でいえば，図に示すようになる。これは，一般の転入勤労青少年の職場移動の実情とも ほぼ合致するであろう。就職後２年目までに，半数以上の５２.１％が転職しているのである。３年目までとすると，７６.１％，つまり７割６分という大半の者がそれまでの期間に転職してしまっている。学歴別に転職状況を見ると，Ｉ－４６表のように中卒は転職率５５.０％，高校中退は４２.３％であるのに対し，高卒は５.４％とはるかに低い。高卒の方が，安定度が相対的に高いことが知られる。

中卒者のみについて，その経過年数と転職回数を調べると，Ｉ－４７表のようになる。前記「流入青少年の適応・定着調査」では，一般の勤労青少年の場合，就職後５年を経過した中卒の３８．４％が転職していると述べられているが，非行少年の中卒では上述のように５５.０％が転職し，しかも５年ではなくそれより短い４年以内にその大多数の約９２％がこれをなしているのである。

つぎに，このような転職者を就職経路別に見ると，Ｉ－４８表のごとくである。すなわち，「個人的縁故」を通じて就職した者が３１．５％，「学校」を

－23－

通じた者が２４・６％，「職安」を通じた者が２３・９％，「広告」による者９・０％，その他となつている。さきにものべたように，「職安」，「学校」などのいわば公的な経路による者が52．2％，そして「個人的縁故」などの私的経路による者が４７・４％であるのに対し，転職者の場合は，前者が４８・５％，後者が５１・５％と比重が逆であるのを見ると，相対的に公的機関を経由した方がやや安定的であり，やはり私的ルートで就職した方が幾分，不安定であることがうかがわれる。

その転職の理由は，何であろうか。その転職理由としてあげられるところは，Ｉ－４９表のごとくである。もつとも多いのは「給料の額」の２０・５％，これに接して「仕事の内容」の１９・９％，次に「将来性がない」の１１・７％，「労働にたえられない」の９・６％，「上役・同僚との人間関係」，「その他人間関係」，等々となつている。概して，勤労条件や将来性に対する不満が，そのおもなものといつてよかろう。

各職業と転職理由との相関を見てみると（Ｉ－５０表），工場労務者では給料の額が，交通運送関係や職人では仕事の内容が比較的に多くその理由とされているようである。また，職場の規模関係から見ると（Ｉ－５１表），１０人未満や１０人～５０人未満の小・零細規模では給料の額や将来性が，中規模のところでは仕事の内容が比較的に理由となつているようである。しかし，いずれもきわ立つた特徴というほどの数字ではない。

Ｉ－５２表　転職者の最初の職業

	実　数	百分比
工場労務者	79	54.1
交通運送労務者	7	4.8
土木建築労務者	5	3.4
自由労務者	1	0.7
その他労務者	0	0.0
商店員	20	13.7
飲食店従業員	7	4.8
接客業従業員	6	4.1
家事使用人	0	0.0
その他従業員	7	4.8
事務員	3	2.1
職　人	3	2.1
船　員	4	2.7
その他	4	2.7
計	146	100.0

つぎに，職業の変化の内容であるが，まず転入時の最初の職業は，Ｉ－５２表に示されるように工場労務者が５４，１％で他の職業をひきはなして多く，つづいて商店員の１３・７％，交通運送労務者，飲食店従業員，等々の順位と

なつている。ところが，現在の職業ではＩ－５３表のように，工場労務者３１.５％，商店員８・９％と減り，かわつて飲食店従業員や接客業従業員，また，単独肉体労働の交通運送労務者，土木建築労務者，自由労務者の比率があがつてきている。比較的にととのつた工場や商店などの職場から，収入は既述のようにかなり良いが職場の性質としては不安定な風俗営業や労働部門へと転じている状況がうかがわれる。その職業移動の動態を，工場労務者が職場は異なつても同じ職種の他の工場労務者となつたような同種間移動と，工場労務者が風俗営業の従業員になつたような異種間移動とに分けてみると，Ｉ－５４表に見るように前者が３４・２％であるのに対し，後者は６５，８％と多く，その振幅の大きいことが示されているように思われる。

Ｉ－５３表　転職者の現在の職業

	実　数	百分比
工場労務者	46	31.5
交通運送労務者	13	8.9
土木建築労務者	10	6.8
自由労務者	5	3.4
その他労務者	4	2.7
商店員	13	8.9
飲食店従業員	14	9.6
接客業従業員	8	5.5
家事使用人	0	0.0
その他従業員	11	7.6
事務員	0	0.0
職　人	9	6.2
船　員	2	1.4
その他	1	0.7
無　職	10	6.8
計	146	100.0

Ｉ－５４表　職業移動の種類関係

	実　数	百分比
同種間移動	50	34.2
異種間移動	96	65.8
計	146	100.0

以上は，その職業適応と職業移動を分析してみた結果であるが，その職場移動率が比較的に高く，転職回数や転職速度もかなり大きく，その職場をうつるごとにややもすれば不安定な職種へと流れてゆく傾向のあることとは，十分に注目しなければならぬことがらといわねばなるまい。

6.　要　　約

われわれは，本県下における転入勤労青少年で非行におちいつた少年群の１年間の全数資料に基づき，その非行化率，非行様態，出身地分布，勤め先や生活の実態，勤労条件，職場を転ずる職業移動状況，等を分析してきた。資料源の制約もあり，十分の掘り下げをつくすまでにはいたつていないが，少なくと

も所与の範囲内で一応把握し得た主要な諸結果をあらためてまとめてみれば，ほぼつぎのようになる。

1. 本県の転入勤労青少年の非行化率は，良い意味で最初の予想を裏切り，案外に少ないように思われる。

2. また，年齢の点では，その非行者に関してのみいえば，概して年長者ほど多い傾向がある。

3. 非行化している者はほとんど定時制その他の学校に通つておらず，こうした勤労学生教育機関とのつながりはきわめて欠けているようである。

4. 転入後の時間的な非行発生状況は，年齢とは別に，概して転入後1年以内に3分の1強，1年〜2年の間に3分の1弱が転落しており，それ以後は漸減する傾向がある。

5. その出身地は，全国的に分布している。それは，転入青少年一般の出身地域とさしたる差異はない。

6. 本県を直接に指向して転入してきた者のほか，一度，他都市に就職し，その後流入してきた者が3割程度ある。なお，東京都の調査では非行少年で流入前の就職者が36%あり，それは一般少年に比し有意的に多いとされているが，本調査では一般少年との対比調査を行なつていないので，この点は判然としない。

7. 就職経路に関しては，私的ルートを通ずる者がかなり多いように見受けられる。しかし，この場合も前項と同じく比較すべきものはないので，断定はできない。

8. 非行少年の転職率は，かなり高い。

9. ことに中卒者の場合，高卒者に比しその転職率も高く，また転職速度も早い。

10 転職の点からだけいうと，17歳の年齢層に高い。また，本県での経過年数の点からいえば，転入後1年〜2年未満が転職率が高い。そして，前に指摘した非行の発生時期とにらみ合わせると，総合的に見て，転入後2年以内は危険度の大きな，特に留意して保護すべき期間ということになる。

11. 職種については，転職によつて若干収入は高くなるが，不安定な性質をもつ職種へ流れてゆく傾向がある。

12. 勤め先や生活については必ずしも不満度が高くなく，むしろ満足度が高いが，その行動の実態から見て，それがただちに職業への本来的な帰属度が積極的に高い，ということにはならないようである。また，考えようによつては，不満を表明するほどに正常生活への欲求水準が高くないものとも解されよう。

本調査は統計的な調査であるから，その転落過程の細部に立ち入つた研究は行なわれていない。したがつて，今後本調査で十分たしかめ得なかつた問題点を明らかにしてゆくためには，各種の事例研究によつてその動的過程を追求してゆく必要があるであろう。たとえば，転入前における少年の問題性，転入後の具体的な友人関係など，いくつかの追求すべき課題が残されている。

Ⅱ　留守家庭児童生徒の非行と生活実態

§1. 問題の所在

母親の就労にともなう留守家庭の児童・生徒の問題が，いわゆるかぎっ子問題として主としてジャーナリズムの上でさわがれるようになったのは，昭和37，8年頃からであった。その発端は，陸続として建設される団地問題に関連してであったが，問題がすすめられてゆくにつれて，漸次，本質的な母親＝婦人労働と教育の基本問題へと到達し，問題検討の本格化を示し出してきたのであった。特に本県では，その内部に巨大な工業地帯をかかえ，重要な労働力問題を内蔵しているだけに，そうした皮相な動きとは別箇に，つとにこの問題の重要性を認識し，昭和３８年頃から各方面で問題の検討を開始していた証左がある。その意味では，本県は全国でもこの問題に対するもっとも先駆的役割を担当してきたとも見られる。

そもそも有配偶女性の就労持続は，産業発展にともなう新職場の拡大，核家族的な家族規模の縮少による労働機会の増大，女子教育の高度化とその専門職労働力化といった条件による全世界共通の動向があるほか，特にわが国では戦後の窮迫経済下より延長してきた家族皆労働の傾向，そしてさらにある程度，生活向上を見た今日では新たに発生した住宅費，教育費等の補てんのための経済活動，婦人の自営による社会活動の欲求，といった条件があり，こうした条件のからみ合いの中で生れてきたものである。その根は，決して単一ではない。

したがって，母親の労働と家庭不在にも色々な型がある。元来，わが国では婦人就業率は決して外国に劣るものではなかったが，そのかなりの部分は農業，自家営業の家族従業者であったのであるけれども，最近では常用勤労者，パートタイム就業などの比重が相対的に大となり，雇用労働の多様な型態をふくむにいたっている。たとえば，右の不在家庭の類型にしても，絶対的窮乏下における稼働を余儀なくされる純貧困型，これに準ずる母子家庭型，また家計費拡大にともなう経済充足型，あるいは特殊能力による専門活動型，等の諸類型が発生しているのである。

しかしながら，他方，このような有子女性の労働市場進出は，その労働条件とともにその家庭環境にも何らかの影響を及ぼさざるを得ない。本来，女性が職場と家庭生活の両場面に矛盾のない二つの役割を兼ね演ずるということはそれほど安易なことではないのであって，このことは日本のみならず先進的な欧米諸国においても常に問題とされて，その克服の諸条件の検討がなされてきているところである。昨年の本県の就業母親を中心とする母子関係調査も，このような家族生活への変化、影響を具体的に把握しようとして行なわれたひとつの試みということができる。

母親の稼働とその家庭生活に与える影響のうち，特に青少年問題の観点から最近とみに問題とされているのは，母親の不在にともなうしつけの放任とその子どもの非行化の問題である。最近，東京警視庁で公にされたかぎっ子の非行実態調査によると，かぎっ子の犯罪者率は一般少年犯罪者率を上回ると警告されているが，こうした問題はこれを決して対岸の火災視し得ないであろう。この調査では，東京の留守家庭率が１０.３％と推定され，留守家庭児童・生徒の非行率は１５.８％とされている。東京都の各区内別の留守家庭率は，最低2.95％から最高は１７.４２％とされているが，本県においてはたとえば川崎市ひとつをとっても，川崎市青少年問題協議会の昭和４０年度留守家庭・児童実態調査によるも小学校２０.８１％、中学校２２.７４％と右の東京区内の最高地域をはるかに上回る留守家庭率を示している。従来とも本県で既にいくつかの調査はなされているが，なお各種の資料を求めてその諸相を明らかにし，これを慎重に検討しその対策を早急に講ずる必要のあるゆえんである。

もちろん，われわれは母親の就労が家族生活に若干の変化を生じたからといって，その局部現象を過大に評価したり，あるいはこれを過早に家庭復帰論に直結させてはならないであろう。母親が働きに出るということは，何ら理由のないことではなくして，それだけ現実的理由があるはずだからである。ことに彼女が主要な稼働者となっている場合には，こうした要求はほとんど無意味に近い。しかし，また，他方，家庭生活が子どもを生み，養育し，教育する重要な場面であることもいうまでもなく，もしこれが失敗するならば折角額に汗して子どもを扶養しようというその労働の目的自体も水泡に帰するであろう。よく働く者は，また，同時に賢明に青少年を育てるものでもなければならない。要するに，問題はいたずらに旧式の家庭復帰論を繰返すだけでなく，帰るべきものは帰ると同時に，むしろすすんで新しい時代にふさわしく勤労家庭のあり

—30—

方と条件を見出してゆくということもまたひとつの方法ではないであろうか。そのためには，まずこうした不在家庭における子どもの実情を的確に把握しなければならない。本調査は，もとよりこのような目的を十分に達成するとは到底いい難いが，少なくともそのための一助とはなるであろう。本調査では，こうした意図のもとに，前記母子関係調査が多く家族従業者を含んでいるのに対し家庭を離れ就労する雇用者の母親にその範囲を限定し，当該家庭における児童・生徒の実態調査を行なったのである。調査対象は，警察調査における留守家庭児童・生徒の非行少年４５１名、また，学校調査における正常な留守家庭児童・生徒３７０名とこれに対比する一般児童・生徒１,１６９名，さらに質問紙調査における留守家庭児童・生徒２５９名と対照群の一般児童・生徒３０３名，すなわち，いわゆるかぎっ子の留守家庭児童・生徒１,０８０名と一般児童・生徒１,４７２名，総計２,５５２名の学齢少年を取り上げたものである。

調査研究は，はじめにも述べたようにまず第一に留守家庭に発生した非行少年の考察をなし，次いで第二にひろく留守家庭児童・生徒と一般児童・生徒とを比較し，第三にその母子関係についてその考察を行なっている。したがって，以下の報告においては，これを三つの章に分かって，その調査結果を記述することとする。

§２. 留守家庭児童・生徒の非行

1. 非行実態

(1) 概　況

昭和４１年４月１日より昭和４２年３月３１日の１年間における小・中学生の刑法犯，特別法犯の検挙数は，小学生７４８名，中学生２,７５０名の合計３,４９８名である。これに対し，同一期間，同一の刑法犯，特別法犯として本調査において対象者となった留守家庭児童・生徒の非行少年数は小学生１１２名，中学生３３９名の合計４５１名（そのほか件数のみ判明したもの５０名，計５０１名）である。その比率は，１２.９％（件数のみ判明したものを含めて１４.３％）である。本県下の留守家庭児童・生徒の比率は全県に

—31—

わたる実態調査がないため明らかでないが、本調査中の留守家庭児童・生徒調査によると，小学生で２５.２％，中学生で２３.１％となる。この調査の対象２０校中１９校は市部であり，郡部の１校の比率は，中学生１１.１％と低いが，本県の公私立学校児童・生徒のうち小学生では９０.８％，中学生では８９.７％（昭和４１年５月１日現在　学校基本調査）が市部の学校に通学していることから推定すると、全県的にみても上述の比率は，さして変わらないものといえる。留守家庭児童・生徒についても本調査にみる限り，非行化率は低いのである。

(2)　性・学年・地区

全数４５１名の性別を見ると，男４１５名（９２.０％），女子３６名（８.０％）で，圧倒的に男が多い。

Ⅱ－１表　性別

	実数	百分比
男	415	92.0
女	36	8.0
計	451	100.0

これを学校区分別に見ると，中学生７５.２％，小学生２４.８％で，中学生の方が多い。また，これを学年別に見ても，学年が上るほど高く，たとえば中学３年生が３５.９％，中学２年生が２４.９％，中学１年生が１４.４％，小学６年生が８.６％，小学５年生が６.９％と中学２，３年生だけで６０.８％の過半数を占めている。しかし，上記の在学児童・生徒の非行少年数に対する留守家庭児童・生徒の非行率で見ると小学生では１５.０％（７４８名中１１２名），中学生では１２.３％（２７５０名中３３９名）と小学生の方が高くなっている。これは，留守家庭の場合，その影響が比較的に年齢の幼い者ほど大であることを示すものではなかろうか。

Ⅱ－２表　学校・学年別

	男		女		計	
	実数	百分比	実数	百分比	実数	百分比
小学校第１学年	2	0.5	0	0.0	2	0.4
2	2	0.5	2	5.6	4	0.9
3	12	2.9	2	5.6	14	3.1
4	21	5.1	1	2.7	22	4.9
5	29	7.0	2	5.6	31	6.9
6	36	8.6	3	8.3	39	8.6
小学生合計	102	24.6	10	27.8	112	24.8
中学校第１学年	59	14.2	6	16.7	65	14.4
2	106	25.5	6	16.7	112	24.8
3	148	35.7	14	38.8	162	35.9
中学生合計	313	75.4	26	72.2	339	75.2
総計	415	100.0	36	100.0	451	100.0

その居住状況を警察署別に見ると，Ⅱ－３表のようになっている。すなわち，もっとも多いのが神奈川署，これに接して川崎署，そして戸部署，横須賀署，田浦署，等の順位になっている。

Ⅱ－３表

	留守家庭非行少年
加賀町署	7
金沢 〃	6
寿 〃	10
戸部 〃	44
神奈川〃	55
鶴見 〃	17
保土ケ谷〃	21
川和 〃	4
戸塚 〃	24
川崎 〃	51
臨港 〃	29
中原 〃	7
高津 〃	3
稲田 〃	6
御幸 〃	26
横須賀〃	41
田浦 〃	31
浦賀 〃	6
三崎 〃	1
逗子 〃	22
大船 〃	6
平塚 〃	8
大磯 〃	4
小田原〃	18
松田 〃	1
秦野 〃	1
大和 〃	2
計	451

(3)　罪種・措置

その罪種についてみると，Ⅱ－４表の示すとおりである。すなわち，窃盗が圧倒的に多く７５.８％を占めている。特に小学生や女子の場合は，ほとんど窃盗である。中学生では，傷害，暴行，脅迫，恐かつ，暴力行為といった暴力的なものが約１５.５％、わいせつ，強かんといった性犯罪も３.６％ほどある。

このような非行が単独で行なわれているか，仲間が集まっての集団で行なわれたかを見ると，Ⅱ－５表に示されるように，単独よりもむしろ集団でやるものが多く，７８.５％となっている。この点，さきの流入青少年の場合とは逆になっている。こうした集団化が多く見られることは，後述するようにその放課後の状況として一般少年に比し街頭で友人と遊んでいる者が多いといった状況と考え合わせると，親の不在中，その監督がないので気ままに街頭で仲間同士遊んでいて集団非行化する，ということも十分考えられるところである。

集団非行の場合，その人数を見るとⅡ－６表のようである。すなわち，２人組がもっとも多くて４４.７％，次いで３人組の２４.３％、４人組１２.５％，等の順位である。大体２人組，３人組，４人組でその８割２分（８１.５％）を占めている。５人組以上

Ⅱ－4表　罪種と件数

	小学 男	小学 女	小学 計	中学 男	中学 女	中学 計	総計 男	総計 女	総計 計	総計 百分比
放火	2	0	2	0	1	1	2	1	3	0.6
強かん	0	0	0	2	0	2	2	0	2	0.4
暴行	1	0	1	13	0	13	14	0	14	2.9
傷害	1	0	1	17	0	17	18	0	18	3.8
脅迫	0	0	0	13	0	13	13	0	13	2.7
恐かつ	5	0	5	6	1	7	11	1	12	2.5
窃盗	90	10	100	238	23	261	328	33	361	75.8
詐欺	1	0	1	4	0	4	5	0	5	1.1
横領	3	0	3	2	0	2	5	0	5	1.1
偽ぞう	0	0	0	1	0	1	1	0	1	0.2
わいせつ	0	0	0	10	0	10	10	0	10	2.1
ぞう物	0	0	0	1	0	1	1	0	1	0.2
その他の刑法	2	0	2	18	1	19	20	1	21	4.4
銃刀法	0	0	0	3	0	3	3	0	3	0.6
暴力行為	0	0	0	3	0	3	3	0	3	0.6
軽犯罪法	0	0	0	4	0	4	4	0	4	0.8
その他特別法	0	0	0	1	0	1	1	0	1	0.2
計	105	10	115	336	26	362	441	36	477	100.0

Ⅱ－5表　非行態様（1）──単独、集団別

	小学 男	小学 女	小学 計	中学 男	中学 女	中学 計	総計 男	総計 女	総計 計
単独	20	3	23	71	3	74	91	6	97
（百分比）	(19.6)	(30.0)	(20.5)	(22.7)	(11.5)	(21.9)	(21.9)	(16.7)	(21.5)
集団	82	7	89	242	23	264	324	30	354
（百分比）	(80.4)	(70.0)	(70.5)	(77.3)	(88.5)	(78.1)	(78.1)	(83.3)	(78.5)
合計	102	10	112	313	26	338	415	36	451

は，はるかに少なくなっている。

集団で行動している者のうち，留守家庭児童・生徒がリーダーとなっているものは，Ⅱ－7表のごとくである。すなわち，リーダーである者は31.7％，リーダーでない者は68.3％で，リーダーでない者の方が多い。

このような非行に対して加えられた措置は，Ⅱ－8表のようである。検察

Ⅱ－8表　措置

	小学 男	小学 女	小学 計	中学 男	中学 女	中学 計	総計 男	総計 女	総計 計	総計 百分比
検察官送致	0	1	1	185	16	201	185	17	202	44.8
家裁送致	0	0	0	1	0	1	1	0	1	0.2
簡易送致	0	0	0	20	1	21	20	1	21	4.6
児相通告	60	6	66	59	2	61	119	8	127	28.2
継続補導	3	0	3	4	1	5	7	1	8	1.8
学校・保護者連絡	19	1	20	22	2	24	41	3	44	9.8
その他	20	2	22	22	4	26	42	6	48	10.6
計	102	10	112	313	26	339	415	36	451	100.0

官送致がもっとも多く44.8％，次いで児童相談所通告の28.2％，そして学校・保護者連絡が9.8％，簡易放送，継続補導，家裁送致の順位となっている。

(4) 動機・非行歴

その動機を少年担当の警察官の調査によって見てみると，Ⅱ－9表のとおりである。すなわち，「小づかい銭不足のため」がもっとも多く24.2％，「何となく欲しくなり」が15.7％，「でき心」が12.0％，「遊興費にあてるため」が11.8％，それ以下，「映画等の影響」，「そそのかされて」，「虚栄心を満たすため」等の順となっている。

このような動機と両親ともかせぎ家庭、母子家庭，父子家庭，等の家庭状況との関係（Ⅱ－10表）を見ると，両親ともかせぎ家庭と母子家庭は「小づかい銭不足のため」，「なんとなく欲しくなり」が多く，父子家庭では，

Ⅱ－9表　直接的動機

	小学		中学		計			
	男	女	男	女	男	女	計	百分比
遊興費にあてるため	11	1	41	0	52	1	53	11.8
空腹のため	1	1	7	1	8	2	10	2.2
学用品ほしさ	0	0	4	0	4	0	4	0.9
虚栄心をみたすため	3	2	9	4	12	6	18	4.0
小づかい銭不足のため	31	0	75	3	106	3	109	24.2
淋しさをまぎらすため	4	0	5	0	9	0	9	2.0
なんとなく欲しくなり	18	1	43	9	61	10	71	15.7
復しゅう	0	0	6	0	6	0	6	1.3
ぶじょくされて	0	0	4	0	4	0	4	0.9
冷遇・虐待されて	0	0	0	0	0	0	0	0.0
のけものにされて	0	0	0	0	0	0	0	0.0
その他えん恨・憤怒	0	0	5	0	5	0	5	1.1
保護者に対する反発	0	0	4	1	4	1	5	1.1
そそのかされて	5	1	15	1	20	2	22	4.9
誘惑されて	4	1	8	1	12	2	14	3.1
模　放	0	0	3	2	3	2	5	1.1
出版物の影響	0	0	6	0	6	0	6	1.3
映画等の影響	0	0	1	0	1	0	1	0.2
好奇心	0	0	27	1	27	1	28	6.2
でき心	19	3	31	1	50	4	54	12.0
義　俠	2	0	7	1	9	1	10	2.2
売　名	0	0	1	0	1	0	1	0.2
脅迫されて	0	0	1	0	1	0	1	0.2
叱責・意見されて	1	0	2	0	3	0	3	0.7
その他	3	0	8	1	11	1	12	2.7
計	102	10	313	26	415	36	451	100.0

—36—

「小づかい銭不足のため」，「でき心」が多くなっている。「小づかい銭不足のため」というもののうちでは，母子家庭の比率が一番高く，父子家庭の比率が一番低くなっている。

動機と家計の状態との関係は，Ⅱ－11表に示されるところである。すなわち，家計状態中位では「小づかい銭不足のため」が第1位　「なんとなく欲しくなり」が第2位，「でき心」が第3位，「好奇心」と「遊興費にあてるため」が第4位であり　家計状態下位では，「小づかい銭不足のため」が第1位，「なんとなく欲しくなり」が第2位，「遊興費にあてるため」が第3位，「でき心」が第4位である。家計状態上位という者はわずか1名しかいないが，その動機は「保護者にたいする反発」であり，極貧者では「遊興費にあてるため」がもっとも多くなっている。

つぎに，これまでかつて補導されたり，あるいは非行をおかしたことがあるという補導歴・非行歴の観点から見るとⅡ－12表のようである。これによれば，今まで一度も非行をおかしたことも，補導された経験もない者は全体の56.2％　これに対し，補導された経験のある者は11.1％，また，既に非行歴さえある者は31.4％とかなり多く，さらにそのほか保護観察に付された者が0.9％，施設に収容された経験のある者が0.4％となっている。大ざっぱにいえば，半数をやや上回る者が今回がはじめての非行であり，既にかなりの非行経験ある者が3割3分程度ということになろう。

Ⅱ－12表　補導歴・非行歴

	小学			中学			総計			
	男	女	計	男	女	計	男	女	計	百分比
補導非行歴なし	80	5	85	150	22	172	230	27	257	56.2
補導歴あり	10	3	13	36	2	38	46	5	51	11.1
非行歴あり	12	3	15	125	4	129	137	7	144	31.4
施設収容	1	0	1	1	0	1	2	0	2	0.4
保護観察	0	0	0	4	0	4	4	0	4	0.9
計	103	11	114	316	28	344	419	39	458	100.0

2. 家庭の状況・職業・家計状態

(1) 家庭の状況

非行少年の留守家庭の内容を，両親ともかせぎ家庭，父子家庭，母子家庭，

—37—

成人の保護者のいる家庭、成人の保護者のいない家庭に分かってみると、Ⅱ－１３表のようになる。表中の「成人の保護者のいる家庭」とは、親のいない家庭であって、かつ２０歳以上の祖父母、兄姉等がいるが、家庭を外にして働いている家庭をいう。

Ⅱ－１３表　家庭の状況

	小学 男	小学 女	中学 男	中学 女	計 男	計 女	計 計	計 百分比
両親ともかせぎ家庭	58	8	195	16	253	24	277	61.4
父子家庭	20	1	35	2	55	3	58	12.9
母子家庭	21	1	73	8	94	9	103	22.8
成人の保護者のいる家庭	1	0	0	0	1	0	1	0.2
成人の保護者のいない家庭	0	0	0	0	0	0	0	0.0
その他	2	0	10	0	12	0	12	2.7
計	102	10	313	26	415	36	451	100.0

また、「成人の保護者のいない家庭」とは、親がいない家庭であって，かつ兄姉等がいるが２０歳未満であり，家を外にして働いている家庭を指す。「その他」というのは，長期入院，長期出漁，別居などである。

その結果によると、両親ともかせぎ家庭が男女，小・中学を問わずもっとも多く全体で６１.４％、これについで母子家庭が２２.８％、父子家庭が１２.９％、その他の順となっている。母子家庭では、実父が幼少時に離別したとか実父が家出したとか，両親が死亡し現在の母親は継母である，といった家庭事情の復雑なものがかなり多く含まれている。また，中学生では，父子家庭は母子家庭の半分程度であるが，小学生では父子家庭と母子家庭とがほぼ同程度に含まれ，父子家庭の相対的比重が高い。

(2) 家の職業

主たる家計の担当者の職業は，どのようなものが多いか。Ⅱ－１４表は，その結果を示している。これによれば，「勤め人」がもっとも多くて７５.６％であり，全体の約７割６分を占めている。ただ，残念ながら，この職業の分類はきわめて大きく，漠然としている。たとえば，「勤め人」の中には，工員や配管工，集金人などが入っているし，「自由業」の中には人夫とか，夫が道路工夫で妻は拝み屋といったものが入っており，「その他」の中には保険外交員などもふくまれる，というように，かなり雑多である。

なお，前記の家庭の状況と職業の関係を見ると（Ⅱ－１５表），両親とも

—38—

かせぎ家庭では「勤め人」が７９.８％であるほか，「その他」が９.７％，「自由業」が８.７％といずれも少なく，父子家庭では「勤め人」が６９.０％，「自由業」が１５.５％であるが，

Ⅱ－１４表　主たる家計の職業

	小学 男	小学 女	中学 男	中学 女	計 男	計 女	計 計	計 百分比
勤め人	79	10	229	23	308	33	341	75.6
自家経営	1	0	4	0	5	0	5	1.1
自由業	10	0	29	2	39	2	41	9.1
農業	0	0	0	0	0	0	0	0.0
生活保護法扶助	1	0	10	0	11	0	11	2.4
その他	11	0	41	1	52	1	53	11.8
計	102	10	313	26	415	36	451	100.0

母子家庭の場合は「勤め人」が７０.９％であるとともに「その他」も１９.４％とある程度その比重が高くなっている。

(3) 家計の状態

次に，これらの家庭の家計状態を見てみよう。その調査結果は，Ⅱ－１６表のようである。すなわち，家計状態が中と判定されたもの４９.７％，下と判定されたものが４７.０％，極貧は３.１％，上は０.２％である。つまり，家計状態では中と下・極貧とが半々ということになる。しかし，中とされたものの内容には問題があり　収入総計で判定した結果，たとえば，ともかせぎである程度の収入を得さえすれば中と判定されている，といった面もある。すなわち，もし妻が働かなければ，おそらく下か極貧に判定されたであろうという不安定階層が多く含まれているのである。一般家庭のように，夫のみの労働で家計が中と判定されるようなものとは，その性質が異なることに留意する必要がある。大体において，不安定階層と下層がその主体であるとみなしてよいであろう。一家に稼働者があって何がしかの収入があるかぎり，統計的に極貧が少なくなるのは当然のことであり，異とするに足りない。

Ⅱ－１６表　家計の状態

	小学 男	小学 女	中学 男	中学 女	計 男	計 女	計 計	計 百分比
上	0	0	1	0	1	0	1	0.2
中	40	6	162	16	202	22	224	49.7
下	62	4	138	8	200	12	212	47.0
極貧	0	0	12	2	12	2	14	3.1
計	102	10	313	26	415	36	451	100.0

職業と家計の状態の相関は，Ⅱ－１７表の示すごとくである。「自由業」

—39—

と「その他」は 家計が下に属するものが後者において73.6％，前者において65.9％あり，いずれも前記の職業内容が収入的に劣悪な職種であることを示している。

3. 放課後の行動，帰宅時間，夕食状況

(1) 放課後の行動

母親は職場に働きに行き、子どもは登校し，授業を受けているが，この間は子どもたちも友人と遊び，教師の指導下にあるから，問題は少ないであろう。肝要なのは，授業が終って家に帰る放課後の行動である。家に帰っても母親は居ず，またその監督からも離れているので，ある意味では自由に振舞える時間である。それだけに、危険な方向にすすむ機会も多分にあるのである。しからば，ここにみる非行少年たちは，この放課後の時間を，一体，どのようにして過していたのだろうか。

Ⅱ－18表　放課後の状況

	小学		中学		計			
	男	女	男	女	男	女	計	百分比
家でひとり	13	0	47	6	60	6	66	14.63
家で兄弟姉妹と	45	7	81	10	181	17	143	31.71
友人宅・親戚宅などで	10	1	23	2	33	3	36	7.98
学校・公民館などの施設で	0	0	1	0	1	0	1	0.22
街頭でひとり	7	0	10	0	17	0	17	3.77
街頭で友人と	27	2	136	8	108	10	173	38.36
塾で勉強	0	0	1	0	1	0	1	0.22
アルバイト	0	0	9	0	9	0	9	2.00
その他	0	0	5	0	5	0	5	1.11
計	102	10	313	26	415	36	451	100.0

Ⅱ－18表は，この放課後の状況を示したものである。それによると，「街頭で友人と」すごす，と答えたものがもっとも多く，38.4％である。これに続いて，「家で兄弟姉妹と」すごすが31.7％，さらにくだって「家でひとり」が14.6％，以下「友人宅・親戚宅などで」すごす者8.0％，「街頭でひとり」ですごす者，等々となっている。ここで特色的なことは，後述のように一般の留守家庭児童・生徒の場合は「家で兄弟姉妹と」が第1位を示しているのに対して，この非行少年

の場合は「街頭で友人と」が第1位となっていることである。それは，先に述べたようにこれらの少年の非行の集団化の多いこととも無関係ではないと思われる。

放課後の行動を家庭の状況別に見ると（Ⅱ－19表），父子家庭の場合のみは「家で兄弟姉妹と」がもっとも比率が高くなっているが，これは兄弟姉妹の有無とむしろ関係があると思われ，おそらく特別の意味はないであろう。

なお，子どもたちの帰宅時の家の状況を見ると（Ⅱ－20表），子どもたちが自由に家の中に入れるものが98.5％とほとんど大多数である。したがって，これらの子どもたちが街頭で遊んでいる者が多いとしても，それは家の中に入れないという物理的な事情によるものではなくて，より精神的な問題とみなければならない。

(2) 夕食，帰宅時間

Ⅱ－21表　夕食の状況

	小学		中学		計			
	男	女	男	女	男	女	計	百分比
用意してある	21	2	38	5	59	7	66	14.6
自分でする	2	0	22	8	24	8	32	7.1
外食	1	0	9	0	10	0	10	2.2
保護者の帰宅まで待つ	73	7	232	13	305	20	325	72.1
時により欠食	5	1	12	0	17	1	18	4.0
計	102	10	318	26	415	36	451	100.0

子どもが家に帰ったとき夕食が用意してあるのか，それとも自分で夕食を準備するのか，外で外食するのか，それとも保護者の帰宅するまで待つのか，あるいは欠食するのか，といった夕食の状況を見たのが，Ⅱ－21表である。

これによると，大部分の72.1％が「保護者の帰宅まで待つ」と答えている。これにつづいては，「用意してある」ものが14.6％である。「自分でする」は7.1％であるが，中学の女子のみはその3分の1程度が自分ですると答えている。「時により欠食」する者は4.0％，外食は2.2％で，いずれも少数である。

このように子どもたちが保護者の帰宅まで待つとすれば，一体，その保護者の帰宅時間は何時ごろになるのだろうか。この保護者の帰宅時間を示すの

が、Ⅱ－22表である。保護者の帰宅時間は、「おおむね6時ごろ」が41.9％、「おおむね5時ごろ」が29.7％で、両者合して71.6％になる。すなわち、約7割2分が5時か6時ごろに帰宅している。しかし、7時以降に帰る者も、24.9％、すなわち、約2割5分居り、さらに12時以後の深更や未帰宅等も1.1％ほどある。比較的早く4時以前に帰っている者は3.1％程度である。

Ⅱ－22表　保護者の帰宅時間

	小学		中学		計			
	男	女	男	女	男	女	計	百分比
おおむね4時以前	0	1	3	0	3	1	4	0.9
〃 4時ごろ	5	0	5	0	10	0	10	2.2
〃 5時ごろ	28	6	92	8	120	14	134	29.7
〃 6時ごろ	48	3	127	11	175	14	189	41.9
〃 7時ごろ	14	0	53	3	67	3	70	15.5
〃 8時ごろ	5	0	28	3	33	3	36	8.0
8時～12時	1	0	2	0	3	0	3	0.7
12時以後	1	0	1	1	2	1	3	0.7
未帰宅又は不在	0	0	2	0	2	0	2	0.4
計	102	10	313	26	415	36	451	100.0

帰宅時間とその家計状態を見ると（Ⅱ－23表）、特に家計状態下位の層では7時以後になる者の比重が重く、「中」の19.6％に対して「下」は28.3％という数字を示している。

なお、これらの留守家庭児童・生徒が長期欠席をしているかどうかを見たのであるが、Ⅱ－24表に示すように、長期欠席者は予想外に少なく、わずか7.3％にとどまった。もっとも、これは詳細

Ⅱ－23表　家計の状態と保護者の帰宅時間

	上	中（％）	下（％）	極貧	計
おおむね4時以前	0	2（0.9）	2（0.9）	0	4
〃 4時ごろ	0	7（3.1）	3（1.4）	0	10
〃 5時ごろ	1	80（35.7）	51（24.1）	2	134
〃 6時ごろ	0	91（40.6）	96（45.3）	2	189
〃 7時ごろ	0	27（12.1）	36（17.0）	7	70
〃 8時ごろ	0	15（6.7）	19（9.0）	2	36
8時～12時ごろ	0	1（0.4）	2（0.9）	0	3
12時以後	0	0（0.0）	2（0.9）	1	3
未帰宅又は不在	0	1（0.4）	1（0.5）	0	2
計	1	224（100.0）	212（100.0）	14	451

な学校照会の結果ではないので　あるいは若干そこにくいちがいがあるかもしれない。

4.　保護者が働くことについての希望

最後に、子どもたちは親が働いていることについて、どのような考え方をしているのか、その意見を調べてみよう。Ⅱ－25表は、子どもたちがその保護者の働くことについての希望を示したものである。その結果によると、「別に考えていない」が28.8％、「働くことは止むを得ない」が16.4％、「家でできる仕事に変ってほしい」が14.4％、「現在のままでよい」が12.0％、「淋しいからやめてほしい」が8.0％、「早く帰れる仕事にかわってほしい」が7.3％、「もっと家族一緒の時間をつくってほしい」が5.6％、「もう少し

Ⅱ－25表　保護者が働くことについての希望

	小学				中学				総計			
	男	女	計	百分比	男	女	計	百分比	男	女	計	百分比
淋しいからやめてほしい	11	2	13	11.6	20	3	23	6.7	31	5	36	8.0
もう少し子どもの面倒をみてもらいたいからやめてほしい	3	0	3	2.7	13	0	13	3.8	16	0	16	3.5
勉強をみてもらいたいからやめてほしい	0	0	0	0.0	3	0	3	0.8	3	0	3	0.7
家の中がうまく行かないからやめてほしい	0	0	0	0.0	4	0	4	1.1	4	0	4	0.9
家事の手伝いが重荷なのでやめてほしい	0	0	0	0.0	1	0	1	0.3	1	0	1	0.2
家でできる仕事に変ってほしい	20	2	22	19.7	39	4	43	12.6	59	6	65	14.4
早く帰れる仕事に変ってほしい	8	1	9	8.0	23	1	24	7.0	31	2	33	7.3
せめて夕食の仕事ができるぐらいに帰ってきてほしい	1	0	1	0.9	7	1	8	2.3	8	1	9	2.0
もっと家族一緒の時間をつくってほしい	2	0	2	1.8	20	3	23	6.7	22	3	25	5.6
現在のままでよい	9	0	9	8.0	40	5	45	13.2	49	5	54	12.0
働くことはやむを得ない	11	2	13	11.6	59	2	61	18.0	70	4	74	16.4
別に考えていない	37	3	40	35.7	83	7	90	26.6	120	10	130	28.8
その他	0	0	0	0.0	1	0	1	0.3	1	0	1	0.2
計	102	10	112	100.0	313	26	339	100.0	415	36	451	100.0

子どもの面倒をみてもらいたいからやめてほしい」が3.5％，その他「せめて夕食の仕事ができるぐらいに帰ってきてほしい」，「家の中がうまく行かないからやめてほしい」，「勉強をみてもらいたいからやめてほしい」，「家事の手伝いが重荷なのでやめてほしい」が若干ある。総じて，保護者の働く現状を肯定する者が57.2％でもっとも多く、若干の不満を抱いている者が29.3％，積極的に不満を表明してやめてほしいという者が13.3％である。

これを小学生，中学生別に見ると，保護者の働く現状を肯定する者は，小学生で55.3％、中学生で57.8％と中学生に高く、反対に、積極的にやめてほしいという者は，小学生に14.3％，中学生に12.7％と小学生に高くなっている。若干の不満を表明している者は，中学生に29.2％、小学生に20.4％と中学生の方に高くなっている。つまり、中学生の年齢になれば，かなり世間のこともわかってきているので大体において現状を肯定するが，多少は不満を潜在させているし，これに対し，小学生の場合は、幼いだけに不満の意志を積極的にあらわす者と現状を肯定する者とがはっきりしやすい、とも解されよう。

さらに、これを家庭状況別に見ると（Ⅱ－27表），両親ともかせぎ家庭，母子家庭，父子家庭いずれも「別に考えていない」がもっとも多いが，これにつづいては母子家庭においては「働くことはやむを得ない」とする者がほぼ同数程度あり，父子家庭では「現在のままでよい」，「もっと家族一緒の時間をつくってほしい」がこれにつづき，両親ともかせぎ家庭では「家でできる仕事にかわってほしい」がつづいている。母子家庭の場合は、その事情からしても現状を肯定せざるを得ないであろうし，父子家庭の場合はとかく父子の接触が欠けがちなことがうかがわれ，両親ともかせぎの場合は，多少の余裕もあり，したがって母親には家にいてできる仕事にかわってほしいとの希望も出てくるのであろう。

細かな点ではこのようにいろいろあるが，しかし，全体としてみれば，前述のように「別に考えていない」とする者が、もっとも多数を占めているということになる。

5. 要　　約

以上，留守家庭児童・生徒の非行者について，その非行内容，家庭の諸条件，

—44—

放課後の生活の諸状況、等についてながめてきたのであるが、これを要約すればつぎのようであった。

1. 留守家庭児童・生徒の非行率は，それほど高くはない。
2. 男女別では，男が圧倒的に多く，92％を占めている。
3. 学校別では，中学生が留守家庭非行者全体の75％、小学生が25％で、また学年が上がるほど、調査対象の全非行者の中で占める割合は高くなる。しかし、小学生非行者，中学生非行者に対する本調査対象の比でみると，小学生の方が中学生よりも留守家庭非行率が高くなっている。これは，保護者不在による影響が，幼いほど深いものがあることを示す、と見られないこともない。
4. 罪種は，その大半の75.8％が窃盗である。
5. 集団で非行を 行 なった者がかなり多く，78.5％もある。これには，年齢や放課後の遊び方なども関係があろう。その集団の人数は，2人～4人がもっとも多い。
6. リーダーは31.7％で，リーダーでない者の方が多い。
7. 動機は、小づかい銭不足がもっとも多くて24.2％である。もっとも，この動機というのは、少年の言葉によるもので深い心理的な分析を科学的に 行 なった結果とは別である。
8. これまでに一度も補導されたことのない者は56.2％、逆にすでに非行歴さえもつ者は31.4％，補導歴のみある者は11.1％である。
9. 家計は，中と下・極貧が半々である。ただし，中の内容には問題があり，かなりの不安定階層が含まれている。
10 家庭の状況は，両親ともかせぎ家庭が61.4％，母子家庭が22.8％である。
11. 放課後の状況は，街頭で友人とすごすという者の多いことがひとつの特色である。これが38.4％，家で兄弟姉妹とすごす者が31.7％，家でひとりでという者が14.6％である。後章の一般の留守家庭児童・生徒の場合は，街頭で友人とすごす者は第4位であり，非行少年の場合は，放課後から夕食までの時間のすごし方に問題がある。また，これは非行内容に集団化の多いこととも関係が深いと思われる。

—45—

12. 夕食は，保護者の帰宅まで待つ者が，72.1%である。家には大多数の者が自由にはいれる状態にある。

13. 保護者の帰宅は夕方5時〜6時頃が約7割2分，7時以降も約2割5分ある。家計状態の下のほうが一般におそく帰宅しているようである。一般に，非行少年を生んだ留守家庭の方が，他の留守家庭よりも7時以降の帰宅者の率（後述のように，一般留守家庭では19.8%，非行少年では24.9%）が高いようである。

14. 両親が働くことについては，現状のままを肯定している少年がもっとも多く57.2%，不満をもつ者がもっとも少なく13.3%，若干の不満を抱く者がその中間で29.3%である。概して中学生の方には肯定者が多く，小学生では不満をあらわす者が中学生に比し多い。ただし，この場合の肯定とは，別に考えないというやや無関心の者，やむを得ないと考えている者などをふくませた数字である。

留守家庭児童・生徒の非行者に関しては，ほぼ上に述べたようであるが，その記述の中では一般の留守家庭児童・生徒のことにも一部ふれている。そこで，今度は特別な非行少年といった問題をはなれて，普通の正常な学校生活をおくっている留守家庭の児童・生徒たちについて，その教育や生活の実態を，他の一般家庭の児童・生徒と対比しつつ，ながめてみることにしたい。

§3 留守家庭児童・生徒の一般的実態

1. 調査対象

本調査の対象総数は，序論の1，(3)に述べたごとく，1,551名である。その学校別，学年別，男女別の内訳を示すと，Ⅲ−1表，及びⅢ−2表のごとくである。Ⅲ−1表は小学校，Ⅲ−2表は中学校である。すなわち，小学校第5，6学年762名（男子378名，女子384名），中学校第2，3学年789名（男子408名，女子381名）を取り上げたのであり，男女別では，男子786名，女子765名である。このうちの留守家庭児童・生徒は，小学生192名（男子99名，女子93名），中学生182名（男子90名，女子92

Ⅲ−1表　調査対象A（小学生）

	留守家庭児童			調査総数			
	5年(男・女)	6年(男・女)	計(男・女)	5年(男・女)	6年(男・女)	計(男・女)	留守家庭児童比
A．川崎市立東大島小	14(7・7)	9(8・1)	23(15・8)	44(24・20)	42(22・20)	86(46・40)	26.73%
B．横須賀・城北	5(2・3)	6(4・2)	11(6・5)	39(19・20)	32(17・15)	71(36・35)	15.49
C．相模原・旭	10(4・6)	10(5・5)	20(9・11)	39(17・22)	40(20・20)	79(37・42)	25.30
D．川崎・桜本	17(8・9)	19(7・12)	36(15・21)	38(17・21)	41(23・18)	79(40・39)	45.54
E．横浜・八景	5(3・2)	14(6・8)	19(9・10)	32(14・18)	37(17・20)	69(31・38)	27.53
F．厚木・清水	9(5・4)	6(3・3)	15(8・7)	41(21・20)	41(20・21)	82(41・41)	18.29
G．横浜・平沼	12(8・4)	5(3・2)	17(11・6)	39(22・17)	38(19・19)	77(41・36)	22.07
H．横須賀・船越	8(4・4)	15(8・7)	23(12・11)	44(21・23)	48(24・24)	92(35・47)	24.98
I．小田原・下府中	14(10・4)	7(1・6)	21(11・10)	46(21・25)	39(19・20)	85(40・45)	24.69
J．藤沢・明治	—	7(3・4)	7(3・4)	—	42(21・21)	42(21・21)	16.66
計	94(51・43)	98(48・50)	192(99・93)	362(176・186)	400(202・198)	762(378・384)	25.19

Ⅲ−2表　調査対象B（中学生）

	留守家庭生徒			調査総数			
	2年(男・女)	3年(男・女)	計(男・女)	2年(男・女)	3年(男・女)	計(男・女)	留守家庭生徒比
A．横浜市立宮田中	11(6・5)	10(4・6)	21(11・10)	41(21・20)	46(22・24)	87(43・44)	24.13%
B．箱根・明星	4(2・2)	5(2・3)	9(4・5)	35(18・17)	46(28・18)	81(46・35)	11.11
C．横須賀・田浦	7(6・1)	15(6・9)	22(12・10)	43(23・20)	41(20・21)	84(43・41)	26.18
D．横須賀・久里浜	12(8・4)	12(6・6)	24(14・10)	43(23・20)	46(23・23)	89(46・43)	26.95
E．横浜・老松	4(3・1)	5(3・2)	9(6・3)	46(26・20)	44(25・19)	90(51・39)	10.00
F．川崎・川崎	3(1・2)	14(7・7)	17(8・9)	41(22・19)	38(20・18)	79(42・37)	21.51
G．厚木・厚木	10(3・7)	8(4・4)	18(7・11)	43(19・24)	44(22・22)	87(41・46)	20.68
H．相模原・大野北	16(6・10)	15(7・8)	31(13・18)	54(24・30)	49(27・22)	103(51・52)	30.07
I．藤沢・第一	14(7・7)	—	14(7・7)	44(22・22)	—	44(22・22)	31.78
J．川崎・渡田	—	17(9・8)	17(9・8)	—	45(23・22)	45(23・22)	37.77
計	81(42・39)	101(48・53)	182(90・92)	390(198・192)	399(210・189)	789(408・381)	23.06

Ⅲ−3表　調査対象（C）

	留守家庭児童・生徒			一般児童・生徒			調査総数		
	男	女	計	男	女	計	男	女	計
小学5年	51	41	92	125	144	269	176	185	361
小学6年	49	48	97	153	146	299	202	194	396
中学2年	42	39	81	156	147	303	198	186	384
中学3年	46	54	100	162	136	298	208	190	398
計(百分比)	188 (23.97)	182 (24.09)	370 (24.04)	596	573	1,169	784	755	1,539 (100.0)

名）で、計３７４名であった。もちろん、調査対象が調査の制約上，学校，学年，学級的に限定されているわけであるが，本調査に関するかぎり、その留守家庭率は全体で２４.３％，小学生では２５.２％，中学生では２３.１％である。最低は小学校では１５.５％，中学校では１０.０％，最高は小学校では４５.６％，中学校では３７.８％となったが，もちろんこれはその地域差をより多く反映しているものといえよう。

ところで，さきにも述べたように，上記の総数のうちには記入の十分でないもの１２票があったのでこれを除外し，最終的に実際の具体的分析の対象としたのは，Ⅲ－３表のごとくである。以下の記述は，すべてこの数字を基礎として述べたものである。すなわち，総数は1,５３９名，そのうち留守家庭児童・生徒は３７０名、一般家庭児童・生徒は1,１６９名，そしてこの場合の留守家庭率は２４.０％である。小学生は７５７名（留守家庭児童１８９名、一般家庭児童５６８名），中学生は７８２名（留守家庭生徒１８１名，一般家庭生徒６０１名）である。さらに，これを分けると，小学5年生３６１名（留守家庭児童９２名，一般家庭児童２６９名），小学6年生３９６名（留守家庭児童９７名、一般家庭児童２９９名）、中学2年生３８４名（留守家庭生徒８１名，一般家庭生徒３０３名），中学3年生３９８名（留守家庭生徒１００名，一般家庭生徒２９８名）であった。なお，男女別では，男子７８４名（留守家庭児童・生徒１８８名，一般家庭児童・生徒５９６名），女子７５５名（留守家庭児童・生徒１８２名，一般家庭児童・生徒５７３名）である。すなわち，男子における留守家庭率は２４.０％，女子における留守家庭率は２４.１％である。また，留守家庭児童・生徒の男女比は，男子５０.８対女子４９.２である。

2.　放課後時間と家庭

(1)　家庭状況

まず最初に本調査の対象となった留守家庭児童・生徒の家庭の状況を見ると，Ⅲ－４表のとおりである。すなわち，両親ともかせぎ家庭がもっとも多く８０.５％，次いで母子家庭の１１.６％，父子家庭３.０％等となる。さきの留守家庭非行少年の場合と比較すると，両親ともかせぎ家庭の率は高く，母子家庭，父子家庭の率は低く（非行少年では両親ともかせぎ家庭６１.４％，

母子家庭２２.８％，父子家庭１２.９％）なっている。別言すれば，非行少年の方が母子家庭，父子家庭の率が相対的に高い，ということにもなろう。これは，あるいは母子家庭，父子家庭に危険度がやや高いということを示すのかもしれない。

それはともかく，この家庭状況をさらに小学生と中学生についてみると，小学生では両親ともかせぎ家庭が８３.１％，母子家庭が１１.１％，父子家庭が２.６％であり，中学生では両親ともかせぎ家庭が７７.９％，母子家庭が１２.２％，父子家庭が３.３％である。

Ⅲ－４表　家庭状況

学校	学年	性別	両親ともかせぎ家庭	父子家庭	母子家庭	成人の保護者のいる家庭	成人の保護者のいない家庭	その他	計
小学	5	男	42	4	3	0	0	2	51
		女	34	0	5	0	0	2	41
		計	76	4	8	0	0	4	92
	6	男	41	0	7	0	0	1	49
		女	40	1	6	0	0	1	48
		計	81	1	13	0	0	2	97
	計	男	83	4	10	0	0	3	100
		女	74	1	11	0	0	3	89
		計	157	5	21	0	0	6	189
中学	2	男	36	0	4	0	1	1	42
		女	34	2	3	0	0	0	39
		計	70	2	7	0	1	1	81
	3	男	36	1	2	0	0	7	46
		女	35	3	13	0	0	3	54
		計	71	4	15	0	0	10	100
	計	男	72	1	6	0	1	8	88
		女	69	5	16	0	0	3	93
		計	141	6	22	0	1	11	181
総計		男	155	5	16	0	1	11	188
		女	143	6	27	0	0	6	182
		計	298	11	43	0	1	17	370
		百分比	80.5	3.0	11.6	0.0	0.3	4.6	100.0

つぎに，子どもたちが家に帰ったとき，家屋内にはいれる状態かどうかを見ると，Ⅲ－５表のようである。すなわち，ほとんど全部の９６.２％が家にはいれるのであり，家にはいれない者はわずかに２.7％にすぎない。この点は，非行

Ⅲ－5表　家の状況

学校	学年	性別	家にはいれる	家にはいれない	無答	計
小学校	5	男	49	0	2	51
		女	41	0	0	41
		計	90	0	2	92
	6	男	42	6	1	49
		女	44	4	0	48
		計	86	10	1	97
	計	男	91	6	3	100
		女	85	4	0	89
		計	176	10	3	189
中学校	2	男	41	0	1	42
		女	39	0	0	39
		計	80	0	1	81
	3	男	46	0	0	46
		女	54	0	0	54
		計	100	0	0	100
	計	男	87	0	1	88
		女	93	0	0	93
		計	180	0	1	181
総計		男	178	6	4	188
		女	178	4	0	182
		計	356	10	4	370
		百分比	96.2	2.7	1.1	100.0

Ⅲ－6表　長欠の有無（留守家庭）

学校	学年	性別	長欠していない	長欠している	病気により長欠	他の理由により長欠	計
小学校	5	男	51	0	0	0	51
		女	40	0	1	0	41
		計	91	0	1	0	92
	6	男	49	0	0	0	49
		女	48	0	0	0	48
		計	97	0	0	0	97
	計	男	100	0	0	0	100
		女	88	0	1	0	89
		計	188	0	1	0	189
中学校	2	男	42	0	0	0	42
		女	38	0	1	0	39
		計	80	0	1	0	81
	3	男	45	0	1	0	46
		女	53	1	0	0	54
		計	98	1	1	0	100
	計	男	87	0	1	0	88
		女	91	1	1	0	93
		計	178	1	2	0	181
総計		男	187	0	1	0	188
		女	179	1	2	0	182
		計	366	1	3	0	370
		百分比	98.9	0.3	0.8	0	100.0

少年の場合においてもほとんど同様である。また,家にはいれないでいる者は小学生だけにあり、中学生にはない。

(2) 放課後の状況

学校への通学状況に関連し，留守家庭児童・生徒と一般家庭児童・生徒の長期欠席の有無を調べたのが，Ⅲ－6表およびⅢ－7表である。前者において1.1％，後者において0.8％が長期欠席しているだけで，きわめてわずかな人数にとどまっている。したがって，留守家庭児童・生徒も一般家庭児童・生徒も，その通学状況，特に長期欠席に関してはかわりがなく，問題とするに足りないということができよう。

ところで，問題はその放課後の状況にあるといえよう。この放課後の状況に関しては，一般家庭児童・生徒の場合は省略したが，少なくともその非行少年の場合との比較はできる。Ⅲ－8表は，留守家庭児童・生徒一般の放課後の状況を見たものであるが，これによるともっとも多いのは，「家で兄弟姉妹と」すごすもので44.6％，第2位は「家でひとり」ですごすもので，24.0％，以下はなれて「友人宅・親戚宅などで」すごすもの7.6％，「学校・公民館などの施設」ですごすもの7.3％，「街頭で友人と」すごすもの7.0％，「塾で勉強」するもの6.5％，等の順位となっている。さきの非行少年の場合に第1位であった「街頭で友人と」すごすものは，ここではずっと下って第5位となっている。

小学生と中学生別に見ると，中学生の場合は「家で兄弟姉妹と」が第1位で58.0％，「家でひとり」が第2位で22.6％，「学校・公民館などの施設」でがかなり下がって第3位で7.2％，「塾で勉強」が第4位で6.1％，「友人宅・親戚宅などで」が第5位で2.2％，「街頭で友人と」はやっと第6位で，しかもわずかの1.7％である。おなじ中学生でも非行少年の場合は「街頭で友人と」は42.5％に達し，第1位であったのだから，ここに大きな差異が見られる。小学生の場合は，「家で兄弟姉妹と」が第1位で31.7％，「家でひとり」でが第2位で25.4％，第3位は「友人宅・親戚宅などで」の12.7％である。中学生の場合に第3位は「学校・公民館などの施設」ですごすものであったが，これは，中学生においては，クラブ活動などで放課後，帰宅時間まで課外活動をしているからであろう。第4位は，小学生の場合，「街頭で友人と」で比率的には第３位に接して１２.２％である。小学生の場合は，一般的にも近所の友人と比較的家に近い街頭で遊ぶといったことも相対的に多いことが考えられ，これがこの順位と率になっているのであろう。しかし，非行少年の場合は小学生でも２５.９％とその率は２倍以上になっている。

なお，この放課後の状況と，両親ともかせぎ家庭、母子家庭，父子家庭などの家族生活による差異を見ると，（Ⅲ－９表），両親ともかせぎ家庭の場合「家で兄弟姉妹と」，「家でひとり」に次いで「塾で勉強」が第３位にあり，つづいて「学校・公民館などの施設で」，「友人・親戚宅などで」の順位となっている。「塾で勉強」が相対的に高い位置にあるのは，その多少の経済的余裕を示すものかもしれない。母子家庭では，絶対数の少ないせいもあるが，「塾で勉強」は皆無である。

Ⅲ－７表　長欠の有無（一般家庭児童・生徒）

学校	学年	性別	長欠していない	長欠している	病気により長欠	他の理由により長欠	計
小	5	男	125	0	0	0	125
		女	144	0	0	0	144
		計	269	0	0	0	269
学	6	男	151	2	0	0	153
		女	145	1	0	0	146
		計	296	3	0	0	299
校	計	男	276	2	0	0	278
		女	289	1	0	0	290
		計	565	3	0	0	568
中	2	男	155	0	1	0	156
		女	144	1	2	0	147
		計	299	1	3	0	303
学	3	男	161	0	1	0	162
		女	135	1	0	0	136
		計	296	1	1	0	298
校	計	男	316	0	2	0	318
		女	279	2	2	0	283
		計	595	2	4	0	601
総計		男	592	2	2	0	596
		女	568	3	2	0	573
		計	1,160	5	4	0	1,169
		百分比	99.2	0.4	0.4	0.0	100.0

家庭のしつけに関する項目は後に述べるところであるが，この放課後の状況に関連してみると，「街頭で友人と」すごす者は，しつけの５段階尺度で評価されたしつけが「ほとんどない」とされた側に片寄っているのが見られ

Ⅲ－８表　放課後の状況

学校	学年	性別	家でひとり	家で兄弟姉妹と	友人宅・親戚宅などで	学校・公民館などの施設	街頭でひとり	街頭で友人と	塾で勉強	アルバイト	その他	計
小	5	男	12	19	5	2	0	6	5	0	2	51
		女	18	12	4	1	0	2	3	0	1	41
		計	30	31	9	3	0	8	8	0	3	92
学	6	男	6	14	5	8	1	9	3	0	3	49
		女	12	15	10	3	0	6	2	0	0	48
		計	18	29	15	11	1	15	5	0	3	97
校	計	男	18	33	10	10	1	15	8	0	5	100
		女	30	27	14	4	0	8	5	0	1	89
		計	48	60	24	14	1	23	13	0	6	189
中	2	男	9	18	2	4	0	3	2	2	2	42
		女	10	19	0	6	0	0	4	0	0	39
		計	19	37	2	10	0	3	6	2	2	81
学	3	男	6	32	1	3	0	0	4	0	0	46
		女	16	36	1	0	0	0	1	0	0	54
		計	22	68	2	3	0	0	5	0	0	100
校	計	男	15	50	3	7	0	3	6	2	2	88
		女	26	55	1	6	0	0	5	0	0	93
		計	41	105	4	13	0	3	11	2	2	181
総計		男	33	83	13	17	1	18	14	2	7	188
		女	56	82	15	10	0	8	10	0	1	182
		計	89	165	28	27	1	26	24	2	8	370
百分比			24.0	44.6	7.6	7.3	0.3	7.0	6.5	0.5	2.2	100.0

Ⅲ－１１表　夕食の状況

学校	学年	性別	用意してある	自分でする	外食	保護者の帰宅するまで待つ	時により欠食	無答	計
小	5	男	3	1	1	44	0	2	51
		女	2	3	0	36	0	0	41
		計	5	4	1	80	0	2	92
学	6	男	9	2	0	36	0	2	49
		女	12	2	0	34	0	0	48
		計	21	4	0	70	0	2	97
校	計	男	12	3	1	80	0	4	100
		女	14	5	0	70	0	0	89
		計	26	8	1	150	0	4	189
中	2	男	7	3	0	31	0	1	42
		女	9	5	1	24	0	0	39
		計	16	8	1	55	0	1	81
学	3	男	13	6	0	27	0	0	46
		女	9	13	0	32	0	0	54
		計	22	19	0	59	0	0	100
校	計	男	20	9	0	58	0	1	88
		女	18	18	1	56	0	0	93
		計	38	27	1	114	0	1	181
総計		男	32	12	1	138	0	5	188
		女	32	23	1	126	0	0	182
		計	64	35	2	264	0	5	370
百分比			17.3	9.5	0.5	71.3	0	1.4	100.0

る。）（Ⅲ−10表）

(3) 夕食，帰宅時間

つぎに、夕食の状況はどのようであるか、これを見てみよう。Ⅲ−11表はこの夕食状況を示したものであるが，全体の71.3％が「保護者の帰宅するまで待」っており，保護者の側で「用意してある」ものは17.3％，「自分でする」ものは9.5％である。すなわち、その大多数は，保護者の帰宅まで待って、それから保護者と一緒に夕食をとっている。欠食する者は，1名もいない。「自分でする」と答えた者は、小学生にはきわめて少なく，中学生の方に多い。また，男子よりも、女子の方に多くなっている。これは，年齢や，平常の生活の点からも，当然のことであろう。さらに，両親ともかせぎ家庭、母子家庭、等によるその夕食状況を見ると（Ⅲ−12表），いずれもさしたる変りはないが，しいていえば「自分でする」ものは母子家庭，父子家庭にやや多く，また，「用意してある」ものは，両親ともかせぎ家庭，母子家庭，父子家庭の順になっている。

それでは，保護者の帰宅時間（Ⅲ−13表）の方はどうであろうか。子どもたちの親が帰ってくるのは「おおむね6時ごろ」がもっとも多く35.1％これと接近して「おおむね5時ごろ」が34.9％で，大体両者合して5時〜6時ごろが全体の70.0％を占める。これに次いでは，「おおむね7時ごろ」が12.4％，「おおむね8時ごろ」が4.1％，そして「8時以降」が1.4％である。7時以降に帰宅するものは，このように18.4％であり，前記非行少年の方が24.9％であったのにくらべると，やはりその率は低い。逆にいえば，帰宅時間がおそいことは，やはりそれだけ危険度が高いということにもなろう。5時，6時，7時の時間帯で82.4％の大半が帰宅しているが，これより早い「おおむね4時ごろ」は7.8％，「4時以前」に帰る者は2.4％である。早く帰る方もこのように10.2％であるが，非行少年の場合はわずかに3.1％にすぎなかったのである。

小学生，中学生別では,小学生の方に4時前に帰ってくる者がやや多く，中学生の方に8時より後に帰ってくる者の率がやや高くなっている。学年的にも，高学年ほど遅く帰る者がわずかずつふえているようである。

3. 成績，性格

留守家庭児童・生徒と一般家庭児童・生徒との間に，その成績や性格にちがいがあるかどうかを見ようというのが，本節の目的である。そこで，まず成績からながめてみよう。

(1) 成　績

小学校、中学校の成績はいずれも5段階評価であるが，小学校では8教科，中学校では9教科と教科数に差異がある。各教科別の成績を留守家庭児童・生徒と一般家庭児童・生徒と対比しつつ示したのは，資料のⅢ−16表からⅢ−24表であるが，その総合成績を見るために，小学校・中学校別にその総計点を次のように7段階に分かった。

たとえば，小学生では各教科とも3の評価を受けていれば，8教科の総計24で，7段階区分では4の段階に入り，中学生で各教科とも3の評価であれば，9教科の総計27で，これも7段階区分で4の段階に入る，というようにしたのである。

Ⅲ−13表　保護者の帰宅時間

			おおむね4時以前	4時ごろ	5時ごろ	6時ごろ	7時ごろ	8時ごろ	8時以降	無答	計
小学校	5	男	3	5	12	20	8	1	0	2	51
		女	0	5	12	16	8	0	0	0	41
		計	3	10	24	36	16	1	0	2	92
	6	男	2	4	18	15	6	2	0	2	49
		女	1	3	17	22	3	0	2	0	48
		計	3	7	35	37	9	2	2	2	97
	計	男	5	9	30	35	14	3	0	4	100
		女	1	8	29	38	11	0	2	0	89
		計	6	17	59	73	25	3	2	4	189
中学校	2	男	2	3	16	13	4	1	2	1	42
		女	1	2	13	9	8	2	4	0	39
		計	3	5	29	22	12	3	6	1	81
	3	男	0	6	15	17	3	0	5	0	46
		女	0	1	26	18	6	1	2	0	54
		計	0	7	41	35	9	1	7	0	100
	計	男	2	9	31	30	7	1	7	1	88
		女	1	3	39	27	14	3	6	0	93
		計	3	12	70	57	21	4	13	1	181
総計		男	7	18	61	65	21	4	7	5	188
		女	2	11	68	65	25	3	8	0	182
		計	9	29	129	130	46	7	15	5	370
		百分比	2.4	7.8	34.9	35.1	12.4	1.9	4.1	1.4	100.0

この総合成績を，留守家庭児童・生徒と一般家庭児童・生徒とについて示したのが，Ⅲ－１４表である。また，両者を合した全体を示したのが，Ⅲ－１５表である。いうまでもなく，これらの表のいずれにおいても，もっとも多いのは４の段階に属する成績中位のもので，これを頂点に正規曲線を描いている。

Ⅲ－２５表　総合成績の７段階区分（総計点）

区分	小学生（総計点）	中学生（総計点）
1	８～１０	９～１５
2	１１～１５	１６～２０
3	１６～２０	２１～２５
4	２１～２５	２６～３０
5	２６～３０	３１～３５
6	３１～３５	３６～４０
7	３６～４０	４１～４５

この段階区分で，１～３は成績の概して劣ったもの，４～５は普通，６～７は成績のすぐれた者である。そこで，１～３を下位，４～５を中位，６～７を上位として，留守家庭児童・生徒と一般家庭児童・生徒とを対比してみたのが，Ⅲ－２６表，Ⅲ－２７・A表，Ⅲ－２７．B表である。Ⅲ－２６表は，その全体をまとめたもの，Ⅲ－２７・A表は小学生，Ⅲ－２７・B表は中学生をとり出したものである。

全体的にいうと，一般家庭児童・生徒は成績上位が１６.８％，普通の中位が５０.４％，成績下位が３２.８％である。これに対し，留守家庭児童・生徒は，成績上位が１３.５％，成績中位４７.０％，成績下位３９.５％である。すなわち，留守家庭児童・生徒は成績下位が一般家庭児童・生徒より6.7％多く，成績上位はこれに反し3.3％少なくなっている。結論的にいえば，有意差をもって，留守家庭児童・生徒の成績は，概して一般家庭児童・生徒より劣る，ということになる。

もちろん，このように留守家庭児童・生徒の成績が概して芳しくないということは，単に保護者が外に働きに出るということに直結できるのではなくて，むしろ，もともと手から口への生活の中で家庭にも十分な学習環境がない，とみた方がよいかとも思われる。また，これはあくまで統計上の操作結果であって，個別的には成績上位者の中にもきわめてすぐれた者が含まれていることは注目してよい。小学校１９学級のうち，１，２学期に学級委員であった児童が１０名含まれているのも，その一つの証左であろう。ただ，これらを数量的に全体としてならしてみると，全般には留守家庭児童・生徒が

Ⅲ－２６表　総合成績（全員）

	下	中	上	計
留守家庭児童・生徒	146(39.5)	174(47.0)	50(13.5)	370(100.0)
一般家庭児童・生徒	384(32.8)	589(50.4)	196(16.8)	1,169(100.0)
計	530	763	246	1,539

(注)（　）内は百分比，下表も同じ

Ⅲ－２７・A表　総合成績（小学生）

	下	中	上	計
留守家庭児童	73(38.6)	98(51.9)	18(9.5)	189(100.0)
一般家庭児童	141(24.8)	305(53.7)	122(21.5)	568(100.0)
計	214	403	140	757

Ⅲ－２７・B表　総合成績（中学生）

	下	中	上	計
留守家庭生徒	73(40.3)	76(42.0)	32(17.7)	181(100.0)
一般家庭生徒	243(40.4)	284(47.2)	74(12.3)	601(100.0)
計	316	360	106	782

やや悪い，というにすぎない。

また，小学校，中学校別に見ると，小学校では有意差をもって劣る方に傾いているが　中学校では必ずしもそうではない。むしろ，単純な比率だけからいうと，成績上位は１７.７％で一般家庭児童・生徒の１２.３％より5.4％多く，これに反して成績下位は４０.３％で,一般家庭児童・生徒の４０.４％より0.１％少なくなっている。どちらかというと，留守家庭生徒の方が一般家庭生徒より成績がよく見えるくらいであるが，ただこの範囲では，有意差をもって断定できないというにとどまる。少なくとも，中学生では留守家庭と一般家庭とを，成績面では区別できないのである。

小学生の場合は，成績下位が一般家庭より１３.８％多く，上位も１２.０％少なくて明らかに劣る方に傾いているが，こうした状況をかれこれ考え合せると，上に保護者が働きに出ることが云々と述べたけれども，あるいは小学

生の段階では母親がより多く家にいて見守ったり，勉強を見てやる機会もあるといったことに影響されやすく，中学生の段階ともなると自立性がつよく，家庭状況とは無関係に本人の自覚と自力の如何で成績も左右されてくる，と考えることができないでもない。

(2) 性　格

つぎに，行動および性格の評定にうつろう。その記入は，全児童・生徒を5月，7月，9月にわたって継続観察した結果を補助調査票に書き込み，これを指導要録と同じ基準の5段階評定でまとめたものである。すなわち，行動および性格の評定の数字は，1，劣っている，2，やや劣っている，3，普通，4，ややすぐれている，5，すぐれている，を示している。最後に，自由な所見欄を設けて記入してもらった。その全体的な結果は，Ⅲ－28表～Ⅲ－40表のようである。

イ．基本的な生活習慣

上の5段階評定の結果を，1．と2．をひとつにまとめ，さらに4．と5．をひとつにまとめ，全体としてA，B．Cに3分類してみた。Aは，4、5で行動および性格にプラスの評価を受けているもの，Bは3で普通のもの，Cは1，2で若干マイナスの評価を受けているものである。以下，これについて大づかみな傾向をながめてゆくことにする。

まず，基本的な生活習慣では，Ⅲ－41表に見るように，一般家庭児童・生徒でAに属するものは37.4％，これに対し留守家庭児童・生徒は，28.9％で8.5％少なく，逆にCでは，前者が16.3％で，後者が25.5％と後者の方が9.2％多くなっている。概していうと，基本的な生活習慣の形成では，留守家庭児童・生徒の方が，一般家庭児童・生徒より劣っているといえる。

Ⅲ－41表　基本的な生活習慣　　　㈲　（　）内は百分比

	C	B	A	不明	計
留守家庭児童・生徒	94 (25.5)	168 (45.4)	107 (28.9)	1 (0.3)	370 (100.0)
一般家庭児童・生徒	190 (16.3)	540 (46.2)	438 (37.4)	1 (0.1)	1,169 (100.0)
計	284	708	545	2	1,539

ロ．自　主　性

自主性は，留守家庭児童・生徒の場合，Aが24.9％，Cが26.2％，これに対し一般家庭児童・生徒の場合は，Aが33.　％，Cが18.2％である。つまり，一般家庭児童・生徒の方が，プラスの面で8.2％多く，留守家庭児童・生徒の方がマイナスの面で8.0％多い。全体として，この自主性の面でも留守家庭児童・生徒の方が劣るようである。

Ⅲ－42表　　自　主　性

	C	B	A	不明	計
留守家庭児童・生徒	97 (26.2)	181 (48.9)	92 (24.9)	0 (0.0)	370 (100.0)
一般家庭児童・生徒	213 (18.2)	567 (48.5)	387 (33.1)	2 (0.2)	1,169 (100.0)
計	310	748	479	2	1,539

㈲　（　）内は百分比

ハ．責　任　感

責任感については，全般的に評価の良い方で，一般家庭児童・生徒ではAが34.1％，留守家庭児童・生徒ではAが31.3％となっている。これに対し，マイナスの軸のCについては，前者が14.5％，後者が22.2％となっている。ここでも留守家庭児童・生徒の方が劣るように見えるが，有意差はない。

Ⅲ－43表　　責　任　感

	C	B	A	不明	計
留守家庭児童・生徒	82 (22.2)	172 (46.5)	116 (31.3)	0 (0.0)	370 (100.0)
一般家庭児童・生徒	181 (14.5)	588 (50.3)	399 (34.1)	1 (0.1)	1,169 (100.0)
計	263	760	515	1	1,539

㈲　（　）内は百分比

この責任感に関しては，中学生の場合は逆で，Aに属する者が一般家庭の36.2％に対し，留守家庭の生徒の方が43.6％と7.4％多く，Cに属する者は反対に前者の１５.３％に対し１３.３％と２.０％低くなっている。しかし、この場合も、断定できる範囲ではない。

したがって、責任感については、どちらがどうと積極的に決定づけることはできない。

ニ．根気強さ

根気強さは、留守家庭児童・生徒はＡとみなされるものが２３.８％、Ｂが５１.１％、Ｃとみなされるものが２５.１％である。これに対し、一般家庭児童・生徒では、Ａとみなされるものが３０.２％、Ｂが５２.０％、Ｃとみなされるものが１８.７％である。結果は、留守家庭児童・生徒において、やや根気強さが欠けている。

Ⅲ－４４表　根気強さ

	C	B	A	不明	計
留守家庭児童・生徒	93 (25.1)	189 (51.1)	88 (23.8)	0 (0.0)	370 (100.0)
一般家庭児童・生徒	218 (18.7)	607 (52.0)	352 (30.2)	1 (0.1)	1,169 (100.0)
計	311	796	440	1	1,539

(注)　(　) 内は百分比

ホ．自省心

自省心は、留守家庭児童・生徒でＡに属するものが２５.７％とＣに属する２３.８％を上回っている。しかし、一般家庭児童・生徒の場合はさらに差が大きくＡが２８.１％，Ｃが１５.６％となっている。やはり，留守家庭児童・生徒の方が、やや劣る傾向が有意的にみられる。

Ⅲ－４５表　自省心

	C	B	A	不明	計
留守家庭児童・生徒	88 (23.8)	173 (46.7)	95 (25.7)	0 (0.0)	370 (100.0)
一般家庭児童・生徒	183 (15.6)	625 (53.5)	328 (28.1)	1 (0.2)	1,169 (100.0)
計	271	798	423	1	1,539

(注)　(　) 内は百分比

ヘ．向上心

向上心も，全員を通じてＡに属するものが，Ｃに評価されるものを上回っている。すなわち、一般家庭児童・生徒では，Ａが３２.９％，Ｂが４６.７％，Ｃが１７.６％である。留守家庭児童・生徒の場合は、これに対し，Ａが２７.３％，Ｂが４５.１％，Ｃが２３.８％である。このように，いずれの場合も，プラスに評価される者の率がマイナスに評価される者の率より高いが，一般家庭児童・生徒と留守家庭児童・生徒との間には，有意的な差はない。

また，中学生の場合は，留守家庭生徒でのＡが３７.６％，Ｃが１６.０％，一般家庭生徒ではＡが３５.６％，Ｃが２０.６％とずれがあり，むしろ留守家庭の方がすぐれているようにもみえるが，これもまた，有意といえるほどの差はない。

Ⅲ－４６表　向上心

	C	B	A	不明	計
留守家庭児童・生徒	88 (23.8)	167 (45.1)	101 (27.3)	14 (3.8)	370 (100.0)
一般家庭児童・生徒	206 (17.6)	546 (46.7)	385 (32.9)	32 (2.8)	1,169 (100.0)
計	294	713	486	46	1,539

(注)　(　) 内は百分比

ト．公正さ

プラスの軸方向であるＡが，マイナス評価のＣよりもはるかに高い率を示しているのは，公正さ，であろう。留守家庭児童・生徒においても，Ａは２９.５％であり，Ｃはわずかに９.８％にすぎない。一般家庭児童・生徒の場合は，Ａが３０.７％，Ｃが１１.９％である。おとる方の率はむしろ留守家庭の方に少なくなっており，すぐれた方では一般家庭の方がほんのわずか多いようであるが，結局，両者間に有意的な差といえるほどのものはない。

この項目も，中学生では留守家庭生徒のＡが４１.５％，Ｃが１１.０％，一般家庭のＡが３３.１％，Ｃが１１.２％というように，やや留守家庭生徒の方がまさるように見えるが，有意的というに足る差ではない。

責任感，向上心とおなじく，公正さにおいても，留守家庭児童・生徒と一般家庭児童・生徒との間には，その差異は見出されないのである。

Ⅲ－47表　公正さ

	C	B	A	不明	計
留守家庭児童・生徒	36(9.8)	192(51.9)	109(29.5)	14(3.8)	370(100.0)
一般家庭児童・生徒	140(11.9)	638(54.6)	359(30.7)	32(2.8)	1,169(100.0)
計	176	830	468	46	1,539

(注)（　）内は百分比

チ．指導性

指導性に関しては，全体的に，Aに位置づけられるものは低率である。これに反し，Cに位置づけられるものは多い。この指導性について留守家庭児童・生徒と一般家庭児童・生徒とを比較してみると，前者ではAが17.6%であるのに対し，後者では21.4%と3.8%高く，Cは前者が28.9%であるのに対し，後者は22.8%と6.1%低くなっている。

指導性の点では，留守家庭児童・生徒の方が一般家庭児童・生徒に比して，有意的におとっているようである。

Ⅲ－48表　指導性

	C	B	A	不明	計
留守家庭児童・生徒	107(28.9)	184(49.7)	65(17.6)	14(3.8)	370(100.0)
一般家庭児童・生徒	266(22.8)	621(53.0)	250(21.4)	32(2.8)	1,169(100.0)
計	373	805	315	46	1,539

(注)（　）内は百分比

リ．協調性

他人との協調性は，指導性とは逆にすぐれたものの比較的に多い方の項目である。したがって，一般家庭児童・生徒ではAが34.8%とCの13.0%の倍以上の率である。留守家庭児童・生徒の方は，Aが28.9%，Cが16.2%である。しかし，一般家庭児童・生徒と留守家庭児童・生徒との間に関していえば，これもやはりことさら有意的といえるほどの顕著な

差にはならない。

Ⅲ－49表　協調性

	C	B	A	不明	計
留守家庭児童・生徒	60(16.2)	203(54.9)	107(28.9)	0(0.0)	370(100.0)
一般家庭児童・生徒	153(13.0)	609(52.1)	406(34.8)	1(0.1)	1,169(100.0)
計	213	812	513	1	1,539

(注)（　）内は百分比

ヌ．同情心

同情心は，公正さと同じようにCに評価されるものの少ない方の項目である。しかし，留守家庭児童・生徒と一般家庭児童・生徒とを比較すると，前者はAが25.7%，Bが58.3%，Cが13.3%であり，後者はAが30.8%，Bが57.2%，Cが9.3%である。他の項目ほどではないが，ある程度の有意差をもって留守家庭児童・生徒の方がおとっているようである。

Ⅲ－50表　同情心

	C	B	A	不明	計
留守家庭児童・生徒	49(13.3)	216(58.3)	95(25.7)	10(2.7)	370(100.0)
一般家庭児童・生徒	108(9.3)	668(57.2)	360(30.8)	32(2.8)	1,169(100.0)
計	157	884	455	42	1,539

(注)（　）内は百分比

ル．公共心

公共心に関しては，留守家庭児童・生徒ではAが25.9%，Bが55.7%，Cが15.4%である。これに対し，一般家庭児童・生徒では，Aが29.1%，Bが56.6%，Cが11.5%である。しかし，両者の間には，それほど明確に有意性のある差はみとめられない。

この項目も，中学生の場合は，留守家庭生徒ではAが33.7%，Cが8.8%，これに対し一般家庭生徒ではAが30.1%，Cが11.5%と，留守家庭生徒の方がむしろ劣るものが少なく，すぐれたものが多いかの感を呈

しているが，これもまた有意の差があるというほどではない。

結局，公共心に関しては，何ら特別な差異は見出されないということになる。

Ⅲ－51表　公共心

	C	B	A	不明	計
留守家庭児童・生徒	57(15.4)	206(55.7)	96(25.9)	11(3.0)	370(100.0)
一般家庭児童・生徒	135(11.5)	662(56.6)	340(29.1)	32(2.8)	1,169(100.0)
計	193	868	436	43	1,539

(注)　(　)内は百分比

ヲ．積極性

物事を積極的に行なう積極性に関しては，どうであろうか。ここでもまた，留守家庭児童・生徒はCが23.4％，Aが22.7％とおとるものの方がやや比率高く，一般家庭児童・生徒はCが19.4％，Aが28.1％とまさるものの方が高いという逆の関係を示しているかに見える。ただしかし，この場合も，両者を厳密に比較すれば，この範囲で断定的なことをいうまでにはいたらず，両者にちがいがあると主張はできない。

Ⅲ－52表　積極性

	C	B	A	不明	計
留守家庭児童・生徒	87(23.4)	199(53.8)	84(22.7)	0(0.0)	370(100.0)
一般家庭児童・生徒	227(19.4)	613(52.4)	328(28.1)	1(0.1)	1,169(100.0)
計	314	812	412	1	1,539

(注)　(　)内は百分比

ワ．情緒の安定

情緒の安定は，Ⅲ－53表に示すとおりである。すなわち，留守家庭児童・生徒では，Aが24.4％、Bが54.3％，Cが20.3％，一般家庭児童・生徒ではAが31.9％，Bが54.1％，Cが14.0％である。比率の上では両者のちがいが見られるが，これも結論を下せる程度の有意的な差とはなっていない。

さて，以上において，われわれは各13項目について行動および性格の評定をながめてきた。これらの各項目に関し，留守家庭児童・生徒と一般家庭児童・生徒とを対比してみると，全体的にいえばそれほどの差はない

—64—

Ⅲ－53表　情緒の安定

	C	B	A	不明	計
留守家庭児童・生徒	75(20.3)	201(54.3)	90(24.4)	4(1.0)	370(100.0)
一般家庭児童・生徒	164(14.0)	632(54.1)	373(31.9)	0(0.0)	1,169(100.0)
計	239	833	463	4	1,539

(注)　(　)内は百分比

が，しかし，しいていえば留守家庭児童・生徒の方が一般家庭児童・生徒よりも積極的にすぐれているという項目は見出されず，前の成績と同じように，逆にやはり13項目中の6項目において留守家庭児童・生徒が一般家庭児童・生徒より相対的に劣っている傾向が見出された。すなわち，基本的な生活習慣，自省心，自主性，根気強さ，指導性，同情心の6項目である。もちろん，この場合にも個別的には5の評価を受けている留守家庭児童・生徒もかなりあるのであって，もっとくわしく調べるためには個別の条件に即して見なければならないが，大量の統計的観察の結果としては，やはり留守家庭の方に不利になっている。

なお，こうした項目以外に所見として記入されたものを見ると，留守家庭児童・生徒の問題的な側面としては，「忘れものが多い」，「だらだらしている」，「落着きがない」，「注意散漫」，「雑である」，「勉強ぎらい」といった点が比較的に共通なものとして指摘されている。他方，留守家庭児童・生徒の優秀群では，「活動的」，「几帳面」，「真面目」，「役割をよく果す」，「何事も任せられる」といった項目が，比較的に多く見出された。

4.　保護者の教育に対する関心度

(1)　家庭におけるしつけ等についての保護者の配慮

つぎに保護者の教育に関する関心度は，どうであるか。この保護者の教育に対する関心度の項目としては，家庭内での子どもへのしつけの面と，学校に対する理解，協力の面として，「家庭におけるしつけ等についての保護者の配慮」と「ＰＴＡ等への参加状況」とをとった。

その記入の仕方は，「家庭におけるしつけ等についての保護者の配慮」では，教師が学校における児童・生徒の言語，行動，服装をとおしての観察によったものであり，「ＰＴＡ等への参加状況」は単にＰＴＡの各種会合のみ

—65—

ならず，授業参観，その他保護者の参加を必要とする学校内外の集会，行事などへの参加について，その結果を判定したものである。

まず，家庭におけるしつけ等の配慮から見てゆくと，留守家庭児童・生徒の場合は，Ⅲ－５４表のようである。すなわち，「非常に良好」が4.９％，「良好」が１８.４％，「普通」が４７.０％，「足りない」が２１.３％，「ほとんどない」が８.４％である。これに対し，一般家庭児童・生徒の場合は，Ⅲ－５５表のようであり，「非常に良好」が１０.８％「良好」が２６.３％，「普通」が４６.０％，「足りない」が１２.７％，「ほとんどない」が４.２％である。そして，プラスの軸の方の「非常に良好」，「良好」を合し，マイナスの軸の方の「足りない」，「ほとんどない」を合して，留守家庭児童・生徒と一般家庭児童・生徒を対比してみると，しつけの良いものは前者では２３.３％，後者では３７.１％と前者が１２.８％少なく，しつけの足りないものは前者では２９.７％，後者では１６.９％と前者が１２.８％多くなっている。つまり，一般家庭に比べると，やはり留守家庭の方が全般的に家庭のしつけが足りない状態がうかがわれる。

Ⅲ－５４表　家庭におけるしつけ等の配慮(留守家庭)

学校別	学年別	男女別	非常に良好	良好	普通	足りない	ほとんどない	計
小学校	5	男	1	7	20	15	8	51
		女	3	5	20	11	2	41
		計	4	12	40	26	10	92
	6	男	2	8	21	12	6	49
		女	4	6	29	8	1	48
		計	6	14	50	20	7	97
	計	男	3	15	41	27	14	100
		女	7	11	49	19	3	89
		計	10	26	90	46	17	189
中学校	2	男	2	4	20	12	4	42
		女	0	12	22	3	2	39
		計	2	16	42	15	6	81
	3	男	5	12	14	9	6	46
		女	1	14	28	9	2	54
		計	6	26	42	18	8	100
	計	男	7	16	34	21	10	88
		女	1	26	50	12	4	93
		計	8	42	84	33	14	181
総計		男	10	31	75	48	24	188
		女	8	37	99	31	7	182
		計	18	68	174	79	31	370
		百分比	4.9	18.4	47.0	21.3	8.4	100.0

両親ともかせぎ家庭，母子家庭，等の家庭類型としつけの関係，夕食の状

況としつけの関係を見たのはⅢ－５８表，Ⅲ－５９表であるがこれらに関しては特別な関係は見られない。また，長期欠席の有無と家庭のしつけを見たのはⅢ－６０表であるが，長期欠席児そのものが少ないので，問題とならなかった。（もちろん，病気による長欠以外の長欠児４名のうち，３名はしつけが「ほとんどない」となっている。）

(2)　ＰＴＡ等への参加状況

つぎにＰＴＡ等の学校行事への参加状態を見ると，留守家庭の場合はⅢ－５６表，一般家庭の場合はⅢ－５７表のようになっている。すなわち，前者では，「ほとんど欠かさない」が６.５％，「よく参加する」が１２.２％，「普通」が２３.８％，「あまり参加しない」が２６.７％，「ほとんど参加しない」が３０.８％，後者では，「ほとんど欠かさない」が１５.７％，「よく参加する」が２１.１％，「普通」が２３.８％，「あまり参加しない」が２０.４％，「ほとんど参加しない」が１８.９％である。そして，参加する側のカテゴリイである「ほとんど欠かさない」，「よく参加する」を合し，参加しない側の「あまり参加しない」，「ほとんど参加しない」を合してみると，参加する方は，前者で１８.７％，後者で３６.８％と後者の方が，

Ⅲ－５５表　家庭におけるしつけ等の配慮　(一般家庭)

学校別	学年別	男女別	非常に良好	良好	普通	足りない	ほとんどない	計
小学校	5	男	15	31	58	14	7	125
		女	30	44	55	12	3	144
		計	45	75	113	26	10	269
	6	男	20	34	67	25	7	153
		女	18	38	69	16	5	146
		計	38	72	136	41	12	299
	計	男	35	65	125	39	14	278
		女	48	82	124	28	8	290
		計	83	147	249	67	22	568
中学校	2	男	7	51	62	25	11	156
		女	19	41	68	13	6	147
		計	26	92	130	38	17	303
	3	男	10	33	78	32	9	162
		女	7	35	81	12	1	136
		計	17	68	159	44	10	298
	計	男	17	84	140	57	20	318
		女	26	76	149	25	7	283
		計	43	160	289	82	27	601
総計		男	52	149	265	96	34	596
		女	74	158	273	53	15	573
		計	126	307	538	149	49	1.169
		百分比	10.8	26.3	46.0	12.7	4.2	100.0

18.1％多く，参加しない方は，前者では57.5％，後者では39.3％と前者の方が18.2％多くなっている。これは，もちろん，勤めに忙がしい前者において参加できないのは当然のことであり，その結果を示すものといえよう。ただ，しかしながら，その忙しい中においても，18.7％と1割9分近くの働く親が熱心に参加していることは，注目に値しよう。

家庭類型とPTA等への参加との相関，長期欠席の有無とPTA等への参加との相関を見たのは，Ⅲ－61表，Ⅲ－62表であるが特別に指摘すべきことは見出されなかった。ただ，全児童・生徒を合した長期欠席者13名のうち，病欠中の1名を除く他の12名の保護者はPTA等への参加も行なわれていないことがうかがわれる。

家庭におけるしつけ等についての配慮と，PTA等への参加状況の関係を見ると，Ⅲ－63表の示すとおりであり，一般家庭の場合は，両者の間にかなり高い相関が見られる。すなわち，家庭におけるしつけが「非常に良好」，「良好」なものは，PTA等への参加も「ほとんど欠かさない」または「よく参加」しており，逆に，しつけが「ほとんどない」，「足りない」ものは，ま

Ⅲ－56表　PTA等への参加状況（留守家庭）

学校別	学年別	男女別	ほとんど欠かさない	よく参加する	普通	あまり参加しない	ほとんど参加しない	無答	計
小	5	男	3	10	12	7	19	0	51
		女	0	5	8	11	17	0	41
		計	3	15	20	18	36	0	92
学	6	男	5	6	6	10	22	0	49
		女	0	2	7	18	21	0	48
		計	5	8	13	28	43	0	97
校	計	男	8	16	16	17	41	0	100
		女	0	7	15	29	38	0	89
		計	8	23	33	46	79	0	189
中	2	男	4	4	7	13	14	0	42
		女	2	4	11	17	5	0	39
		計	6	8	18	30	19	0	81
学	3	男	4	6	18	8	10	0	46
		女	6	8	19	15	6	0	54
		計	10	14	37	23	16	0	100
校	計	男	8	10	25	21	24	0	88
		女	8	12	30	32	11	0	93
		計	16	22	55	53	35	0	181
総計		男	16	26	43	38	65	0	188
		女	8	19	45	61	49	0	182
		計	24	45	88	99	114	0	370
		百分比	6.5	12.2	23.8	26.7	30.8	0.0	100.0

—68—

た，PTA等への参加も「ほとんど参加しない」，「あまりしない」状態となっている。

留守家庭の場合は，その多忙のために一般に参加しないものが半数以上を占めているのであるが，それでも細かく見ると，しつけの「非常に良好」，「良好」なものは学校行事にも「ほとんど欠かさぬ」「よく参加する」として内外の配慮が十分になされていることがうかがわれ，しつけが「ほとんどない」，「足りない」ものは，やはり「ほとんど参加しない」，「あまり参加しない」の軸に傾いていることがうかがわれる。

5. 成績・性格と諸条件との関連

最後に，子どもの成績・性格と諸条件の関連について，ながめてみよう。

(1) 家庭のしつけ等と成績

家庭におけるしつけの配慮と成績との間には，かなり高い連関がある。すなわち，家庭のしつけが良いと見られる「非常に良好」，「良好」をひとまとめにし，また，しつけが不足と見られる「足りない」，「ほとんどない」をひとまと

Ⅲ－57表　PTA等への参加状況（一般家庭）

学校別	学年別	男女別	ほとんど欠かさない	よく参加する	普通	あまり参加しない	ほとんど参加しない	無答	計
小	5	男	21	30	26	23	25	0	125
		女	22	28	36	31	27	0	144
		計	43	58	62	54	52	0	269
学	6	男	29	33	20	29	42	0	153
		女	26	32	27	31	30	0	146
		計	55	65	47	60	72	0	299
校	計	男	50	63	46	52	67	0	278
		女	48	60	63	62	57	0	290
		計	98	123	109	114	124	0	568
中	2	男	24	21	33	39	37	2	156
		女	17	33	36	32	29	0	147
		計	41	54	69	71	66	2	303
学	3	男	30	35	48	28	21	0	162
		女	14	35	52	25	10	0	136
		計	44	70	100	53	31	0	298
校	計	男	54	56	81	67	58	2	318
		女	31	68	88	57	39	0	283
		計	85	124	169	124	97	2	601
総計		男	104	119	127	119	125	2	596
		女	79	128	151	119	96	0	573
		計	183	247	278	238	221	2	1,169
		百分比	15.7	21.1	23.8	20.4	18.9	0.1	100.0

—69—

めにして，これに「普通」をならべた三つの群にし，同様に成績も上・中・下の三つの群にしてみると，Ⅲ－６４・Ａ表　Ⅲ－６４・Ｂ表のようになる。

Ⅲ－６３表　　ＰＴＡ等への参加状況と家庭のしつけ

			ほとんど欠かさない	よく参加する	普通	あまり参加しない	ほとんど参加しない	他	計
家庭におけるしつけ	留守	非常に良好	3	6	5	3	1	0	18
		良好	11	18	20	12	7	0	68
		普通	8	15	54	59	38	0	174
		足りない	0	4	9	20	45	1	79
		ほとんどない	2	1	0	5	23	0	31
		他	0	0	0	0	0	0	0
		計	24	44	88	99	114	1	370
	一般	非常に良好	60	42	17	4	3	0	126
		良好	74	98	72	36	27	0	307
		普通	42	94	171	146	83	2	538
		足りない	6	12	17	46	68	0	149
		ほとんどない	1	1	1	6	40	0	49
		他	0	0	0	0	0	0	0
		計	183	247	278	238	221	2	1,169

一般家庭児童・生徒の方から見てゆくと，家庭のしつけが不足しているものはその７０.２％が成績も，また，下の方に属する。そして，成績の上のものの７３.０％は，家庭のしつけの良いものである。留守家庭児童・生徒の方も，家庭のしつけが不足しているものの６９.７％は成績も下に属し，成績上のものの６３.３％は家庭のしつけが良いものである。いずれにしても，一般に家庭のしつけはその子どもたちの成績と相対的な関連をもっている。

つぎに，ＰＴＡ等への参加状況と成績との関連を見ると，Ⅲ－６５表のようである。これも，成績を上・中・下に分け，「よく参加する」と「ほとんど欠かさない」をＡ，「普通」をＢ，「あまり参加しない」と「ほとんど参加しない」をＣと三群に分けて見ると，ある程度の連関が見られる。すなわち，一般家庭では成績上のものは参加状態上のものが６６.８％，そして不参加者のうち５３.４％が成績も下であり，留守家庭ではそれほどでないまでも，

やはり成績上のものは参加状態上のものが４９.０％であり，反対に不参加者の半数以上の５２.５％は成績も下である。

Ⅲ－６４・Ａ表　　家庭のしつけと成績（一般家庭児童・生徒）

家庭のしつけ ＼ 成績	上	中	下	計
しつけが良い(A)	145 (33.5)	247 (57.0)	41 (9.5)	433 (100.0)
普通(B)	48 (8.9)	286 (53.2)	204 (37.9)	538 (100.0)
しつけが不足(C)	3 (1.5)	56 (28.3)	139 (70.2)	198 (100.0)
計	196	589	384	1,169

㈱　（　）内は百分比，下表も同じ

(A)は，Ⅲ－６４表の「非常に良好」＋「良好」

(B)は，同上の「普通」

(C)は，同上の「ほとんどない」＋「足りない」

Ⅲ－６４・Ｂ表　　家庭のしつけと成績（留守家庭児童・生徒）

家庭のしつけ ＼ 成績	上	中	下	計
しつけが良い(A)	31 (36.0)	44 (51.2)	11 (12.8)	86 (100.0)
普通(B)	16 (9.3)	99 (57.2)	58 (33.5)	173 (100.0)
しつけが不足(C)	2 (1.8)	31 (28.5)	76 (69.7)	109 (100.0)
計	49	174	145	368

(2)　家庭のしつけ等と性格

つぎに，行動および性格の評定と家庭のしつけ等の配慮との関係を，ながめてみよう。

一般家庭ならびに留守家庭のしつけ状況とその児童・生徒の性格の相関表はⅢ－７０表～Ⅲ－８２表に示すところであるが，この場合，特に留守家庭について，さきの対比からその児童・生徒が一般児童・生徒に劣ると考えられた基本的な生活習慣，自主性，自省心，指導性，同情心の５項目について，その具体的様相を分析してみる。

まず基本的な生活習慣であるが，ここでもその性格の評定をＡ・Ｂ・Ｃの三群（Ａは4，5ですぐれたもの，Ｂは３で普通，Ｃは１，２で劣るもの）

に分け，家庭のしつけの良いもの普通，家庭のしつけの不足しているものの各々について見ると，Ⅲ－８３・Ａ表のようである。すなわち，留守家庭児童・生徒で基本的な生活習慣の形成が十分でないとされたものの大部分の７８.４％は，家庭のしつけにおいても，また，劣っている。逆に，同じ留守家庭でも，家庭のしつけが良いと判定されたものの場合は，その７６.７％が性格の形成でもすぐれた結果を産んでいるのである。

Ⅲ－８３・Ａ表　家庭のしつけと基本的な生活習慣
（留守家庭児童・生徒）

	A	B	C	計
良いしつけ	66	18	2	86
普　　通	36	120	18	174
しつけ不足	6	30	74	110
計	108	168	94	370

Ⅲ－８３・Ｂ表　家庭のしつけと基本的な生活習慣
（一般家庭児童・生徒）

	A	B	C	計
良いしつけ	310	112	11	433
普　　通	119	358	61	538
しつけ不足	10	70	118	198
計	439	540	190	1,169

こうした事情は，一般家庭の場合でも同様であって，Ⅲ－８３・Ｂ表に見るように，家庭のしつけが良い場合にはその７１.６％がその性格も上のＡと評価されており逆にＣと判定された性格の劣るものの場合は，同時にその６２.１％が，家庭のしつけの不足しているものである。家庭のしつけが悪ければ，一般家庭の子どもたちでも，その性格が留守家庭の子どもたちにはるかに劣るのである。

Ⅲ－８４表　家庭のしつけと自主性
（留守家庭児童・生徒）

	A	B	C	計
良いしつけ	52	32	2	86
普　　通	35	106	33	174
しつけ不足	5	43	62	110
計	92	181	97	370

基本的な生活習慣につづいて自主性の項目を見ると，ここでも同様に，自主性の欠けていると評価された留守家庭の子どもたちの６３.９％は，家庭のしつけの不足しているものであって，逆に，その家庭のしつけの良いものでは，その６０.２％が自主的な性格を十分に身につけているものであることが知られる。

根気強さは，その欠如しているものの７４.２％がやはり家庭のしつけに不足するものである。そして，家庭のしつけの良いものの場合は，上と同様,その６０.４％が十分な根気強さを有している，と判定されている。

Ⅲ－８５表　家庭のしつけと根気強さ
（留守家庭児童・生徒）

	A	B	C	計
良いしつけ	52	31	3	86
普　　通	30	123	21	174
しつけ不足	6	35	69	110
計	88	189	93	370

自省心に関しては，これまた同様の有意的な関連が見られる。すなわち，Ⅲ－８６表に示されるように，マイナスに評価されたＣの７４.１％は，同時に，家庭のしつけもまた劣ったものであり，他方，家庭のしつけが良ければその６５.４％は性格の評定においても上位の判定を受けているのである。

Ⅲ－８６表　家庭のしつけと自省心
（留守家庭児童・生徒）

	A	B	C	計
良いしつけ	53	27	1	81
普　　通	38	109	21	168
しつけ不足	4	37	63	104
計	95	173	85	353

指導性については，Ⅲ－８７表のようである。ここでも，家庭のしつけの良いものは，その９３.８％が性格でも普通又は上であり（Ａが４５.７％，Ｂが４８.１％），そして性格の劣っているものの５７.０％は，その家庭のしつけも不足している。

Ⅲ－８７表　家庭のしつけと指導性
（留守家庭児童・生徒）

	A	B	C	計
良いしつけ	37	39	5	81
普　　通	22	105	41	168
しつけ不足	6	40	61	107
計	65	184	107	356

同情心と家庭のしつけの関連はⅢ－８８表であり，これもまた同じく，性格で劣っていると評価されたものの７３.３％が家庭のしつけが不足しているものであり，これに反し，家庭のしつけの良いものでは，その５６.８％が良い性格を形成していることが知られる。

このように，留守家庭児童・生徒の場合，比較的に劣ると考えられた性格でも，その内容を見ると，その劣る部分は家庭のしつけと関連性が深いものが大部分で，家庭のしつけの良いものの場合はその過半数が性格でもすぐれたものを形成しているのである。

Ⅲ－８８表　家庭のしつけと同情心
（留守家庭児童・生徒）

	A	B	C	計
良いしつけ	46	33	2	81
普　通	40	118	10	168
しつけ不足	9	65	33	107
計	95	216	45	356

こうして見てくると，子どもの性格は，単に親が労働のために家を留守にしているという表面的な現象と結びつくのではなく，むしろ精神的に，不断の子どもに対するしつけ上の配慮が十分になされているか否かという本質的な問題とかかわりあいをもつように思われる。すなわち，たとえ親子の時間的な離隔があったとしても，親の側で子どもに対するしつけの配慮さえ十分であれば，すぐれた性格も多分に形成しうるのである。要は，留守家庭云々よりも，親自身の心がまえに多くの要素が依存しているといっても過言ではあるまい。

このことは，ＰＴＡ等への参加においても同様である。たとえば，「よく参加する」，「ほとんど欠かさない」といった親の子どもたちは，たとえ留守家庭でも，その性格形成に良い結果を示しているものが多く　個々の性格に関してみても，（Ⅲ－８９表～Ⅲ－１０１表），基本的な生活習慣では上記と同じ３分類のＡに属するものが５７.３％，自主性では５４.４％，責任感では５５.１％，根気強さでは５３.６％，自省心では５３.２％，向上心では５３.２％，公正さでは６１.３％，指導性では４５.１％，協調性では４７.８％，同情心では５６.４％，公共心では５６.４％，積極性では４３.５％，情緒の安定では４８.５％と，いずれも多数が上位の評価を受けており，これに対し下位の評価を受けたものは概して１５％以下の少数にとどまっている。これは，前節にも述べたように，家庭のしつけとも関連し合っていることは，いうまでもない。

(3)　放課後の状況，夕食状況，帰宅時間と性格

この項では，子どもが授業を終え学校を離れてから以後，親が帰宅するまでの行動と性格との関係をながめて見る。

—７４—

Ⅲ－１０３表は，放課後の行動状況と児童・生徒の行動・性格との関係，特に，５段階評価の両極の「劣っている」と「すぐれている」に限定してながめてみたものである。さきに述べたように，一般には「家で兄弟姉妹と」がもっとも多く，次いで「家でひとり」ですごすものであったが，これらに関しては，特に取り立てていうほどの関係は見出されない。しかし，その全体的な数は少なくても　たとえば「街頭で友人と」すごす場合には，やはり芳しからぬ傾向がうかがわれる。すなわち，その性格の各項目を見ても，「すぐれている」とされるものは１３項目中，指導性の１項目にすぎず　それも「劣っている」の５名に対するただ１名だけで　他の１２項目には皆無である。これに反し，「劣っている」とされるものは全項目にわたっており，このカテゴリイに属するものの５分の１以上がこれに属するものは責任感，向上心，自主性，自省心，指導性などの各項目に見られる。こうした行動が，その性格形成の上に負のはたらきをしていることは，明らかというべきである。

「友人・親戚宅などですごす」ものの場合も，概して好ましくなく，「すぐれている」ものは各項目とも１名もない。これに対し，「劣っている」ものは１１項目にわたって散布している。

比較的に良いのは，「塾で勉強」，「学校・公民館などの施設で」すごすものである。「塾で勉強」の場合は，「すぐれている」と評価されるものがいて，「劣っている」と評価されるもののいない項目が，全項目の４分の３に達している。これは塾そのものの存在だけではなく，塾に通わせうる家庭の経済力と環境，また本人の勉学意志なども関係していると思われる。「学校・公民館などの施設で」すごしている子どもの場合は，それほどではないが，それでも概して「すぐれている」ものの方が「劣っている」ものに対して各項目にわたり多くなっている。

夕食の状況と性格の関係は，Ⅲ－１０４表に示すとおりである。その大多数を占める「保護者の帰宅するまで待つ」ものの場合は，特別な傾向も見出されない。親が配慮して夕食を「用意してある」ものの場合は，どの項目においても「すぐれている」と評価されるものの数が「劣っている」と評価されるものの数を凌駕している。さらに，「自分でする」ものの場合も，８項

—７５—

目で「すぐれている」方が「劣っている」よりも多くなっている。これは，「自分でする」ものが中学生女子に多いということも多少，関係あろう。「外食」は「劣っている」と評価されているが，1名だけであるので論議の外である。

最後に，保護者の帰宅時間と性格の関係（Ⅲ－105表）であるが，概して「劣っている」と評価されるものの場合は，帰宅時間が遅い方にやや傾いている。 特に8時以後の場合は、少数ではあるが，どの性格項目もあまり芳しくないようである。

6. 要　約

さて，以上において正常な学校の留守家庭児童・生徒を留守家庭非行少年や一般家庭児童・生徒と対比しつつながめてきたのであるが，これを概括的にまとめてみれば，つぎのようになろう。

1. 子どもたちの留守家庭の類型としては，両親ともかせぎ家庭がもっとも多く80.5％ 次いで母子家庭の11.6％の順である。
2. 子どもが家に帰っても，家屋に入れないものはほとんどなく，わずか2.7％である。
3. 留守家庭だからといって，一般に予想されるような長期欠席者はほとんどない。
4. 子どもたちの放課後の行動としては，「家で兄弟姉妹と」すごすものがもっとも多く44.6％で第1位，これにつづき「家でひとり」ですごすものが第2位，その他は少ない。特に，同じ留守家庭でも，その非行少年の場合は「街頭で友人と」すごすものが第1位であったが，一般の留守家庭児童・生徒ではわずか1.7％にすぎない。すなわち、ここには明らかに非行少年とそうでないものの落差が見られる。また，一般の留守家庭児童・生徒の場合でも，街頭で友人とすごしているものは，教師による行動・性格の評定によっても「劣っている」とされているものが多い。
5. 夕食の状況は、大多数の約7割が「保護者の帰宅まで待つ」ている。夕食を「用意してある」ものや「自分でする」ものの場合も，その性格の評価は必ずしも悪くはなくて，むしろ部分的には「すぐれている」方が劣っ

—76—

ている」より多い場合も見出される。
6. 保護者の帰宅時間は，大体において5時～6時の間であって，これも約7割を占めている。一般的に 非行少年の家庭に比べると 保護者が7時以後に帰るものは少ない。また，普通の留守家庭でも，保護者の帰宅時間が8時より遅いものは，その子どもたちの性格においても芳しくない傾向があるようである。
7. 一般家庭の児童・生徒と留守家庭の児童・生徒とを比べると，その学業成績は後者においてややおちている状態が見受けられる。これは主として小学生の場合であり，中学生の場合となると，必ずしも両者の区別はできない。また，両者の差異は全体的な統計的概括であって，留守家庭児童・生徒にもすぐれて優秀なものたちが個別的にいる。小学生と中学生で差異を示すのは，それだけ小学生の方が勉学面で学習環境や親の指導の影響を受けやすいからかとも思われる。
8. 行動および性格の評定の面について，留守家庭児童・生徒と一般家庭児童・生徒を比べると，これも前者の方がやや劣る傾向が見られる。ただし、責任感，公正さ，向上心，協調性，公共心，積極性，情緒の安定の諸項目では有意差はなく 差が多少とも見られるのは基本的な生活習慣，自主性，根気強さ，自省心，指導性，同情心の6項目である。また，中学生の場合には，責任感，向上心，公正さなど，いくつかの項目で留守家庭生徒の方が部分的にすぐれているように見える面もないわけではない。
9. 家庭のしつけ等の配慮は，留守家庭の方が全般においてやや劣る傾向がある。たとえば，一般家庭ではしつけが「良好」，「非常に良好」が約3割7分，しつけが「足りない」，「ほとんどない」が約1割7分であるが留守家庭の場合は前者が少なくて約2割3分，後者が多くて約3割を占めている。

そして，しつけが足りない家庭の子どもたちの場合は その成績，行動・性格ともに芳しくないものが見られる。逆に 同じ留守家庭でも，しつけが良くなされている場合は，成績，行動・性格ともに良いのである。したがって，前項に述べた成績や行動・性格面での留守家庭児童・生徒と一般家庭児童・生徒との差異も，結局は親がはたらくというそのことよりも，

—77—

それにともなうしつけの不十分さによるものであり，もしその時間的離隔を補うに足るしつけ上の配慮が十分にほどこされるならば，問題は生じないとみなし得るであろう。

10. ＰＴＡ等の学校との関連活動に参加するものは，その多忙を反映してか一般の父母よりも少なく，参加しないものが約５割８分を占めている。しかし，また，同時にその多忙の中でも約１割９分が積極的に参加していることは，注目すべきである。概していうと，しつけ等の配慮を十分行なっている保護者の場合は，ＰＴＡ等への参加の率もある程度高い。そして，よく参加するものの場合は，その子どもの成績，行動・性格も，概して良い。

要するに，全般として見ると，留守家庭児童・生徒の方が全体的に劣るようであるが，これはあくまで統計的な概括である。大局は別として，個別的には千差万別であるのが，その実態である。本調査では，留守家庭の階層性や細かな家庭の教育のしかたまでは，ほり下げていない。家庭が経済的に貧困な上に親自身の子女に対する教育関心の低いもの，家庭が貧しく親は働いていても子女に対しては十分な配慮を怠らぬもの，多少経済に余裕があるが子どもを放任するもの，母子家庭でも亡夫の職業的地位も高く子どもに良いしつけを行なっているものなど，留守家庭の本質によって微妙な差異が生じてくる。ただ，一般に低階層で学習環境がなく，教育配慮も欠如しているものが多数を占めるとなれば，その結果，子どもにおけるその反映も統計的に低く出てくることが多いであろう。本調査では，そうした細かな点にまでは到達していない。したがって，今後，この種の調査を行なう場合には，是非ともその階層や家庭内容に立入ってこれを細かく類型化し，綿密な調査によってその差異を明らかにしてゆく必要があるように思われる。

§４．留守家庭の母子関係

Ⅱ　留守家庭児童・生徒の非行と生活実態

1. 基礎的事項

前章では，おもに留守家庭児童・生徒と一般家庭児童・生徒とを対比してきたのであるが，本章では留守家庭の母子関係についてながめてみたい。すでに明らかにされたように，留守家庭の少年たちの人間形成については，家庭のしつけのあり方の如何が，左右するところ大であつた。果してしからば，こうした留守家庭において，現実にはどのような親子関係が保たれているのか，特に家庭のしつけの日常的なにない手である働く母親は，その子どもにどのような関心を払い，またどんな悩みをもつているのか，そしてこれと対比して，他方，子どもの側では親をどのような目でながめ，希望や不平不満をもつているのか，こうした一連の問題を追求するのが，本章の調査である。

ここで対象とされたものは，留守家庭のうちでも，父子家庭などを除いた，働く母親のいる留守家庭である。調査の方法としては，家庭における母親の側と，子どもの側をそれぞれ面接調査し，その相互関係をつかもうと意図したものである。調査地は，神奈川県の中でもそのひとつである川崎市に限定し，１小学校と１中学校の２校で，小学第５学年，第６学年，および中学第１学年，中学第２学年の総計５６２名を対象とした。手順としては，まず当該学年の留守家庭児童・生徒の数を推定し，つぎにこれに対照させるために年齢，性別，学級，等の条件を加味して，これとほぼ見合う数の一般家庭児童・生徒を対照群としてとつた。その結果，実際に調査を施行し得たものは，Ⅳ—１表のように留守家庭児童・生徒２５９名，一般家庭児童・生徒３０３名であつた。さらに，これらの児童・生徒の面接の後，その母親486名の家庭訪問調査を行なつた。すなわち，終局的にいえば，児童・生徒５６２名（留守家庭児童・生徒２５９名，一般家庭児童・生徒３０３名），母親４８６名（働く母親２０４名，家庭にいる母親２８２名）がその対象となつたのである。

そこで，まずはじめにその留守家庭に関する基礎的事項から述べてゆこう。その働く母親の実態は，どのようなものであるか。

調査対象の母親の年齢は小学校の場合，３０代がもつとも多く５２．７％，続いて40代が41.8%、中学校の場合は、逆に40代が多くて57.0%、30代が37.6%でこれに続いている（Ⅳ－2表）。夫の方は、小学校、中学校いずれも40代が多かった。

Ⅳ－1表　調査対象数

留守家庭児童・生徒			一般家庭児童・生徒			総計
小学生	中学生	計	小学生	中学生	計	
75	184	259	100	203	303	562

Ⅳ－2表　父母の年齢

	父親			母親		
	小	中	計	小	中	計
父なし	6(10.9)	21(14.1)	27(13.2)	—	—	0(0.0)
20代	—	—	0(0.0)	—	2(1.3)	2(1.0)
30	18(32.7)	19(12.8)	37(18.1)	29(52.7)	56(37.6)	85(41.7)
40	26(47.3)	87(58.4)	113(55.4)	23(41.8)	85(57.0)	108(52.9)
50	5(9.1)	21(14.1)	26(12.8)	2(3.6)	5(3.4)	7(3.4)
60	—	1(0.7)	1(0.5)	1(1.8)	1(0.7)	2(1.0)
70代以上	—	—	0(0.0)	—	—	0(0.0)
不明	—	—	0(0.0)	—	—	0(0.0)
計	55(100.0)	149(100.0)	204(100.0)	55(100.0)	149(100.0)	204(100.0)

㊟（　）内は百分比，下表も同じ

つぎに、母親の職業であるが、Ⅳ－3表に示されるように、全体として技能工・生産工・単純労務者がもっとも多くて過半の58.8%を占めて第1位，これに

Ⅳ－3表　母親の職業

	小学校	中学校	計
専門的・技術的・管理的職業	1(1.8)	4(2.7)	5(2.4)
事務従事者	7(12.7)	11(7.4)	18(8.8)
販売従事者	3(5.5)	18(12.1)	21(10.3)
運輸従事者	—	2(1.3)	2(1.0)
技能工・生産工・単純労務者	31(56.4)	89(59.7)	120(58.8)
サービス業	12(21.8)	21(14.1)	33(16.2)
自営業主・自営業手伝	1(1.8)	2(1.3)	3(1.5)
農・林・漁業	—	—	—
無職	—	2(1.3)	2(1.0)
不明	—	—	—
計	55(100.0)	186(100.0)	204(100.0)

続いて第2位はサービス業の16．2%，第3位は販売従事者の10．3%，等の順位となつている。

その勤務日数を見ると，Ⅳ4－4表のようであり，1週間に6日間の勤務がもつとも多くて78．9%，これに続いては7日間の10．3%，その他5日間が5．9%，3日間が2．4%，等の順位となつている。

ところで，このように学齢期の子どもをもつ母親が働く場合の家庭状況はどうであろうか。特に，あとに残つて子どもの面倒も見る祖父母，つまり母親や父親の両親がいるかどうかを調べると，Ⅳ－5表のようになつている。すなわち，祖父母双方または祖父，祖母のいずれかがいるものは予想外に少なく13.3%の少数であつて，その大多数の86．7%は「祖父母なし」である。もつとも，子どもたちは乳幼児と異なつてある程度，成長しているから，この点，20代の母親とは条件がちがうともいえる。

Ⅳ－4表

勤務日数

	小	中	計
1週間のうち1日	—	—	—
2	1(1.8)	—	1(0.5)
3	1(1.8)	4(2.7)	5(2.4)
4	1(1.8)	2(1.3)	3(1.5)
5	6(10.9)	6(4.0)	12(5.9)
6	36(65.5)	125(83.9)	161(78.9)
7	9(16.4)	12(8.1)	21(10.3)
不明	1(1.8)	—	1(0.5)
計	55	149	204(100.0)

㊟（　）内は百分比，下表も同じ

Ⅳ－5表，祖父母の有無

	小	中	計
祖父母なし	48(87.3)	129(86.6)	177(86.7)
祖父のみ	4(7.3)	2(1.3)	6(2.9)
祖母のみ	3(5.5)	13(8.7)	16(7.9)
祖父母あり	—	5(3.4)	5(2.5)
計	55(100.0)	149(100.0)	204(100.0)

これに関連して，それでは，一体，だれが子どもたちの世話をしているのだろうか。この子どもの世話をする人を見たのが，Ⅳ－6表である。すなわち，「あなたがお仕事に出ているとき，お子さんの面倒はどなたがみますか」という問いに対して，「なし」と答えた母親が圧倒的に多くて70．5%，そして祖父母がいる場合には「祖父母」と答えたものが多く全体の15．7%，これ

に対し，「学童保育」，「保育ママ」，「年長の兄姉」，「親せきの人」，「近所の人」，「同居人・使用人」などの項目は，きわめて少ない。結果的には，もつぱら子ども自身の自律的な生活に任せているようである。

それでは，このようにして母親が働くことに対する家族の考えなり意見は，どうであるか。まず彼女の夫の側を見ると，Ⅳ－7表のようである。

Ⅳ－6表　子どもの世話をする人

	小	中	計
祖父母	10(18.2)	22(14.8)	32(15.7)
年長の兄姉	—	2(1.3)	2(1.0)
学童保育	—	1(0.7)	1(0.5)
保育ママ	—	1(0.7)	1(0.5)
親せきの人	4(7.3)	1(0.7)	5(2.5)
近所の人	1(1.8)	2(1.3)	3(1.5)
同居人・使用人	—	1(0.7)	1(0.5)
なし	36(65.5)	108(92.5)	144(70.5)
その他	4(7.3)	11(7.4)	15(7.3)
不明	—	—	0(0.0)
計	55(100.0)	149(100.0)	204(100.0)

(注)　(　) 内は百分比、下表も同じ

すなわち，「働くことに賛成」がもつとも多くて48．5%，続いて「どちらともいえない」が28．5%，積極的に反対の態度を表明した「反対」はわずかに9．3%の数であつた。働くことに賛成が多く，反対がごく少数であるのは，もともと妻の外に出ることを認めているような夫であるかぎり当然の意見ともいえよう。反対を表明しているものは，本来，反対ではあるが経済上やむを得ないと考えている夫たちであろう。「どちらともいえない」とするものの大部分も，やはり経済的な必要上やむを得ないと観念しているが，積極的に賛成とまではいえず，態度を留保している夫たちであろう。

Ⅳ7表　仕事に対する家族の考え（夫）

	小	中	計
働く事に賛成	25(45.5)	74(49.7)	99(48.5)
〃　反対	7(12.7)	12(8.1)	19(9.3)
どちらともいえない	17(30.9)	41(27.5)	58(28.5)
不明	6(10.9)	22(14.8)	28(13.7)
計	55(100.0)	149(100.0)	204(100.0)

これに対し，子どもの場合は，Ⅳ－8表のようである。子どもでは，もつとも多いのは「どちらともいえない」の43．6%である。既に母親が働いている現実をそのままに受取つているが，これに何らかの意見をいうほどの成熟はしていないものと解される。これが約半数弱であつて，残りの意見を明確にし

ているものは「賛成」が34．3%，「反対」が22．1%である。夫の場合とはやや異なつて，「反対」の度合が多少高くなつている。これも子どもの場合，感じているままの正直な意見が出されているものと思われる。しかし，いずれにしても，家族全体からみれば，夫も子どもも母親が働くことに賛意を表しているものが，かなり多く（子どもの場合の「どちらともいえない」は「わからない」として取り扱うとすれば）なつている。

以上のような状況が，大まかに見た働く母親をめぐる家庭環境である。家を外にして働く母親は，つねに職場生活と家庭生活との両面において二つの役割を演じ，その板ばさみとなつている。このような母親自身の側における悩みや，問題は，どこにあるのか。ここで，働く母親の悩みや現実の問題について，調べてみよう。

Ⅳ－8表　仕事に対する家族の考え（子ども）

	小(%)	中(%)	計(%)
賛成	14(25.5)	56(37.6)	70(34.3)
反対	16(29.1)	29(19.5)	45(22.1)
どちらともいえない	25(45.5)	64(43.3)	89(43.6)
計	55(100.0)	149(100.0)	204(100.0)

2.　母親の悩みと現実

(1)　悩み・希望と現実

母親は職場に出ていても，何かと家庭のことが気にかかることもあろう。

特に，子どもに対して，心をつかうことも少なくないのではないか。そこで，「あなたは外出中，お子さんについて，どのようなことが一ばん心にかかりますか」との問いを出して，その内容を見てみた。その回答は，Ⅳ－9表のようである。

すなわち，外出中の心配の第1位は，「事故や危険にあわないか」で47．5%であり，断然他をひきはなしている。これは，最近の交通事故の激増を反

Ⅳ－9表　外出中一番気にかかること

	小(%)	中(%)	計(%)
友だち・兄姉と仲よくしているか	5(9.1)	16(10.7)	21(10.3)
宿題勉強をしているか	5(9.1)	30(20.1)	35(17.2)
家事をうまくやつておいてくれるか	1(1.8)	1(0.7)	2(1.0)
事故や危険に会はないか	31(56.	66(44.3)	97(47.5)
特に心にかからないか	7(12.7)	32(21.5)	39(19.1)
その他	3(5.5)	3(2.0)	6(2.9)
不明	3(5.5)	1(0.7)	4(2.0)
計	55(100.0)	149(100.0)	204(100.0)

映するものであることはいうまでもなく、まず心配の種はここに集中しているといっても過言ではないようである。続いて第2位は、子どものことが「特に心にかからない」とするもので19.1%、第3位は「宿題や勉強をしているかどうか」で17.2%、第4位は「友だちや兄弟と、なかよく遊んでいるかどうか」の10.3%、その他となっている。

つぎに，その家庭生活に関する問題として，「あなたは，勤め先を終えて帰宅してから，どのようなことに一番時間を使いたいと思つていますか」との問いを出した。これに対する答は「子どもと話し合つたり，勉強をみてやつたりすること」が第1位で42.6%，「家事をかたづけること」が第2位で21.1%，「勤務の疲れを直すこと」が第3位で13.7%，「趣味や教養のための時間を作ること」が第4位で12.3%，「夫と話し合うこと」が第5位で3.4%，その他であつた。やはり，子どもとの話し合いをもちたいというのが一番多く，続いて家事の片付け，休息といつた必要最低限のことがらである。なお，子どもに対するのと比べると，夫との話し合いの希望はかなり低くなつているのも，ちょっとした特色である。

上に見たのは希望であるが，それでは現実の生活実態は，どうであるか。その具体的実態を見るために，続いて「それでは実際には，帰宅してから，どのようなことに時間を使うことが一番多いでしょうか」との問いを発してみた。その結果は，Ⅳ－11表のようであつた。すなわち，実際にもつとも多いのは「家事をかたづけること」で58.3%と約6割弱が家事労働に終始している。前の問いで「子どもと話しあつたり，勉強をみてやつたりしたい」と答えたものは87名であつたが，実際にこれに一番時間を使つているとしたのは31名でその3割6分にすぎなかつた。希望と現実との間には，明かにずれが見られる。その他，現実の時間の使い方としては，「勤務の疲れを直すこと」としたものは7.9%であるが，これも希望した程度より低く，逆にほとんど希望のなかつた「仕事の残りをしたり，準備をしたりすること」は，実際ではふえている。

今度は，子どもに対しての具体的な心づかいとして，「あなたは，お子さんのために何をしてやりたいと思つていますか」とやや細かくしつけ上の配慮希望を問うてみた。これに対する答は，Ⅳ－12表の示すごとくであり，「話し

相手になつてやりたい」が第1位で28.9%，第2位は「勉強の相談にのつてやりたい」と「子どもの世話をしてやりたい」が同数のいずれも18.6%であつた。

Ⅳ－10表　帰宅後どのようなことに時間をつかいたいか

	小	中	計
家事をかたづけること	8(14.5)	35(23.5)	43(21.1)
子どもと話し合うこと	27(49.1)	60(40.3)	87(42.6)
夫と話し合うこと	4(7.3)	3(2.0)	7(3.4)
勤務の疲れを直すこと	5(9.1)	23(15.4)	28(13.7)
趣味や教養のため	4(7.3)	21(14.1)	25(12.3)
仕事の残りや準備をすること	—	3(2.0)	3(1.5)
そ　の　他	5(9.1)	4(2.7)	9(4.4)
不　明	2(3.6)	—	2(1.0)
計	55(100.0)	149(100.0)	204(100.0)

(注)　(　) 内は百分比、下表も同じ

Ⅳ－11表　実際にはどのようなことに時間を使つているか

	小	中	計
家事をかたづけること	31(56.4)	87(58.4)	119(58.3)
子どもと話し合うこと	10(18.2)	21(14.1)	31(15.2)
夫と話し合うこと	—	1(0.7)	1(0.5)
勤務のつかれを直すこと	6(10.9)	10(6.7)	16(7.9)
趣味や教養のため	—	9(6.0)	9(4.4)
仕事の残りや準備をすること	2(3.6)	7(4.7)	9(4.4)
ただ何となくすごす	2(3.6)	4(2.7)	6(2.9)
そ　の　他	2(3.6)	7(4.7)	9(4.4)
不　明	2(3.6)	3(2.0)	5(2.5)
計	55(100.0)	149(100.0)	204(100.0)

それでは、このような配慮に対して，実際の生活上はどうそれが行なわれているか，たとえば，話し相手になつてやりたいという母親が，実際はどのような時間にこれを行なつているか，をみると，Ⅳ－13表のようである。すなわち，「あなたが，お子さんと話すのは，一日のうち，おもにどんなときですか」という問いに対して，「夕食中や食後のくつろいだとき」と答えたものがもつとも多く74.0%，その他はいちじるしく低くて10%に満たない。一般

家庭の母親にくらべると，その分散度は低い。さらに，それでは，とくに子どものしつけに綿密な配慮を必要とすべき留守家庭児童・生徒の母親が，その職場から帰宅して後，その配慮を実行にうつしているか。この問題を問うたのが，Ⅳ－１４表である。

Ⅳ－１２表　子どもにしてやりたいこと

	留守家庭		
	小	中	計
話し相手になってやりたい	12(21.8)	47(31.5)	59(28.9)
勉強の相談にのつてやりたい	13(23.6)	25(16.8)	38(18.6)
小づかいをふやしてやりたい	—	7(4.7)	7(3.4)
あそび相手になつてやりたい	2(3.6)	12(8.1)	14(6.9)
子どもの世話をしてやりたい	18(32.7)	20(13.4)	38(18.6)
食事ぐらいは一諸にしたい	—	2(1.3)	2(1.0)
別にない	8(14.5)	27(18.1)	35(17.2)
その他	2(3.6)	9(6.0)	11(5.4)
不　明	—	—	—
計	55(100.0)	149(100.0)	204(100.0)

	一般家庭		
	小	中	計
話し相手になつてやりたい	29(30.2)	58(31.2)	87(30.9)
勉強の相談にのつてやりたい	24(25.0)	36(19.4)	60(21.3)
小づかいをふやしてやりたい	—	8(4.3)	8(2.8)
あそび相手になつてやりたい	12(12.5)	9(4.8)	21(7.4)
子どもの世話をしてやりたい	4(4.2)	3(1.6)	7(2.5)
食事ぐらいは一諸にしたい	2(2.1)	3(1.6)	5(1.8)
別にない	15(15.6)	51(27.4)	66(23.4)
そ　の　他	8(8.3)	18(9.7)	26(9.2)
不　　明	2(2.1)	—	2(0.7)
計	96(100.0)	186(100.0)	282(100.0)

(注)　(　) 内は百分比

すなわち「帰宅してから，特にお子さんに対しては，どのようなことに心をつかいますか」の問いに対する回答であるが、これによると「子どもの話をきいて，いろいろ注意すること」が第１位で２６．９％であつた。ところが，この問いに対して，「別に心をつかうことはしない」と答えたものが１４．２％もあつたことも，注意を要するところである。いままでの質問においても，外出中気にかかることに対して３９名が「特に心にかからない」と答え，子どものために何をしてやりたいか，の問いに対して３５名が「別にない」と答えていたのであるが，のみならず帰宅後の実際においても２９名が，別に心をつかうことをしない，としているのは大きな問題であろう。こうした無関心型の母親が約１割４分を占めていることは，子どもたちにとつて決して望ましいこととはいえない。なお，このような母親の子どもに対するしつけの配慮としては，上述の「子どもの話をきいて，いろいろ注意をする」に続いて，「いろいろなことについて，うちとけて話し合うこと」が１２．７％，「子どもの健康状態を知ること」が９．３％，その他，子どもの身のまわりの世話をすること」，「勉強をみてやること」，「子どもが喜ぶようにサービスすること」等の順位となつているが，いずれもこれらを実行している実数となると，いちじるしく少なくなつている。

Ⅳ－１３表　子どもといつ話すか

	留守家庭		
	小	中	計
朝でかける前	3(5.5)	2(1.3)	5(2.4)
学校から帰つてから	2(3.6)	2(1.3)	4(2.0)
食事の仕度をしながら	—	2(1.3)	2(1.0)
夕食中や食後くつろいで	42(76.4)	109(73.2)	151(74.0)
テレビをみながら	3(5.5)	8(5.4)	11(5.4)
そ　の　他	5(9.1)	15(10.1)	20(9.8)
不　　明	—	11(7.4)	11(5.4)
計	55(100.0)	149(100.0)	204(100.0)

	一般家庭		
	小	中	計
朝でかける前	—	—	—
学校から帰つてから	13(13.5)	18(9.7)	31(11.0)
食事の仕度をしながら	—	3(1.6)	3(1.1)
夕食中や食後くつろいで	64(66.7)	115(61.8)	179(63.5)
テレビをみながら	3(3.1)	8(4.3)	11(3.9)
そ　の　他	11(11.5)	30(16.1)	41(14.5)
不　　明	5(5.2)	12(6.5)	17(6.0)
計	96(100.0)	186(100.0)	282(100.0)

(注)　(　) 内は百分比

最後に，全体として，「現在，あなたがお勤めをして，ご家庭のことで最も困つていることは，どんなことですか」という問いを発したがこれに与えられた答は，Ⅳ－15表のようである。

Ⅳ－14表　帰宅後どのようなことに心をつかうか

	小	中	計
留守中のことをたずねる	4(7.3)	12(8.1)	16(7.8)
いろいろな事について話し合う	6(10.9)	20(13.4)	26(12.7)
勉強をみてやる	4(7.3)	5(3.4)	9(4.4)
子どもの身のまわりの世話をする	5(9.1)	7(4.7)	12(5.9)
子どもの健康状態を知る	7(12.7)	12(8.1)	19(9.3)
子どもに注意を与える	17(30.9)	38(25.5)	55(26.9)
子どもにサービスする	—	10(6.7)	10(5.0)
そ　の　他	7(12.7)	17(11.4)	24(11.8)
別に心をつかうことはない	3(5.5)	26(17.4)	29(14.2)
不　明	2(3.6)	2(1.4)	4(2.0)
計	55(100.0)	149(100.0)	204(100.0)

(注)　(　) 内は百分比、下表も同じ

Ⅳ－15表　家庭で困っていること

	小	中	計
子どもの世話ができない	12(21.8)	32(21.5)	44(21.6)
家事が十分できない	5(9.1)	24(16.1)	29(14.2)
家族みんなでくつろげない	2(3.6)	11(7.4)	13(6.4)
趣味や教養の時間がとれない	2(3.6)	6(4.0)	8(3.9)
身体が疲労する	7(12.7)	9(6.0)	16(7.8)
特に困つていることはない	22(40.0)	57(38.3)	79(38.7)
そ　の　他	3(5.5)	9(6.0)	12(5.9)
不　明	2(3.6)	1(0.7)	3(1.5)
計	55(100.0)	149(100.0)	204(100.0)

「最も困つている」という強い発問のためか「特に困つていることはない」と答えたものが一番多くて38．7%である。しかしながら，また，これに続いて「子どものめんどうが十分みられない」と答えたものが，「家事が十分できない」の14．2%を上回つて21．6%に達していることは，注目に値しよう。　これらに続いては，「身体が疲労する」，「家族みんなでくつろぐ時間がない」，「趣味や教養の時間がない」等の順位となつて，ここにも働く母親特有の悩みが抱かれていることが知られる。

(2)　子どもの生活の認知

心の中でいろいろなしつけの配慮をめぐらしているとしても，実際にそれ

—88—

がどの程度行なわれているかは，問題のあるところである。これを見るためには、母親が子どもの日常生活をどの程度知っているかを探ってみるのがよいであろう。特に、一般家庭の母親とこれを対比してみれば、その実態がわかるであろう。

この観点から，若干の質問を，留守家庭の母親と一般家庭の母親の双方に発してみた。たとえば，まず「あなたは，お子さんのテストの成績をいつもみていますか」という問いに対する結果はⅣ－16表のようである。

Ⅳ16表　あなたはお子さんのテストの成績をいつも見ていますか

	留守家庭		
	小	中	計
必ず見る	38(69.1)	63(42.3)	101(49.5)
だされたときだけみる	16(29.1)	70(47.0)	86(42.1)
ほとんどみない	1(1.8)	15(10.1)	16(7.9)
不　明	—	1(0.7)	1(0.5)
計	55(100.0)	149(100.0)	204(100.0)

	一般家庭		
	小	中	計
必ず見る	79(82.3)	86(46.2)	165(58.5)
だされたときだけみる	16(16.7)	82(44.1)	98(34.8)
ほとんどみない	1(1.0)	16(8.6)	17(6.0)
不　明	—	2(1.1)	2(0.7)
計	96(100.0)	186(100.0)	282(100.0)

(注)　(　) 内は百分比

留守家庭の母親の場合,「必ず見る」ものが49．5%，「だされたときだけ見る」が42．1%，「ほとんどみない」が7．9%である。一般家庭の母親では，「必ず見る」が58．5%，「だされたときだけ見る」が34．8%，「ほとんどみない」が6．0%となつている。双方ともに「ほとんど見ない」ものは，きわめて少数であつて，テストの成績に関するかぎりはかなり気にしているようである。

それでは，子どものクラブ活動に関しては，どうであろうか。「お宅のお子さんは，学校でどんなクラブに属していますか。クラブの名前をあげて下さい。」と加入のクラブ名を具体的に記入してもらつて，その結果を判定してみると，クラブに属していないものを除いて，実際に子どものクラブ所属を「知つ

—89—

ている」ものは留守家庭の母親の場合８０．４％，一般家庭の母親の場合８１．２％，これに対してどのクラブに属しているか「知らない」ものは，留守家庭の母親では１５．２％，一般家庭の母親では１３．８％であつた。前のテストの場合と異なり，子どものクラブ活動ともなると，大分知らないものの率が増加している。

Ⅳ－１７表　あなたはお子さんがどんなクラブに属しているか知つていますか

	留守家庭		
	小	中	計
知つている	27(49.1)	137(91.9)	164(80.4)
入つていない	5(9.1)	4(2.7)	9(4.4)
知らない	23(41.8)	8(5.4)	31(15.2)
不明	—	—	—
計	55(100.0)	149(100.0)	204(100.0)

	一般家庭		
	小	中	計
知つている	67(69.8)	162(87.1)	229(81.2)
入つていない	3(3.1)	10(5.4)	13(4.6)
知らない	25(26.0)	14(7.5)	39(13.8)
不明	1(1.0)	—	1(0.4)
計	96(100.0)	186(100.0)	282(100.0)

(注)　(　) 内は百分比

さらに，すすんで「あなたは，お子さんがつきあつている友だちについて，どんなお友だちか知つていますか」との問いを発し子どもの友人関係の認知についてたずねてみると，その結果はⅣ－１８表のようであつた。全体を大きく分けて，知つている部類と知らない部類とに分けてみると，留守家庭の母親の方では，知つている部類が７３．５％，知らない部類が２６．５％，一般家庭の母親の方では，知つている部類が８４．４％，知らない部類が１５．６％となつている。つまり，大づかみにいえば，留守家庭の母親の方では，知つていると知らないの割合が７：３，一般家庭の母親の方では，知つていると知らないの割合が８：２となつている。テストや子どものクラブ所属に比べると全般的に友人関係の認知は劣つてくるが，その中でもやはり留守家庭の母親の方がこの認知に関しては一般家庭の母親に比し，有意的にはつきりと劣つている。

なお，これはいずれも母親自身の答によるものであるから，事実がこれと同

じとはいえず，その信頼性にもおのずから限界があるであろう。彼女が知つていると思つていても，実際には子どもの友だちつき合いの実情を知らない場合も，かなり出てくると思われる。さて，以上は母親の側であつたが，子どもの側ではどうであろうか。

Ⅳ－１８表　あなたはお子さんのつき合つている友だちについてどの程度知つていますか

	留守家庭		
	小	中	計
よく知つている	25(45.5)	47(31.5)	72(35.3)
だいたい知つている	20(36.4)	58(38.9)	78(38.2)
あまり知らない	9(16.4)	35(23.5)	44(21.6)
ほとんど知らない	1(1.8)	9(6.0)	10(4.9)
計	55(100.0)	149(100.0)	204(100.0)

	一般家庭		
	小	中	計
よく知つている	50(52.1)	71(38.2)	121(42.9)
だいたい知つている	44(45.8)	73(39.2)	117(41.5)
あまり知らない	2(2.1)	34(18.3)	36(12.8)
ほとんど知らない	—	8(4.3)	8(2.8)
計	96(100.0)	186(100.0)	282(100.0)

(注)　(　) 内は百分比

3. 子どもの側

(1) 放課後行動

学校の授業が終つて母親が帰宅するまでの間，すなわち，母親の不在間，子どもはどんなことをしているか，この放課後の行動に関しては前述の２調査でも取上げたところであるが，本調査でも問題としてみた。ただし，これまでの調査は，一般論としてたずねたのであるが，本調査では具体的な事実を明らかにするため調査日の前日行動の実際をたずねてみた。すなわち，「あなたは，きのう，学校から帰つて夕食まで，おもにどんなことをしましたか。」と具体的行動を報告してもらつた。また，留守家庭の子どもと対比する意味で，一般家庭の子どもにも同様の質問を発して，回答をとつた。その結果は，Ⅳ－１９表のようであつた。

まず一般家庭の子どもからみると，放課後夕食までの行動のうち，もつとも多いのは「家の中で遊んだ」の２４.５％，これに接して「読書・勉強をし

た」の22.6%、つぎは「仕事・手伝いをした」の21.1%，「外で遊んだ」の16.9%，「じゆく・おけいこに行つた」の14.9%の順である。

Ⅳ—19表，帰宅後夕食までおもに何をしたか

	留守家庭児童・生徒		
	小	中	計
家の中で遊んだ	23(30.7)	66(35.9)	89(26.0)
外で遊んだ	27(36.0)	12(6.5)	39(11.4)
読書・勉強をした	37(49.3)	44(23.9)	81(23.7)
じゆく・おけいこに行つた	19(25.3)	32(17.4)	51(14.9)
仕事・手伝いをした	17(22.7)	65(35.3)	82(24.0)
	一般家庭児童・生徒		
	小	中	計
家の中で遊んだ	27(27.0)	72(35.5)	99(24.5)
外で遊んだ	42(42.0)	26(12.8)	68(16.9)
読書・勉強をした	43(43.0)	48(23.6)	91(22.6)
じゆく・おけいこに行つた	28(28.0)	32(15.8)	60(14.9)
仕事・手伝いをした	18(18.0)	67(35.0)	85(21.1)

(注) 多答式　(　)内は百分比

留守家庭の子どもの場合はどうかというと，「家の中で遊んだ」がもつとも多いことは一般家庭の場合と異ならず第1位で26.0%，第2位は「仕事・手伝いをした」の24.0%，第3位は「読書・勉強をした」の23.7%，続いて第4位は「じゆく・おけいこに行つた」の14.9%，第5位は「外で遊んだ」の11.4%の順であつた。一般家庭児童・生徒では，「家の中で遊んだ」，「読書・勉強をした」，「仕事・手伝いをした」、「外で遊んだ」，「じゆく・おけいこに行つた」の順位であるのに対し，留守家庭児童・生徒では，「家の中で遊んだ」，「仕事・手伝いをした」、「読書・勉強をした」，「じゆく・おけいこに行つた」，「外で遊んだ」の順位である。両者を対比してみると，特にこの中で「仕事・手伝いをした」が留守家庭の場合に第2位となつていることが，注目に値しよう。また，第1位の「家の中で遊んだ」の場合も，留守家庭の子どもの方がその比率において一般家庭の子どもよりも高くなつている。つまり，普通の子どもの場合，留守家庭の子どもの方が一般家庭の子どもに比べると，それだけ留守番的な役割や家事の補助的な役割を，より多く担当している状況が看取される。ただ，この場合は，特定日を限定して調

—92—

査した1日だけの状態であるから，これを普遍化して考えることはできないであろう。また，これは放課後から夕食までの全時間の中の「おもに」どんなことをしたか，という質問であるから，時間の経過を追つての行動ではない。

これに対し，一般論としてたずねた「あなたは，学校が終ると，すぐ，家へ帰りますか。」は，放課直後の行動をみたものである。その結果は，Ⅳ—20表のようである。

Ⅳ—20表，学校が終つてからなにをするか

	留守家庭児童・生徒		
	小	中	計
すぐ家へ帰る	34(45.3)	34(18.5)	68(26.3)
学校でしばらく遊ぶ	36(48.0)	16(8.7)	52(20.1)
クラブ活動をする	—	125(67.9)	125(48.3)
じゆく・おけいこに行く	—	—	—
途中よりみちする	1(1.3)	1(0.5)	2(0.7)
その他	3(4.0)	5(2.7)	8(3.1)
不明	1(1.3)	3(1.6)	4(1.5)
計	75(100.0)	184(100.0)	259(100.0)
	一般家庭児童・生徒		
	小	中	計
すぐ家へ帰る	43(43.0)	51(25.1)	94(31.0)
学校でしばらく遊ぶ	46(46.0)	16(7.9)	62(20.5)
クラブ活動をする	—	124(61.1)	124(40.9)
じゆく・おけいこに行く	—	—	—
途中よりみちする	1(1.0)	—	1(0.3)
その他	7(7.0)	10(4.9)	17(5.6)
不明	3(3.0)	2(1.0)	5(1.7)
計	100(100.0)	203(100.0)	303(100.0)

(注)　(　)内は百分比

これによると，留守家庭，一般家庭の子どもを問わず「クラブ活動をしてから帰る」がもつとも多くなつているが，これは調査対象中に中学生が数的に多く含まれているからでもある。ただ，留守家庭の方が若干その比率が高いのは，誰もいないさびしい家に帰るよりは，友人たちとクラブ活動をすることの方が，より楽しいからでもあろう。また，第2位の「すぐ家へ帰る」ものの比率が，留守家庭の子どもの方でやや低くなつているのも，これに対応した行動結果であると解されよう。

—93—

家の内・外を問わず，放課後は夕食までおもに遊んでいるものが全体として多いことは上に見たところであるが，それでは遊びの相手方，遊び場所はどうであるか。

「学校が終ってから、だれと遊ぶことが多いですか」と遊び相手をたずねた結果はⅣ－２１表のようである。留守家庭の子どもの場合，もつとも多いのは「学校の友だち」で３９．０％，次いで「近所の友だち」の２５．８％，さらに「きようだい」の１７．９％，「ひとりで 遊ぶ」の１７．３％の順となつている。前章までの調査では，「学校の友だち」，「近所の友だち」といつた細分類をせずに主として相手方を兄弟姉妹にかぎり，また，場所も友人の場合，街頭といつた限定を附していたので，「家で兄弟姉妹と」や「街頭で友人と」が多くなつていたが，調査結果としては相手方・場所を２区分してながめたこの調査の方が，よりくわしいものとなつていると思われる。遊び場所については，「あなたは，遊ぶとき，いつもどんな所で遊びますか。」との発問であつたのだが，これによると，第１位は「自分の家」で３５．５％，第２位は「公園，遊園地，広場」で１８，１％，第３位は「友だちの家」で１５．２％，以下「学校」，「あき地，原つば，川原，土手」，「道路」，「お寺，神社」等の順位となつている。

Ⅳ－２１表　だれと遊ぶか

	留守家庭児童・生徒		
	小	中	計
きようだい	14(18.7)	51(27.7)	65(17.9)
近所の友だち	33(44.0)	61(33.2)	94(25.8)
学校の友だち	44(58.7)	98(53.3)	142(39.0)
ひとりで遊ぶ	17(22.7)	46(25.0)	63(17.3)

	一般家庭児童・生徒		
	小	中	計
きようだい	20(20.0)	65(32.0)	85(19.8)
近所の友だち	42(42.0)	61(30.0)	103(23.9)
学校の友だち	70(70.0)	103(50.7)	173(40.2)
ひとりで遊ぶ	14(14.0)	55(27.1)	69(16.1)

(注)　多答式　(　)内は百分比

小学生と中学生では，小学生の方において，「公園，遊園地，広場」や「道路」などの比率が相対的に高く，中学生では「自分の家」が他をひきはなして高

くなつているが，これは年齢・発達の差をあらわしているものといえよう。

Ⅳ－２２表　遊び場所

	留守家庭児童・生徒		
	小	中	計
公園・遊園地	30(40.0)	52(28.3)	82(18.1)
お寺・神社	5(6.7)	5(2.7)	10(2.2)
空地・川原・土手	11(14.7)	40(21.7)	51(11.2)
道路	15(20.0)	10(5.4)	25(5.5)
盛り場・はんか街	—	—	
学校	17(22.7)	39(21.2)	56(12.3)
友だちの家	21(28.0)	48(26.1)	69(15.2)
自分の家	44(58.7)	117(63.6)	161(35.5)

	一般家庭児童・生徒		
	小	中	計
公園・遊園地	61(61.0)	48(23.6)	109(20.1)
お寺・神社	6(6.0)	10(4.9)	16(3.0)
空地・川原・土手	11(11.0)	53(26.1)	64(11.8)
道路	4(4.0)	8(3.9)	12(2.2)
盛り場・はんか街	1(1.0)	—	1(0.2)
学校	29(29.0)	30(14.8)	59(10.9)
友だちの家	31(31.0)	55(27.1)	86(15.9)
自分の家	57(57.0)	138(68.0)	195(35.9)

(注)　多答式　(　)内は百分比

つぎに間食の問題にうつって，「おやつは，だれからもらいますか」とたずねた結果が，Ⅳ－２３表である。一般家庭の場合，おやつをたべないものは８．９％で，大多数のおやつをたべるものは「母」からもらうものが一番多くなつているが，留守家庭の子どもの場合は，おやつを「たべない」ものも一般家庭の２倍近くの率であり，また，おやつをたべるものの場合には「おいてあるものをたべる」がもつとも多く，３４．７％となつている。予想外に「自分で買う」ものは一般家庭の子どもより少なく，また，当然のことではあるが「母以外の家の人」からもらうものが，一般家庭の子どもより多く見受けられる。

食事そのものに関し，朝食と夕食に分けて「あなたは，おかあさんといつしよに食事をしますか」と母子接触の状態をたずねた結果は，Ⅳ－２４表のごとくである。全体として，食事は朝食，夕食ともに母子一諸にするものが大多数であり，むしろ朝食のごときは留守家庭の方が母子共食の率が高くなつている。

Ⅳ－２３表　おやつをだれからもらうか

	留守家庭児童・生徒		
	小	中	計
母	12(16.0)	32(17.4)	44(17.0)
母以外の家の人	4(5.3)	10(5.4)	14(5.4)
おいてあるものをたべる	18(24.0)	72(39.1)	90(34.7)
自分で買う	18(24.0)	20(10.9)	38(14.7)
自分で作る	3(4.0)	2(1.1)	5(1.9)
たべない	11(14.7)	28(15.2)	39(15.1)
そ の 他	4(5.3)	15(8.2)	19(7.3)
不　明	5(6.7)	5(2.7)	10(3.9)
計	75(100.0)	184(100.0)	259(100.0)

	一般家庭児童・生徒		
	小	中	計
母	39(39.0)	77(37.9)	116(38.3)
母以外の家の人	1(1.0)	1(0.5)	2(0.6)
おいてあるものをたべる	12(12.0)	55(27.1)	67(22.1)
自分で買う	24(24.0)	28(13.8)	52(17.2)
自分で作る	1(1.0)	5(2.5)	6(2.0)
たべない	7(7.0)	20(9.9)	27(8.9)
そ の 他	13(13.0)	12(5.9)	25(8.3)
不　明	3(3.0)	5(2.5)	8(2.6)
計	100(100.0)	203(100.0)	303(100.0)

(注)　(　)内は百分比、下表も同じ

Ⅳ－２４表，朝食・夕食を母とともにするか

	朝食		夕食	
	留守	一般	留守	一般
いつもいつしよにたべる	148(57.1)	153(50.5)	197(76.1)	235(77.5)
ときどき　〃	79(30.5)	103(34.0)	26(10.0)	59(19.5)
いつも別に　〃	24(9.3)	31(10.2)	30(11.6)	7(2.3)
母はいない	3(1.2)	—	5(1.9)	—
不　明	—	3(1.0)	1(0.4)	2(6.7)
たべない	5(1.9)	13(4.3)	—	—

ただし，いうまでもなく夕食に関しては母子別食の率が，留守家庭において一般家庭の率を大きく上回る。ただ，留守家庭においても，夕食の母子共食は７６．１％で過半を占め，全数的には母子別食は３０家庭，１１．６％と相対的に少数である。前項の母親調査で，その子どもとの話し合いが「夕食中や食後

くつろいで」もつとも多く行なわれていたこととも関連して，その限定された母子接触時間において，このような貴重な接触機会をさらに密度の濃いものとする努力を払うならば，決してその不足を補うことも不可能ではないであろう。

(2)　子どもの側から見た母子接触

母子の相互関係は，単にその接触時間のみにかかわる問題でなく，そのふれあいの仕方の内容如何によるであろう。以下，そうした局面について，ながめてみよう。

Ⅳ－２５表　勉強でわからないときだれにきくか

	留守家庭児童・生徒		
	小	中	計
おとうさん	26(34.7)	42(22.8)	68(17.2)
おかあさん	26(34.7)	48(26.1)	74(18.8)
にいさんやおねえさん	32(42.7)	92(50.0)	124(31.5)
家庭教師の先生	—	1(0.5)	1(0.2)
じゆくやおけいこの先生	—	22(12.0)	22(5.6)
お友だち	14(18.7)	57(31.0)	71(18.0)
学校の先生	—	5(2.7)	5(1.3)
だれにもきかない	14(18.7)	15(8.2)	29(7.4)

	一般家庭児童・生徒		
	小	中	計
おとうさん	39(39.0)	49(24.1)	88(18.1)
おかあさん	42(42.0)	37(18.2)	79(16.2)
にいさんやおねえさん	42(42.0)	102(50.2)	144(29.5)
家庭教師の先生	8(8.0)	4(2.0)	12(2.5)
じゆくやおけいこの先生	6(6.0)	28(13.8)	34(7.0)
お友だち	14(14.0)	79(38.9)	93(19.1)
学校の先生	2(2.0)	13(6.4)	15(3.1)
だれにもきかない	6(6.0)	16(7.9)	22(4.5)

(注)　多答式　(　)内は百分比

最初に，「家で勉強していてわからない問題があつたとき，あなたはだれにききますか」という問いに対しては，その答はⅣ－２５表のようであつた。すなわち，「にいさんやおねえさん」という兄姉が第１位で３１，５％，これに続いて，「おかあさん」の母親が第２位で１８．８％，第３位は「お友だち」の友人の１８．０％，第４位は「おとうさん」の父親の１７．２％の順位であつた。

一般家庭の子どもでは，第1位は同じく「にいさんやおねえさん」の兄姉の29．5％，第2位は「お友だち」の友人の19．1％，第3位は「おとうさんの父親の18．1％，第4位は「おかあさん」の母親の16．2％であつた。両者共に「学習塾の先生」，「家庭教師」，「学校の先生」等は案外に少なくなつている。誰も見てやる人のない「だれにもきかない」というのは，やはり働く母親の側に多く7．4％（29ケース）で一般家庭の4．5％（22ケース）との間に明らかな差があるが，しかし同時に，本調査に関するかぎり，母親の勉強を見てやる率もこれらの働く母親の側に多くなつているのは，注目に値しよう。これは，社会に出ている母親がそれだけ知的水準で高いのか，あるいは失われがちな母子接触を回復しようとの努力の結果であるかは，明確でない。なお，昨年度の本県の母子関係調査では子どもの勉強をみてやる母親が69．6％という高率であるが，これは小学2年という低学年に限定されていたからで，本調査では小学5，6年，中学1，2年という高学年であるので，全体としてこうした低率となり，特に，一般家庭で父親が見てやる率が，母親の見てやる率を凌駕する，という結果なども見られているものと思われる。

Ⅳ－26表　いそがしいとき，話し相手になつてくれるか

	留守家庭児童・生徒		
	小	中	計
しよつちゆうある	3(4.0)	7(3.8)	10(3.9)
ときどきある	51(68.0)	110(59.8)	161(62.1)
ぜんぜんない	21(28.0)	67(36.4)	88(34.0)
その他	—	—	
	—	—	
計	75	184	259

	一般家庭児童・生徒		
	小	中	計
しよつちゆうある	2(2.0)	7(3.4)	9(3.0)
ときどきある	70(70.0)	137(67.5)	207(68.3)
ぜんぜんない	28(28.0)	57(28.1)	85(28.0)
その他	—	2(1.0)	2(0.7)
	—	—	—
計	100	203	303

(注)　（　）内は百分比

勉強というような特定場面は別として，さらにひろく一般的に母子交流の状況を見るために，その話し合いについて調べてみた。すなわち，「あなたのおかあさんは，いそがしいときには，あなたが話しかけても，あいてになつてくれないことがありますか。」という問いがそれである。回答は，「しよつちゆうある」，「ときどきある」，「ぜんぜんない」の三つのカテゴリイに分けてみたが，その結果は，Ⅳ－26表のようである。これによると，「ときどきある」が過半数の62．1％，「ぜんぜんない」が34．0％，「しよつちゆうある」が3.9％であつた。「ぜんぜんない」というのは，母親がつねに話し相手になつてくれることを意味するが，一般家庭の母親の28．0％に対し，働く母親が34．0％となつているのは注目に値しよう。働く母親の3割4分は，つとめて子どもの話し相手になろうと積極的に行動している状況が，子どもの目を通してうかがわれる。

つぎに日常の身の回りの問題として，「あなたのおかあさんは，あなたの身のまわりのことについて，あれこれうるさくいいますか」という問いに対する結果は，Ⅳ－27表である。「あれこれうるさくいう」という発問は，多少過保護傾向も見る発問であるが，結果的には，働く母親も家庭にいる母親もほとんど差異のないことがわかる。しいていえば，働く母親の方がむしろ身の回りをうるさくいう傾向があるようにも見える。

さらに，「もつと勉強すればできるようになる，とおかあさんから，はげまされることがありますか。」という問いの回答は，Ⅳ－28表のようであつた。全体として，「ときどきいわれる」ものが，もつとも多く，次いで「いつもいわれる」，「いわれたことはない」の順であるが，常にいわれる干渉過度型も，全然いわれない放任型もいずれも少数であつて，しかも働く母親と家庭にいる母親との間には，有意的といえるほどの差はないようである。

働く母親が，疲労のため家庭でいらだつているかどうかをみるために，「あなたのおかあさんは，気分によつて，しかるときと，しからないときがありますか。」とたずねてみたのは，Ⅳ－29表である。答は，「たまにある」というのが57．5％，「ほとんどない」というのが34．5％，「しよつちゆうある」が7．7％であつた。しかし，一般家庭の子どもにその母親のことを聞いてみた結果と比較とすると，両者はほぼ同じような状態であつて，有意性のある範囲ではないことが知られる。

N－２７表　身のまわりのことについてうるさくいうか

	留守家庭児童・生徒		
	小	中	計
いつもいう	25(33.3)	63(34.2)	88(34.0)
ときどきいう	47(62.7)	114(62.0)	161(62.1)
ぜんぜんいわない	3(4.0)	7(3.8)	10(3.9)
不明	—	—	—
計	75(100.0)	184(100.0)	259(100.0)

	一般家庭児童・生徒		
	小	中	計
いつもいう	21(21.0)	59(29.1)	80(26.4)
ときどきいう	74(74.0)	134(66.0)	208(68.6)
ぜんぜんいわない	4(4.0)	8(3.9)	12(4.0)
不明	1(1.0)	2(1.0)	3(1.0)
計	100(100.0)	203(100.0)	303(100.0)

(注)　(　)内は百分比

N－２８表　はげましの言葉をもらうか

	留守家庭児童・生徒		
	小	中	計
いつもいわれる	7(9.3)	34(18.5)	41(15.8)
ときどきいわれる	63(84.0)	126(68.5)	189(73.0)
いわれたことはない	5(6.7)	24(13.0)	29(11.2)
その他	—	—	—
計	75	184	259

	一般家庭児童・生徒		
	小	中	計
いつもいわれる	22(22.0)	39(19.2)	61(20.1)
ときどきいわれる	64(64.0)	137(67.5)	201(66.3)
いわれたことはない	14(14.0)	25(12.3)	39(12.9)
その他	—	2(1.0)	2(0.7)
計	100	203	303

母親は，つねにその子どものことを案じている。しかし，子どもの方では，必ずしもそのとおりに受取るものではあるまい。　特に，自分をおいて外に働きにいっている母親に対しては，母親の気持ちと子どもの気持ちとの間に若干のずれがありはしないか。こうした懸念も，調査の過程にいだかれないわけではなかつた。そこで，「あなたのおかあさんは，いつもあなたのことを，いろいろしんぱいしていますか」との問いを提出して，その反応をとつたのが，N－３０表である。

—100—

N－２９表　母は気分によつておこるか

	留守家庭児童・生徒		
	小	中	計
しよつちゆうある	7(9.3)	13(7.1)	20(7.7)
たまにある	41(54.7)	108(58.7)	149(57.5)
ほとんどない	27(36.0)	63(34.2)	90(34.5)
その他	—	—	—
不明	—	—	—
計	75	184	259

	一般家庭児童・生徒		
	小	中	計
しよつちゆうある	2(2.0)	8(3.9)	10(3.3)
たまにある	58(58.0)	117(57.6)	175(57.7)
ほとんどない	40(40.0)	75(36.9)	115(38.0)
その他	—	1(0.5)	1(0.3)
不明	—	2(1.0)	2(0.7)
計	100	203	303

N－３０表　母は子どものことを心配しているか

	留守家庭児童・生徒		
	小	中	計
いつも心配している	38(50.7)	91(49.5)	129(49.8)
ときどき　〃	33(44.0)	89(48.4)	122(47.1)
ぜんぜん心配していない	3(4.0)	4(2.2)	7(2.7)
その他	—	—	—
不明	1(1.3)	—	1(0.4)
計	75(100.0)	184(100.0)	259(100.0)

	一般家庭児童・生徒		
	小	中	計
いつも心配している	52(52.0)	104(51.2)	156(51.5)
ときどき　〃	45(45.0)	88(43.3)	133(43.9)
ぜんぜん心配していない	2(2.0)	7(3.4)	9(3.0)
その他	—	1(0.5)	1(0.3)
不明	1(1.0)	3(1.5)	4(1.3)
計	100(100.0)	203(100.0)	303(100.0)

—101—

これによると留守家庭の子どもでは，自分の母親が自分のことを「いつも心配している」と思うものが４９.８％，これに続いて，「ときどき心配している」が４７.１％，そして「ぜんぜん心配していない」と感じているものが２.７％であった。これに対し，一般家庭の子どもでは，「いつも心配している」と思うものが５１.５％で約半数，これに続いて，「ときどき心配している」の４３.９％，「ぜんぜん心配していない」の３.０％であった。留守家庭の子どもと一般家庭の子どもとの間にはほとんど差はないといえるであろう。

そのつぎに「あなたは，おかあさんから，どんなことを，いちばんしてもらいたいと思いますか」という問いの結果をみると（Ⅳ－３１表），留守家庭の子どもでは，「別にない」の２５.５％に続いて，「仕事をやめて家にいてほしい」というものが２１.２％になっている。一般家庭の子どもでは，「別にない」が３３.０％で，これに続いては「小づかいをふやしてほしい」（１４.９％）とか，「学校や勉強のことをあまりやかましくいわないでほしい」（１３.２％）といったたぐいの項目となっている。つまり，留守家庭の子どもの２割程度は，母が仕事をやめて家にいてくれれば，と内心ねがっていることになる。特に，この傾向は，小学生につよく，２６.７％（中学生では１９.０％）という数字となってあらわれ，「別にない」ものの２４.０％を凌駕している。

それでは，積極的に不平，不満というほどに高いか，というと，そこまでには達していないようである。すなわち，「あなたは，あなたのおかあさんに，不平や不満がありますか」という問いに対しては，留守家庭の子どもの場合にあっても，大多数の６５.２％は「ほとんどない」と答え，「少しある」と答えたものは３０.５％，そして「たくさんある」と答えたものは，わずかに３.５％にすぎなかった。全体的に一般家庭の子どもと比べてみても，その間に統計的に有意といえるほどの顕著な差は，見出し難いのである。

Ⅳ－３１表　母に一番してもらいたいこと

	留守家庭児童・生徒		
	小	中	計
話し相手になってほしい	5(6.7)	10(5.4)	15(5.8)
小づかいをふやしてほしい	13(17.3)	26(14.1)	39(15.1)
学校・勉強のことをあまりやかましくいわないでほしい	6(8.0)	20(10.9)	26(10.0)
私の身になってほしい	7(9.3)	18(9.8)	25(9.6)
仕事をやめて家にいてほしい	20(26.7)	35(19.0)	55(21.2)
たまには一緒に遊んでほしい	5(6.7)	16(8.7)	21(8.1)
いっしょに食事をしたい	—	—	
別にない	18(24.0)	48(26.1)	66(25.5)
そ の 他	1(1.3)	8(4.3)	9(3.5)
不　　明	—	3(1.6)	3(1.2)
計	75(100.0)	184(100.0)	259(100.0)

	一般家庭児童・生徒		
	小	中	計
話し相手になってほしい	7(7.0)	12(5.9)	19(6.3)
小づかいをふやしてほしい	18(18.0)	27(13.3)	45(14.9)
学校・勉強のことをあまりやかましくいわないでほしい	10(10.0)	30(14.8)	40(13.2)
私の身になってほしい	11(11.0)	26(12.8)	37(12.2)
仕事をやめて家にいてほしい	6(6.0)	7(3.4)	13(4.3)
たまには一緒に遊んでほしい	9(9.0)	11(5.4)	20(6.6)
いっしょに食事をしたい	1(1.0)	—	1(0.3)
別にない	29(29.0)	71(35.0)	100(33.0)
そ の 他	8(8.0)	13(6.4)	21(6.9)
不　　明	1(1.0)	6(3.0)	7(2.3)
計	100(100.0)	203(100.0)	303(100.0)

(注)　(　) 内は百分比

Ⅳ－３２表　母に対する不平・不満

	留守家庭児童・生徒		
	小	中	計
たくさんある	4（5.3）	5（2.7）	9（3.5）
少しある	25（33.3）	54（29.3）	79（30.5）
ほとんどない	46（61.3）	123（66.8）	169（65.2）
そ の 他	—	1（0.5）	1（0.4）
不　明	—	1（0.5）	1（0.4）
計	75（100.0）	184（100.0）	259（100.0）

	一般家庭児童・生徒		
	小	中	計
たくさんある	—	4（2.0）	4（1.3）
少しある	22（22.0）	63（31.0）	85（28.1）
ほとんどない	78（78.0）	131（64.5）	209（69.0）
そ の 他	—	3（1.5）	3（1.0）
不　明	—	2（1.0）	2（0.6）
計	100（100.0）	203（100.0）	303（100.0）

㊟　（　）内は百分比

4.　要　約

ここでは，母親が働いている留守家庭にかぎつて，その母子関係をながめてきたのであるが，その主要な点を要約すれば，つぎのごとくであつた。

まず，その調査対象となつた母親は，主として３０代，４０代で，職場では，技能工・生産工・単純労務やサービス業，販売従事者として働いているものであり，その約８割７分までがその家庭に両親（祖父，祖母）が既になく，約７割が彼女の不在間，子どもの世話をするものもなく，もつぱら子どもの自律性に任せている家庭である。なお，彼女が働いていることに対して，夫たちの約４割９分が賛成をし，はつきり反対しているものは１割弱という状態である。こうした家庭背景の下に，彼女は毎日，働いているのであるが，

1.　彼女が職場に出て働いている間，子どものことで一番気にかかるのは，子どもたちが事故や危険にあいはしないか，ということで，その心配をいだいているものが４７．５％であつた。

2.　そして，自分の帰宅後，時間を一番使いたいと思つているのは，子どもと話し合つたり，勉強をみてやつたりすることで，全員の４２．６％がこうした期待を不断からいだき，これに続いては家事のかたづけ，疲労回復に

時間をさきたいと思つているものが多い。

3.　ところで，現実はどうかというと，こうした希望も十分満たされぬまま，約６割の母親が家事のかたづけに終始している。

4.　また，上の希望をやや細かく見て，子どもと具体的にどんな接触をしたいか，実際に何をしてやりたいのか，という順位を見ると，まず第１に「話し相手」になつてやることであり，第２に「勉強の相談」相手になつてやること，あるいは，子どもの身の回りのいろいろな「世話」をしてやることであつた。

5.　それでは，これもまた，現実にどんなことが行なわれているかを見ると，比較的に多いのが第１の点の「話し相手」になつてやつていることであり，あわせて「いろいろ注意する」であつた。こうしたことに，心をつかつている，と自ら考えている母親は２６．９％であつた。

6.　ただしかしながら，こうした間にあつて，外出中に子どものことに別に心をつかわないのみならず，子どものために何かしてやりたいということも別になく，家に帰つても「別に心をつかうことはしない」とする働く母親が，約１割４分あることは，注目に値するところである。たとえ，子どもがある程度，大きくなつているにしても，本質的にはいま危険な時期であり，こうした無関心型であるということは，望しくない。

7.　つぎに，家庭生活全般に関して，特に家庭を外にして働いていることから，家庭問題に関して最も困つている事は何か，という質問に対しては，約３割８分の母親が，特に困つていることはない，と答え，他の７割２分のうちでは，やはり，子どもの面倒を見られない，というものが多くて約２割１分，続いては，家事が十分にできない，とするものが，約１割４分であつた。

8.　子どもの話し相手になつてやつているとか，いろいろ注意している，とかいつても，それは時として母親の主観にすぎないこともあろう。そこで，果して実際に子どもの学校生活なり，交友生活なりに対して，どの程度を認知しているのであろうか。こうした観点から，テスト，クラブ活動，交友関係の三つをとり上げてみた。この三つでは，やはり子どもの成績に関するテストは良く見る傾向があり，全然見ないものは１割に満たない。

もつとも，テストに関しては，どこの母親も同じような傾向で，働く母親と家庭にいる母親との間に，それほど有意な差はない。

9. テストに比べると，子どものクラブ活動所属を知つているものは，ややおちる。しかし，約８割の母親は，これを知つており，これも家庭にいる母親の認知の状態と変りはない。

10. ただ，子どもの友人関係になると，やや状況が変つてくる。前２項に比べ，これを知らない割合がさらにふえ，その認知，不認知の割合が７対３位になつてくる。これは，家庭にいる母親が８対２位の割合であるのに比べると，やや劣るといえる。

11. さて，それでは，母親の不在間の子どもの行動はどうであるか。本調査の対象児童生徒から見たかぎりでは「家の中で遊ぶ」がもつとも多く，これに続いて「仕事・手伝いをした」の類がふえている。概していえば，母親の在宅する子どもに比べ，家事の補助的な役割をより多く担当しているようである。

12. なお，放課後直後の行動としては，中学生の場合は学校でクラブ活動をしてから帰るものが，一般家庭の子どもたちよりも，やや多く見受けられる。留守番よりも，積極的活動を好むからでもあろう。

13. 間食（おやつ）は，親が配意して置いていつてあるものが相対的に多く３４．７％であり，これらの子どもは「おいてあるものをたべる」と答えている。全然「たべない」というものは１５．１％，約１割５分で，母親の在宅する子どもの場合よりも率が高い。

14. 食事は，朝食は大体において母子一諸にとつている。この点は，むしろ一般家庭よりもよいくらいである。しかし，いうまでもなく夕食の母子共食率はこれより下がり，その母子別食率は約１割２分である。前章の調査でも，約７割強が保護者の帰宅まで待つて夕食をしているから，地域状況や家庭状況により多少の幅はあるが，別食率は１割強から３割弱の間とみてよいであろう。

15. 子どもたちが勉強でわからないことがあつたとき，これをきくのは一般家庭と同じく「兄姉」がもつとも多いが，案外に「母親」から見てもらつ

ているものも，一般家庭に比べ多い。反面，少数ではあるが，「だれにもきかない」ものも，また，留守家庭の子どもの方に多い。

16. さきに，母親の意識なり希望なりでは，子どもの話し相手になることが多かったのであるが，この点，大多数の子どもの目からも，そう感じられており，そこにくいちがいはないようである。すなわち，子どもたちの約６割６分は，母親に話し相手になってもらっている，と感じている。この調査対象は，非行などをおかさない正常な通学児童・生徒であるから，これは当然のことでもあろう。

17. また，子どもが，その母親から，自分の身の回りや注意をはらってもらっている，と考えていることも，一般家庭の子どもと差異はない。むしろ，ややうるさくいわれているように感じている傾向も，ほのかに見える。

18. 働く母親が，疲労のためいらだって，気分本位に叱る，というようなことは，ほとんど見られない。子どもの目を通してみても，一般家庭の母親たちと変りはない。

19. また，やや精神的な面で，母親が自分のことをいつも心配してくれている，と感じている点でも，留守家庭の子どもと一般家庭の子どもとの間には，ほとんど差はみられない。

20. ただ一方では，子どもの側で，母親に特別な要求のない約２割６分のものに続いて，約２割１分のものが，母親が仕事をやめて家にいてほしいという気持をいだいているのである。特に，こうした傾向は小学生につよくあらわれているが，まだ幼いだけに理くつ以上の要求となっていだかれているのであろう。

21. しかし，だからといって，それは積極的な不平不満というほどの顕型化したものではない。留守家庭の子どもの約６割５分は，その母親に不平不満がないと答え，全体的に一般家庭の子どもとの間にも差はみられない。なお，本調査では，自分の母親が社会で働いていることに誇りをもつかどうか，といった積極的な質問を準備するだけの余裕がなかったが，もし角度を変えて，不平不満と対にしてこうした質問を発してみたならば，あるいはもっと変った子どもの意識も見られたかもしれない。

§5. 結　語

差業発展と労働市場の拡大にともない，婦人の就業はますます増加する傾向にある。すなわち，機械化の進展による新しい職域の拡大，労働条件の改善，耐久消費財の普及による家事労働の合理化といつた一連の好条件が生まれ，他方，家計における教育費の比重の増大，社会における若年婦人労働力の枯渇傾向といつた環境の中で，家族や子どもをもつ婦人成年層の就業も，ますます今後ふえてゆくことが予想される。それは，経済的にも必然の方向と考えられる。働く母親とその子どもの問題を見るに当つては，単にその局部現象のみを見て，いたずらに就業の母親に感情的な反発をもつて対するのであつてはならない。そうでなければ，留守家庭とその青少年に対する至当な対策は講じられない。

働く母親は，その職場責任と同時に家庭責任をもつ。特にその子女の健全育成という家庭での重大な責任を遂行するのは，父親もさることながら，母親の努力にまつところが多い。このような職業と家庭の二重責務の問題は，単にわが国のみならず，欧米においてもたえず問題とせられ，研究されているところの問題である。

本調査は，学齢前の幼児ではなく，日常通学するところの児童・生徒の問題であつた。既にある程度，両親の日常的養護を必要としない年齢の子どもたちであるが，それだけにまた，複雑，微妙な条件をはらんでいるといえる。ひとつまちがえば，本報告の中で最初に分析したような非行のごとき重大な行動問題を生み出す危険性も内蔵しているのである。もちろん，本調査の結果によるかぎり，現状ではこれらの家庭にかぎり特別に非行が多いというような事実は，幸いにも見出され得なかつたのであるが，しかし，こうした傾向をたどる機会が不断に内在していることも，また，否定し難い現実である。

このような機会とは，たとえば，母親の勤務時間と子どもの授業時間の落差の存在である。いわゆるかぎつ子問題のひとつの中心が，母親が始業から帰宅するまでの離宅時間と，子どもが授業を終つて放課後ひとりで過ごさねばならぬ校外時間との空白時間にあることは，周知の事実であろう。本調査によるも

非行少年となるものがこの空白時間を「街頭で友人」と過し，保護者の監督から放置されていたというがごときは，その例証のひとつである。子どもの自由な遊びもある程度，必要ではあるが，何らの監督もなしにこれが行なわれているとすれば，危険この上もないといわねばならぬ。

本調査の結果は，すでに各章の末尾に要約としてまとめておいたから，これをまたここにくどく繰返すことはさけたい。しかし，同じく帰宅時間の問題にしても，これがことさらに遅く，家庭を離れている時間が長いとすれば，それが望ましからざる結果を生むことは，本文中にも述べたとおりである。もちろん，それが勤務にかかわるかぎりは雇用主の理解にまつところが大きいが，同時に母親の側においても，一段と何らかの工夫を要するであろう。現実についてみれば，ただ物質的な欲望のみで子どもを他人に任せ，あるいは，ただ金だけとればよいとして夜遅く帰る水商売の母親といつた例も，皆無ではない。

放課後の遊びの問題や，帰宅時間の問題に次いで，学業成績，行動・性格の問題にも，いろいろ検討すべき点があつた。たとえば，全般的に見れば留守家庭の児童・生徒は母親在宅の児童・生徒にやや劣る傾向があるが，これは主として小学生の段階までで，中学生ともなれば必ずしもそうでなく，ことにそれが家庭のしつけと関連をもつことは，注目すべきところである。問題の根本は，留守家庭というよりも，むしろ母親の配慮やしつけの如何にあると見るべきである。留守家庭であつても，その配慮としつけが十分になされていれば，優秀な学業成績をおさめているものは決して母親在宅の子どもに劣らないことが，いくつもの実例をあげて証明することができる。問題は，留守家庭より，その学習環境にある。

このことは，より根本的な性格の面についてもいえることである。非行少年といつた特殊な群から，さらに普遍的な正常少年群に眼を転じても，留守家庭の場合，基本的な生活習慣や自主性，根気強さなど，若干の側面においてやや劣る傾向が見えたが，しかし，これも原本的には母親の平常における配慮やしつけとかかわり合いの深いところである。家庭のしつけが十分になされ，またＰＴＡ等への参加を通して教師との協力が緊密に行なわれている場合は留守家庭の児童・生徒にもすぐれた性格の芽ばえが見られるのであつて，たとえば責任感や自省心にすぐれたものが多い。本調査では事例調査を省いたが，調査過

程において知り得たケースでは，母親の働く目的意識が明確で子どもがこれを納得しているような場合には，これがプラスに作用していることも見られた。たとえば，母親が苦しみに負けないで働く姿から自分も多くを学びとり，むしろ誇りと独立心をもち，親のよせる信頼にすすんでこたえようとする，といつた良い傾向の見えることもあつた。

もちろん，子どものしつけは，一時的なものでなく，平常からの行きとどいた関心によつて行なわれるものである。この点，子どもとの時間的な接触の不足し勝ちな働く母親は，特に配慮を要する点である。子どもの日常生活，たとえば学校生活や，交友関係や，不平不満といつたものを，たえず理解してやる必要がある。たとえいろいろ用事があろうと，子どもから話しかけられれば，喜んで応じてやることが必要である。本調査では，交友関係の認知などはやや劣る傾向があつたが，こうしたことを頭において在宅間の子どもの教育に当ることが大切であろう。

時間的な離隔は，単に物理的空間としてだけでなく，生活空間の面においても，母子の離隔をもたらしやすい。特に，精神的離乳の完全でない年少の子どもの場合は，母親の予想外の離隔をもたらすこともある。こうした潜在的な不満を良くくみとり，その時間的離隔を埋め合わせるため休日，日曜には親子水入らずで親しくすごす工夫も重要である。

働く母親の家庭責任を果す上での障害は，すべてが克服できないものばかりではない。彼女自身の判断や自覚にまつところも，かなり多い。それにもかかわらず，自覚のない母親も，また，少なくない。一部ではあるにしても　子どもの教育や行動にも無関心で，どのような友だちと付き合おうと，服装が派手になろうと気付かず，ただ小づかいさえあてがつておけばよいと思い，ＰＴＡにも行かず，金銭のみにとらわれて自覚なしに働いている母親もまた，たしかに存在する。こうした母親の子どもが非行や問題行動をおかさなかつたとしたら，それこそ不思議というものであろう。

家庭責任をもつ有職婦人は，もちろん，このような人ばかりではなく，多かれ少なかれ，経済的必要におわれ，特にまた，これ以外にとるべき方法がないという人々も少なくないであろう。職場のはげしい労働と，通勤の緊張は，他の人々の知り得ない重荷となつて彼女の肩にかかつていることも事実である。

こうした家庭責任の重い労働婦人のためには，まず何よりも地域社会のサービスが必要であり，本県でもそのための努力は，不十分ながらも，従来，民生行政や社会福祉などの各種の面でなされてきた。もちろん，今後ともなお旧に倍した努力が払われる必要がある。

この点はいくら強調してもしすぎることはないが，他面，これとならんで，親としてのあり方についても考えてみる必要がある。これは，働きに出る母親の考え方の問題である。われわれは，これまで留守家庭の児童・生徒をめぐる諸問題をながめてきたが，青少年の健全育成という観点からは，問題とされるような働く母親の教育の必要といつたものを痛感せざるを得ない。すなわち，働くために家庭をどう整えたらよいか，ということである。特に，短かい接触時間を生かした密度の高い生活を送る工夫である。たとえば，ときどきは鞄を見ているか，たまには子どものし好をよくとらえたささやかな手作り料理をあたえているか，帰宅の遅くなるとき，ちよつとしたユーモアのある手紙をおやつにそえて残すとか，場面に応じていろいろな工夫がなされるべきだが，そうした主婦として母親としてのやり方，子どもの扱い方ひとつで，立派に教育はできるものである。こうした自信と自覚が，大切である。働く母親の尊い姿を見せて社会性に目ざめた子どもを形成するのも，放置されたと考えさせて非行少年の間に交わらせるのも，対象少年たちの年齢とまでなれば，要は親の考え方，やり方次第である。労働条件，社会政策，社会施設の改善とともに，こうした働く母親自体の生活態度の改善に対する研究も，また，重要というべきである。

今回の本調査では，既に本文中にも述べてきたように，不足や不備も多々あり，今後なお検討して研究をすすむべき問題も多く残されている。将来，機会ある毎に，そうした分析と実践対策の解明をすすめてゆきたいと思う。それにもかかわらず，このささやかな調査が，現時点においても，何らか他山の石となすべき点を含んでいるとすれば，幸いである。最後に，その調査過程においてすすんで協力をいただいた多数の方々に対し，ここに厚く謝意を表しておきたい。

資　　料

項　　目

注：（　　）は本文中に掲載

（留守家庭児童・生徒の一般的実態）

（Ⅲ－1表）	調査対象（Ａ）・小学生
（Ⅲ－2表）	調査対象（Ｂ）・中学生
（Ⅲ－3表）	調査対象（Ｃ）
（Ⅲ－4表）	家庭状況
（Ⅲ－5表）	家の状況
（Ⅲ－6表）	長欠の有無（留守家庭児童・生徒）
（Ⅲ－7表）	長欠の有無（一般家庭児童・生徒）
（Ⅲ－8表）	放課後の状況
Ⅲ－9表	家庭状況と放課後の状況（留守家庭児童・生徒）
Ⅲ－10表	放課後の状況としつけ（留守家庭児童・生徒）
（Ⅲ－11表）	夕食の状況
Ⅲ－12表	家庭状況と夕食の状況（留守家庭児童・生徒）
（Ⅲ－13表）	保護者の帰宅時間
Ⅲ－14表	総合成績（留守家庭・一般家庭別）
Ⅲ－15表	総合成績（全員，7段階別）
Ⅲ－16表	成績（国語）
Ⅲ－17表	成績（数学）
Ⅲ－18表	成績（社会）
Ⅲ－19表	成績（理科）
Ⅲ－20表	成績（技・家）
Ⅲ－21表	成績（美術）
Ⅲ－22表	成績（保・体）
Ⅲ－23表	成績（音楽）
Ⅲ－24表	成績（英語）
（Ⅲ－25表）	総合成績の7段階区分（総計点）
（Ⅲ－26表）	総合成績（全員，上・中・下別）
（Ⅲ－27・Ａ表）	総合成績（小学生）
（Ⅲ－27・Ｂ表）	総合成績（中学生）
Ⅲ－28表	基本的な生活習慣

—116—

Ⅲ－29表	自主性
Ⅲ－30表	責任感
Ⅲ－31表	根気強さ
Ⅲ－32表	自省心
Ⅲ－33表	向上心
Ⅲ－34表	公正さ
Ⅲ－35表	指導性
Ⅲ－36表	協調性
Ⅲ－37表	同情心
Ⅲ－38表	公共心
Ⅲ－39表	積極性
Ⅲ－40表	情緒の安定
（Ⅲ－41表）	基本的な生活習慣（3段階区分）
（Ⅲ－42表）	自主性（3段階区分）
（Ⅲ－43表）	責任感（3段階区分）
（Ⅲ－44表）	根気強さ（3段階区分）
（Ⅲ－45表）	自省心（3段階区分）
（Ⅲ－46表）	向上心（3段階区分）
（Ⅲ－47表）	公正さ（3段階区分）
（Ⅲ－48表）	指導性（3段階区分）
（Ⅲ－49表）	協調性（3段階区分）
（Ⅲ－50表）	同情心（3段階区分）
（Ⅲ－51表）	公共心（3段階区分）
（Ⅲ－52表）	積極性（3段階区分）
（Ⅲ－53表）	情緒の安定（3段階区分）
（Ⅲ－54表）	家庭におけるしつけ等の配慮（留守家庭）
（Ⅲ－55表）	家庭におけるしつけ等の配慮（一般家庭）
（Ⅲ－56表）	ＰＴＡ等への参加状況（留守家庭）
（Ⅲ－57表）	ＰＴＡ等への参加状況（一般家庭）
Ⅲ－58表	家庭の状況としつけ

—117—

I－16表　補導歴のみのもののうち，2回以上のもの

	男	女	計
2回	1	0	1
3回	3	0	3
4回	2	0	2
5回	1	0	1
計	7	0	7

I－17表　非行歴を有する者のうち，2回以上の者

	男	全有非行歴者に対する百分比	女	全有非行歴者に対する百分比	計
2回	10	3.2	0	0.0	10
3回	4	1.3	0	0.0	4
4回	2	0.7	0	0.0	2
5回	3	1.0	0	0.0	3
計	19	6.2	0	0.0	19

I－18表　非行歴と年齢

年齢	補導・非行歴なし		補導歴あり	非行歴あり	保護観察	初等少年院	中等少年院	特別少年院	医療少年院	計
15歳	16	94.1%	1	0	0	0	0	0	0	17
16歳	28	71.8	4	6	1	0	0	0	0	39
17歳	39	73.6	5	7	2	0	0	0	0	53
18歳	72	79.1	3	10	2	0	3	1	0	91
19歳	70	67.3	6	14	11	1	1	0	1	104
計	225		19	37	16	1	4	1	1	304

I－20表　年齢と経過年数

	15歳	16歳	17歳	18歳	19歳
6カ月未満	16	5	5	17	9
6カ月～1年未満	1	12	9	8	13
1～2年未	0	22	24	19	24
2～3年未	0	0	14	29	21
3～4年未	0	0	1	15	25
4年以上	0	0	0	1	11
不明	0	0	0	2	1
	17	39	53	91	104

I－21表　非行歴と在神奈川経過年数

	非行歴等								
	補導・非行歴なし	補導歴あり	非行歴あり	保護観察	初等少年院	中等少年院	特別少年院	医療少年院	計
6カ月未満	39	2	8	3	0	0	0	0	52
6カ月～1年	33	4	4	2	0	0	0	0	43
1～2	67	7	11	3	0	0	1	0	89
2～3	52	2	6	1	1	2	0	0	64
3～4	23	2	7	7	0	1	0	1	41
4年以上	8	2	1	0	0	1	0	0	12
不明	3	0	0	0	0	0	0	0	3
計	225	19	37	16	1	4	1	1	304

—123—

I－8表　措置

	男	百分比	女	百分比	計	百分比
検察官送致	265	93.3	14	70.0	279	91.8
家裁送致	5	1.8	1	5.0	6	2.0
簡易送致	13	4.6	5	25.0	18	5.9
児相通告	0	0.0	0	0.0	0	0
継続補導	0	0.0	0	0.0	0	0
その他	1	0.3	0	0.0	1	0.3
計	284	100.0	20	100.0	304	100.0

I－9表　非行態様（単独・集団別）

	男	百分比	女	百分比	計	百分比
単独	182	64.1	18	90.0	200	658
集団	102	35.9	2	10.0	104	34.2
計	284	100.0	20	100.0	304	100.0

I－10表　年齢と非行態様

	単独		集団			計
		百分比	2～4人	5～10人	11人以上	
15歳	14	82.3	3	0	0	17
16歳	25	64.1	14	0	0	39
17歳	32	60.4	14	7	0	53
18歳	56	61.5	33	2	0	91
19歳	73	70.2	31	0	0	104
計	200	100.0	95	9	0	304

I－11表　非行態様（リーダー・非リーダー）

	男	百分比	女	百分比	計	百分比
リーダーである	34	12.0	1	5.0	35	11.5
リーダーでない	250	88.0	19	95.0	269	88.5
計	284	100.0	20	100.0	304	100.0

—124—

I－12表　非行態様（年齢とリーダー）

	リーダーである	リーダーでない	計
15歳	1	16	17
16歳	1	38	39
17歳	6	47	53
18歳	14	77	91
19歳	13	91	104
計	35	269	304

I－13表　集団人数

	男	百分比	女	百分比	計	百分比
2人	45	44.1	1	50.0	46	44.2
3人	30	29.4	0	0.0	30	28.9
4人	21	20.6	1	50.0	22	21.2
5人	0	0.0	0	0.0	0	0.0
6人	1	1.0	0	0.0	1	0.9
7人	0	0.0	0	0.0	0	0.0
8人	5	4.9	0	0.0	5	4.8
計	102	100.0	2	100.0	104	100.0

I－14表　非行態様（2件以上の非行者）

	男	男子全非行者に対する百分比	女	女子全非行者に対する百分比	計	全非行者に対する百分比
2件	23名	8.1	1名	5.0	24名	7.9
3件	10	3.5	3	15.0	13	4.3
4件	5	1.8	0	0.0	5	1.7
5件	3	1.1	1	5.0	4	1.3
6件	1	0.3	1	5.0	2	0.7
8件	1	0.3	0	0.0	1	0.3
9件	1	0.3	0	0.0	1	0.3
11件	1	0.3	0	0.0	1	0.3
12件	1	0.3	0	0.0	1	0.3
14件	1	0.3	0	0.0	1	0.3
15件	1	0.3	0	0.0	1	0.3
計	18	16.6	6	30.0	54	17.7

I－5表　転入後の勉学状況

	男	百分比	女	百分比	計	百分比
定時制高1年在学	2	0.7	0	0.0	2	0.6
2年	1	0.3	0	0.0	1	0.3
4年	1	0.3	0	0.0	1	0.3
通信制高卒業	1	0.3	0	0.0	1	0.3
定時制高1年中退	1	0.3	0	0.0	1	0.3
中卒のみ	278	98.1	20	100.0	298	98.2
計	284	100.0	20	100.0	304	100.0

I－7表　罪種と年齢（余罪を含まず）

	15歳	16歳	17歳	18歳	19歳	計
殺人	0	0	0	0	0	0
強盗	0	0	1	5	4	10
放火	0	0	0	0	0	0
強かん	0	4	2	1	3	10
暴行	0	1	3	7	5	16
傷害	0	5	8	20	24	57
脅迫	0	0	0	0	0	0
恐かつ	0	2	0	0	2	4
窃盗	17	24	29	38	46	154
詐欺	0	0	1	2	1	4
横領	0	0	0	0	0	0
偽造	0	0	0	1	0	1
とばく	0	0	0	2	1	3
わいせつ	0	0	0	2	2	4
ぞう物	0	0	1	0	0	1
その他の刑法	0	1	3	9	8	21
暴力行為	0	0	4	2	0	6
軽犯罪法	0	0	0	0	1	1
売春防止法	0	0	0	0	0	0
たばこ専売法	0	0	0	0	0	0
銃刀法	0	0	1	2	4	7
その他特別法	0	1	0	0	1	2
青少年保護育成条例	0	0	0	0	0	0
小暴力防止条例	0	1	0	0	2	3
計	17	39	53	91	104	304

I－22表　出身地（府県別）

	男	女	計	百分比
福島	28	5	33	10.9
秋田	20	0	20	6.6
宮城	19	0	19	6.2
福岡	15	2	17	5.6
新潟	13	3	16	5.3
北海道	14	1	15	4.9
栃木	14	1	15	4.9
岩手	14	1	15	4.9
千葉	13	1	14	4.6
熊本	12	0	12	3.9
長崎	11	0	11	3.6
東京	9	2	11	3.6
青森	10	0	10	3.3
山形	9	0	9	3.0
広島	8	1	9	3.0
静岡	7	1	8	2.6
群馬	7	0	7	2.3
鹿児島	6	0	6	2.0
大分	5	0	5	1.6
茨城	5	0	5	1.6
兵庫	4	0	4	1.3
福井	4	0	4	1.3
山梨	3	1	4	1.3
埼玉	3	0	3	1.0
三重	3	0	3	1.0
徳島	3	0	3	1.0
石川	2	0	2	0.6
愛知	2	0	2	0.6
大阪	2	0	2	0.6
滋賀	2	0	2	0.6
愛媛	2	0	2	0.6
山口	2	0	2	0.6
宮崎	2	0	2	0.6
佐賀	2	0	2	0.6
長野	1	0	1	0.3
和歌山	0	1	1	0.3
京都	1	0	1	0.3
高知	1	0	1	0.3
島根	1	0	1	0.3
沖縄	4	0	4	1.3
不明	1	0	1	0.3
計	284	20	304	100.0

I－25表　転入以前の就職他

	男	女	計
東京	36	2	38
千葉	6	1	7
大阪	6	0	6
愛知（名古屋）	4	0	4
京都	3	0	3
福岡	3	0	3
三重	3	0	3
神奈川（他地区）	3	0	3
広島	2	1	3
兵庫	2	0	2
宮城	2	0	2
北海道	2	0	2
福井	2	0	2
長崎	2	0	2
青森	1	0	1
秋田	1	0	1
山形	1	0	1
栃木	1	0	1
茨城	1	0	1
埼玉	1	0	1
山梨	1	0	1
静岡	1	0	1
新潟	1	0	1
和歌山	1	0	1
佐賀	1	0	1
熊本	1	0	1
不明	18	2	20
計	106	6	112

I－27表　最初の就職経路

	男	百分比	女	百分比	計	百分比
職業安定所を通じて	78	27.5	2	10.0	80	26.3
学校を通じて	70	24.6	10	50.0	80	26.3
個人的縁故により	88	31.0	6	30.0	94	30.9
広告で	19	6.7	0	0.0	19	6.3
その他	29	10.2	2	10.0	31	10.2
計	284	100.0	20	100.0	304	100.0

I－29表　職業と従業員規模

職業	従業員規模 10人未満	10～50未	50～300未	300～500	500人以上	他	計
工場労務者	11	33	29	11	37	2	123
交通運送労務者	6	11	1	0	1	0	19
土木建築労務者	10	13	1	0	0	0	24
自由労務者	3	4	0	0	0	0	7
その他労務者	2	3	4	1	0	0	10
商店員	18	3	4	0	0	0	25
飲食店従業員	13	5	4	0	0	0	22
接客業従業員	4	4	2	0	0	0	10
家事使用人	1	0	0	0	0	0	1
その他従業員	7	3	5	0	1	0	16
事務員	1	3	0	0	0	0	4
職人	14	2	0	0	0	0	16
船員	3	1	1	0	0	0	5
その他	2	3	1	0	2	0	8
無職	3	0	0	0	0	11	14
計	98	88	52	12	41	13	304

I－30表　収入

	男	百分比	女	百分比	計	百分比
5,000円未満	6	2.1	0	0.0	6	2.0
5,000～10,000未満	17	6.0	5	25.0	22	7.2
10,000～15,000未満	89	31.4	9	45.0	98	32.2
15,000～20,000未満	83	29.2	3	15.0	86	28.3
20,000円以上	79	27.8	3	15.0	82	27.0
不明	10	3.5	0	0.0	10	3.3
計	284	100.0	20	100.0	304	100.0

I－31表　職業と収入

	収入						
	5,000円未満	5000〜10000未	10000〜10,000	15000〜20,000	20,000円以上	他（無職を含む）	計
工場労務者	0	11	50	39	23	0	123
交通運送労務者	0	0	2	7	10	0	19
土木建築労務者	0	0	4	5	15	0	24
自由労務者	0	1	3	2	1	0	7
その他労務者	0	2	4	1	3	0	10
商店員	0	2	11	5	7	0	25
飲食店従業員	1	3	8	7	3	0	22
接客業従業員	0	0	1	6	3	0	10
家事使用人	0	0	0	1	0	0	1
その他従業員	0	1	4	6	5	0	16
事務員	0	1	1	1	1	0	4
職人	2	0	6	4	4	0	16
船員	0	0	0	0	5	0	5
その他	0	1	3	2	2	0	8
無職	3	0	1	0	0	10	14
計	6	22	98	86	82	10	304

I－32表　規模と収入

	収入						
	5,000円未満	5,000〜10,000未	10,000〜15,000	15,000〜20,000	20,000円以上	他	計
10人未満	5	6	22	32	33	0	98
10〜50未	0	8	24	25	31	0	88
50〜300未	0	3	29	9	11	0	52
300〜500未	0	4	4	2	2	0	12
500人以上	0	1	17	18	5	0	41
不明	1	0	2	0	0	10	13
計	6	22	98	86	82	10	304

I－33表　勤め先の状況

	男	百分比	女	百分比	計	百分比
とても満足している	11	3.9	1	5.0	12	4.0
まあ満足している	239	84.2	16	80.0	255	83.9
不満な点がある	22	7.7	3	15.0	25	8.2
とても不満だ	4	1.4	0	0	4	1.3
不明	8	2.8	0	0	8	2.6
計	284	100.0	20	100.0	304	100.0

I－34表　収入と生活状況

	5,000円未満	5,000〜10,000未	10,000〜15,000未	15,000〜20,000未	20,000以上	他	計
とても満足	0	0	2	2	3	0	7
まあ満足	5	19	91	79	77	5	276
不満な点あり	0	1	5	4	2	2	14
とても不満	1	2	0	1	0	1	5
他	0	0	0	0	0	2	2
計	6	22	98	86	82	10	304

I－35表　経過年数と勤め先の状況

	とても満足している	まあ満足している	不満な点がある	とても不満だ	不明	計
6カ月未満	2	45	4	1	0	52
6カ月〜1年未満	0	36	6	0	1	43
1〜2年未満	7	72	5	1	4	89
2〜3未	3	52	5	2	2	64
3〜4未	0	38	2	0	1	41
4年以上	0	10	2	0	0	12
不明	0	2	1	0	0	3
計	12	255	25	4	8	304

I－36表　学歴と勤め先の状況

	学歴						
	中卒	高中退	高卒	短大中退	大学中退	他	計
とても満足	7	0	5	0	0	0	12
まあ満足	198	26	31	0	0	0	255
不満あり	24	0	1	0	0	0	25
とても不満	4	0	0	0	0	0	4
他	7	0	0	0	1	0	8
計	240	26	37	0	1	0	304

I－37表　従業員規模と勤め先の状況

	従業員規模 10人未満	10〜50未	50〜300未	300〜500未	500人以上	他（職業なし）	計
とても満足	2	3	3	0	4	0	12
まあ満足	86	76	42	12	36	3	255
不満あり	10	7	6	0	1	1	25
とても不満	0	2	1	0	0	1	4
他	0	0	0	0	0	8	8
計	98	88	52	12	41	13	304

I－38表

	就職経路と勤め先の状況 職安	学校	個人	広告	その他	計
とても満足	2	7	1	1	1	12
まあ満足	68	62	85	16	24	255
不満あり	5	9	6	2	3	25
とても不満	1	1	2	0	0	4
他	4	1	0	0	3	8
計	80	80	94	19	31	304

I－39表　生活状況

	男	百分比	女	百分比	計	百分比
とても満足している	6	2.1	1	5.0	7	90.8
まあ満足している	260	91.5	16	80.0	276	2.3
不満な点がある	11	3.9	3	15.0	14	4.6
とても不満だ	5	1.8	0	0.0	5	1.6
不明	2	0.7	0	0.0	2	0.7
計	284	100.0	20	100.0	304	100.0

I－40表　経過年数と生活状況

	6カ月未満	6カ月〜1年	1〜2	2〜3	3〜4	4以上	他	計
とても満足	3	0	0	2	0	2	0	7
まあ不満	46	37	11	56	41	82	3	276
不満な点あり	3	4	1	3	0	3	0	14
とても不満	0	1	0	3	0	1	0	5
他	0	1	0	0	0	1	0	2
計	52	43	12	64	41	89	3	304

—131—

I－42表　従業員規模と居住状況

	居住状況 寮	親せきにきぐう	縁故者にきぐう	住込み	下宿でひとり	友人・縁故者と下宿	間借りでひとり	友人・縁故者と間借り	他（居住不定）	計
10人未満	8	2	0	62	9	2	8	5	2	98
10〜50人未満	40	1	2	29	4	1	4	7	0	88
50〜300未	45	0	0	1	3	1	1	1	0	52
300〜500未	11	0	0	0	0	1	0	0	0	12
500以上	36	0	0	0	1	1	2	0	1	41
他	2	1	1	0	1	0	3	0	5	13
計	142	4	3	92	18	6	18	13	8	304

I－45表　経過年数と転職経験

	転職経験 1回	2回	3回	4回	5回以上	計（百分比）	転職経験 なし	計
6カ月未満	6	6	1	2	0	15（10.3）	37	52
6カ月〜1年未満	12	2	3	1	1	19（13.0）	24	43
1〜2年未	19	11	7	1	4	42（28.8）	47	89
2〜3年未	17	12	4	2	0	35（24.0）	29	64
3〜4年未	8	6	7	3	1	25（17.1）	16	41
4年以上	4	2	2	0	0	8（5.5）	4	12
不明	0	1	1	0	0	2（1.3）	1	3
計	66	40	25	9	6	146（100.0）	158	304

I－46表　学歴と転職経験

	学歴 中卒	高中退	高卒	短大中退	大学中退	計
1回	60	5	1	0	0	66
2回	34	4	1	0	1	40
3回	24	1	0	0	0	25
4回	9	0	0	0	0	9
5回以上	5	1	0	0	0	6
計	132	11	2	0	1	146
（百分比）	（55.0）	（42.3）	（5.4）		（100）	
なし	108	15	35	0	0	158
総計	240	26	37	0	1	304

—132—

I－47表　中卒者の経過年数と転職回数

	転職回数					
	1回	2回	3回	4回	5回以上	計（百分比）
6カ月未満	4	3	1	2	0	10（7.6）
6カ月～1年未満	10	2	3	1	1	17（12.9）
1～2年未	18	9	7	1	4	39（29.5）
2～3年未	16	12	4	2	0	34（25.8）
3～4年未	8	5	6	3	0	22（16.6）
4年以上	4	2	2	0	0	8（6.1）
不明	0	1	1	0	0	2（1.5）
計	60	34	24	9	5	132（100.0）

I－48表　転職経験と就職経路

	1回	2回	3回	4回	5回以上	計（百分比）
職安を通じて	13	8	9	2	3	35（23.9）
学校を通じて	18	9	5	4	0	36（24.6）
個人的縁故により	24	14	5	2	1	46（31.5）
広告で	5	4	3	0	1	13（9.0）
その他	6	5	3	1	1	16（11.0）
計	66	40	25	9	6	146（100）

I－49表　転職理由

	男	女	計	百分比
仕事の内容	28	1	29	19.9
給料の額	29	1	30	20.5
宿舎や寮	0	0	0	0.0
昇進・昇給の条件	3	0	3	2.1
労働時間や休日・休暇	3	2	5	3.4
教育を受ける機会	0	0	0	0.0
作業場の施設や条件	2	0	2	1.4
労働にたえられない	11	3	14	9.6
将来性がない	17	0	17	11.7
職場の雰囲気が悪くて	5	1	6	4.1
上役又は同僚と気まずくなつて	11	1	12	8.2
方言いなか者等ばかにされて	0	0	0	0.0
恋人ができて	0	0	0	0.0
その他人間関係	10	0	10	6.8
何となく	9	1	10	6.8
解雇	8	0	8	5.5
計	136	10	146	100.0

—133—

II－10表　家庭の状況と動機

	両親共かせぎ家庭	父子家庭	母子家庭	保護者のいる家庭	保護者のいない家庭	その他	計
遊興費にあてるため	33	7	12	0	0	1	53
空腹のため	6	2	2	0	0	0	10
学用品ほしさ	4	0	0	0	0	0	4
虚栄心をみたすため	15	1	2	0	0	0	18
小づかい銭不足のため	64	12	27	0	0	6	109
淋しさをまぎらわすため	2	4	3	0	0	0	9
なんとなく欲しくなり	41	7	22	0	0	1	71
復讐	4	0	2	0	0	0	6
侮辱されて	3	1	0	0	0	0	4
叱責，意見されて	3	0	0	0	0	0	3
冷遇，虐待されて	0	0	0	0	0	0	0
のけものにされて	0	0	0	0	0	0	0
その他怨恨，憤怒	3	0	0	0	0	2	5
保護者に対する反発	2	2	1	0	0	0	5
そそのかされて	16	2	4	0	0	0	22
脅迫されて	1	0	0	0	0	0	1
誘惑されて	9	4	1	0	0	0	14
模倣	3	0	2	0	0	0	5
出版物の影響	4	1	1	0	0	0	6
映画等の影響	1	0	0	0	0	0	1
好奇心	23	0	4	0	0	1	28
でき心	30	10	12	1	0	1	54
義侠	5	3	2	0	0	0	10
売名	1	0	0	0	0	0	1
その他	4	2	6	0	0	0	12
計	277	58	103	1	0	12	451

—136—

Ⅱ－１１表　家計の状態と動機

	上	中	下	極貧	計
遊興費にあてるため	0	18	31	4	53
空腹のため	0	6	4	0	10
学用品ほしさ	0	4	0	0	4
虚栄心をみたすため	0	10	7	1	18
小づかい銭不足のため	0	40	67	2	109
淋しさをまぎらわすため	0	6	3	0	9
なんとなく欲しくなり	0	33	35	3	71
復　讐	0	4	2	0	6
侮辱されて	0	3	0	1	4
叱責，意見されて	0	1	2	0	3
冷遇，虐待されて	0	0	0	0	0
のけものにされて	0	0	0	0	0
その他怨恨，憤怒	0	3	2	0	5
保護者に対する反発	1	1	2	1	5
そそのかされて	0	17	5	0	22
脅迫されて	0	1	0	0	1
誘惑されて	0	9	4	1	14
模　倣	0	3	2	0	5
出版物の影響	0	3	3	0	6
映画等の影響	0	1	0	0	1
好奇心	0	18	9	1	28
でき心	0	30	24	0	54
義　侠	0	7	3	0	10
売　名	0	1	0	0	1
その他	0	5	7	0	12
計	1	224	212	14	451

—137—

Ⅱ－１５表　家庭の状況と職業

	勤め人	自家経営	自由業	生活保護法扶助	その他	計
両親共かせぎ	221 (79.8)	4 (1.4)	24 (8.7)	1 (0.4)	27 (9.7)	277
父子家庭	40 (69.0)	1 (1.7)	9 (15.5)	3 (5.1)	5 (8.7)	58
母子家庭	73 (70.9)	0	4 (3.9)	6 (5.8)	20 (19.4)	103
成人保護者のいる家庭	1	0	0	0	0	1
成人保護者のいない家庭	0	0	0	0	0	0
その他	6	0	4	1	1	12
計	341	5	41	11	53	451

注：（ ）内は百分比，下表も同じ

Ⅱ－１７表　職業と家計の状況

	勤め人	自家経営	自由業	生活保護法扶助	その他	計
上	1 (0.3)	0 (0.0)	0 (0.0)	0	0 (0.0)	1
中	197 (57.8)	4 (80.0)	12 (29.3)	0	11 (20.7)	224
下	137 (40.2)	1 (20.0)	27 (65.9)	8	39 (73.6)	212
極貧	6 (17.7)	0 (0.0)	2 (4.8)	3	3 (5.7)	14
計	341 (100.0)	5 (100.0)	41 (100.0)	11	53 (100.0)	451

—138—

Ⅱ－19表　家庭の状況と放課後の状況

	両親共かせぎ	父子家庭	母子家庭	成人保護者のいる家庭	成人保護者のいない家庭	その他	計
家でひとり	39 (14.1)	9 (15.6)	18 (17.5)	0	0	0 (0.0)	66
家で兄弟姉妹と	90 (32.5)	21 (36.2)	29 (28.1)	1 (100.0)	0	2 (16.7)	143
友人宅・親せき宅などで	21 (7.6)	4 (6.9)	11 (10.7)	0	0	0 (0.0)	36
学校・公民館などの施設で	1 (0.4)	0 (0.0)	0 (0.0)	0	0	0 (0.0)	1
街頭でひとり	7 (2.5)	5 (8.6)	3 (2.9)	0	0	2 (16.7)	17
街頭で友人と	113 (40.8)	15 (25.9)	37 (35.9)	0	0	8 (66.6)	173
塾で勉強	1 (0.4)	0 (0.0)	0 (0.0)	0	0	0 (0.0)	1
アルバイト	2 (0.7)	3 (5.2)	4 (3.9)	0	0	0 (0.0)	9
その他	3 (1.0)	1 (1.7)	1 (1.0)	0	0	0 (0.0)	5
計	277 (100.0)	58 (100.0)	103 (100.0)	1 (100.0)	0	12 (100.0)	451

注：(　)内は百分比

Ⅱ－20表　家の状況

	小学		中学		計			
	男	女	男	女	男	女	計	百分比
家に入れる	101	10	309	24	410	34	444	98.5
家に入れない	1	0	4	2	5	2	7	1.5
計	102	10	313	26	415	36	451	100.0

Ⅱ－24表　長期欠席の有無

	小学		中学		計			
	男	女	男	女	男	女	計	百分比
長欠していない	98	8	287	25	385	33	418	92.7
病気長欠	0	0	0	0	0	0	0	0.0
その他の理由による長欠	4	2	26	1	30	3	33	7.3
計	102	10	313	26	415	36	451	100.0

－139－

Ⅱ－26表　保護者が働くことについての希望（学年別）

	小学1年	2年	3年	4年	5年	6年	中学1年	2年	3年
淋しいからやめてほしい	1	0	3	2	1	6	2	12	9
もう少し子どもの面倒をみてもらいたいからやめてほしい	0	0	1	0	0	2	1	6	6
勉強をみてもらいたいからやめてほしい	0	0	0	0	0	0	1	0	2
家の中がうまくゆかないからやめてほしい	0	0	0	0	0	0	1	1	2
家事の手伝いが重荷なのでやめてほしい	0	0	0	0	0	0	1	0	0
家で出来る仕事にかわつてほしい	0	1	2	3	6	10	9	20	14
早く帰れる仕事に変つてほしい	0	0	0	3	3	3	7	11	6
せめて夕食の仕度ができるくらいに帰つてほしい	0	0	0	0	0	1	2	3	3
もつと家族一緒の時間を作つてほしい	0	0	1	0	0	1	4	6	13
現在のままでよい	0	1	1	3	1	3	9	8	28
働くことはやむを得ない	0	0	0	2	6	5	9	12	40
別に考えていない	0	2	6	9	14	8	19	32	39
その他	1	0	0	0	0	0	0	1	0
計	2	4	14	22	31	39	65	112	162

Ⅱ－27表　保護者が働くことについての希望（家庭状況別）

	両親共かせぎ家庭	父子家庭	母子家庭	成人保護者のいる家庭	成人保護者のいない家庭	その他	計
淋しいからやめてほしい	27	1	8	0	0	0	36
もう少し子どもの面倒をみてもらいたいからやめてほしい	13	2	1	0	0	0	16
勉強をみてもらいたいからやめてほしい	1	2	0	0	0	0	3
家の中がうまくゆかないからやめてほしい	4	0	0	0	0	0	4
家事の手伝いが重荷なのでやめてほしい	1	0	0	0	0	0	1
家でできる仕事にかわつてほしい	52	4	9	0	0	0	65
早く帰れる仕事にかわつてほしい	19	3	11	0	0	0	33
せめて夕食の仕度ができるくらいに帰つてほしい	6	1	2	0	0	0	9
もつと家族一緒の時間をつくつてほしい	15	7	2	0	0	1	25
現在のままでよい	34	8	11	0	0	1	54
働くことはやむを得ない	30	1	29	0	0	6	74
別に考えていない	75	29	29	1	0	4	130
その他	0	0	1	0	0	0	1
計	277	58	103	1	0	12	451

－140－

Ⅲ－９表　家庭状況と放課後の状況（留守家庭児童・生徒）

	家でひとり	家で兄弟姉妹と	友人宅・親せき宅などで	学校・公民館などの施設で	街頭でひとり	街頭で友人と	塾で勉強	アルバイト	その他	不明
両親共かせぎ家庭	68	140	21	22	0	18	24	2	2	1
父子家庭	4	5	1	0	0	1	0	0	0	0
母子家庭	15	12	6	3	1	5	0	0	1	0
成人の保護者のいる家庭	0	0	0	0	0	0	0	0	0	0
〃いない家庭〃	0	0	0	0	0	1	0	0	0	0
その他	1	1	0	0	0	1	0	0	0	0

Ⅲ－１０表　放課後の状況としつけ（留守家庭児童・生徒）

	非常に良好	ほとんどない
家でひとり	5	5
家で兄弟姉妹と	10	15
友人宅・親せき宅などで	0	0
家庭・公民館などの施設で	2	1
街頭でひとり	0	1
街頭で友人と	1	7
塾で勉強	0	1
アルバイト	0	0
その他	0	0

Ⅲ－１２表　家庭状況と夕食の状況（留守家庭児童・生徒）

	用意してある	自分でする	外食	保護者の帰宅まで待つ	時により欠食	不明
両親共かせぎ家庭	58(19.5)	26(8.7)	0	213(71.5)	0	1,(0.3)
父子家庭	1(9.1)	2(18.2)	2(18.2)	6(54.5)	0	0
母子家庭	5(11.6)	5(11.6)	0	33(76.8)	0	0
成人の保護者のいる家庭	0	0	0	0	0	0
〃いない家庭〃	0	1	0	0	0	0
その他	0	1	0	0	0	0

Ⅲ－１４表　総合成績（留守家庭・一般家庭別）

			留守家庭児童・生徒								一般家庭児童・生徒							
			1	2	3	4	5	6	7	計	1	2	3	4	5	6	7	計
小学校	5	男	3	4	16	14	12	2	0	51	5	8	19	41	33	18	1	125
		女	2	3	7	20	6	2	1	41	1	9	19	43	37	26	9	144
		計	6	7	23	34	18	4	1	92	6	17	38	84	70	44	10	269
	6	男	4	8	11	13	6	3	4	49	4	14	24	38	45	21	7	153
		女	1	3	11	19	8	6	0	48	1	9	28	33	35	32	8	146
		計	4	11	22	32	14	9	4	97	5	23	52	71	80	53	15	299
	計	男	7	12	27	27	18	5	4	100	9	22	43	79	78	39	8	278
		女	3	6	18	39	14	8	1	89	2	18	47	76	72	58	17	290
		計	10	18	45	66	32	13	5	189	11	40	90	155	150	97	25	568
中学校	2	男	5	5	8	11	4	8	1	42	12	19	40	35	36	9	5	156
		女	2	3	11	8	11	3	1	39	9	12	34	37	36	12	7	147
		計	7	8	19	19	15	11	2	81	21	31	74	72	72	21	12	303
	3	男	4	9	5	9	11	5	3	46	16	18	31	51	25	15	6	162
		女	4	8	9	16	6	9	2	54	9	18	25	45	19	17	3	136
		計	8	17	14	25	17	14	5	100	25	36	56	96	44	32	9	298
	計	男	9	14	13	20	15	13	4	88	28	37	71	86	61	24	11	318
		女	6	11	20	24	17	12	3	93	18	30	59	82	55	29	10	283
		計	15	25	33	44	32	25	7	181	46	67	130	168	116	53	21	601
小計（小・中）		男	16	26	40	47	33	18	8	188	37	59	114	165	139	63	19	596
		女	9	17	38	63	31	20	4	182	20	48	106	158	127	87	27	573
		計	25	43	78	110	64	38	12	370	57	107	220	323	266	150	46	1169
		%	6.8	11.6	21.1	29.7	17.3	10.3	3.2	100.0	4.9	9.2	18.8	27.6	22.8	12.8	3.9	100.0

Ⅲ－15表　総合成績（全員，7段階別）

	1	2	3	4	5	6	7	計
総人員	82	150	298	433	330	188	58	1539
百分比	5.3	9.7	19.4	28.1	21.5	12.2	3.8	100.0

Ⅲ－16表　成　績（国語）

			留守・国語							一般・国語						
			1	2	3	4	5	他	計	1	2	3	4	5	他	計
小学校	5	男	9	13	22	6	1	0	51	8	36	40	33	8	0	125
		女	4	11	19	6	0	1	41	5	27	54	42	16	0	144
		計	13	24	41	12	1	1	92	13	63	94	75	24	0	269
	6	男	8	12	18	6	5	0	49	10	36	58	40	9	0	153
		女	4	10	22	9	3	0	48	5	32	50	40	19	0	146
		計	12	22	40	15	8	0	97	15	68	108	80	28	0	299
	計	男	17	25	40	12	6	0	100	18	72	98	73	17	0	278
		女	8	21	41	15	8	1	94	10	59	104	82	35	0	290
		計	25	46	81	27	14	1	194	28	131	202	155	62	0	568
中学校	2	男	4	10	15	12	1	0	42	16	45	52	37	6	0	156
		女	2	6	19	7	5	0	39	8	24	54	44	17	0	147
		計	6	16	34	19	6	0	81	24	69	106	81	23	0	303
	3	男	3	13	20	6	4	0	46	16	37	66	36	7	0	162
		女	2	14	19	12	7	0	54	6	30	56	36	8	0	136
		計	5	27	39	18	11	0	100	22	67	122	72	15	0	298
	計	男	7	23	35	18	5	0	88	32	82	118	73	13	0	318
		女	4	20	38	19	12	0	93	14	54	110	80	25	0	283
		計	11	43	73	37	17	0	181	46	136	228	153	38	0	601

Ⅲ－17表　成　績（数学）

		評価	留守・数学							一般・数学						
			1	2	3	4	5	他	計	1	2	3	4	5	他	計
小学校	5	男	7	15	22	7	0	0	51	9	22	50	30	14	0	125
		女	4	13	18	4	1	1	41	6	37	50	39	12	0	144
		計	11	28	40	11	1	1	92	15	59	100	69	26	0	269
	6	男	7	14	18	6	4	0	49	10	30	55	39	19	0	153
		女	5	14	21	5	3	0	48	8	27	57	43	11	0	146
		計	12	28	39	11	7	0	97	18	57	112	82	30	0	299
	計	男	14	29	40	13	4	0	100	19	52	105	69	33	0	278
		女	9	27	39	9	4	1	89	14	64	107	82	23	0	290
		計	23	56	79	22	8	1	189	33	116	212	151	56	0	568
中学校	2	男	3	15	12	8	4	0	42	10	42	63	31	10	0	156
		女	2	14	11	9	3	0	39	10	32	56	39	10	0	147
		計	5	29	23	17	7	0	81	20	74	119	70	20	0	303
	3	男	5	8	16	11	6	0	46	9	38	60	41	14	0	162
		女	4	11	19	17	3	0	54	11	26	65	28	6	0	136
		計	9	19	35	28	9	0	100	20	64	125	69	20	0	298
	計	男	8	23	28	19	10	0	88	19	80	123	72	24	0	318
		女	6	25	30	26	6	0	93	21	58	121	67	16	0	283
		計	14	48	58	45	16	0	181	40	138	244	139	40	0	601

Ⅲ－18表　成　績（社会）

		評価	留守・社会							一般・社会						
			1	2	3	4	5	他	計	1	2	3	4	5	他	計
小学校	5	男	6	17	20	5	3	0	51	6	24	46	38	11	0	125
		女	3	12	20	4	1	1	41	9	32	54	37	12	0	144
		計	9	29	40	9	4	1	92	15	56	100	75	23	0	269
	6	男	7	14	16	7	5	0	49	11	23	66	38	15	0	153
		女	4	15	19	10	0	0	48	7	36	51	41	11	0	146
		計	11	29	35	17	5	0	97	18	59	117	79	26	0	299
	計	男	13	31	36	12	8	0	100	17	47	112	76	26	0	278
		女	7	27	39	14	1	1	89	16	68	105	78	23	0	290
		計	20	58	75	26	9	1	189	33	115	217	154	49	0	568
中学校	2	男	2	10	17	10	3	0	42	10	33	64	34	15	0	156
		女	1	9	17	9	3	0	39	9	29	66	35	8	0	147
		計	3	19	34	19	6	0	81	19	62	130	69	23	0	303
	3	男	4	10	14	12	6	0	46	14	33	66	35	14	0	162
		女	4	13	22	11	4	0	54	5	39	59	26	7	0	136
		計	8	23	36	23	10	0	100	19	72	125	61	21	0	298
	計	男	6	20	31	22	9	0	88	24	66	130	69	29	0	318
		女	5	22	39	20	7	0	93	14	68	125	61	15	0	283
		計	11	42	70	42	16	0	181	38	134	255	130	44	0	601

Ⅲ−19表　成績（理科）

評価			留守・理科 1	2	3	4	5	他	計	一般・理科 1	2	3	4	5	他	計
小学校	5	男	5	19	18	8	1	0	51	8	25	44	33	15	0	125
		女	3	12	17	7	1	1	41	7	31	56	40	10	0	144
		計	8	31	35	15	2	1	92	15	56	100	73	25	0	269
	6	男	7	11	18	7	6	0	49	10	20	67	37	19	0	153
		女	4	17	18	6	3	0	48	5	41	48	46	6	0	146
		計	11	28	36	13	9	0	97	15	61	115	83	25	0	299
	計	男	12	30	36	15	7	0	100	18	45	111	70	34	0	278
		女	7	29	35	13	4	1	89	12	72	104	86	16	0	290
		計	19	59	71	28	11	1	189	30	117	215	156	50	0	568
中学校	2	男	5	8	15	9	5	0	42	10	32	68	36	10	0	156
		女	2	10	17	8	2	0	39	8	39	55	37	8	0	147
		計	7	18	32	17	7	0	81	18	71	123	73	18	0	303
	3	男	4	10	15	13	4	0	46	16	23	61	47	15	0	162
		女	6	10	23	17	3	0	54	10	38	58	26	4	0	136
		計	10	20	38	30	7	0	100	26	61	119	73	19	0	298
	計	男	9	18	30	22	9	0	88	26	55	129	83	25	0	318
		女	8	20	40	25	5	0	93	18	77	113	63	12	0	283
		計	17	38	70	50	14	0	181	44	132	242	146	37	0	601

Ⅲ−20表　成績（技・家）

評価			留守・技家 1	2	3	4	5	他	計	一般・技家 1	2	3	4	5	他	計
小学校	5	男	8	21	16	5	1	0	51	10	39	49	23	4	0	125
		女	3	6	17	10	4	1	41	3	23	54	49	15	0	144
		計	11	27	33	15	5	1	92	13	62	103	72	19	0	269
	6	男	9	13	18	9	0	0	49	10	44	57	35	7	0	153
		女	3	9	22	9	5	0	48	5	23	62	36	20	0	146
		計	12	22	40	18	5	0	97	15	67	119	71	27	0	299
	計	男	17	34	34	14	1	0	100	20	83	106	58	11	0	278
		女	6	15	39	19	9	1	89	8	46	116	85	35	0	290
		計	23	49	73	33	10	1	189	28	129	222	143	46	0	568
中学校	2	男	5	8	16	10	3	0	42	9	28	73	37	9	0	156
		女	1	9	18	7	4	0	39	10	30	58	39	10	0	147
		計	6	17	34	17	7	0	81	19	58	131	76	19	0	303
	3	男	3	8	22	8	5	0	46	12	39	68	34	9	0	162
		女	4	16	17	15	2	0	54	11	34	55	29	7	0	136
		計	7	24	39	23	7	0	100	23	73	123	63	16	0	298
	計	男	8	16	38	18	8	0	88	21	67	141	71	18	0	318
		女	5	25	35	22	6	0	93	21	64	113	68	17	0	283
		計	13	41	73	40	14	0	181	42	131	254	139	35	0	601

Ⅲ−21表　成績（美術）

評価			留守・美術 1	2	3	4	5	他	計	一般・美術 1	2	3	4	5	他	計
小学校	5	男	8	14	17	10	2	0	51	10	31	52	25	7	0	125
		女	3	7	17	11	2	1	41	4	28	54	43	14	1	144
		計	11	21	34	21	4	1	92	14	59	106	68	21	1	269
	6	男	8	16	15	7	3	0	49	11	35	63	34	10	0	153
		女	2	14	24	7	1	0	48	6	24	60	42	14	0	146
		計	10	30	31	14	4	0	97	17	59	123	76	24	0	299
	計	男	16	30	32	17	5	0	100	21	66	115	59	17	0	278
		女	5	21	41	18	3	1	89	10	52	114	85	28	1	290
		計	21	51	73	35	8	1	189	31	118	229	144	45	1	568
中学校	2	男	6	6	16	11	3	0	42	14	36	68	25	13	0	156
		女	1	7	16	14	1	0	39	4	32	58	44	9	0	147
		計	7	13	32	25	4	0	81	18	68	126	69	22	0	303
	3	男	2	12	17	9	6	0	46	14	38	68	34	8	0	162
		女	4	10	23	14	3	0	54	7	30	61	31	7	0	136
		計	6	22	40	23	9	0	108	21	68	129	65	15	0	298
	計	男	8	18	33	20	9	0	88	28	74	136	59	21	0	318
		女	5	17	39	28	4	0	93	11	62	119	75	16	0	283
		計	13	35	72	48	13	0	181	39	136	255	134	37	0	601

Ⅲ−22表　成績（保・体）

評価			留守・保体 1	2	3	4	5	他	計	一般・保体 1	2	3	4	5	他	計
小学校	5	男	5	13	18	11	4	0	51	12	26	48	26	13	0	125
		女	1	11	21	6	1	1	41	4	33	61	37	9	0	144
		計	6	24	39	17	5	1	92	16	59	109	63	22	0	269
	6	男	5	11	19	7	7	0	49	9	22	70	44	8	0	153
		女	3	15	20	8	2	0	48	9	31	56	36	14	0	146
		計	8	26	39	15	9	0	97	18	53	126	80	22	0	299
	計	男	10	24	37	18	11	0	100	21	48	118	70	21	0	278
		女	4	26	41	14	3	1	89	13	64	117	73	23	0	290
		計	14	50	78	32	14	1	189	34	112	235	143	44	0	568
中学校	2	男	3	7	18	10	4	0	42	8	37	58	40	13	0	156
		女	1	11	16	6	5	0	39	12	29	60	37	9	0	147
		計	4	18	34	16	9	0	81	20	66	118	77	22	0	303
	3	男	3	10	18	12	3	0	46	9	42	58	45	8	0	162
		女	5	10	24	13	2	0	54	10	28	50	37	11	0	136
		計	8	20	42	25	5	0	100	19	70	108	82	19	0	298
	計	男	6	17	36	22	7	0	88	17	79	116	85	21	0	318
		女	6	21	40	19	7	0	93	22	57	110	74	20	0	283
		計	12	38	76	41	14	0	181	39	136	226	159	41	0	601

Ⅲ－23表　成　績（音楽）

		評価	留守・音楽 1	2	3	4	5	他	計	一般・音楽 1	2	3	4	5	他	計
小学校	5	男	8	21	16	6	0	0	51	10	40	47	26	2	0	125
		女	3	7	17	11	2	1	41	2	19	61	41	21	0	144
		計	11	28	33	17	2	1	92	12	59	108	67	23	0	269
	6	男	8	16	15	7	3	0	49	11	41	67	28	6	0	153
		女	1	7	23	13	4	0	48	1	29	50	45	21	0	146
		計	9	23	38	20	7	0	97	12	70	117	73	27	0	299
	計	男	16	37	31	13	3	0	100	21	81	114	54	8	0	278
		女	4	14	40	24	6	1	89	3	48	111	86	42	0	290
		計	20	51	71	37	9	1	189	24	129	225	140	50	0	568
中学校	2	男	4	13	16	9	0	0	42	18	35	68	31	4	0	156
		女	0	7	18	12	2	0	39	7	29	59	40	12	0	147
		計	4	20	34	21	2	0	81	25	64	127	71	16	0	303
	3	男	6	11	14	10	4	1	46	14	44	67	28	9	0	162
		女	4	10	17	20	3	0	54	8	21	53	39	15	0	136
		計	10	21	31	30	7	1	100	22	65	120	67	24	0	298
	計	男	10	24	30	19	4	1	88	32	79	135	59	13	0	318
		女	4	17	35	32	5	0	93	15	50	112	79	27	0	283
		計	14	41	65	51	9	1	181	47	129	247	138	40	0	601

Ⅲ－24表　成　績（英語）

		評価	留守・英語 1	2	3	4	5	他	計	一般・英語 1	2	3	4	5	他	計
中学校	2	男	5	13	11	9	4	0	42	11	44	60	33	8	0	156
		女	2	4	23	8	2	0	39	5	33	59	34	16	0	147
		計	7	17	34	17	6	0	81	16	77	119	67	24	0	303
	3	男	5	9	16	11	5	0	46	10	42	59	37	14	0	162
		女	2	13	21	14	4	0	54	8	26	66	32	4	0	136
		計	7	22	37	25	9	0	100	18	68	125	69	18	0	298
	計	男	10	22	27	20	9	0	88	21	86	119	70	22	0	318
		女	4	17	44	22	6	0	93	13	59	125	66	20	0	283
		計	14	39	71	42	15	0	181	34	145	244	136	42	0	601

—147—

Ⅲ－28表　基本的な生活習慣

			留守 1	2	3	4	5	不明	計	一般 1	2	3	4	5	不明	計
小学校	5	男	9	10	25	5	2	0	51	9	22	46	33	15	0	125
		女	3	8	22	6	2	0	41	1	11	74	37	20	1	144
		計	12	18	47	11	4	0	92	10	33	120	70	35	1	269
	6	男	7	16	20	4	1	1	49	6	33	73	28	13	0	153
		女	0	7	23	14	4	0	48	2	14	61	48	21	0	146
		計	7	23	43	18	5	1	97	8	47	134	76	34	0	299
	計	男	16	26	45	9	3	1	100	15	55	119	61	28	0	278
		女	3	15	45	20	6	0	89	3	25	135	85	41	1	290
		計	19	41	90	29	9	1	189	18	80	254	146	69	1	568
中学校	2	男	2	10	16	11	3	0	42	11	27	74	31	13	0	156
		女	1	4	19	13	2	0	39	3	12	74	39	19	0	147
		計	3	14	35	24	5	0	81	14	39	148	70	32	0	303
	3	男	1	7	21	11	6	0	46	8	23	78	39	14	0	162
		女	1	8	22	17	6	0	54	0	8	60	55	13	0	136
		計	2	15	43	28	12	0	100	8	31	138	94	27	0	298
	計	男	3	17	37	22	9	0	88	19	50	152	70	27	0	318
		女	2	12	41	30	8	0	93	3	20	134	94	32	0	283
		計	5	29	78	52	17	0	181	22	70	286	164	59	0	601
小．中実数			24	70	168	81	26	1	370	40	150	540	310	128	1	1169
計		%	6.5	18.9	45.4	21.9	7.0	0.3	100.0	3.4	12.9	46.2	26.5	10.9	0.1	100.0

—148—

Ⅲ－29表　自主性

			留守 1	2	3	4	5	他	計	一般 1	2	3	4	5	他	計
小学校	5	男	5	13	25	7	1	0	51	10	18	57	30	10	0	125
		女	4	12	21	4	0	0	41	2	16	82	29	14	1	144
		計	9	25	46	11	1	0	92	12	34	139	59	24	1	269
	6	男	5	16	21	6	1	0	49	10	28	72	30	12	1	153
		女	0	11	24	9	4	0	48	2	16	68	49	11	0	146
		計	5	27	45	15	5	0	97	12	44	140	79	23	1	299
	計	男	10	29	46	13	2	0	100	20	46	129	60	22	1	278
		女	4	23	45	13	4	0	89	4	32	150	78	25	1	290
		計	14	52	91	26	6	0	189	24	78	279	138	47	2	568
中学校	2	男	3	11	18	8	2	0	42	7	36	67	36	10	0	156
		女	0	3	25	9	2	0	39	2	27	61	40	17	0	147
		計	3	14	43	17	4	0	81	9	63	128	76	27	0	303
	3	男	0	7	21	14	4	0	46	4	24	84	38	12	0	162
		女	1	6	26	15	6	0	54	2	9	76	39	10	0	136
		計	1	13	47	29	10	0	100	6	33	160	77	22	0	298
	計	男	3	18	39	22	6	0	88	11	60	151	74	22	0	318
		女	1	9	51	24	8	0	93	4	36	137	79	27	0	283
		計	4	27	90	46	14	0	181	15	96	288	153	49	0	601
小.中計		実数	18	79	181	72	90	0	370	39	174	567	291	96	2	1169
		%	22	240	48.9	19.5	54	0	100.0	33	14.9	48.5	24.9	82	02	100.0

Ⅲ－30表　責任感

			留守 1	2	3	4	5	他	計	一般 1	2	3	4	5	他	計
小学校	5	男	4	15	23	5	4	0	51	10	19	56	32	8	0	125
		女	4	11	18	7	1	0	41	2	15	81	35	11	0	144
		計	8	26	41	12	5	0	92	12	34	137	67	19	0	269
	6	男	4	13	23	6	3	0	49	9	23	82	28	11	0	153
		女	1	6	30	8	3	0	48	1	10	78	42	15	0	146
		計	5	19	53	14	6	0	97	10	33	160	70	26	0	299
	計	男	8	28	46	11	7	0	100	19	42	138	60	19	0	278
		女	5	17	48	15	4	0	89	3	25	159	77	26	0	290
		計	13	45	94	26	11	0	189	22	67	297	137	45	0	568
中学校	2	男	2	11	14	11	4	0	42	8	35	66	40	7	0	156
		女	0	2	16	19	2	0	39	3	12	70	45	17	0	147
		計	2	13	30	30	6	0	81	11	47	136	85	24	0	303
	3	男	0	4	23	14	5	0	46	1	25	83	43	10	0	162
		女	2	3	25	17	7	0	54	0	8	72	46	9	1	136
		計	2	7	48	31	12	0	100	1	33	155	89	19	1	298
	計	男	2	15	37	25	9	0	88	9	60	149	83	17	0	318
		女	2	5	41	36	9	0	93	3	20	142	91	26	1	283
		計	4	20	78	61	18	0	181	12	80	291	174	43	1	601
小・中計		実数	17	65	172	87	29	0	370	34	147	588	311	88	1	1169
		%	4.6	17.6	46.5	23.5	7.8	0.0	100.0	2.9	12.6	50.3	26.6	7.5	0.1	100.0

Ⅲ－31表　根気強さ

			留守 1	2	3	4	5	他	計	一般 1	2	3	4	5	他	計
小学校	5	男	5	16	23	6	1	0	51	12	16	58	25	14	0	125
		女	3	9	23	3	3	0	41	1	18	87	27	11	0	144
		計	8	25	46	9	4	0	92	13	34	145	52	25	0	269
	6	男	6	9	26	6	2	0	49	5	37	66	32	13	0	153
		女	0	8	34	5	1	0	48	4	12	79	40	11	0	146
		計	6	17	60	11	3	0	97	9	49	145	72	24	0	299
	計	男	11	25	49	12	3	0	100	17	53	124	57	27	0	278
		女	3	17	57	8	4	0	89	5	30	166	67	22	0	290
		計	14	42	106	20	7	0	189	22	83	290	124	49	0	568
中学校	2	男	3	12	15	10	2	0	42	9	37	72	30	8	0	156
		女	0	5	20	13	1	0	39	2	22	73	38	12	0	147
		計	3	17	35	23	3	0	81	11	59	145	68	20	0	303
	3	男	0	9	21	12	4	0	46	3	26	90	32	11	0	162
		女	0	8	27	12	7	0	54	1	13	73	43	5	1	136
		計	0	17	48	24	11	0	100	4	39	163	75	16	1	298
	計	男	3	21	36	22	6	0	88	12	63	162	62	19	0	318
		女	0	13	47	25	8	0	93	3	35	146	81	17	1	283
		計	3	34	83	47	14	0	181	15	98	308	143	36	1	601
小・中計	実数		17	76	189	67	21	0	370	37	181	607	267	85	1	1169
	%		4.6	20.5	51.1	18.1	5.7	0.0	100.0	3.2	15.5	52.0	22.9	7.3	0.1	100.0

Ⅲ－32表　自省心

			留守 1	2	3	4	5	他	計	一般 1	2	3	4	5	他	計
小学校	5	男	2	14	19	4	2	10	51	7	18	57	24	8	11	125
		女	4	9	17	6	1	4	41	1	15	70	28	9	21	144
		計	6	23	36	10	3	14	92	8	33	127	52	17	32	269
	6	男	5	14	22	6	2	0	49	9	29	82	24	9	0	153
		女	2	7	27	9	3	0	48	2	17	86	28	13	0	146
		計	7	21	49	15	5	0	97	11	46	168	52	22	0	299
	計	男	7	28	41	10	4	10	100	16	47	139	48	17	11	278
		女	6	16	44	15	4	4	89	3	32	156	56	22	21	290
		計	13	44	85	25	8	14	189	19	79	295	104	39	32	568
中学校	2	男	3	11	18	8	2	0	42	7	27	87	28	7	0	156
		女	0	4	20	14	1	0	39	2	13	84	40	8	0	147
		計	3	15	38	22	3	0	81	9	40	171	68	15	0	303
	3	男	0	4	26	12	4	0	46	4	24	84	45	5	0	162
		女	2	7	24	15	6	0	54	0	8	75	45	7	1	136
		計	2	11	50	27	10	0	100	4	32	159	90	12	1	298
	計	男	3	15	44	20	6	0	88	11	51	171	73	12	0	318
		女	2	11	44	29	7	0	93	2	21	159	85	15	1	283
		計	5	26	88	49	13	0	181	13	72	330	158	27	1	601
小・中計	実数		18	70	173	74	21	14	370	32	151	625	262	66	33	1169
	%		4.9	18.9	46.7	20.0	5.7	3.8	100.0	2.7	12.9	53.5	22.4	5.7	2.8	100.0

Ⅲ−33表　向　上　心

			留				守			一				般		
			1	2	3	4	5	他	計	1	2	3	4	5	他	計
小学校	5	男	3	13	19	6	0	10	51	9	13	58	27	7	11	125
		女	6	8	16	6	1	4	41	1	23	57	30	12	21	144
		計	9	21	35	12	1	14	92	10	36	115	57	19	32	269
	6	男	5	16	20	6	2	0	49	10	24	76	29	14	0	153
		女	1	7	28	9	3	0	48	5	21	68	37	15	0	146
		計	6	23	48	15	5	0	97	15	45	144	66	29	0	299
	計	男	8	29	39	12	2	10	100	19	37	134	56	21	11	278
		女	7	15	44	15	4	4	89	6	44	125	67	27	21	290
		計	15	44	83	27	6	14	189	25	81	259	123	48	32	568
中学校	2	男	2	11	17	9	3	0	42	8	32	67	35	14	0	156
		女	0	5	18	13	3	0	39	2	16	70	43	16	0	147
		計	2	16	35	22	6	0	81	10	48	137	78	30	0	303
	3	男	0	5	21	12	8	0	46	4	27	76	45	10	0	162
		女	0	6	28	14	6	0	54	1	10	74	43	8	0	136
		計	0	11	49	26	14	0	100	5	37	150	88	18	0	298
	計	男	2	16	38	21	11	0	88	12	59	143	80	24	0	318
		女	0	11	46	27	9	0	93	3	26	144	86	24	0	283
		計	2	27	84	48	20	0	181	15	85	287	166	48	0	601
小•中計		実数	17	71	167	75	26	14	370	40	166	546	289	96	32	1169
		%	46	19.2	45.1	20.3	7.0	3.8	100.0	3.4	14.2	46.7	24.7	8.2	2.8	100.0

Ⅲ−34表　公　正　さ

			留				守			一				般		
			1	2	3	4	5	他	計	1	2	3	4	5	他	計
小学校	5	男	2	8	20	11	0	10	51	6	14	61	26	7	11	125
		女	4	5	24	3	1	4	41	2	9	70	34	8	21	144
		計	6	13	44	14	1	14	92	8	23	131	60	15	32	269
	6	男	2	11	25	9	2	0	49	7	23	86	23	14	0	153
		女	1	2	37	6	2	0	48	2	10	86	35	13	0	146
		計	3	13	62	15	4	0	97	9	33	172	58	27	0	299
	計	男	4	19	45	20	2	10	100	13	37	147	49	21	11	278
		女	5	7	61	9	3	4	89	4	19	156	69	21	21	290
		計	9	26	106	29	5	14	189	17	56	303	118	42	32	568
中学校	2	男	1	8	21	7	5	0	42	7	24	82	33	10	0	156
		女	0	2	18	16	3	0	39	1	15	70	43	18	0	147
		計	1	10	39	23	8	0	81	8	39	152	76	28	0	303
	3	男	0	5	22	14	5	0	46	0	16	102	31	13	0	162
		女	0	4	25	18	7	0	54	0	4	81	44	7	0	136
		計	0	9	47	32	12	0	100	0	20	183	75	20	0	298
	計	男	1	13	43	21	10	0	88	7	40	184	64	23	0	318
		女	0	6	43	34	10	0	93	1	19	151	87	25	0	283
		計	1	19	86	55	20	0	181	8	59	335	151	48	0	601
小•中計		実数	10	26	192	84	25	14	370	25	115	638	269	90	32	1169
		%	27	7.1	51.9	22.7	6.8	3.8	100.0	2.1	9.8	54.6	23.0	7.7	2.8	100.0

Ⅲ－35表　指導性

			留守 1	2	3	4	5	他	計	一般 1	2	3	4	5	他	計
小学校	5	男	4	12	20	4	1	10	51	9	25	54	20	6	11	125
		女	6	11	17	3	0	4	41	5	22	63	23	10	21	144
		計	10	23	37	7	1	14	92	14	47	117	43	16	32	269
	6	男	5	11	27	4	2	0	49	7	28	89	24	5	0	153
		女	0	12	30	3	3	0	48	5	21	86	27	7	0	146
		計	5	23	57	7	5	0	97	12	49	175	51	12	0	299
	計	男	9	23	47	8	3	10	100	16	53	143	44	11	11	278
		女	6	23	47	6	3	4	89	10	43	149	50	17	21	290
		計	15	46	94	14	6	14	189	26	96	292	94	28	32	568
中学校	2	男	3	13	14	10	2	0	42	12	37	69	29	9	0	156
		女	0	7	26	5	1	0	39	3	26	86	20	12	0	147
		計	3	20	40	15	3	0	81	15	63	155	49	21	0	303
	3	男	0	10	26	8	2	0	46	6	39	88	21	8	0	162
		女	2	11	24	14	3	0	54	2	19	86	23	6	0	136
		計	2	21	50	22	5	0	100	8	58	174	44	14	0	298
	計	男	3	23	40	18	4	0	88	18	76	157	50	17	0	318
		女	2	18	50	19	4	0	93	5	45	172	43	18	0	283
		計	5	41	90	37	8	0	181	23	121	329	93	35	0	601
小中計		実数	20	87	184	51	14	14	370	49	217	621	187	63	32	1169
		%	5.4	23.5	49.7	13.8	3.8	3.8	100.0	4.2	18.6	53.1	16.0	5.4	2.7	100.0

Ⅲ－36表　協調性

			留守 1	2	3	4	5	他	計	一般 1	2	3	4	5	他	計
小学校	5	男	2	12	30	7	0	0	51	5	21	64	25	10	0	125
		女	2	7	18	11	3	0	41	4	11	84	34	10	1	144
		計	4	19	48	18	3	0	92	9	32	148	59	20	1	269
	6	男	2	10	28	7	2	0	49	3	21	83	33	13	0	153
		女	0	2	36	9	1	0	48	1	12	82	39	12	0	146
		計	2	12	64	16	3	0	97	4	33	165	72	25	0	299
	計	男	4	22	58	14	2	0	100	8	42	147	58	23	0	278
		女	2	9	54	20	4	0	89	5	23	166	73	22	1	290
		計	6	31	112	34	6	0	189	13	65	313	131	45	1	568
中学校	2	男	1	10	19	9	3	0	42	10	23	73	43	7	0	156
		女	1	2	21	12	3	0	39	2	12	70	50	13	0	147
		計	2	12	40	21	6	0	81	12	35	143	93	20	0	303
	3	男	0	5	24	14	3	0	46	1	18	84	50	9	0	162
		女	1	3	27	19	4	0	54	0	9	69	54	4	0	136
		計	1	8	51	33	7	0	100	1	27	153	104	13	0	298
	計	男	1	15	43	23	6	0	88	11	41	157	93	16	0	318
		女	2	5	48	31	7	0	93	2	21	139	104	17	0	283
		計	3	20	91	54	13	0	181	13	62	296	197	33	0	601
小・中計		実数	9	51	203	88	19	0	370	26	127	609	328	78	1	1169
		%	2.4	13.8	54.9	23.8	5.1	0.0	100.0	2.2	10.8	52.1	28.1	6.7	0.1	100.0

Ⅲ－37表　同情心

			留守 1	留守 2	留守 3	留守 4	留守 5	留守 他	留守 計	一般 1	一般 2	一般 3	一般 4	一般 5	一般 他	一般 計
小学校	5	男	0	9	25	5	2	10	51	4	13	76	19	2	11	125
		女	6	7	18	10	0	0	41	2	14	68	31	8	21	144
		計	6	16	43	15	2	10	92	6	27	144	50	10	32	269
	6	男	0	13	27	7	2	0	49	5	21	90	31	6	0	153
		女	1	4	35	5	3	0	48	0	7	92	38	9	0	146
		計	1	17	62	12	5	0	97	5	28	182	69	15	0	299
	計	男	0	22	52	12	4	10	100	9	34	166	50	8	11	278
		女	7	11	53	15	3	0	89	2	21	160	69	17	21	290
		計	7	33	105	27	7	10	189	11	55	326	119	25	32	568
中学校	2	男	1	3	25	7	6	0	42	5	17	82	44	8	0	156
		女	0	0	25	13	1	0	39	2	6	78	49	12	0	147
		計	1	3	50	20	7	0	81	7	23	160	93	20	0	303
	3	男	0	3	30	9	4	0	46	0	9	100	46	7	0	162
		女	0	2	31	17	4	0	54	0	4	82	44	6	0	136
		計	0	5	61	26	8	0	100	0	13	182	90	13	0	298
	計	男	1	6	55	16	10	0	88	5	26	182	90	15	0	318
		女	0	2	56	30	5	0	93	2	10	160	93	18	0	283
		計	1	8	111	46	15	0	181	7	36	342	183	33	0	601
小・中計		実数	8	41	216	73	22	10	370	18	91	668	302	58	32	1169
		%	2.2	11.1	58.3	19.7	6.0	2.7	100.0	1.5	7.8	57.2	25.8	5.0	2.7	100.0

Ⅲ－38表　公共心

			留守 1	留守 2	留守 3	留守 4	留守 5	留守 他	留守 計	一般 1	一般 2	一般 3	一般 4	一般 5	一般 他	一般 計
小学校	5	男	2	10	20	8	1	10	51	5	17	62	25	5	11	125
		女	4	9	21	7	0	0	41	1	7	74	33	8	21	144
		計	6	19	41	15	1	10	92	6	24	136	58	13	32	269
	6	男	3	11	27	6	2	0	49	4	28	82	32	7	0	153
		女	0	1	36	10	1	0	48	2	2	93	38	11	0	146
		計	3	12	63	16	3	0	97	6	30	175	70	18	0	299
	計	男	5	21	47	14	3	10	100	9	45	144	57	12	11	278
		女	4	10	57	17	1	0	89	3	9	167	71	19	21	290
		計	9	31	104	31	4	10	189	12	54	311	128	31	32	568
中学校	2	男	3	6	22	10	1	0	42	11	20	88	33	4	0	156
		女	0	2	26	10	1	0	39	2	11	84	37	13	0	147
		計	3	8	48	20	2	0	81	13	31	172	70	17	0	303
	3	男	0	4	25	14	3	0	46	1	21	100	34	6	0	162
		女	0	2	29	19	3	1	54	0	3	79	47	7	0	136
		計	0	6	54	33	6	1	100	1	4	179	81	13	0	298
	計	男	3	10	47	24	4	0	88	12	41	188	67	10	0	318
		女	0	4	55	29	4	1	93	2	14	163	84	20	0	283
		計	3	14	102	53	8	1	181	14	55	351	151	30	0	601
小・中計		実数	12	45	206	84	12	11	370	26	109	662	279	61	32	1169
		%	3.2	12.2	55.7	22.7	3.2	3.0	100.0	2.2	9.3	56.6	23.9	5.2	2.8	100.0

Ⅲ－39表　積極性

			留守 1	2	3	4	5	他	計	一般 1	2	3	4	5	他	計
小学校	5	男	4	9	29	9	0	0	51	6	21	59	33	6	0	125
		女	9	11	16	5	0	0	41	6	15	81	34	8	0	144
		計	13	20	45	14	0	0	92	12	36	140	67	14	0	269
	6	男	2	7	32	8	0	0	49	2	31	78	36	6	0	153
		女	0	11	28	7	2	0	48	6	23	73	35	9	0	146
		計	2	18	60	15	2	0	97	8	54	151	71	15	0	299
	計	男	6	16	61	17	0	0	100	8	52	137	69	12	0	278
		女	9	22	44	12	2	0	89	12	38	154	69	17	0	298
		計	15	38	105	29	2	0	189	20	90	291	138	29	0	568
中学校	2	男	2	13	17	8	2	0	42	10	33	75	26	11	1	156
		女	1	5	21	11	1	0	39	3	24	72	37	11	0	147
		計	3	18	38	19	3	0	81	13	57	147	63	22	1	303
	3	男	0	7	26	11	2	0	46	3	26	96	26	11	0	162
		女	0	6	30	14	4	0	54	0	18	79	32	7	0	136
		計	0	13	56	25	6	0	100	3	44	175	58	18	0	298
	計	男	2	20	43	19	4	0	88	13	59	171	52	22	1	318
		女	1	11	51	25	5	0	93	3	42	151	69	18	0	283
		計	3	31	94	44	9	0	181	16	101	322	121	40	1	601
小・中計		実数	18	69	199	73	11	0	370	36	191	613	259	69	1	1169
		%	4.9	18.6	53.8	19.7	3.0	0.0	100.0	3.1	16.3	52.4	22.2	5.9	0.1	100.0

—159—

Ⅲ－40表　情緒の安定

			留守 1	2	3	4	5	他	計	一般 1	2	3	4	5	他	計
小学校	5	男	3	18	21	9	0	0	51	7	15	64	30	9	0	125
		女	2	7	19	8	1	4	41	1	15	74	38	16	0	144
		計	5	25	40	17	1	4	92	8	30	138	68	25	0	269
	6	男	3	11	27	8	0	0	49	5	23	87	24	14	0	153
		女	1	5	34	5	3	0	48	2	12	83	36	13	0	146
		計	4	16	61	13	3	0	97	7	35	170	60	27	0	299
	計	男	6	29	48	17	0	0	100	12	38	151	54	23	0	278
		女	3	12	53	13	4	4	89	3	27	157	74	29	0	290
		計	9	41	101	30	4	4	189	15	65	308	128	52	0	568
中学校	2	男	2	8	20	10	2	0	42	12	19	83	34	8	0	156
		女	0	3	26	9	1	0	39	3	24	71	37	12	0	147
		計	2	11	46	19	3	0	81	15	43	154	71	20	0	303
	3	男	0	5	26	13	2	0	46	2	17	92	42	9	0	162
		女	0	7	28	13	6	0	54	0	7	78	41	10	0	136
		計	0	12	54	26	8	0	100	2	24	170	83	19	0	298
	計	男	2	13	46	23	4	0	88	14	36	175	76	17	0	318
		女	0	10	54	22	7	0	93	3	31	149	78	22	0	283
		計	2	23	100	45	11	0	181	17	67	324	154	39	0	601
小・中計		実数	11	64	201	75	15	4	370	32	132	632	282	91	0	1169
		%	3.0	17.3	54.3	20.3	4.1	1.0	100.0	2.7	11.3	54.1	24.1	7.8	0	100.0

—160—

Ⅲ－58表　家庭の状況としつけ

	非常に良好	ほとんどない
両親ともかせぎ家庭	17	22
父子家庭	0	1
母子家庭	1	5
成人の保護者のいる家庭	0	0
成人の保護者のいない家庭	0	1
その他	0	1

Ⅲ－59表　夕食の状況としつけ

	用意してある	自分でする	外食	保護者の帰宅するまで待つ	時により欠食	無答
非常に良好	3	1	0	14	0	0
ほとんどない	8	4	1	17	0	1

Ⅲ－60表　家庭のしつけと長期欠席

長期欠席の有無			家庭のしつけ状況						
			非常に良好	良好	普通	足りない	ほとんどない	他	計
	留守家庭児	長欠していない	18	67	173	78	28	1	365
		病気長欠	0	0	1	0	0	0	1
		他理由長欠	0	0	0	0	3	0	3
		他	0	0	0	1	0	0	1
		計	18	67	174	79	31	1	370
	一般児	長欠していない	124	305	536	149	46	0	1.160
		病気長欠	1	2	2	0	0	0	5
		他理由長欠	1	0	0	0	3	0	4
		他	0	0	0	0	0	0	0
		計	126	307	538	149	49	0	1.169

Ⅲ－61表　家庭の状況とＰＴＡ等への参加

	ほとんど欠かさない	よく参加する	小計	ほとんど参加しない
両親ともかせぎ家庭	21(7.0)	38(12.8)	59(19.8)	84(28.2)
父子家庭	0	0	0	7(63.6)
母子家庭	3(7.0)	5(11.6)	8(18.6)	16(37.2)
成人の保護者のいる家庭	0	0	0	0
成人の保護者のいない家庭	0	0	0	1
その他	0	0	0	3

Ⅲ－62表　ＰＴＡ等への参加と長期欠席

長期欠席の有無			ＰＴＡへの参加状況						
			ほとんど欠かさない	よく参加する	普通	あまり参加しない	ほとんど参加しない	他	計
	留守家庭児童・生徒	長欠していない	24	44	88	97	112	0	365
		病気により長欠している	0	0	0	1	0	0	1
		他の理由により長欠している	0	0	0	1	2	0	3
		他	0	1	0	0	0	0	1
		計	24	45	88	99	114	0	370
	一般家庭児童・生徒	長欠していない	182	247	278	236	215	2	1160
		病気長欠	1	0	0	2	2	0	5
		他の理由長欠	0	0	0	0	4	0	4
		他	0	0	0	0	0	0	0
		計	183	247	278	238	221	2	1169

Ⅲ－64表　家庭のしつけと成績

			家庭のしつけ						
			非常に良好	良好	普通	足りない	ほとんどない	他	計
総合成績	留守家庭児童・生徒	1	0	0	5	10	9	0	24
		2	0	3	12	18	10	0	43
		3	0	8	41	22	7	0	78
		4	3	13	68	24	2	0	110
		5	6	22	31	4	1	0	64
		6	6	16	14	1	1	0	38
		7	3	6	2	0	0	0	11
		他	0	0	1	0	1	0	2
		計	18	68	174	79	31	0	370
	一般家庭児童・生徒	1	2	5	21	11	18	0	57
		2	1	8	51	34	13	0	107
		3	1	24	132	51	12	0	220
		4	17	84	179	38	5	0	323
		5	37	109	107	13	0	0	266
		6	43	60	44	2	1	0	150
		7	25	17	4	0	0	0	46
		他	0	0	0	0	0	0	0
		計	126	307	538	149	49	0	1169

Ⅲ－65表　ＰＴＡ等への参加と成績

			ほとんど欠かさない	よく参加する	普通	あまり参加しない	ほとんど参加しない	他	計
総合成績	留守家庭児童・生徒	1	1	1	2	4	16	0	24
		2	0	2	7	9	25	0	43
		3	5	4	17	25	27	0	78
		4	3	15	29	29	34	0	110
		5	2	11	26	17	8	0	64
		6	8	8	7	12	3	0	38
		7	4	4	0	2	1	0	11
		他	1	0	0	1	0	0	2
		計	24	45	88	99	114	0	370
	一般家庭児童・生徒	1	3	4	6	12	32	0	57
		2	5	8	24	26	43	1	107
		3	9	30	49	70	62	0	220
		4	45	64	93	74	47	0	323
		5	56	75	68	39	27	1	266
		6	42	54	28	17	9	0	150
		7	23	12	10	0	1	0	46
		他	0	0	0	0	0	0	0
		計	183	247	278	238	221	2	1169

Ⅲ－66表　ＰＴＡ等への参加と成績（一般家庭児童生徒）

参加状態＼成績	上	中	下	計
上（Ａ）	131	240	59	430（100.0）
中（Ｂ）	38	161	79	278（100.0）
下（Ｃ）	27	187	245	459（100.0）
計	196	588	383	1167

Ⅲ－67表　ＰＴＡ等への参加と成績（留守家庭児童・生徒）

参加状態＼成績	上	中	下	計
上（Ａ）	24	31	13	68（100.0）
中（Ｂ）	7	55	26	88（100.0）
下（Ｃ）	18	78	106	202（100.0）
計	49	164	145	358

Ⅲ－68表　長期欠席と成績

			総合成績								
			1	2	3	4	5	6	7	他	計
長欠の有無	留守家庭児童生徒	長欠していない	21	42	78	110	64	38	11	2	366
		病気長欠	1	0	0	0	0	0	0	0	1
		他理由長欠	2	1	0	0	0	0	0	0	3
		他	0	0	0	0	0	0	0	0	0
		計	24	43	78	110	64	38	11	2	370
	一般家庭児童生徒	長欠していない	52	107	218	323	264	150	46	0	1160
		病気長欠	1	0	2	0	2	0	0	0	5
		他理由長欠	4	0	0	0	0	0	0	0	4
		他	0	0	0	0	0	0	0	0	0
		計	57	107	220	323	266	150	46	0	1169

Ⅲ－69表　放課後の状況と総合成績

	良い者			悪い者		
	小	中	計	小	中	計
家でひとり	15	7	22	5	4	9
家で兄弟姉妹と	22	28	50	8	23	31
友人宅親せき宅など	10	1	11	0	0	0
家庭，公民館などの施設で	14	0	14	0	3	3
街頭でひとりで	1	0	1	0	0	0
街頭で友人と	12	3	15	1	0	1
塾で勉強	10	0	10	0	0	0
アルバイト	0	1	1	0	0	0
その他	0	0	0	0	0	0

Ⅲ－70表　家庭のしつけと基本的な生活習慣

			基本的な生活習慣						
			1	2	3	4	5	他	計
家庭のしつけ	留守	非常に良好	0	0	0	9	9	0	18
		良好	1	1	18	35	13	0	68
		普通	1	17	120	33	3	0	174
		足りない	11	37	26	3	2	0	79
		ほとんどない	11	15	4	1	0	0	31
		計	24	70	168	81	27	0	370
	一般	非常に良好	1	0	12	42	71	0	126
		良好	2	8	100	155	42	0	307
		普通	3	58	358	105	14	0	538
		足りない	13	61	66	7	2	0	149
		ほとんどない	21	23	4	1	0	0	49
		計	40	150	540	310	129	0	1169

Ⅲ－71表　家庭のしつけと自主性

			自主性						
			1	2	3	4	5	他	計
家庭のしつけ	留守	非常に良好	0	0	4	7	7	0	18
		良好	0	2	28	34	4	0	68
		普通	1	32	106	26	9	0	174
		足りない	10	30	34	5	0	0	79
		ほとんどない	7	15	9	0	0	0	31
		計	18	79	181	72	20	0	370
	一般	非常に良好	1	0	28	53	44	0	126
		良好	1	12	141	116	37	0	307
		普通	12	85	319	111	11	0	538
		足りない	12	53	68	11	4	1	149
		ほとんどない	13	24	12	0	0	0	49
		計	39	174	568	291	96	1	1169

Ⅲ－７２表　家庭のしつけと責任感

		責任感 1	2	3	4	5	他	計
家庭のしつけ 留守	非常に良好	0	0	4	8	6	0	18
	良好	0	0	22	34	12	0	68
	普通	2	16	107	40	9	0	174
	足りない	9	30	34	5	1	0	79
	ほとんどない	7	17	6	0	1	0	31
	計	18	63	173	87	29	0	370
一般	非常に良好	2	1	23	55	43	2	126
	良好	1	11	135	128	32	0	307
	普通	5	67	337	120	9	0	538
	足りない	13	46	80	7	3	0	149
	ほとんどない	13	22	13	1	0	0	49
	計	34	147	588	311	87	2	1169

Ⅲ－７３　家庭のしつけと根気強さ

		根気強さ 1	2	3	4	5	他	計
家庭のしつけ 留守	非常に良好	0	0	3	9	6	0	18
	良好	1	2	28	28	9	0	68
	普通	1	20	123	24	6	0	174
	足りない	8	36	31	4	0	0	79
	ほとんどない	6	19	4	2	0	0	31
	計	16	77	189	67	21	0	370
一般	非常に良好	2	3	27	49	44	1	126
	良好	0	15	152	115	25	0	307
	普通	6	96	331	93	12	0	538
	足りない	15	45	78	7	4	0	149
	ほとんどない	14	22	10	3	0	0	49
	計	37	181	598	267	85	1	1169

Ⅲ－７８表　家庭のしつけと協調性

		協調性 1	2	3	4	5	他	計
家庭のしつけ 留守	非常に良好	0	0	2	11	5	0	18
	良好	1	1	32	31	3	0	68
	普通	0	17	109	37	11	0	174
	足りない	4	18	51	6	0	0	79
	ほとんどない	4	15	11	0	1	0	31
	計	9	51	205	85	20	0	370
一般	非常に良好	1	2	34	47	42	0	126
	良好	1	10	138	135	23	0	307
	普通	4	60	338	124	12	0	538
	足りない	7	36	85	20	1	0	149
	ほとんどない	13	19	15	2	0	0	49
	計	26	127	610	328	78	0	1169

Ⅲ－７９表　家庭のしつけと同情心

		同情心 1	2	3	4	5	他	計
家庭のしつけ 留守	非常に良好	0	0	3	8	4	3	18
	良好	0	2	30	29	5	2	68
	普通	1	9	118	30	10	6	174
	足りない	2	18	49	5	2	3	79
	ほとんどない	1	12	16	1	1	0	31
	計	4	41	216	73	22	14	370
一般	非常に良好	1	3	33	52	28	9	126
	良好	1	7	141	134	15	9	307
	普通	5	33	376	99	12	13	538
	足りない	4	25	103	14	3	0	149
	ほとんどない	7	23	15	3	0	1	49
	計	18	91	668	302	58	32	1169

Ⅲ－８０表　家庭のしつけと公共心

家庭のしつけ		公正さ 1	2	3	4	5	他	計
留守	非常に良好	0	0	2	9	4	3	18
	良　好	1	1	27	33	4	2	68
	普　通	0	10	116	38	4	6	174
	足りない	6	18	48	4	0	3	79
	ほとんどない	4	14	13	0	0	0	31
	計	11	43	206	84	12	14	370
一般	非常に良好	1	1	30	48	37	9	126
	良　好	1	7	131	140	19	9	307
	普　通	6	45	391	79	4	13	538
	足りない	5	35	98	10	1	0	149
	ほとんどない	13	21	12	2	0	1	49
	計	26	109	662	279	61	32	1169

Ⅲ－８１　家庭のしつけと積極性

家庭のしつけ		指導性 1	2	3	4	5	他	計
留守	非常に良好	0	0	8	6	4	0	18
	良　好	0	2	35	27	4	0	68
	普　通	1	33	104	33	3	0	174
	足りない	8	22	43	6	0	0	79
	ほとんどない	5	13	12	1	0	0	31
	計	14	70	202	73	11	0	370
一般	非常に良好	2	4	35	59	26	0	126
	良　好	1	26	161	94	25	0	307
	普　通	11	98	322	90	16	1	538
	足りない	14	43	75	15	2	0	149
	ほとんどない	8	20	20	1	0	0	49
	計	36	191	613	259	69	1	1169

—169—

Ⅲ－７４表　家庭のしつけと自省心

家庭のしつけ		自省心 1	2	3	4	5	他	計
留守	非常に良好	0	0	2	6	7	3	18
	良　好	0	1	25	31	9	2	68
	普　通	1	20	109	33	5	6	174
	足りない	9	33	30	4	0	3	79
	ほとんどない	8	16	7	0	0	0	31
	計	18	70	173	74	21	14	370
一般	非常に良好	2	2	23	52	38	9	126
	良　好	1	14	141	120	22	9	307
	普　通	5	64	366	83	6	14	538
	足りない	10	49	83	7	0	0	149
	ほとんどない	14	22	12	0	0	1	49
	計	32	151	625	262	66	33	1169

Ⅲ－７５表　家庭のしつけと向上心

家庭のしつけ		向上心 1	2	3	4	5	他	計
留守	非常に良好	0	0	2	7	6	3	18
	良　好	0	5	18	34	9	2	68
	普　通	2	17	111	28	10	6	174
	足りない	8	31	31	5	1	3	79
	ほとんどない	7	18	5	1	0	0	31
	計	17	71	167	75	26	14	370
一般	非常に良好	1	0	20	51	45	9	126
	良　好	2	13	125	122	36	9	307
	普　通	8	79	323	103	12	13	538
	足りない	16	49	69	12	3	0	149
	ほとんどない	13	26	8	1	0	1	49
	計	40	167	545	289	96	32	1169

—170—

Ⅲ－76表　家庭のしつけと公正さ

			公正さ 1	2	3	4	5	他	計
家庭のしつけ	留守	非常に良好	0	0	1	8	6	3	18
		良　好	0	1	25	33	7	2	68
		普　通	1	12	107	38	10	6	174
		足りない	4	20	46	5	1	3	79
		ほとんどない	5	12	13	0	1	0	31
		計	10	45	192	84	25	14	370
	一般	非常に良好	1	2	25	42	47	9	126
		良　好	1	9	139	122	27	9	307
		普　通	7	40	370	94	14	13	538
		足りない	6	41	90	10	2	0	149
		ほとんどない	10	23	14	1	0	1	49
		計	25	115	638	269	90	32	1169

Ⅲ－77表　家庭のしつけと指導性

			指導性 1	2	3	4	5	他	計
家庭のしつけ	留守	非常に良好	0	0	4	5	6	3	18
		良　好	0	5	35	22	4	2	68
		普　通	1	40	105	18	4	6	174
		足りない	10	27	34	5	0	3	79
		ほとんどない	9	15	6	1	0	0	31
		計	20	87	184	51	14	14	370
	一般	非常に良好	2	3	35	49	28	9	126
		良　好	4	28	171	73	22	9	307
		普　通	13	109	332	61	10	13	538
		足りない	16	53	74	3	3	0	149
		ほとんどない	14	24	9	1	0	1	49
		計	49	217	621	187	63	32	1169

—171—

Ⅲ－82表　家庭のしつけと情緒の安定

			情緒の安定 1	2	3	4	5	他	計
家庭のしつけ	留守	非常に良好	0	0	5	7	6	0	18
		良　好	0	3	26	33	6	0	68
		普　通	1	17	123	30	3	0	174
		足りない	5	28	42	3	1	0	79
		ほとんどない	5	16	8	2	0	0	31
		計	11	64	204	75	16	0	370
	一般	非常に良好	2	3	16	54	51	0	126
		良　好	1	6	137	135	28	0	307
		普　通	4	58	382	83	11	0	538
		足りない	11	44	85	8	1	0	149
		ほとんどない	14	21	12	2	0	0	49
		計	32	132	632	282	91	0	1169

Ⅲ－89表　ＰＴＡ等への参加と基本的生活習慣

			基本的生活習慣 1	2	3	4	5	他	計
P・T・A等への参加	留守	ほとんど欠かさない	2	1	5	10	5	1	24
		よく参加する	1	6	14	15	9	0	45
		普　通	0	5	53	24	6	0	88
		あまり参加しない	6	16	55	18	3	0	98
		ほとんど参加しない	14	43	40	14	3	0	114
		他	0	0	1	0	0	0	1
		計	23	71	168	81	26	1	370
	一般	ほとんど欠かさない	2	10	46	73	52	0	183
		よく参加する	3	10	99	89	46	0	247
		普　通	2	16	162	83	15	0	278
		あまり参加しない	4	48	136	40	9	0	237
		ほとんど参加しない	28	66	95	25	7	0	221
		他	1	0	2	0	0	0	3
		計	40	150	540	310	129	0	1169

—172—

Ⅲ－９０表　ＰＴＡ等への参加と自主性

P・T・A等への参加		自主性 1	2	3	4	5	他	計
留守	ほとんど欠かさない	0	4	8	7	5	0	24
	よく参加する	1	7	16	15	6	0	45
	普　通	1	4	60	20	3	0	88
	あまり参加しない	2	22	55	15	3	1	98
	ほとんど参加しない	14	42	41	15	2	0	114
	他	0	0	1	0	0	0	1
	計	18	79	181	72	19	1	370
一般	ほとんど欠かさない	3	10	65	66	39	0	183
	よく参加する	3	17	106	90	31	0	247
	普　通	4	18	166	80	9	1	278
	あまり参加しない	6	58	127	37	9	0	237
	ほとんど参加しない	23	69	104	17	7	1	221
	他	0	2	1	0	0	0	3
	計	39	174	569	290	95	2	1169

Ⅲ－９１表　ＰＴＡ等への参加と責任感

P・T・A等への参加		責任感 1	2	3	4	5	他	計
留守	ほとんど欠かさない	0	2	7	10	5	0	24
	よく参加する	2	5	15	13	10	0	45
	普　通	0	4	50	27	7	0	88
	あまり参加しない	4	12	57	21	4	0	98
	ほとんど参加しない	11	42	42	16	3	0	114
	他	0	0	1	0	0	0	1
	計	17	65	172	87	29	0	370
一般	ほとんど欠かさない	2	14	61	71	35	0	183
	よく参加する	1	17	116	88	25	0	247
	普　通	3	20	162	81	12	0	278
	あまり参加しない	5	42	135	45	10	0	237
	ほとんど参加しない	23	52	114	26	6	0	221
	他	0	2	1	0	0	0	3
	計	34	147	589	311	88	0	1169

Ⅲ－９２表　ＰＴＡ等への参加と根気強さ

P・T・A等への参加		根気強さ 1	2	3	4	5	他	計
留守	ほとんど欠かさない	1	4	3	12	4	0	24
	よく参加する	1	5	18	14	7	0	45
	普　通	0	4	63	17	4	0	88
	あまり参加しない	4	15	62	14	3	0	98
	ほとんど参加しない	10	49	42	10	3	0	114
	他	0	0	1	0	0	0	1
	計	16	77	189	67	21	0	370
一般	ほとんど欠かさない	1	18	69	66	29	0	183
	よく参加する	1	19	118	77	32	0	247
	普　通	4	29	169	62	14	0	278
	あまり参加しない	7	53	133	40	5	0	237
	ほとんど参加しない	26	61	107	22	6	0	221
	他	0	1	2	0	0	0	3
	計	39	180	596	267	86	0	1169

Ⅲ－９３表　ＰＴＡ等への参加と自省心

P・T・A等への参加		自省心 1	2	3	4	5	他	計
留守	ほとんど欠かさない	0	3	6	11	4	0	24
	よく参加する	2	3	15	11	7	7	45
	普　通	0	3	61	19	3	2	88
	あまり参加しない	3	18	49	22	3	3	98
	ほとんど参加しない	13	43	41	10	4	3	114
	他	0	0	1	0	0	0	1
	計	18	70	173	73	21	15	370
一般	ほとんど欠かさない	2	16	64	68	29	4	183
	よく参加する	1	19	120	77	18	12	247
	普　通	5	22	172	64	12	3	278
	あまり参加しない	3	42	146	33	3	10	237
	ほとんど参加しない	19	52	122	21	3	4	221
	他	0	1	2	0	0	0	3
	計	30	152	626	263	65	33	1169

Ⅲ－94表　ＰＴＡ等への参加と向上心

			向上心						
			1	2	3	4	5	他	計
P・T・A等への参加	留守	ほとんど欠かさない	0	4	5	8	7	0	24
		よく参加する	1	4	15	12	6	7	45
		普通	1	4	55	21	5	2	88
		あまり参加しない	2	20	48	20	6	2	98
		ほとんど参加しない	13	39	43	14	2	3	114
		他	0	0	1	0	0	0	1
		計	17	71	167	75	26	14	370
	一般	ほとんど欠かさない	2	11	59	74	33	4	183
		よく参加する	3	13	95	91	33	12	247
		普通	4	24	163	67	17	3	278
		あまり参加しない	7	47	127	40	6	10	237
		ほとんど参加しない	23	69	102	17	7	3	221
		他	0	2	1	0	0	0	3
		計	39	166	547	289	96	32	1169

Ⅲ－95表　ＰＴＡ等への参加と公正さ

			公正さ						
			1	2	3	4	5	他	計
P・T・A等への参加	留守	ほとんど欠かさない	0	0	8	10	6	0	24
		よく参加する	1	3	12	16	6	7	45
		普通	0	2	52	26	6	2	88
		あまり参加しない	2	13	57	20	3	3	98
		ほとんど参加しない	7	28	62	10	4	3	114
		他	0	0	1	0	0	0	1
		計	10	46	192	82	25	15	370
	一般	ほとんど欠かさない	1	7	72	62	37	4	183
		よく参加する	3	10	117	77	27	13	247
		普通	4	9	175	74	12	4	278
		あまり参加しない	4	31	144	40	8	10	237
		ほとんど参加しない	12	56	127	16	6	4	221
		他	1	1	1	0	0	0	3
		計	25	114	636	269	90	35	1169

－175－

Ⅲ－96表　ＰＴＡ等への参加と指導性

			指導性						
			1	2	3	4	5	他	計
P・T・A等への参加	留守	ほとんど欠かさない	0	3	8	10	3	0	24
		よく参加する	2	3	18	12	3	7	45
		普通	0	7	67	9	3	2	88
		あまり参加しない	3	27	51	11	4	2	98
		ほとんど参加しない	15	46	40	9	1	3	114
		他	0	0	1	0	0	0	1
		計	20	86	185	51	14	14	370
	一般	ほとんど欠かさない	2	17	74	64	22	4	183
		よく参加する	4	26	134	51	20	12	247
		普通	7	39	178	40	11	3	278
		あまり参加しない	7	63	128	25	4	10	237
		ほとんど参加しない	29	71	105	8	6	2	221
		他	0	1	2	0	0	0	3
		計	49	17	621	188	63	31	1169

Ⅲ－97表　ＰＴＡ等への参加と協調性

			協調性						
			1	2	3	4	5	他	計
P・T・A等への参加	留守	ほとんど欠かさない	1	0	7	11	5	0	24
		よく参加する	0	5	23	13	4	0	45
		普通	0	2	57	26	3	0	88
		あまり参加しない	0	13	60	20	5	0	98
		ほとんど参加しない	8	31	57	15	3	0	114
		他	0	0	1	0	0	0	1
		計	9	51	205	85	20	0	370
	一般	ほとんど欠かさない	1	11	71	68	32	0	183
		よく参加する	1	15	121	91	19	0	247
		普通	1	21	149	94	13	0	278
		あまり参加しない	7	36	134	53	7	0	237
		ほとんど参加しない	17	43	131	22	7	1	221
		他	0	0	3	0	0	0	3
		計	27	126	609	328	78	1	1169

－176－

Ⅲ－９８表　ＰＴＡ等への参加と同情心

			同情心						
			1	2	3	4	5	他	計
P・T・A等への参加	留守	ほとんど欠かさない	0	1	8	10	5	0	24
		よく参加する	1	2	15	14	6	7	45
		普通	0	4	59	19	4	2	88
		あまり参加しない	0	7	64	19	6	2	98
		ほとんど参加しない	3	27	69	11	1	3	114
		他	0	0	1	0	0	0	1
		計	4	41	216	73	22	14	370
	一般	ほとんど欠かさない	2	11	68	73	25	4	183
		よく参加する	1	9	131	82	12	12	247
		普通	2	9	177	78	9	3	278
		あまり参加しない	4	22	151	43	7	10	237
		ほとんど参加しない	8	40	138	25	5	5	221
		他	0	0	3	0	0	0	3
		計	17	91	668	301	58	34	1169

Ⅲ－９９表　ＰＴＡ等への参加と公共心

			公正心						
			1	2	3	4	5	他	計
P・T・A等への参加	留守	ほとんど欠かさない	1	2	8	10	3	0	24
		よく参加する	0	4	12	20	2	7	45
		普通	1	3	55	23	4	2	88
		あまり参加しない	2	10	66	17	1	2	98
		ほとんど参加しない	7	24	64	14	2	3	114
		他	0	0	1	0	0	0	1
		計	11	43	206	84	12	14	370
	一般	ほとんど欠かさない	2	10	68	70	29	4	183
		よく参加する	2	11	133	72	17	12	247
		普通	3	15	174	76	7	3	278
		あまり参加しない	4	27	151	41	4	10	237
		ほとんど参加しない	15	48	129	19	4	6	221
		他	0	0	3	0	0	0	3
		計	26	111	658	278	61	35	1169

—177—

Ⅲ－１００表　ＰＴＡ等への参加と積極性

			積極性						
			1	2	3	4	5	他	計
P・T・A等への参加	留守	ほとんど欠かさない	0	4	7	11	2	0	24
		よく参加する	0	3	25	13	4	0	45
		普通	2	3	61	21	1	0	88
		あまり参加しない	3	21	54	17	3	0	98
		ほとんど参加しない	9	39	54	11	1	0	114
		他	0	0	1	0	0	0	1
		計	14	70	202	73	11	0	370
	一般	ほとんど欠かさない	2	17	77	63	23	1	183
		よく参加する	3	23	124	72	23	2	247
		普通	1	33	168	60	15	1	278
		あまり参加しない	8	56	126	40	6	1	237
		ほとんど参加しない	23	64	111	21	2	0	221
		他	0	0	3	0	0	0	3
		計	37	193	609	256	69	5	1169

Ⅲ－１０１表　ＰＴＡ等への参加と情緒の安定

			情緒の安定						
			1	2	3	4	5	他	計
P・T・A等への参加	留守	ほとんど欠かさない	0	3	6	12	3	0	24
		よく参加する	1	8	17	16	3	0	45
		普通	0	5	56	21	5	1	88
		あまり参加しない	0	14	65	15	3	1	98
		ほとんど参加しない	10	32	59	11	2	0	114
		他	0	0	1	0	0	0	1
		計	11	62	204	75	16	2	370
	一般	ほとんど欠かさない	2	11	61	70	39	0	183
		よく参加する	3	12	122	80	27	3	247
		普通	4	15	178	66	15	0	278
		あまり参加しない	1	43	146	41	6	0	237
		ほとんど参加しない	22	49	124	20	5	1	221
		他	0	2	1	0	0	0	3
		計	32	132	632	277	92	4	1169

—178—

Ⅲ－103表　放課後の状況と性格（留守家庭児童・生徒）

	基本的な生活習慣 ①	⑤	自主性 ①	⑤	責任感 ①	⑤	根気強さ ①	⑤	自省心 ①	⑤	向上心 ①	⑤	公正さ ①	⑤	指導性 ①	⑤	協調性 ①	⑤	同情心 ①	⑤	公共心 ①	⑤	積極性 ①	⑤	情緒の安定 ①	⑤
家でひとり	5	3	4	2	6	5	3	2	6	2	4	2	4	0	5	4	1	4	1	2	1	2	5	1	3	3
家で兄弟姉妹と	11	20	4	13	2	16	4	15	4	16	4	20	3	14	5	7	5	9	0	14	3	9	5	6	1	12
友人・親せき宅	2	0	1	0	1	0	2	0	1	0	1	0	1	0	2	0	1	0	0	0	3	0	1	0	0	0
学校・公民館	2	3	1	3	0	4	2	1	1	1	1	2	0	4	1	1	1	2	1	0	1	0	0	3	1	1
街頭でひとりで	0	0	1	0	0	0	0	0	0	0	0	0	0	0	0	0	0	0	0	0	0	0	0	0	0	0
街頭で友人と	3	0	5	0	6	0	4	0	5	0	6	0	2	0	5	1	1	0	1	0	2	0	3	0	3	0
塾で勉強	0	1	0	2	1	3	1	2	0	1	0	2	0	5	1	1	0	4	0	5	0	1	0	1	2	0
アルバイト	0	0	1	0	0	0	0	0	0	0	0	0	0	1	0	0	0	0	0	0	0	0	0	0	0	0
その他	1	0	1	0	1	0	1	1	1	1	1	0	0	1	1	0	0	1	1	0	1	0	0	0	1	0
不明	0	0	0	0	0	0	0	0	0	0	0	0	0	0	0	0	0	0	0	1	0	0	0	0	0	0
計	24	27	18	20	17	28	17	21	18	21	7	26	10	25	20	14	9	20	4	22	11	12	14	11	11	16

－180－

Ⅲ－102表　家庭状況と性格　（留守家庭児童・生徒）

		両親共かせぎ	父子家庭	母子家庭	成人の保護者のいる家庭	〃いない〃	その他	不明	計
基本的な生活習慣	1	18	1	4	0	1	0	0	24
	5	25	1	1	0	0	0	0	27
自主性	1	13	0	4	0	1	0	0	18
	5	19	0	1	0	0	0	0	20
責任感	1	15	0	2	0	0	0	0	7
	5	26	1	1	0	0	0	0	28
根気強さ	1	14	0	2	0	1	0	0	17
	5	20	0	1	0	0	0	0	21
自省心	1	14	0	2	0	1	1	0	18
	5	19	1	1	0	0	0	0	21
向上心	1	15	0	1	0	1	0	0	17
	5	24	0	1	0	0	0	1	26
公正さ	1	7	1	1	0	0	1	0	10
	5	24	0	1	0	0	0	0	25
指導性	1	14	0	5	0	1	0	0	20
	5	14	0	0	0	0	0	0	14
協調性	1	6	2	0	0	1	0	0	9
	5	20	0	0	0	0	0	0	20
同情心	1	4	0	0	0	0	0	0	4
	5	20	0	1	0	0	0	1	22
公共心	1	8	0	1	0	1	1	0	11
	5	11	0	1	0	0	0	0	12
積極性	1	10	1	2	0	1	0	0	14
	5	11	0	0	0	0	0	0	11
情緒の安定	1	10	0	0	0	1	0	0	11
	5	15	0	1	0	0	0	0	16

－179－

—181—

Ⅲ－104表　夕食の状況と性格（留守家庭児童・生徒）

	基本的な生活習慣		自主性		責任感		根気強さ		自省心		向上心		公正さ		指導性		協調性		同情心		公共心		積極性		情緒の安定	
	①	⑤	①	⑤	①	⑤	①	⑤	①	⑤	①	⑤	①	⑤	①	⑤	①	⑤	①	⑤	①	⑤	①	⑤	①	⑤
用意してある	5	11	2	6	3	0	4	7	5	9	2	11	3	6	3	5	1	8	2	11	3	6	2	4	3	5
自分でする	2	4	2	3	1	4	2	4	2	5	2	3	0	6	2	2	0	3	1	1	2	1	2	2	2	2
外　　食	1	0	0	0	0	0	0	0	0	0	0	0	0	0	0	0	1	0	0	0	0	0	0	0	0	0
保護者の帰宅まで待つ	16	12	14	11	13	14	11	10	11	7	13	12	7	13	15	7	7	9	1	9	6	5	10	5	6	9
時により欠食	0	0	0	0	0	0	0	0	0	0	0	0	0	0	0	0	0	0	0	0	0	0	0	0	0	0
不　　明	0	0	0	0	0	0	0	0	0	0	0	0	0	0	0	0	0	0	0	1	0	0	0	0	0	0
計	24	27	18	20	17	28	17	21	18	21	17	21	10	25	20	14	9	20	4	22	11	12	14	11	11	16

—182—

Ⅲ－105表　保護者の帰宅時間と性格（留守家庭児童・生徒）

	基本的な生活習慣		自主性		責任感		根気強さ		自省心		向上心		公正さ		指導性		協調性		同情心		公共心		積極性		情緒の安定	
	①	⑤	①	⑤	①	⑤	①	⑤	①	⑤	①	⑤	①	⑤	①	⑤	①	⑤	①	⑤	①	⑤	①	⑤	①	⑤
4時前	1	1	0	1	1	0	1	1	1	1	0	1	0	1	0	1	1	1	0	0	0	0	0	1	1	1
4時ごろ	0	2	0	2	0	5	0	2	0	2	1	4	0	5	0	2	0	2	0	3	0	3	1	1	0	1
5時ごろ	7	10	6	0	8	8	9	9	6	7	4	10	5	5	7	8	2	9	2	6	4	3	2	3	3	8
6時ごろ	6	8	4	7	3	9	4	7	6	7	5	7	2	9	6	3	3	3	0	7	2	4	5	6	2	5
7時ごろ	7	4	6	2	4	6	3	2	3	3	5	2	2	3	5	0	1	4	1	4	3	2	4	0	3	11
8時ごろ	0	1	0	0	0	0	0	0	0	1	0	2	0	1	0	0	0	0	0	1	0	0	0	0	0	0
8時以後	3	1	2	0	1	0	2	0	2	0	2	0	1	1	2	0	2	1	1	0	2	0	2	0	2	0
不　　明	0	0	0	0	0	0	0	0	0	0	0	0	0	0	0	0	0	0	0	1	0	0	0	0	0	0
計	24	27	18	20	17	28	17	21	18	21	17	26	10	25	20	14	9	20	4	22	11	12	14	11	11	16

Ⅲ－１０６表　長欠と基本的な生活習慣

		基本的な生活習慣						
長欠		1	2	3	4	5	他	計
している	留守	0	0	1	0	0	0	1
	一般	0	0	3	1	1	0	5
	計	0	0	4	1	1	0	6
してない	留守	24	67	167	81	27	0	366
	一般	38	148	537	309	128	0	1160
	計	62	215	704	390	155	0	1526
その他	留守	0	3	0	0	0	0	3
	一般	3	1	0	0	0	0	4
	計	3	4	0	0	0	0	7
計		65	219	708	391	156	0	1539

Ⅲ－１０７表　長欠と自主性

		自主性						
長欠		1	2	3	4	5	他	計
している	留守	0	0	1	0	0	0	1
	一般	0	0	3	2	0	0	5
	計	0	0	4	2	0	0	6
してない	留守	18	76	180	72	20	0	366
	一般	37	175	563	289	95	1	1160
	計	55	251	743	361	115	1	1526
その他	留守	0	3	0	0	0	0	3
	一般	2	0	2	0	0	0	4
	計	2	3	2	0	0	0	7
計		57	254	749	363	115	1	1539

Ⅲ－１０８表　長欠と責任感

		責任感						
長欠		1	2	3	4	5	他	計
している	留守	0	0	1	0	0	0	1
	一般	0	1	2	2	0	0	5
	計	0	1	3	2	0	0	6
してない	留守	17	62	171	88	28	0	366
	一般	31	145	586	310	88	0	1160
	計	48	207	757	398	116	0	1526
その他	留守	0	3	0	0	0	0	3
	一般	3	1	0	0	0	0	4
	計	3	4	0	0	0	0	7
計		51	212	760	400	116	0	1539

Ⅲ－１０９表　長欠と根気強さ

		根気強さ						
長欠		1	2	3	4	5	他	計
している	留守	0	0	0	1	0	0	1
	一般	1	0	2	2	0	0	5
	計	1	0	2	3	0	0	6
してない	留守	17	73	188	67	21	0	366
	一般	34	180	596	265	85	0	1160
	計	51	253	784	332	106	0	1526
その他	留守	0	3	0	0	0	0	3
	一般	2	1	0	1	0	0	4
	計	2	4	0	1	0	0	7
計		54	257	786	336	106	0	1539

Ⅲ－110表　長欠と自省心

長欠		自省心 1	2	3	4	5	他	計
している	留守	0	0	1	0	0	0	1
	一般	1	0	2	2	0	0	5
	計	1	0	3	2	0	0	6
してない	留守	17	69	171	74	21	14	366
	一般	29	150	623	260	66	32	1160
	計	46	219	794	334	87	46	1526
その他	留守	1	1	1	0	0	0	3
	一般	2	1	1	0	0	0	4
	計	3	2	2	0	0	0	7
計		50	221	799	336	87	46	1539

Ⅲ－111表　長欠と向上心

長欠		向上心 1	2	3	4	5	他	計
している	留守	0	0	1	0	0	0	1
	一般	1	0	2	2	0	0	5
	計	1	0	3	2	0	0	6
してない	留守	17	68	166	75	26	14	366
	一般	37	165	544	286	96	32	1160
	計	54	233	710	361	122	46	1526
その他	留守	0	3	0	0	0	0	3
	一般	2	1	0	1	0	0	4
	計	2	4	0	1	0	0	7
計		57	237	713	364	122	46	1539

Ⅲ－112表　長欠と公正さ

長欠		公正さ 1	2	3	4	5	他	計
している	留守	0	0	1	0	0	0	1
	一般	1	0	2	2	0	0	5
	計	1	0	3	2	0	0	6
してない	留守	9	43	191	84	25	14	366
	一般	23	113	635	267	90	32	1160
	計	32	156	826	351	115	46	1526
その他	留守	1	2	0	0	0	0	3
	一般	1	2	1	0	0	0	4
	計	2	4	1	0	0	0	7
計		35	160	830	353	115	46	1539

Ⅲ－113表　長欠と指導性

長欠		指導性 1	2	3	4	5	他	計
している	留守	0	0	1	0	0	0	1
	一般	0	0	3	1	1	0	5
	計	0	0	4	1	1	0	6
してない	留守	20	84	183	51	14	14	366
	一般	47	216	617	186	62	32	1160
	計	67	300	800	237	76	46	1526
その他	留守	0	3	0	0	0	0	3
	一般	2	1	0	1	0	0	4
	計	2	4	0	1	0	0	7
計		69	304	804	239	77	46	1539

Ⅲ－114表　長欠と協調性

長欠		協調性 1	2	3	4	5	他	計
している	留守	0	0	1	0	0	0	1
	一般	1	0	2	1	1	0	5
	計	1	0	3	1	1	0	6
してない	留守	8	49	204	85	20	0	366
	一般	23	126	607	327	77	0	1160
	計	31	175	811	412	97	0	1526
その他	留守	1	2	0	0	0	0	3
	一般	2	1	1	0	0	0	4
	計	3	3	1	0	0	0	7
計		35	178	815	413	98	0	1539

Ⅲ－115表　長欠と同情心

長欠		同情心 1	2	3	4	5	他	計
している	留守	0	0	1	0	0	0	1
	一般	1	0	2	2	0	0	5
	計	1	0	3	2	0	0	6
してない	留守	4	40	213	73	22	14	366
	一般	16	89	666	299	58	32	1160
	計	20	129	879	372	80	46	1526
その他	留守	0	1	2	0	0	0	3
	一般	2	1	0	1	0	0	4
	計	2	2	2	1	0	0	7
計		23	131	884	375	80	46	1539

Ⅲ－116表　長欠と公共心

長欠		公共心 1	2	3	4	5	他	計
している	留守	0	0	1	0	0	0	1
	一般	1	0	2	1	1	0	5
	計	1	0	3	1	1	0	6
してない	留守	10	43	203	84	12	14	366
	一般	23	108	660	277	60	32	1160
	計	33	151	863	361	72	46	1526
その他	留守	1	0	2	0	0	0	3
	一般	2	1	0	1	0	0	4
	計	3	1	2	1	0	0	7
計		37	152	868	363	73	46	1539

Ⅲ－117表　長欠と積極性

長欠		積極性 1	2	3	4	5	他	計
している	留守	0	0	1	0	0	0	1
	一般	0	2	1	1	1	0	5
	計	0	2	2	1	1	0	6
してない	留守	13	68	201	73	11	0	366
	一般	34	189	610	258	68	1	1160
	計	47	257	811	331	79	1	1526
その他	留守	1	2	0	0	0	0	3
	一般	2	0	2	0	0	0	4
	計	3	2	2	0	0	0	7
計		50	261	815	332	•80	1	1539

Ⅲ－１１８表　長欠と情緒の安定

長欠		情緒の安定 1	2	3	4	5	他	計
している	留守	0	0	1	0	0	0	1
	一般	0	1	2	2	0	0	5
	計	0	1	3	2	0	0	6
してない	留守	11	63	201	75	16	0	366
	一般	30	130	630	279	91	0	1160
	計	41	193	831	354	107	0	1526
その他	留守	0	1	2	0	0	0	3
	一般	2	1	0	1	0	0	4
	計	2	2	2	1	0	0	7
計		43	196	836	357	107	0	1539

―189―

転入勤労青少年非行調査票

索引

1 性別
1 男
2 女

2 年齢
1 15歳
2 16歳
3 17歳
4 18歳
5 19歳

3 転入時の学歴
1 中学校卒
2 高校中退
3 高校卒
4 短大中退
5 大学中退

4 出身地
（　　　）

5 経過年数
1 6カ月未満
2 6カ月～1年未満
3 1年～2年未満
4 2年～3年未満
5 3年～4年未満
6 4年以上

6 転入以前の就職地
1 あり（　　）
2 なし

7 勤め先の状況
1 とても満足している
2 まあ満足している
3 不満な点がある
（　　　）
4 とても不満だ
（　　　）

8 生活状況
1 とても満足している
2 まあ満足している
3 不満な点がある
（　　　）
4 とても不満だ
（　　　）

9 最初の就職経路
1 職業安定所を通じて
2 学校を通じて
3 個人的縁故により
4 広告で
5 その他

10 転職経験
1 1回
2 2回
3 3回
4 4回
5 5回以上（　　）

現在の職業および転職状況

	区分		現在	転職経験者のみ記入欄 1回目	2回目	3回目	4回目	5回目
11 職業	工場労務者	01						
	交通運送労務者	02						
	土木建築労務者	03						
	自由労務者	04						
	その他労務者	05						
	商店員	06						
	飲食店従業員	07						
	接客業従業員	08						
	家事使用人	09						
	その他従業員	10						
	事務員	11						
	職人	12						
	船員	13						
	その他（　　）	14						
	無職	15						
12 収入	5,000円未満	1						
	5,000～10,000円未満	2						
	10,000～15,000円未満	3						
	15,000～20,000円未満	4						
	20,000円以上	5						
13 従業員規模	10人未満	1						
	10人～50人未満	2						
	50人～300人未満	3						
	300人～500人未満	4						
	500人以上	5						
14 転職理由	仕事の内容	01						
	給料の額	02						
	宿舎や寮	03						
	昇進・昇給の条件	04						
	労働時間や休日・休暇	05						
	教育をうける機会	06						
	作業場の施設や条件	07						
	労働に堪えられない	08						
	将来性がない	09						
	職場の雰囲気が悪くて	10						
	上役又は同僚と気まずくなつて	11						
	方言いなか者等ばかにされて	12						
	恋人ができて	13						
	その他人間関係	14						
	何となく	15						
	解雇	16						
15 居住状況	寮	1						
	親せきにきぐう	2						
	縁故者にきぐう	3						
	住込み	4						
	ひとりで下宿	5						
	友人，縁故者と下宿	6						
	ひとりで間借り	7						
	友人，縁故者と間借り	8						

16 転入後の勉学状況
01 定時制高1年在学
02 定時制高2年在学
03 定時制高3年在学
04 定時制高4年在学
05 定時制高卒業
06 通信制高1年在学
07 通信制高2年在学
08 通信制高3年在学
09 通信制高4年在学
10 通信制高卒業
11 短大1年在学
12 短大2年在学
13 大学1年在学
14 大学2年在学
15 定時制高1年中退
16 定時制高2年中退
17 定時制高3年中退
18 定時制高4年中退
19 通信制高1年中退
20 通信制高2年中退
21 通信制高3年中退
22 通信制高4年中退
23 短大1年中退
24 短大2年中退
25 大学1年中退
26 大学2年中退

17 中退原因
1 自発的
2 学校の処分

18 罪種と件数（余罪を含む）
01 殺人　件
02 強盗　件
03 放火　件
04 強かん　件
05 暴行　件
06 傷害　件
07 脅迫　件
08 恐かつ　件
09 窃盗　件
10 詐欺　件
11 横領　件
12 偽造　件
13 とばく　件
14 わいせつ　件
15 ぞう物　件
16 その他刑法　件
17 銃刀法　件
18 暴力行為　件
19 軽犯罪法　件
20 売春防止法　件
21 たばこ専売法　件
22 その他特別法　件
23 青少年保護育成条例　件
24 小暴力防止条例　件

19 非行態様（1）
1 単独
2 集団　人

20 非行態様（2）
1 リーダーである
2 リーダーでない

21 非行歴等
1 補導非行歴なし
2 補導歴あり　回
3 非行歴あり　回
4 保護観察　回
5 初等少年院　回
6 中等少年院　回
7 特別少年院　回
8 医療少年院　回

22 措置
1 検察官送致
2 家裁送致
3 簡易送致
4 児相通告
5 継続補導
6 その他

備考

作成　昭和　年　月　日　警察署　作成者氏名　㊞

―190―

留守家庭児童・生徒非行調査票

索引

1 性別
- 1 男
- 2 女

2 学年
- 1 小学校第1学年
- 2 小学校第2学年
- 3 小学校第3学年
- 4 小学校第4学年
- 5 小学校第5学年
- 6 小学校第6学年
- 7 中学校第1学年
- 8 中学校第2学年
- 9 中学校第3学年

3 主たる家計の職業
- 1 勤め人
- 2 自家経営
- 3 自由業
- 4 農業
- 5 生活保護法扶助
- 6 その他

4 家計の状態
- 1 上
- 2 中
- 3 下
- 4 極貧

5 家庭の状況
- 1 両親共かせぎ家庭
- 2 父子家庭
- 3 母子家庭
- 4 成人の保護者のいる家庭
- 5 成人の保護者のいない家庭
- 6 その他
（　　　）

6 放課後の状況
- 1 家でひとり
- 2 家で兄弟姉妹と
- 3 友人宅，親せき宅などで
- 4 学校，公民館などの施設で
- 5 街頭でひとり
- 6 街頭で友人と
- 7 塾で勉強
- 8 アルバイト
- 9 その他

7 家の状況
- 1 家にはいれる
- 2 家にはいれない

8 夕食の状況
- 1 用意してある
- 2 自分でする
- 3 外食
- 4 保護者の帰宅まで待つ
- 5 時により欠食

9 保護者の帰宅時間
- 1 おおむね4時以前
- 2 おおむね4時ごろ
- 3 おおむね5時ごろ
- 4 おおむね6時ごろ
- 5 おおむね7時ごろ
- 6 おおむね8時ごろ

10 長期欠席の有無
- 1 長欠していない
- 2 病気により長欠している
- 3 その他の理由により長欠している

11 直接的動機・原因
- 01 遊興費にあてるため
- 02 空腹のため
- 03 学用品ほしさ
- 04 虚栄心をみたすため
- 05 小づかい銭不足のため
- 06 淋しさをまぎらわすため
- 07 なんとなく欲しくなり
- 08 復しゅう
- 09 ぶじょくされて
- 10 しっ責，意見されて
- 11 冷遇，ぎゃくたいされて
- 12 のけものにされて
- 13 その他えん恨，憤怒
- 14 保護者に対する反発
- 15 そそのかされて
- 16 脅迫されて
- 17 誘惑されて
- 18 模放
- 19 出版物の影響
- 20 映画等の影響
- 21 好奇心
- 22 でき心
- 23 興きよう
- 24 売名
- 25 その他
（　　　）

12 罪種と件数（余罪を含む）
- 01 殺人　件
- 02 強盗　件
- 03 放火　件
- 04 強かん　件
- 05 暴行　件
- 06 傷害　件
- 07 脅迫　件
- 08 恐かつ　件
- 09 窃盗　件
- 10 詐欺　件
- 11 横領　件
- 12 偽造　件
- 13 とばく　件
- 14 わいせつ　件
- 15 ぞう物　件
- 16 その他刑法　件
- 17 銃刀法　件
- 18 暴力行為　件
- 19 軽犯罪法　件
- 20 売春防止法　件
- 21 たばこ専売法　件
- 22 その他特別法　件
- 23 小暴力防止条例　件

13 非行態様 (1)
- 1 単独
- 2 集団　人

14 非行態様 (2)
- 1 リーダーである
- 2 リーダーでない

15 非行歴
- 1 補導非行歴なし
- 2 補導歴あり　回
- 3 非行歴あり　回
- 4 施設収容　回
- 5 保護観察　回

16 措置
- 1 検察官送致
- 2 家裁送致
- 3 簡易送致
- 4 児相通告
- 5 継続補導
- 6 学校，保護者連絡
- 7 その他
（　　　）

17 保護者が働くことについての希望
- 01 淋しいからやめてほしい
- 02 もう少し子どもの面倒をみてもらいたいからやめてほしい
- 03 勉強をみてもらいたいからやめてほしい
- 04 家の中がうまく行かないからやめてほしい（人間関係）
- 05 家事の手伝いが重荷なのでやめてほしい
- 06 家でできる仕事にかわってほしい
- 07 早く帰れる仕事にかわってほしい
- 08 せめて夕食の仕度ができるぐらいに帰ってきてほしい
- 09 もっと家族一緒の時間をつくってほしい
- 10 現在のままでよい
- 11 働くことはやむを得ない
- 12 別に考えていない
- 13 その他
（　　　）

備考

作成　昭和　年　月　日　　警察署　　作成者氏名　㊞

留守家庭児童・生徒調査票　A票

学年 / 項目	1	2	3	4	5	6	7	8	9	10	11	12	13	14	15	16	17	18	19	20	21	22	23	24	25
長期欠席の有無																									
1.長欠していない																									
2.病気により長欠している																									
3.他理由により長欠している																									
保護者の教育に対する関心度																									
Ⅰ PTA等への参加状況																									
1.ほとんど欠かさない																									
2.よく参加する																									
3.普通																									
4.あまり参加しない																									
5.ほとんど参加しない																									
Ⅱ 家庭におけるしつけ等についての配慮																									
1.非常に良好																									
2.良好																									
3.普通																									
4.足りない																									
5.ほとんどない																									
各教科の評定																									
1.国語																									
2.社会																									
3.数学（算数）																									
4.理科																									
5.音楽																									
6.美術（図画・工作）																									
7.保健体育（体育）																									
8.技術・家庭（家庭）																									
9.外国語																									
行動・性格の評定																									
1.基本的な生活習慣																									
2.自主性																									
3.責任感																									
4.根気強さ																									
5.自省心																									
6.向上心																									
7.公正さ																									
8.指導性																									
9.協調性																									
10.同情心																									
11.公共心																									
12.積極性																									
13.情緒の安定																									
所見																									

学校名　　作成者氏名　㊞

留守家庭児童・生徒調査票　B票

学年															
項　　　目															
家庭の状況															
1.両親ともかせぎ家庭															
2.父　子　家　庭															
3.母　子　家　庭															
4.成人の保護者のいる家庭															
5.成人の保護者のいない家庭															
6.その他（　　　　）															
放課後の状況															
1.家でひとり															
2.家で兄弟姉妹と															
3.友人宅・親せき宅などで															
4.学校・公民館などの施設で															
5.街頭でひとり															
6.街頭で友人と															
7.塾で勉強															
8.アルバイト															
9.その他															
家の状況															
1.家にはいれる															
2.家にはいれない															
夕食の状況															
1.用意してある															
2.自分でする															
3.外　食															
4.保護者の帰宅するまで待つ															
5.時により欠食															
保護者の帰宅時間															
1.おおむね4時以前															
2.おおむね4時ごろ															
3.おおむね5時ごろ															
4.おおむね6時ごろ															
5.おおむね7時ごろ															
6.おおむね8時ごろ															
7.おおむね8時以降															

学校名　　　　　　作成者氏名　　　　　㊞

－193－

かぎっ子の実態と対策に関する研究

（青少年問題研究調査報告書）

昭和43年3月

総理府青少年局

はしがき

近時、青少年の健全育成、非行防止の問題はなおざりにすることのできない大きな社会問題となつていることにかんがみ、総理府においては、青少年をめぐる諸問題について、その実態や要因を究明するため、昭和３６年度より各専門の研究機関や学者に研究を委託して、青少年問題に関する基本的かつ総合的な施策の樹立に役立てようとしている。

この報告書は、昭和４１年度に委託したものの一つであるが、この研究がひろく青少年問題にたずさわつている皆様方に何らかの参考ともなれば幸いである。

昭和４３年３月

総理府青少年局長

安嶋　彌

目　　次

かぎつ子の実態と対策に関する研究

研究代表者　岩井弘融（東京都立大学教授）

共同研究者　松本武子（日本女子大学教授）

大橋薫（明治学院大学教授）

橋本重三郎（法務総合研究所研究官）

星野周弘（科学警察研究所技官）

高橋均（東京大学大学院）

佐藤カツコ（東京大学大学院）

近藤純夫（東京大学大学院）

松浦俊子（お茶の水女子大学助手）

鈴木伸子（日本女子大学助手）

岩田寿子（日本女子大学助手）

大井典子（法務総合研究所）

まえがき

青少年の心身の健全な発達をねがうのは、すべての親、社会人の心であるが、今日の青少年の生活環境、社会環境は必ずしも理想的にかたちづくられているわけではない。とくに最近のようにはげしく変り動きつつある社会では、青少年の健全な育成を阻害する条件も、わたしたちの気づかぬところでますますふえてゆく傾向にある。したがつて、このような青少年の環境変化と問題の動向を鋭い洞察と正しい科学的方法によつて把握し、時機を失せず適切な対策をうちたててゆくことが、青少年問題の指導にたずさわる者の使命である。

調査の計画、実施、集計の各段階においては、東京都立大学教授岩井弘融、日本女子大学教授松本武子、明治学院大学教授大橋薫、法務総合研究所橋本重三郎、および科学警察研究所星野周弘を中心に、東京大学大学院の高橋均、佐藤カツコ、近藤純夫、お茶の水女子大学助手松浦俊子、日本女子大学助手鈴木伸子、岩田寿子、河野裕子、山下しずか、さらに科学警察研究所松本良夫、法務総合研究所大井典子が推進母体となり、その他日本女子大学、明治学院大学の多数学生諸君の参加を得ている。その調査の実施においては、東京都渋谷区立本町中学校長大熊正雄、同加計塚小学校長大貫広子、川崎市教育委員会、川崎市立御幸中学校長鴨志田健、川崎市立幸町小学校長塩田勇吉、小山市豊田中学校長、豊田北・南小学校長の諸氏をはじめとする多数の現場諸先生方の全面的な協力、配慮をいただいた。ここに紙面をかりて謝意を表する次第である。

なお、本報告書の執筆には、岩井弘融（序論）、高橋均（第１章、第４章）、星野周弘（第２章、第６章）、岩田寿子（第３章－１）、鈴木伸子（第３章－２）、松浦俊子（第３章－３）、佐藤カツコ（第５章）、松本武子（結論）があたり、岩井・星野がこれらの統一、補正をおこなった。なお、参考文献は、岩井弘融、高橋均が蒐集した。

序　論

社会が複雑さをますにつれて、青少年をめぐる問題も、また、つぎつぎと新しく登場してくる。本研究の対象となつた留守家庭児童生徒の問題も、そのひとつということができる。それは、最近の日本の社会生活と家族生活の変化のなかから発生してきた新しい型の問題である。

留守家庭ないし両親不在家庭の子ども、いわゆる「かぎつ子」（以下、記述の都合上、本文中においてはこの言葉を使用することにする）の問題が、世人の眼をひくようになつたのは、人つくり政策が論議をよび「人つくりは家庭から」のスローガンが唱えられるようになつた昭和38年頃からであつた。しかも、その実態は、戦後、しだいに普遍化してきた新居住様式としての団地問題のなかからであつた。団地という新しい居住構造上の変化は、単に住居形式の問題のみにとどまらず、そこに住む人々の家庭生活様式にもさまざまな変化をあたえた。とくにこうしたなかで、その居住の簡便さともあいまつて、共かせぎの両親がその昼間の生活を、子どもに鍵を委任して家を外にするという現象が、一部に見られるようになつてきた。敏感なジャーナリズムは、早速これをとりあげて「かぎつ子」とよび、その問題性を追求しはじめたのである。他方、こうした問題は、教育者や社会福祉関係者などのあいだにおいても、両親の適切な監督や指導の欠如という観点から、急速に論議の対象となつてきた。しかも、その論議がすすむにつれて、視野は単なる団地問題から拡大されて、大都市内の中小工場の密集地域における共かせぎ家庭や母子家庭、住宅地域におけるパート・タイム労働や社会活動に従事する母親の家庭の子どもたちの増加の問題におよぶにいたつた。このように、最初、いくぶん好奇的に風俗的な次元からはじまつたこの問題も、ここにいたつて、はじめて事態の基本的な側面につきあたるにいたつたのである。一見、流行的とみえたこの問題も、じつは、そもそものはじめから、日本の社会の大きな変化に根ざす本質的な問題をになつていたのである。

かぎつ子問題の社会的背景には、これまで家庭にいた母親たちが、好んで外にはたらきに出るようになりつつあるという職換の問題がある。つまり、日本の産業構造の変化にともなつて、従来、準労働力であつた家庭の主婦層が新しく労働力化するという有業形態、生活構造上の変化である。

もともと、子どもを抱えた母親がはたらきに出るという傾向は、戦後の生活のうちにめばえをもつていたものである。たとえば、第2次大戦で夫を失つた多くの母子家庭では、母親がはげしい生活戦線に立つて働き、また、それでなくても、戦後の家庭経済の逼迫のなかでは、その経済的必要から夫のみならず、妻も娘も職場に出るという家族皆労働の傾向をかたちづくつていたのである。このように、働く母親の問題は、戦前と異る特徴として、これまでにもすでに底流となつて存していたわけであるが、最近、さらに一段と飛躍したひとつの新しい局面をむかえてきたのである。

日本の経済が急速に回復し、さらにすすんで技術革新や高度経済成長がすすむにつれ、既婚婦人の有職化傾向は、ますます進展する傾向を示してきた。すなわち、技術の変革、機械導入、労働条件の改善、等によつて、既婚婦人の職域は拡大され、婦人の肉体条件にも適した新しい職業分野がつぎつぎと生まれてきた。また、耐久消費財の普及にともない、家事労働が合理化、単純化され、家事にとられる手間もはぶけ、外に出るだけの時間的余裕も相対的に多くなつてきた。戦後、一時的に拡大した出生率もその後急速に変化し、子どもの数が少くなるという出生率による家族構成の縮少と家族周期の変化は、これまたある程度、子どもが仕上がれば外に出るという風潮の一要素となつている。このような、外的条件の変化とともに、内部にもさまざまな条件が生まれてきた。若い夫婦の独立別居の傾向は、経済的にも夫婦共かせぎによる家計主体を確立させようという志向を生んでいる。また、文化水準が向上するにつれ、家計費中に占める教育費の比重が高くなり、この充足のためにすすんで職に就く母親の数も増大している。さらに、自らの才能を生かし、社会とのつながりを深めたという婦人の積極的な社会的活動の要求が急速にひろがつてきたことも、また、見のがしがたいところであろう。もちろん、こうした傾向の一方では、最低限の経済的必要から労働を余儀なくされている。働く母親の数も、また、少なくない。

このような、さまざまな条件がまじりあつて、今日では既婚婦人の常備勤労者の数はますます増大しつつある。従来、支配的であつた婦人有業者中における家族従業者や若年未婚短期型就業者は、しだいに雇用者率の比重の相対的増大、雇用長期化の傾向にとつてかわられつつある。もとより、こうした既婚婦人の有業雇用化は、日本ばかりの問題ではなく、第２次大戦後、欧米においても顕著に見られるところであり、たとえば、イギリスでも今世紀初頭、わずかに４分の１であつた既婚婦人の雇用が、今日では働く女子の半数を既婚婦人で占めるという大きな変化を生んでいるのである。わが国においても、右のように家庭をもつ婦人が経済活動に従事する気運が高まり、たとえば、昭和４０年に女子雇用者中３５％を占めた既婚婦人が、昭和４１年には４７％に達したとされ、わが国の女子雇用は急速に欧米型にちかづきつつあるのである。現在、３０歳以上の勤労婦人は４３％といわれるが、若年労働力の不足があきらかに予測される数年後には、労働力市場の拡大とともに子どもをもつ母親の再就職傾向は、ますます、ひろがつてゆくものとおもわれる。

しかしながら、このように家庭をもつ婦人が、職場に進出する割合がふえるということは、なんらの問題を生まないであろうか。とくに、われわれ青少年の健全育成を願うものの立場からは、それが子どもにおよぼす影響というものを考えざるをえない。子どもの養育と人間的形成という家庭責任をもつ母親の役割は、それが経済生活にはたす役割と同様、けつして軽視されてはならないであろう。

家庭が子どもの人間性をつちかう苗床であるかぎり、母親の監督と指導の如何は、その子女の人間性、性格の形成に大きな影響をおよぼすものであることは、多くの児童心理学者、教育学者、社会学者たちによつてこれまでにもいろいろと立証されてきている。こうした見地から考えるならば、留守家庭のばあい、親と子の行動時間の大きなずれからその接触が欠け、基本的なしつけがなされずに放任されたり、母親が多忙のために、とかく子どもの日常生活や教育問題への関心が欠如したり、また、そうでなくとも、親子の住む生活空間の差異から愛情受容・相互理解に齟齬が生じたりして、子どもの態度・性格の形成に歪みが生じる危険も皆無ではあるまい。そして、もし万一それがさらに発展して、問題行動や反社会的な非行にまでおよぶとすれば、まことに大きな問題といわなければならぬ。

事実、こうした危険性はないわけではないのであつて、これまで東京、大阪、川崎、横浜、福岡、栃木、富山、等の各地の教育ないし青少年問題の関係機関によつておこなわれてきた留守家庭児童生徒の調査報告において指摘され、憂慮されてきたのも、まさにこうした点に他ならなかつたのである。たとえば、最近の東京警視庁の調査報告によると、かぎつ子の非行率は一般少年の非行率を上まわり、一般児童生徒にくらべてかぎつ子児童生徒の方が非行化しやすいことが述べられているが、こうした赤信号は各方面において点ぜられているのである。われわれは、現実に、こうしたさまざまな重要な問題に直面していることを無視することはできない。

変動や発展の過程には、さまざまな矛盾や問題の生ずることも、また、不可避である。われわれは、これをいたずらに一方的な見解や、また現実無視の抽象論で処理してはならないであろう。たとえば、働く母親にたいする感情的な反発で、母親の家庭復帰論のみを強調したり、また、逆に現実の危険性の存在を無視して事を論じてもならない。問題は、事態の正しい認識であり、そのなかでいかにこれを克服すべきかという適切な方途を考えることである。

われわれの調査の出発点は、日中1人で過す児童の増加という深刻な問題からはじまつているが、ただそれだからといつて何が何でもすべての母親は家に帰るべし、というのでもない。むしろ、積極的に前向きの姿勢で問題をとらえてゆこうというのが、その基本姿勢でもある。すなわち、これまで見てきたように、今後とも働く母親の増加が見込まれるとするならば、そしてそれが世界的な趨勢であるとするならば、速かに現状における欠陥を摘出し、これを回復する対策を講ずることこそ緊要であらねばならない。母親は、職場の仕事と育児をはじめとする家庭責任の二重責任をどのようにはたすべきか、新しい生活構造の変化のなかで、いかに家庭教育の調和ある位置ずけをはかるか、こうした新しい事態の変化に応ずる正しい家庭教育のあり方を求めるのが、本調査の究極の目的でもある。

もちろん、本調査では、こうした究極の目的の解明にまでは到達しえないかもしれない。なんといつても、この問題はようやく着目され出したばかりであり、従来必ずしもその正確な実態はとらえられていないからである。したがつて、その究極目的を達成するためにも、実態を正確に把握する基礎的作業がつみ重ねられなければなるまい。本調査は、このような観点から、何よりもまず現状分析によるこうした基礎的問題の解明に向けられたのである。

第1章　調査の概要

序論で述べたような問題意識に立つてわれわれが実施した調査の概要を、その当面の目的、かぎつ子の概念、対象者、方法、経過の順にふれていこう。

1. 調査の目的

かぎつ子については、既に述べたように、これまでもいくつかの調査や報告がないわけではないが、しかし、これを多面的にとらえ、行動においても、態度・意見においても、一般の児童・生徒と、どこが、どの程度ずれており、差異を示しているのか、また、もし差異やずれが認められるならばそれは何に原因があるのか、等々の細かい側面については、未だ十分に明かにされるまでにいたつていないのが、現状である。さらに、かぎつ子は独立でとり上げられる場合が多いが、しかし、かれらを問題にする以上、母親の生活、態度、意見、行動をも十分にとらえた上で、しかも、それとの関連の中で理解されなければならないだろう。われわれの目的としたことは、まさにそこにあつたのである。

そこで、問題をいま少し具体的に考えてみよう。まず、かぎつ子の児童・生徒と一般（在宅母親）の児童・生徒との差異の問題であるが、これについて、従来もつぱら指摘されてきた通説は、その行動、性格等の側面でかぎつ子の方に問題性が多いという、いわばマイナスの評価であつた。はたして、それが本当に正しいか、どうか。あるいは逆に、母親の勤労する姿に接し、自主性や独立性を抱くといつたプラスに評価される面が生れてきてはいないか、といつた疑問も出てくる。こうした点は、いずれにせよ、虚心担懐にその実態をとらえる必要がある。

つぎに、もし仮りにそこに劣るとみなされるような差異があるとすれば、その原因は何であろうか。その出てくる所以を仮説的に考えてみると、まず第1の条件としては母子相互の生活時間の間隙の問題がある。かぎつ子の定義についてはこのすぐ後で述べるが、かぎつ子には、イ）学令前幼児、ロ）通学する児童・生徒のそれぞれに固有の問題性があるが、ここではひとまず本調査でとり上げた学令児に限定してみると、子どもの授業時間と母親の勤務時間とは各々別個の自律性に支配され、両者は一致していない。とくに、子どもの授業時間終了後、母親の帰宅時間までの空白時間が問題である。この間の母子の接触、母親の監督の欠如が、子どもの生活行動にどんな影景を及ぼしているか、が問題である。そのためには、かぎつ子の放課後行動を一般の子どものそれと対比、考察することが必要であろう。また、具体的な行動だけでなく、その意識の面も大切である。なぜならば、子どもはその時間的、精神的な離隔、接触欠如による淋しさや面白くなさを感じ、一種の欲求不満におちいることもあるであろう。そして、この欲求不満は、あるいは潜在的行動としての精神的に不安定なパースナリティ問題を惹起し、極端なばあいには顕在的行動として、学校不適応や反社会的行動にまでおよぶかもしれない。

もちろん、こうした子どもの態度、行動については、単に生活時間の問題だけではなく、第2に母親の生活、態度、行動が子どもに影響をおよぼすところが大であることは、いうまでもない。

母子両者の生活空間のずれに関連あるものとして、まず母親の職場生活の実態をとらえておく必要がある。母親は、一体、どのような理由で働いているのだろうか。働く母親の類型としては、生活型、経済欲望拡大型、文化活動志向型、専門活動型などが考えられるのであるが、同時にその職業内容、勤務様態などが、その家庭生活を規制するところが大きい。そのような日常の勤労生活のなかで、母親は実際にどのような家庭内の役割を演じ、家族成員、とくに子どもにたいし関心と配慮をはらつているのか。たんに関心や期待というのみならず、現実の具体的接触をおこなつているのか。たとえば、子どもの学校生活や交友関係などを、どれほど深く認知しているのか。そのしつけの基本的な態度、技術は如何、といつた一連の問題が出てくるのである。

第3に、こうした親の行動、態度はそれとして、子どもの側に立つたばあい、子どもがその母親の就労や日常行動をどのように受けとつているかが問題である。母親の意識はそのまま子どもに伝わつてはこないで、子どもの受け止め方との間にずれがあることも多い。それが、子どもの根本的なアスピレーション（仰望）や期待とくいちがい、他方、子ども自身の生活周辺に望ましからぬ行動にみちびきやすい要素があつて、これとの接触の機会が多いとすれば、あるいは場合によつて問題行動にまで発展する危険も十分にある。したがつて、この子ども自身の受けとり方、不平・不満、希望といつたものをしらべる必要がある。

もちろん、こうした子どもの意識、態度は、その年令発達の度合やまわりの条件、たとえば母親の不在率、母親に代る保護者の有無などのかぎつ子類型によつても異るであろう。さらに、今一歩踏みこんで考えてみると、それは日本社会の従来の生活型とも関連するところがある。すなわち、欧米のように、親の生活と切りはなし子どもの独立自主性を幼児から養う仕方で育てられている社会文化と、従来のわが国の伝統のように、多少とも濃厚な母子密着型の育てられ方をしてきた社会文化とでは、おのずから子どもの意識にも差異が生ずるであろう。母親の勤労雇用という新しい発生事態に対しても、その反応の仕方は若干色どりがちがうのかもしれない。しかし、この点は、より綿密な比較研究を要するので、本調査の枠外である。ただ、そこまでおよばずとも、日本社会自体のなかにおいても、すでに農村社会においてはある種のかぎつ子類型が普遍的に存在してきているのであるから、右の生活型の変化という意味では、これとの対比研究をしてみることも、興味のあるところである。

さて、以上のような観点に立つて、われわれはその具体的調査を実施するに当り、まず独立変数として、かぎつ子であるか、ないかを基本的に区分し、次に媒介変数として母親の態度、価値観および行動、母→子関係を設定してとり上げ、児童・生徒の行動を従属変数として観察する方式をとつた。

独立変数としてのかぎつ子であるか、ないかについては、概念のところで詳述するが、媒介変数のうち母親の態度としては、就職理由、母親の働くことへの一般的な意見、仕事の継続意志、帰宅後の心がまえ、などあり、行動としては、生活時間、就労条件や形態、日常の外出、家事労働などであり、親子関係に関しては、親子の接触頻度、家事の分担関係、子どもの学校と遊びの生活にたいする認知、子どもへの期待、子どもにしてやりたいこと、子どもにたいする心づかい、などをとりあげた。

子どもの態度については、将来の生活目標、母親への不平不満、母親の就労にたいする一般的意見、母親への希望をたずねている。また、行動としては、家庭（家事負担、家での生活時間）、勉強（勉強時間、塾へ行くか、成績、勉強の相談相手）、遊び（遊び相手、遊ぶ時間、遊び場）、小遣い（額、もらい方、使途）などの諸側面から接近している。

またこのほかに学校教師による児童生徒の行動評価をも調査した。とくに評価されている１３項目中、本調査に必要と思われるもの４項目を選んでいる。

なお、本調査の記述の順序としては、最初にかぎつ子の社会的背景についてのべ、つづいて母親の生活と意識、かぎつ子の生活と意識、両者の動力学的な関係、さらに農村のばあいとの比較、という形式をとつた。

2. 定　　義

かぎつ子、およびこれに類似した呼び方としては、「留守っ子」「不在っ子」「出かせぎつ子」などがあるが、いずれもそれほど明確な定義や一致した概念があるわけではない。また、公的には「留守家庭児童生徒」あるいは「両親不在家庭児童」などの呼称もあり、一般に前者が慣用される傾向を示しているが、「留守家庭児童生徒」*のばあいには、概してその対象は「通学する小学生、中学生」であり、保護者の不在状態の期間を年間「6か月」とし、保護者に代わる者は通常「20歳以上の成人」であり、これらがいなくて「放任」されていることを条件としているようである。しかし、学童保育などでは小学生3年生以下とされる場合もあつて、いずれも調査上の便宜的な定義であろう。さきにも述べたように、学令期以前の幼稚園児でも、子どもの人間形成という点では同じであろし、さらに養護的な問題性はなおつよいであろう。また、祖父母のような「保護者に代わる者」がいないことを必ずしもその要件とする必要もないし、これを満たない家庭を「放任」と決定づける必要もないであろう。両親の就労不在だけを問題にして調査しても、本調査のような場合はさしつかえない。

かぎつ子の類型は　その母親の就労形態からもいろいろ考えられる。たとえば、フルタイムもあればパートタイムもあり、他に家族従業員もないわけではない。不在の総継続期間を6か月とするのはよいとしても、週間の不在日数および1日の不在時間については、週7日とか、週2～3日、週5～6日、また、1日のうち不在時間は2～3時間とか、5～6時間とか、夜間の不

*〔付〕「留守家庭児童生徒とは、小・中学生で放課後帰宅したとき、保護者およびこれに代わるものが一定時間継続的に不在の状態にあつて、その監護の責任を果せない家庭の児童生徒をいう。」（東京都民生局、同教育庁、昭和39年資料「留守家庭児童生徒調査報告書」）

「児童生徒の保護指導、監督に当る責任能力者が児童生徒の在宅中、継続的に一定時間不在してその間責任の果せない状況の家庭をさし、両親共稼ぎであつても、兄、姉、その他同居人でその能力をもつている者がある場合は除く。」(横浜市)

「両親またはこれに代わる者などが毎日あるいは数日家を離れて働らくその日数が、1年間に180日以上に達し、もしくは達すると判断される家庭の児童生徒であつて、学校から帰宅しても夕刻まで監護する者がひとりもいないで放任されている児童生徒をいう。」（昭和40年、福岡県）

「放課後帰宅したとき、保護者およびこれに代わる者（20歳以上の者）が一定時間不在の状態であつて、その状態が相当期間（6か月以上）継続している家庭の児童生徒をいう。」（昭和40年、富山県）

「両親又はこれに代わる者が一定の時間、継続的に不在の状態にあつて、その日数の合計が過去1年間に180日以上に達している児童で放任状態におかれている者」（昭和40年、栃木県）

在の場合もある。これらを勘案して、本調査の場合には、その調査目的に即応させ「母親が週6日以上にわたつて、常傭勤労者として自己の家屋を離れた職場で勤務している中学生以下の子女（ただし、小学生、中学生およびその該当年令者に限定）」とした。

しかし、これには、パートタイムや家族従業者の子女が加わらないことから、それらをかぎつ子にたいするなお別箇のカテゴリーの「準かぎつ子」として、とりあつかうことにした。したがつて、本調査では3つのカテゴリーが設定され、児童・生徒への「質問16」（巻末の調査票参照）でいえば、母親が「外へ行かないで、家で、そうじ、せんたく、子供の世話をしている」を『一般の児童生徒』とし、「毎日、はたらきにいつている」を『かぎつ子』とし、「ときどき（1週間に何度か）はたらきにいつている」、「内職をしている」、「家の店や仕事場で、はたらいている」、「田や畑にいつて、はたらいている」を一括してここでは『準かぎつ子』と、それぞれ定義した。

3. 調査の対象

かぎつ子も地域によつて差を示すだろうとの予想から、対象地を大都市型として東京都渋谷区、工業都市型として川崎市御幸地区、農村型として栃木県小山市の3点を選定した。生徒調査は、渋谷、川崎の両地区では小・中学校各1校づつ、小山市では小学校2校、中学校1校の計7校を選定し、小学5年生、6年生、中学1年生、2年生の計4学年の全生徒に実施した。

この調査から「質問16」によつて対象者を分類し、かぎつ子と同数の非かぎつ子を無作為に抽出し、それらを集計の対象とした。この集計の対象者の母親を、同時に母親調査の対象者としている。対象者の数は、第1－1表に示すとおりである。

次に3地区から選定された小・中学校は、東京都渋谷区（区立加計塚小学校、区立本町中学校）川崎市御幸地区（市立幸町小学校、市立御幸中学校）、小山市（市立豊田北小学校、市立豊田南小学校、市立豊田中学校）である。

なお第1－1表の( )内数字が集計対象として抽出された数であり、母親の調査対象数でもある。また、小山の場合、「母は田や畑で働いている」と答えた者を農村型のかぎつ子と仮定し、かぎつ子率もその様に算出されているので、他地区の場合と完全には一致していない。最後に抽出率が各地域によつて異なるのは、東京、川崎の場合、「毎日働きに行つている」を全数とし、それ

第1－1　調査対象者数：抽出率：かぎっ子

	東京都渋谷区		川崎市御幸地区		小山市		
	小学校	中学校	小学校	中学校	北小学校	南小学校	中学校
働きに行かないで家でそうじ、せんたくをしている	126 (25)	269 (68)	137 (48)	242 (99)	9 (6)	23 (12)	39 (20)
毎日働きにいつている。	36 (36)	108 (108)	88 (88)	196 (196)	10 (0)	10 (0)	17 (0)
ときどき働きに行つている	9 (1)	46 (10)	22 (8)	60 (24)	6 (5)	4 (3)	9 (6)
内職をしている	16 (4)	53 (13)	33 (12)	99 (40)	9 (5)	9 (5)	12 (6)
家の店や仕事場で働いている	26 (6)	65 (17)	74 (20)	80 (33)	6 (4)	8 (5)	15 (8)
田や畑で働いている	0 (0)	0 (0)	0 (0)	1 (0)	97 (48)	103 (51)	241 (119)
母はいません	1 (0)	7 (0)	10 (0)	12 (0)	1 (0)	5 (0)	6 (0)
不明	2 (0)	2 (0)	1 (0)	8 (0)	0 (0)	0 (0)	4 (0)
合計	216 (72)	541 (216)	348 (176)	698 (392)	138 (68)	162 (76)	343 (159)
かぎつ子率	16.7%	19.6%	25.2%	28.1%	70.3%	63.5%	70.2%
対象抽出率	20.0%	24.9%	35.4%	40.7%	50.0%	50.0%	50.0%

（　）内は面接調査対象抽出数

と同数の対象を他のカテゴリーから抽出しているからである。従つてかぎつ子率が高いほど、抽出率も高くなつている。ただし、小山市の場合は「毎日働きに行つている」と答えた者以外の各カテゴリーから50.0%の抽出率で無作為に対象者を選定してある。

4. 調査の方法

調査は児童・生徒を対象としたもの、母親を対象としたもの、および児童・生徒の学業成績と行動評価、の3つであるが、児童・生徒に対しては質問数29問からなる質問紙を用い各校クラス単位の集合調査で行われた。小山の3校は各クラス担任教師がその監督に当つたが、他の4校については研究会スタッフと数名の大学生が調査の監督に直接当つた。

母親調査は31問からなる紙問紙による面接調査法を用い、面接調査には日本女子大学学生並び明治学院大学学生の協力を得た。

テーマの性格上、深層に亘たる態度、意見、不満等をさぐる必要があつたため、数問については選択肢法を採用せず、自由回答法によつて対象者の回答を求めている。

学業成績並びに行動記録は教師によつて採点あるいは評価されたものである。学業成績については全教科目、行動記録については関連ある4項目(これについて後述される)の評価をそれぞれ資料として収集した。

5. 調査の経過

既存の研究内容を概観し、あわせて問題意識を換起する意味もあつて6月上旬〜7月上旬にわたつて既存の主要文献約50点を収集し、それに基づいて7月中旬から調査の理論的枠組の検討に入り、9月上旬までには質問項目を選定した。予備調査は児童生徒調査票、母親調査票とも相前後して9月中旬に対象者各50名ほどについて行ない、その結果を参考に最終的な調査票を作成、10月上旬に調査票を完成した。10月上旬に小山市にて児童生徒調査。10月中〜下旬に小山市にて母親調査。１０月下旬東京、川崎にて児童生徒調査。１１月上旬に川崎にて母親面接調査。１１月中旬に川崎の補充調査および東京にて母親面接調査。11月下旬に東京にて補充調査。

調査作業の経過の概略は以上のとおりであるが、コーディング、転記は１２月中旬に、集計作業は1月中旬〜3月中旬にわたってそれぞれ行なわれた。

第2章　かぎっ子の社会的背景

1. 地域の特性

まず、調査対象地域である川崎市および渋谷区の特性を、主として人口、住民の職業構成の点から概括しておこう。

川崎市は典型的な工業都市であつて、ここ数年、その人口の伸びは著しい。昭和35年の人口は632,975人であつたが、昭和40年には854,866人に達し、35.1%の増加を示している。第2－1表にみられるように、年令別構成では20～24歳が13.9%、25～29歳が12.5%、15～19歳が11.7%となつていて、若年労働力が多く、工業都市としての性格を如実に示している。しかし、世帯に関してみると、準世帯の割合は高くはない（第2－2表）。

第2－1表　川崎市年令別人口の構成比

総　数	854,866人	100.0%
0～ 4	82,775	9.7
5～ 9	59,357	6.9
10～14	55,686	6.5
15～19	100,096	11.7
20～24	118,594	13.9
25～29	106,778	12.5
30～34	87,301	10.2
35～39	66,610	7.8
40～44	46,779	5.5
45～49	36,527	4.3
50～54	30,948	3.6
55～59	22,336	2.6
60～64	16,691	2.0
65～69	11,174	1.3
70～74	6,780	0.8
75～79	4,011	0.5
80～84	1,710	0.2
85～89	588	0.1
90～94	119	—
95～99	6	—
100	0	—

注：人口は40年度国勢調査による。

この市の労働力人口（15歳以上）は、第2－3表のとおりである。また、就業者の職種では、第2－4表のように、製造業が半数近くをしめている。この点で特徴的なことの一つは、女子労働力の職種にみられる傾向である。女子の労働力人口の中で、就業者と非労働者との割合は、就業者の割合はかなり高くなつているものの、非労働力人口の方が多く、このことについては特に異なつた傾向はみられないが、女子従業者の4割強が製造業にたずさわつていることが、川崎市の特徴といえよう。さらに、製造業にかぎらず、卸・小売業、

第2－2　川崎市世帯数

世帯数	235,791	100.0%
普通世帯	222,012	94.2
準世帯	13,779	5.8
世帯人員	854,866	—
普通世帯あたり人員	3.48	—

第2－3　川崎市労働力人口

	15歳以上計	就業者数	非労働者数
計	432,564	426,292	224,316
女子	125,671	123,848	180,619

注：完全失業者を除く。

第2－4　川崎市就業者の職種

	計		女子	
製造業	197,760人	46.4%	550,487人	40.8%
卸小売業	76,733	18.0	330,652	24.7
サービス業	51,498	12.1	24,238	19.6
運輸通信	33,643	7.9		
総数	426,292		123,848	

サービス業などでも、30歳以上の女子就業者がかなり多い。すなわち、製造業では28.5%、卸・小売業では46.0%、サービス業では48.5%が、30歳以上の女子就業者によつてそれぞれしめられている（第2－5）。しかも、30～34歳、35～39歳、40～44歳の各年令層の女子就業者は、いずれの職種においても殆ぼ等しい割合であらわれており、女子就業者に年令的な巾の広さがみられることが、もう1つの特徴である。女子就業者の就業形態では、被雇傭者が大多数で、自営業者、家族労働者は少なく、この点では特異性はみられていない（第2－6表）。

就業者の個々の職業をみると、全体では、技能工・生産工程従業者・単純労働者などが半数をしめ、事務職・販売職を併せて3割弱となつている。専門・技術職・管理職の割合はきわめて低い（第2－7表）。

女子就業者にかぎつてみても、技能工、生産工程従業者、単純労働者が32.7%で最も多く、また事務・販売職にあるものも、それぞれ25.9%、15.1%で多くなつている。

第２－５表　川崎市女子就業者の職種別年令構成

	製造業		卸・小売業		サービス業	
15～19歳	13,886人	27.5%	3,877人	12.6%	3,210人	13.2%
20～24	16,133	32.0	8,227	26.8	5,512	22.7
25～29	6,060	12.0	4,469	14.6	3,628	15.6
30～34	3,388	6.7	3,127	10.2	2,664	11.0
35～39	3,152	6.2	2,735	8.9	2,616	10.8
40～44	3,011	6.0	2,561	8.4	2,200	9.1
45～49	2,351	4.7	2,051	6.7	1,640	6.8

第２－６表　川崎市就業形態

	計		女子	
総数	426,292人	100.0%	123,848人	100.0%
雇傭	368,989	86.6	97,783	79.0
自営	34,721	8.1	9,299	7.5
家族労働	22,108	5.2	16,588	13.4

第２－７表　川崎市就業者の職業

	計		女子	
専門・技術	19,922人	4.7%	6,566人	5.3%
管理	10,885	2.6	418	0.3
事務	72,570	17.0	32,094	25.9
販売	45,019	10.6	18,692	15.1
農・林・漁	8,469	2.0	3,611	2.9
採鉱・採石	21	—	0	—
運輸・通信	23,073	5.4	2,235	1.8
技能・生産・単純	212,068	49.7	40,553	32.7
保安・サービス	4,322	1.0	99	—
サービス	29,762	7.0	19,462	15.7
分類不能	181	—	118	0.1
総数	426,292	100.0	123,848	100.0

注：実数は４０年度国勢調査による。

以上のようなところから、川崎市は、ブルーカラー層の多い都市であり、同時に女子工員（この中には既婚のものも少なくない）の多いことによっても特色づけられる街だといえよう。しかも、工業の発展にともない、流入人口の急激な増加とあいまつて、こうした傾向はますます顕著なものになつていくと考えられる。

一方、渋谷区は、人口変動の少ない安定した地区である。昭和３５年から昭和４０年まで、０．４％の人口増がみられたにすぎない（昭和４０年の人口２８３,７３０人）。

年令別では、川崎市と同じように20〜24歳が最も多く、次いで15〜19歳、25〜29歳となつている。15歳未満の少年は16.3%で、川崎市(23.1%)に比較するとかなり少ない(第2−8表)。このことは、普通世帯の平均人員が3.04人(23区中、豊島区に次いで少ない)であることや、準世帯の割合が1割をこえていることからも理解できよう(第2−9表)。要するに渋谷区は、少年が少ない。労働人口が大部分をしめている地区といえる。

第2−8表 渋谷区年令別人口構成比

総数	283,730人	100.0%
0〜 4歳	17,950	6.3
5〜 9	13,756	4.8
10〜14	14,649	5.2
15〜19	35,023	12.3
20〜24	49,241	17.4
25〜29	34,131	12.0
30〜34	25,569	9.0
35〜39	20,429	7.2
40〜44	16,509	5.8
45〜49	13,209	4.7
50〜54	12,177	4.3
55〜59	9,806	3.5
60〜64	8,027	2.8
65〜69	5,900	2.1
70〜74	3,745	1.3
75〜79	2,253	0.8
80〜84	970	0.3
85〜89	297	0.1
90〜94	82	—
95〜99	7	—
100〜	0	—

注:人口は40年度国勢調査による。

労働力人口については、女子労働力人口の中で就業者数と非労働者数との差が少なくなつている(第2−10表)。非労働者数が多い地は、住宅地帯である杉並、世田ケ谷、板橋、練馬等であり、逆に就業者数が多いのは、品川、江東、墨田、台東等の工場が多い区や、中央、千代田区などの商業・オフィス地帯である。渋谷区はこの中間の位置にあるが、就業者数がやや多いといつた程度である。就業者の職種は、男女とも、卸・小売業、サービス業に集中しており、この2つで優に50%を上まわつている(第2−11表)。女子就業者の年令は、川崎市と同様に30歳以上のものが多く、この年令層が、製造業で37.9%、卸・小売業で45.8%、サービス業で50.4%となつているが、川崎市と異なることは、20〜24歳をピークとして、年令の長ずるにしたがい、就業者数が各職種において逓減していく度合が急激であることである。(第2−12表)。

このような女子就業者の従業形態は、大部分が被雇傭であつて、川崎市と同じである(第2−13表)。

就業者の職業は、全般的には、技能工・生産工程従業者、単純労働者の群と、事務職にたずさわるものとがほぼ等しい割合で多数をしめ、次いで販売的職業、サービス業となつている(第2−14表)。川崎市に比べると、ややブルーカラー層の割合が少なくなつてはいるが、渋谷区は、

第2－9表　渋谷区世帯数

世帯数	92,298人	100.0
普通世帯	82,768	89.7
準世帯	9,530	10.3
世帯人員	283,730	—
普通世帯あたり人員	3.04	—

第2－10表　渋谷区労働力人口

	15歳以上計	就業者数	非労働者数
計	237,375	144,882	89,958
女子	120,341	52,564	66,670

注：完全失業者を除く

第2－11表　渋谷区就業者の職種

	計		女子	
製造業	31,469人	21.7%	9,051人	17.2%
卸・小売業	44,217	30.5	19,379	36.9
サービス業	32,136	22.2	16,625	31.6
総数	144,882	100.0	52,564	100.0

第2－12表　渋谷区女子就業者の職種別年令構成

職種別／年齢	製造業		卸・小売業		サービス業	
15～19	1,327人	14.7%	2,069人	10.7%	1,616人	9.7%
20～24	2,879	31.8	5,255	27.1	4,079	24.5
25～29	1,416	15.6	3,169	16.4	2,568	15.4
総数	9,051	100.0	19,379	100.0	16,625	100.0

第2－13表　渋谷区就業形態

	計		女子	
総数	144,882人	100.0%	52,564人	100.0%
雇傭	119,554	82.5	40,804	77.6
自営	16,306	11.3	5,170	9.8
家族労働	8,667	6.0	6,469	12.3

第2－14表　渋谷区就業者の職業

	計		女子	
専門・技術	12,616人	8.7%	4,728人	9.0%
管理	9,686	6.7	680	1.3
事務	33,554	23.2	15,725	29.9
販売	25,417	17.5	9,437	18.0
農・林・漁	233	0.2	32	—
採鉱・採石	24	—	6	—
運輸・通信	5,572	3.8	845	1.6
技能・生産・単純	36,060	24.9	7,679	14.6
保安・サービス	1,403	1.0	37	—
サービス	20,260	14.0	13,360	25.4
分類不能	57	—	35	—
総数	144,882	100.0	52,564	100.0

注：実数は四〇年度国勢調査による。

ホワイトカラーとブルーカラーの混在地域として性格づけられよう。女子就業者の職業は、事務職、サービス業、販売的職業が多く、この３種で７３．３％に達し、技能工・生産工程従業者・単純労働者は１４．６％にしかすぎない。したがつて、渋谷区の女子就業者は、概ね事務、販売系統の職にあるとみとめられ、女子工員層の多い川崎市とは、この点で性格を大きく異にする。

要するに、人口、職業については、川崎市は人口変動の激しい、ブルーカラーを中核的な成員とする地区であり、また、女子就業者も、工員としてかなり年令的に巾の広い層にわたつて就労している都市と規定でき、反面、渋谷区は、事務系、工員系の職業についているものがあい半ばした人口移動の少ない都市、とすることができる。また、この区の女子就業者は、若年層を中心に事務・販売系の職業に集中しており、職業に関しては、東京都の平均的な傾向を示しているといつてよいと考えられる。

2. 家族的特性

調査の対象とされた川崎、渋谷のかぎつ子および一般の子どもは、これまで述べてきたような地域的背景の中で生活しているが、その家族的な背景はどのようなものであろうか。家族的な背景については、川崎と渋谷の2つの地域の間に、とりわけて差違を見出すことはできないので、ここでは両地域を併せて、一般の子ども、準かぎつ子、かぎつ子の別に各々の家族的特徴をぬきだしてみることにしたい。

はじめに、父母の年令からみていくと、調査対象とされた子ども達が、小学校5年から中学校2年までであるので、これに相応した年令の分布を各群の父母とも示しており、格別の特色はみられない(第2－15・2－16表)。父の年令では各群とも40代が多く、一般、準かぎつ子の父では、次いで50代、30代の順となつている。ただ、かぎつ子の父では、30代、父なし

第2－15表 父の年令

	一般		準かぎつ子		かぎつ子	
父なし	5人	2.2%	3人	1.7%	47人	14.5%
20代	0	—	0	—	0	—
30代	32	13.9	29	16.0	57	17.5
40代	145	63.0	113	62.4	179	55.1
50代	43	18.7	33	18.2	37	11.4
60代以上	4	1.7	2	1.1	5	1.5
不明	1	0.4	1	0.6	0	—

第2－16表　母の年令

	一般		準かぎつ子		かぎつ子	
10代	0人	－%	1人	0.6%	0人	－%
20代	2	0.9	0	－	4	1.2
30代	86	37.4	76	42.0	136	41.8
40代	124	53.9	89	49.2	170	52.3
50代	14	6.1	11	6.1	12	3.7
60代以上	0	－	2	1.1	3	0.9
不明	4	1.7	2	1.1	0	－

50代、という順序に多くなつている。したがつて、父がいないか、あるいは父の年令が若い場合に、母親が常備勤労する結果となる度合が大きいということができよう。また、母の年令では、各群とも40代、30代、50代の順に多く、群別の差異はない。

次に父の職業をみると、一般の子どもの父は、技能工・生産工程従業者・単純労働者、事務、自営、専門・技術・管理の順で多く、準かぎつ子の父の職業では、上の順位で事務と自営をいれかえただけとなつている。準かぎつ子の父に自営が多いのは、すでに述べた準かぎつ子の定義か

第2－17表　父の職業

	一般		準かぎつ子		かぎつ子	
父なし	4人	1.7%	3人	1.7%	47人	14.5%
専門・技術・管理	26	11.3	6	3.3	19	5.8
事務	47	20.4	23	12.7	46	14.2
販売	9	3.9	7	3.9	13	4.0
運輸	11	4.8	17	9.4	38	11.7
技能・生産・単純	86	37.4	68	37.6	123	37.8
サービス	14	6.1	5	2.8	11	3.4
自営	30	13.0	49	27.1	18	5.5
農・林・漁	－	－	－	－	－	－
無職	2	0.9	－	－	7	2.2
不明	1	0.4	－	－	－	－

らして当然といえよう。一方、かぎつ子の父は、技能工・生産工程従業者・単純労働者、父なし、事務、運輸の順で、他の2群と比べて、ブルーカラーが僅かながら多い(第2－17表)。

ところで、かぎつ子については、父の年令が若いことや、父がいないことなどが目立つており、またその職業についてはブルーカラーが半数をしめているという特徴がみられることから、家庭の経済的な条件が母親の就労をもたらしているようにも思われる。そこで、この点を住居形態からみてみると、一般の子どもの家は、自宅が66.5%、官舎・社宅が12.2%、都・県営アパート、公営住宅などが6.1%と、住居費を比較的に必要としないものが合計して85%に達しているが、かぎつ子の家は、自宅47.1%、官舎・社宅10.8%、都・県営アパート、公営住宅が7.4%で、この種の住居が65%となつており、その割合は前者に比較するとかなり低い。特にかぎつ子の場合は、他の2群に比べて、自宅に住んでいるものの割合が低くなつている(第2－18表)。(準かぎつ子で、自宅を含め、多額の住居費を必要としない住居に住んでいるものの割合は80%である。)

第2－18表 住居の形態

	一般		準かぎつ子		かぎつ子	
自家	153人	66.5%	124人	68.5%	153人	47.1%
借家	17	7.4	25	13.8	46	14.2
私営アパート	11	4.8	9	5.0	47	14.5
公団アパート	4	1.7	1	0.6	7	2.2
都・県営アパート	8	3.5	8	4.4	20	6.2
公営住宅	6	2.6	1	0.6	4	1.2
間借り	1	0.4	1	0.6	6	1.8
同居	—	—	—	—	4	1.2
官舎・社宅	28	12.2	11	6.1	35	10.8
その他・不明	2	0.9	1	0.6	3	0.9

また、子どもの数も、経済的な必要性の程度を察知するめやすとなると考えられるが、これについては3群の間に特に差違はないが、どちらかといえばかぎつ子の家庭では、子どもの数が少ない傾向がみとめられる(第2－19表)。祖父母の有無では、ほぼ同じような傾向を3群とも示しており、大多数の家庭に祖父母がいないといえる(第2－20表)。

かぎつ子の家庭は、子どもの数については他の家庭と異ならないにしても、上のような諸傾向

第2−19表　子どもの数

	一般		準かぎつ子		かぎつ子	
1人	14人	6.1%	11人	6.1%	43人	13.2%
2人	95	41.3	71	39.2	119	36.6
3人	64	27.8	68	37.6	110	33.8
4人	40	17.4	22	12.2	41	12.6
5人	6	2.6	7	3.9	9	2.8
6人以上	11	4.8	2	1.1	2	0.6
不明	0	—	0	—	0	—

第2−20表　祖父母の有無

	一般		準かぎつ子		かぎつ子	
祖父母なし	215人	93.5%	163人	90.1%	278人	85.5%
祖父あり	2	0.9	1	0.6	11	3.4
祖母あり	8	3.5	9	5.0	28	8.6
祖父母あり	3	1.3	5	2.8	8	2.5
不明	2	0.9	3	1.7	0	—

から、概して経済的には豊かではない（特に、父の労働のみによつて家計が維持されるならば）と考えられよう。

次に、父母の学歴をみると、各群とも、父親は旧高小・新制中卒、旧中学・新制高校卒の順でこの2つで7割程度をしめている。母親の方も、旧高小・新制中卒、旧女学校・新制高校卒の順で、この2種の学校を卒業したものが8割となつているが、父親に比べると、旧制中学・新制高校に相当する学校を卒えたものが多い（第2−21、第2−22表）。しかし、各群の間にきわだつた差違はなく、調査の対象とされた父母はいずれも、学歴に関して日本の平均的な傾向を示しているとみることができる。

ところで、準かぎつ子、かぎつ子の母親は就労形態を異にするが、その職業は第2−23表の

第2−21表 父 の 学 歴

	一般		準かぎっ子		かぎっ子	
父なし	5人	2.2%	3人	1.7%	47人	14.5%
小学校	16	7.0	16	8.8	36	11.1
中学校	97	42.2	84	46.4	131	40.3
高等学校	67	29.1	51	28.2	71	21.8
短大	22	9.6	14	7.7	16	4.9
大学	21	9.1	10	5.5	18	5.5
不就学	0	—	1	0.6	1	0.3
不明	2	0.9	2	1.1	5	1.5

第2−22表 母 の 学 歴

	一般		準かぎっ子		かぎっ子	
小学校	19人	8.2%	15人	8.3%	52人	16.0%
中学校	109	47.4	101	55.8	155	47.7
高等学校	92	40.0	59	32.6	103	31.7
短大	8	3.5	4	2.2	10	3.1
大学	1	0.4	0	—	0	—
不就学	0	—	0	—	1	0.3
不明	1	0.4	2	1	4	1.2

注：小学校は旧尋常小、中学校は新制中と旧高小。
高等学校は新制高校と旧中、短大は短大と旧制高校・専門学校をそれぞれ意味する。

第2－23表 母の職業

	一般		準かぎつ子		かぎつ子	
専門・技術・管理	—	—%	2人	1.1%	8人	2.5%
事務	—	—	1	0.6	33	10.2
販売	—	—	16	8.8	37	11.4
運輸	—	—	—	—	21	6.5
技能・生産・単純	—	—	84	46.4	152	46.8
サービス	—	—	15	8.3	61	18.8
自営	—	—	53	29.3	8	2.5
農・林・漁	—	—	1	0.6	—	—
無職	228	99.1	5	2.8	4	1.2
不明	2	0.9	4	2.2	1	0.3

ようになつている。これをみると、常傭勤労者（かぎつ子の母）であれパートタイマー（準かぎつ子の母の一部）であれ、ともに技能工・生産工程従業者・単純労働者として雇傭されているものが多く、2つの群にそれぞれ半数近くに達している。その他か、準かぎつ子の母親では、家族労働力として就労したり、販売・サービス業に従事しているものが多い。かぎつ子の母親では、サービス業、販売的職業、事務的職業などにたずさわるものが多くなつている。

要するに、かぎつ子はブルーカラー層にやや多く、また住居の点でも恵まれていないものが少なくない。そして、父親の就労のみによつては、豊かな生活を営めない家庭におかれていると考えられる。母親の職業は、技能工・単純労働者の類が多く、自分の特技・才能・趣味などに関連して就労しているものは少ないと思われる。この点から、かぎつ子の母親の就業は、概ね経済的な事情に基くものと考えられる。このことについては、後の章でも確かめられている。

以上のような地域的・家庭的背景にあつて、かぎつ子とその母親が、その他の群の母子と比較して、どのような生活・意識・母子関係を示しているかを明らかにすることが、以下の各章のねらいである。

第3章　母親の生活と意識

1. 働く母親の職業生活

かぎつ子の母親の職業については前章に述べたとおりであるが、これに関連してなお細かくその労働状況、就労時期、就労理由、継続意志、対職業態度などにふれておきたい。これらの諸点は、彼女たちの家庭生活や、とくにその子どもにたいする関係を規定してゆく上でも、大切な要因だと思われるからである。

(ア) 就労状況

1週間の勤労日数は、かぎつ子の母親の場合、さきに定義したように6日以上と規定したため、6日が大多数の74.8%を占めている。ただ、サンプルを選定した上で実際に当つてみると、5日以下のものも16.0%ほど含まれていた。

なお、注目すべきは、まるまる1週間の7日働くと答えたものも8.0%ほどあつたことである。これらの母親は、日曜日まで働いているわけである。

大都市型の渋谷より工業都市型の川崎にやや多いが、しかし、いずれにせよ、このように日曜日まで働かねばならぬとすれば、子どもとの接触の機会は時間的にも著じるしく欠如してくるであろう。

準かぎつ子の母親のばあいは、7日が最も多い。これは、そのなかにかなりの家族従業者がふくまれているからである。7日に次いでは5日、さらにつづいて2日と4日がほぼ同率となつているが、これらはパート・タイマーの性質をあらわしているもの

第3－1表　週間勤労日数

	準かぎつ子	かぎつ子
1日	2人(1.1)%	—人(—)%
2日	9(5.0)	4(1.2)
3日	4(2.2)	10(3.1)
4日	9(5.0)	11(3.4)
5日	18(9.9)	27(8.3)
6日	74(40.9)	243(74.8)
7日	56(30.9)	28(8.6)
不明	9(5.0)	2(1.6)

である（第３－１表）。

かぎつ子の母親の勤務ないし労働時間については、８時間以上のものが６４％で過半数を占めている。次いで６時間～８時間のものが１６.３％、６時間未満が１１.８％となつている（後掲第３－１６表）。

(イ) 就 労 時 期

調査対象の子どもが何歳のころに母親が就労したか、その就労時期を見ると、第３－２表のようである。

第３－２表　仕事についた時期

	準かぎつ子	かぎつ子
子どもの生前	48人（26.5%）	35人（10.8%）
１歳～小学校入学まで	14（7.7）	35（10.8）
小学校入学後	15（8.3）	46（14.2）
小学校４年後	29（16.0）	74（22.8）
中学入学後	18（9.9）	34（10.5）
そ の 他	15（8.3）	29（8.9）
不 明	42（23.2）	62（19.1）

すなわち、子どもが小学４年生になつてから以後の小学後期型が最も多くて２２.８％、これにつづいて小学校に入学後、３年生にいたるまでの期間の小学前期型が１４.２％である。これらに対し、子どもが生れる前から働いており今でも継続している、という純粋継続型は１０.８％、すなわち、全体の約１割１分である。また、子どもが中学校に入学してから、という高学年型も右と同じような１０.５％、約１割１分である。これをまとめてながめると、子どもが小学校に入学してから卒業するまでの期間の就労が最も多くて、３７.０％、すなわち、３割７分であり、こまかく順位的にいえば、小学後期型、小学前期型、純粋持続型、高学年型の順位となる。全体的に見て小学後期型が第１位を占めるのは、子どもに対する世話がやや楽になつてき、他方、仕事をしてみようという意欲が湧いてきたこと、その母親の年代が３０代に多いという肉体条件、などが存するものと思われる。これに対し、高学年型が少いのはその年令や就職機会に困難があり、また、純粋持続型が少いのも社会的、家庭的障害に帰因しているものと考えられる。見方によれば、これをおしても働きつづけねばならなかつた経済的必要の大きい層とも推測できる。

準かぎつ子の母親のばあいには、またこれとちがつて、子どもが生まれる前から継続していたものが26.5%と高い比率を占めている。これは、自営業や家族従業者をふくんでいるので、こうした高い数字を示したものと思われる。これにつづいては、やはり小学後期型が多く、16.0%となつている。

(ウ) 就労理由・対職業態度・継続意志

次に、その就労理由を見てみよう。「現在、どのような理由で仕事についていますか。」という問にたいし、かぎつ子の母親では、「生活には困らないが、さらに収入がほしい」と答えたものが49.2%で最も多い。これは、一面識もない調査員が、しかも学校を通して面接したので、母親の見栄もあり多少、割り引いて考える必要がある。これを、仮りに生活拡充型とよんでおこう。これに対し、「自分しか働くものがいない」とか、「生活にひどく困つている」という絶対的な困窮を示す困窮型は28.4%で、これにつづいている。また、「経済的な理由はない」、「十分に生活できるが、さらに収入を得たい」という、いわば社会型ともいうべきものは18.2%である(第3－3表)。これらの型は、地域的に差があり、工業都市に困窮型、大都市に社会型が多いかとも考えたが、実際にはこうした差異はなく、ほぼ同様の傾向を示している。

上は就労理由であつたが、それでは現在、その職業にたいしどのような態度で働いているかを見ると、「ついた仕事だから続けている」という消極適応型が41.8%、これにたいし、何らかの意味で職業に積極的な意味を見出している積極適応型が38.2%となつている。後者は、さらに「仕事に生き甲斐を感じるから」という職業満足型が19.4%、「自分自身の成長のため」という自己成長志向型が10.8%、「自分の能力を社会に還元したい」という社会還元型が4.6%、「自分の技術を生かしたい」という技術型が3.4%という順になつ

第3－3表　仕事についた理由

	非かぎつ子	かぎつ子
他に働く人なし	6人(3.3%)	46人(14.2%)
困つている	14 (7.7)	46 (14.2)
さらに収入がほしい	62 (34.3)	160 (49.2)
十分だがさらに収入がほしい	17 (9.4)	22 (6.8)
経済理由なし	22 (12.2)	37 (11.4)
家業だから	29 (16.0)	5 (1.5)
わからない	17 (9.4)	5 (1.5)
不　　明	14 (7.7)	4 (1.2)

ている（第３－４表）。

これは、かぎつ子の母親の場合であつたが、準かぎつ子の母親の場合はどうかというと、これとやや異つて、「家業だから」という家業型が２２.７％で１位、これとほぼ接して上記の消極適応型が２２.１％となつているのが特徴である。また、その他の職業満足、自己成長等をふくめた積極適応型は３３.６％とかぎつ子の母親よりやや低い。社会還元型と技術型の順位は、かぎつ子の母親の場合と逆になつている。

第３－４表　対職業態度

	準かぎつ子	かぎつ子
仕事して生甲斐を感じる	27人（14.9%）	63人（19.4%）
技術を生かしたい	14（7.7）	11（3.4）
自分の成長のため	18（9.9）	35（10.8）
能力を社会に還元したい	2（1.1）	15（4.6）
ついた仕事だから続ける	40（22.1）	136（41.8）
家業だから	41（22.7）	7（2.2）
わからない	24（13.3）	38（11.7）
不明	15（8.3）	20（6.2）

「今の仕事を続けていきたいと思いますか」という継続意志の有無を問う質問に対しては、かぎつ子の母親の大半の８１.２％が「続ける」と継続意志をあらわし、事情が許せば「やめたい」と家庭復帰意志をあらわすもの１４.２％、「転職したい」と転職意志をあらわすもの３.７％となつている。こうした比率は、準かぎつ子の母親のばあいも類似している（第３－５表）。

なお、職業態度で積極適応を示したものの中にも、わずかながら「やめたい」という意志をあらわしているものがあるが、これは個別な特殊事情にもとずくものと思われる（第３－６表）。

こうした対職業態度や継続意志に関連し、一般的に母親の家庭外労働そのものについてどのような観念を抱いているかを見たのが、第３－７表である。調査は、「次の意見の中で、あなたが一ばん賛成するものを選んで下さい」として多項解答選択法をとつた。この発問は、かぎつ子の母親、準かぎつ子の母親のみならず、一般児童生徒の母親、つまり、在宅母親にたいしても行つたので、比較の意味でまず、在宅母親の方から見てゆくと、母親の家庭外での職業活動を否定するものは７３.５％、肯定するものは２４.３％となつている。否定する理由としては、「大事な子どももいるし、家事もあるのだから、母親はいつも家にいた方がよい。」というものが大多数で

第３－５表　仕事を続けるか

	準かぎつ子	かぎつ子
続ける	143人（99.0%）	264人（81.2%）
やめたい	26（14.4）	46（14.2）
転職したい	3（1.7）	12（3.7））
不明	9（5.0）	3（0.9）

第3−6表 継続意志×対職業態度

	生きがいがある	技術をいかしたい	自分の成長のため	自分の能力を社会にかえしたい
続ける	52人(82.5%)	9人(81.8%)	27人(77.1%)	14人(93.3%)
やめたい	10 (15.9)	2 (18.2)	6 (17.1)	0
転職したい	0	0	1 (2.9)	1 (6.7)
DK．NA	1 (1.6)	0	1 (2.9)	0
計	63 (100.0)	11 (100.0)	35 (100.0)	15 (100.0)

	ついた仕事だからつづける	家業のため	DK．NA	計
続ける	111人(81.6%)	6人(85.7%)	45人(77.7%)	264 人
やめたい	17 (12.5)	1 (14.3)	10 (17.2)	46
転職したい	8 (5.9)	0	3 (5.1)	13
DK．NA	0	0		2
計	136 (100.0)	7 (100.0)	58 (100.0)	325

第3−7表 外で働くことにたいする意見

	一般	準かぎつ子	かぎつ子
大事な子どももいるし家事もあるから、家にいる方がよい	125人(54.3%)	90人(49.7%)	88人(27.1%)
経済的に困らない時は、母親は外で働く必要はない	31 (13.5)	24 (13.3)	66 (20.3)
日本の伝統に従つて家にいる方がよい	13 (5.7)	7 (3.9)	6 (1.8)
時間的に余裕があれば自分の成長のために外で働く方がよい	35 (15.2)	30 (16.6)	74 (22.8)
家計を楽にするためには、母親は外で働くことが必要だ	3 (1.3)	9 (5.0)	32 (9.8)
社会の一員として、外に出て働くのもよい	18 (7.8)	20 (11.0)	52 (16.0)
不明	5 (2.2)	1 (0.6)	7 (2.2)

第1位（54.3％）、これにつづいて「経済的に困らないときは、母親は外で働く必要はない」というものが第2位（13.5％）、「夫は外で働き、妻は家事に専念する。これが日本の古くからの伝統だから、それにしたがつたほうがよい」が第3位（5.7％）の順となつている。現在、これらの母親が家にいる以上、外で働くことを否定するものが多いのは当然としても、なおかつ一方では、外に出て職業活動をすることを肯定するものが上記のように2割を超えていることも、注目されてよい点である。これらの意見の母親の態度としては、「時間的に余裕があれば、自分の成長のために母親も外で働いたほうがよい」とするものが最も多く（15.2％）、これにつづいて、「母親も社会の一員として、家にだけいないで、外に出て働くのもよい」（7.8％）、「家計を一層楽にするためには、母親も外に出て働くことが必要だ」（1.3％）の順となつている。つまり、職業生活否定論者は家庭第一主義で、しかも経済的に困つていない人々であり、職業生活肯定論者は自己成長、社会参加のために働くことも必要だと考えているが、現実的には時間的な余裕などのない人々ということになろう。

これにたいし、かぎつ子の母親の方を見ると、当然のことではあるが、在宅母親と逆に、家庭外活動を肯定するもの49.2％、否定するもの48.2％となつている。肯定する理由としては、自分の成長のためというものが第1位（22.8％）、社会の一員として働くべきだとするものが第2位（16.0％）となつている。また、家計を一層楽にするために必要、とするものも9.8％ほどある。この最後のものは、理念的というよりも、むしろ生活の現実によるもので、あるいは家計さえゆつたりしていれば誰も外に出る必要はない、といつた意見に傾く要素もないわけでもない。これに関連して、注目すべきことは、かぎつ子の母親のばあい、前述のように家庭外職業活動の肯定論者と否定論者の間に差はあるにしても、それほど大きなものではない、ということである。そして、否定する意見のばあいは、子どもや家事のことがあるから母親は家にいた方がよい、というものと、経済的に困らなければ外で働く必要がない、とするものとが、それぞれ前者27.1％、後者20.3％と接している。在宅母親のばあいとちがい、経済的問題の色が濃いのが特徴である。総じて、かぎつ子の母親の基本態度を大別すれば、自己成長・社会参加などを主張する社会自立型が38.8％、これについで、外で働くも働かぬも家計の如何によるとする経済型が30.1％、そして、現在働いているが、事情さえ許せば母親は家庭にいるべきだ、とする家族第一主義型が27.1％という分類になろう。そして、さきの対職業態度との関連において見ると、その積極適応型はここでも社会自立型に傾き、消極適応型は経済型もしくは家族第一主義型に累積する傾向が見られる。また、対職業態度の発問に「わからない」と答を留保していたものは、内面では経済型や家族第一主義型であることがうかがわれる（第3－8表）。さらに、就労理由との関連で見ても、困窮型は経済型と合一する傾向がつよく、生活拡充型、社会型は社会自立型と違る色彩の濃厚なことが看取される（第3−9表）。

第3−8表　対職業態度と賛成する意見

	母は家にいる方がよい	困つていなければ働く必要ない	日本の伝統に従う	自分の成長のために働く	家計を助けるために働いた方がよい	社会の一員として働くのもよい	DK．NA	計
仕事に生きがいを感じるため	13	10	3	19	4	12	2	63
自分の技術を活かしたい	5	1	0	2	1	2	0	11
自分自身の成長のため	3	5	1	17	3	6	0	35
自分の能力を社会にかえしたい	3	0	0	4	1	6	1	15
ついた仕事だからつづける	42	32	1	24	17	19	1	136
家業のため	3	1	0	0	2	1	0	7
DK．NA	19	17	1	8	4	6	3	58
計	88	66	6	74	32	52	7	325

なお、準かぎつ子の母親の場合は、在宅母親とかぎつ子の母親との中間的な傾向を示している。

次に、目を転じて、このような母親の就労について、その夫や子どもはどんな態度であるかを見てみよう。これは、「あなたがお仕事をしていることについて、ご家族の方々は、どのようにお考えになつていますか」と母親にたずねて、「ご主人の考え」および「お子さんの考え」について、「働くことに賛成」、「働くことに反対」、「どちらともいえない」の3尺度で答をとつたものである。その結果によると、夫のばあい「賛成」が47.4％と最も多く、つづいて「どちらともいえない」が28.6％、「反対」が8.9％であつた（第3−10表）。これに対し、子どもの方は、「どちらともいえない」が39.4％で最も多く、これに接して「賛成」が34.2％、「反対」が25.5％であつた（第3−11表）。「どちらともいえない」は、夫の場合、その一

第3−9表　働く理由×賛成する意見

賛成する意見 / 理由	母は家にいる方がよい	困っていなければ働く必要はない	日本の伝統に従う	自分の成長のために働け	家計の助けに働く必要あり	社会の一員として働くのもよい	DK．NA	計
働く人がいない	14	17	0	3	5	5	2	46
困っている	14	12	0	8	7	4	1	46
困らないが更に収入がほしい	38	30	4	43	15	26	4	160
十分生活ができるが更に収入が欲しい	5	5	1	3	3	5	0	22
経済的な理由なし	11	1	1	16	0	8	0	37
家業のため	2	1	0	0	1	1	0	5
DK．NA	4	0	0	1	1	3	0	9
計	88	66	6	74	32	52	7	325

第3−10表　仕事に対する夫の考え

	準かぎつ子	かぎつ子
賛成	109人（60.2%）	154人（47.4%）
反対	10（5.5）	29（8.9）
どちらともいえぬ	54（29.8）	93（28.6）
不明	6（3.3）	49（15.1）

第3−11表　仕事に対する子供の考え

	準かぎつ子	かぎつ子
賛成	82人（45.3%）	111人（34.2%）
反対	25（13.8）	83（25.5）
どちらともいえぬ	70（38.7）	128（39.4）
不明	2（1.1）	3（0.9）

長—短を考えてのことであろうし、子どもの場合は、むしろ、わからない、に近いであろう。全体としてみると、夫の場合ははつきりと「賛成」に傾き、「反対」が少く、子どもの場合は、幼いせいか、はつきり解答できないものが多く、賛成—反対の軸では「賛成」に寄つているが、「反対」もまた少くない、ということになる。

とくに、子どもの場合についてみると、母親の就労理由が生活拡充型や社会型の子どもでは、「どちらともいえない」というものが多いが、困窮型の子どもでは「賛成」の意見がやや多くなつている（第3－12表）。また、母親の継続意志との関連では、母親が「続ける」というものの子

第3－12表　仕事についた理由×仕事に対する子どもの賛否

	他に働く人がいない	生活に困つている	困らないがさらに収入が欲しい	十分生活できるが更に収入が欲しい
賛成	19（41.3）	18（39.1）	53（33.1）	5（22.7）
反対	10（21.7）	15（32.6）	49（30.6）	2（9.1）
どちらともいえない	16（34.8）	13（28.3）	58（36.3）	15（68.2）
DK.NA	1（2.2）	0	0	0
計	46（100.0）	46（100.0）	160（100.0）	22（100.0）

	経済的な理由はない	家業のため	DK.NA	計
賛成	12（32.4）	3（60.0）	1（11.1）	111
反対	5（13.5）	0	2（22.2）	83
どちらともいえない	19（51.4）	2（40.0）	5（55.5）	128
DK.NA	1（2.7）	0	1（11.1）	3
計	37（100.0）	5（100.0）	9（100.0）	325

注：（ ）内は%

第3－13表　母親の継続意志×仕事についての子供の賛否

	賛成	反対	どちらでもない	DK.NA	計
続ける	104	58	101	1	264
やめたい	4	23	19	0	46
転職したい	3	1	8	0	12
DK.NA	0	1	0	2	3
計	111	83	128	3	325

どもは「反対」よりも「賛成」が多く、「やめたい」という母親の子どもは、母親が仕事を続けることに「賛成」よりも「反対」が多くなつている（第3－13表）。

2. 働く母親の家庭生活

ほとんどの人間は、家庭という場で、家族集団という人間関係のなかで成長する。家庭は種々雑多な社会生活を営む人間の基本的な生活の場であり、休息の場である。家庭では家族成員が各々個別な役割を果してその全体の機能を維持しているが、とくに母親の役割は重要である。母親は、いかに家族成員を融和させ、憩を与え、家庭を維持してゆくかということに心をおくのが、その役割である。ところが、母親が外で社会的な仕事をもつている場合には、外での社会役割ももつわけであり、彼女は二重の役割をもつことになる。そこには、家庭のなかだけで生活している母親とはおのずと異つた大きな負担もかかつてくる。本調査の場合、それではかぎつ子の母親たちは、どんな家庭内の役割、家事をおこなつているだろうか。

この節では、働く母親の家庭生活の面について、(ア)実態としての　a）収入の使い途、b）家事労働、c）生活時間、d）外出回数、(イ)意識の若干の側面、についての各項目をとりあげることにする。

(ア) 実　態

a） 母親の収入の使い途

収入の使い途については、それを「家計の足し」にしている者が、かぎつ子の母親では61.2%、準かぎつ子の母親では44.2%と両者ともに家計を補助するために働いている母親が多いが、とくにかぎつ子の母親において、その占める割合が圧倒的に大きい（第3－14表参照）。

次いで、収入の使い途に大きな割合を占めるのは、準かぎつ子、かぎつ子の母親ともに「貯金」、「教育費」となつている。このように生活のために主婦の収入が使われていることは、前節にのべた「仕事についた理由」とも密接に関連している。

なお、「自分の収入がはつきりしていない」と答えている割合が準かぎつ子の母親の方に多く15.5%あるのは、仕事についた理由においても、準かぎつ子の母親の方

第3－14表　収入の使い途

項　目	準かぎつ子	かぎつ子
家計の足し	80人（44.2%）	199人（61.2%）
教育費	29（16.0）	63（19.4）
小遣い	20（11.0）	15（4.6）
貯金	32（17.7）	78（24.0）
家族のレジャー	13（7.2）	20（6.2）
自分の収入が不明確	28（15.5）	6（1.8）

が「家業だから」とする家族従業者が16.0％占めているのと相呼応している。これは、家族従業者において、主婦の労働対価が不明確であることを物語るものといえる。

b）家事労働

家事にはいろいろな仕事があるが、本調査ではどの家庭でも行われていると考えられる家事として、「家のそうじ」、「夕食のしたく」、「食事の後片づけ」、「買物」、「洗濯」の5項目をとりあげた。

第3－15表の「家事労働の負担状況」に示されるように、主婦業に専念していると思われる一般の母親が、どの項目についても家事を負担する割合が最も多いが、このことは当然として、ここでは主として準かぎっ子・かぎっ子の母親の家事労働について考察してみる。

「家のそうじ」では、かぎっ子の母親が負担している割合が少ない。そして子どもについてみるとかぎっ子は「いつもそうじをする」者が14.8％と一般の9.6％、準かぎっ子の8.3％よりも負担する割合が多くなっている（後着第4－7表）。

第3－15表　家事労働の負担状況

項目		一般	準かぎっ子	かぎっ子
そうじ	自分でする	93.0％	82.3％	67.7％
	ときどきしてもらう	6.1	14.4	21.8
	全くまかせる	0	1.1	4.6
	DK．NA	0.9	2.2	5.8
夕食のしたく	自分でする	96.1	84.0	76.6
	ときどきしてもらう	3.0	12.7	12.6
	全くまかせる	0.4	1.1	4.6
	DK．NA	0.4	2.2	6.2
食事の後片づけ	自分でする	89.6	72.9	71.4
	ときどきしてもらう	7.4	19.3	19.4
	全くまかせる	1.7	3.3	3.4
	DK．NA	1.3	4.4	5.8
買物	自分でする	92.2	77.9	71.4
	ときどきしてもらう	7.0	17.1	18.8
	全くまかせる	0	2.2	3.7
	DK．NA	0.9	2.8	6.2
洗濯	自分でする	96.5	87.8	80.9
	ときどきしてもらう	2.2	7.7	14.2
	全くまかせる	0	1.1	1.5
	DK．NA	1.3	3.3	3.4
計		100.0	100.0	100.0

「夕食のしたく」では、かぎつ子の母親も７６.６％と比較的に高い割合を示しているが、同時に夕食のしたくを人にまかせる割合も他の二者に比べて高い。

「食事の後かたづけ」では、一般、準かぎつ子、かぎつ子の母親がともに負担する率が低くなつている。とくに、一般の母親は他の家事負担に比べて著しく低くなつている。そして子どもの状況をみると、一般児童生徒、準かぎつ子、かぎつ子とも、「いつも食事の後かたづけをする」と答えた者の割合がほぼ等しい。これは本調査対象児の年令が比較的に高く、食事の後かたづけなら容易にできることにもよるのであろう（後掲第４－９表）。

「買物」では、準かぎつ子・かぎつ子の母親が負担する割合が少なく、かぎつ子の母親においてはとりわけその傾向が大である。勤務後の帰宅に要する時間などの関係で、このような結果が出るのであろう。

「洗濯」では、準かぎつ子・かぎつ子の母親が負担する割合が、それぞれの家事負担の項目の中で最も高い。食事、買物などに比べて時間的制約の少ないこと、洗濯機などの普及により、まとめて行うことが容易であるということにも関係していると思われる。

家事負担について全体から云えば、常勤雇用者であるかぎつ子の母親が家事にたずさわる割合が、余暇時間のないせいか他に比して少ない。一方、かぎつ子は、後述のように他の子どもよりも、家事を手伝う割合はやや多い。しかし、もちろん、多いといつても、さほど大差があるわけなく、後述の母親の帰宅後の時間使用形式においても、圧倒的に多くの６割が家事におわれて子どもとの話し合いも十分できず、まして自分の余暇時間などはないという状況や、おなじく後述の「現在、最も困つていること」の発問で、「家事が充分できない」と答えた者が約１割３分あることなどから考え合わせると、その二重負担はかなり重く彼女たちの肩にのしかかつている、といわねばなるまい。

c）生活時間

朝、子どもと一緒に食事をして家を出てから、夕方帰る帰宅時間までの間は、職場での勤務時間である。この勤務時間はさきに述べたところであるが、かぎつ子の母親のばあいは８時間以上が最も多くて６４.０％、そして６時間以上を総計すれば８０.３％と全体の約８割を占めている。準かぎつ子の母親において「非該当（すなわち、勤務時間はない）と答えた者が７０.２％もあるが、ここには家業、内職などに従事している者が属しているため、実際に働いていても勤務時間だけを明確にすることができないためである（第3－16表）。

なお、この生活時間については、「きのう、御家族の方々は、それぞれどのようなことをしてすごされましたか。外出（出勤、登校）、帰宅、起床、就寝、だんらんなどについて、時間をお知らせ下さい。」と調査前日に限定しての問を出して、その実態を時間尺に図表化しようとしたが、回収した調査票がきわめて不揃いであつたので、整理不可能となりこの報告にのせるまでにはいたらなかつた。

第3－16表　母親の勤務時間

	準かぎつ子母	かぎつ子母
	人　%	人　%
非該当	127（70.2）	17（5.2）
1分～2時間	2（1.1）	2（0.6）
2時間1分～4時間	6（3.3）	9（2.8）
4時間1分～6時間	9（5.0）	24（7.4）
6時間1分～8時間	18（9.9）	53（16.3）
8時間以上	17（9.4）	208（64.0）
不明	1（0.6）	12（3.7）

d）外出回数

遠方の買物、ＰＴＡ、おけいこ事、訪問などについやす回数は、一般児童生徒、準かぎつ子の母親ともに1週間に1回という者が最も多く、25％前後となつている。かぎつ子の場合「非該当」が68.0％をしめているのは、毎日家を外にしているので、特別に他の日をついやさずとも、その日常の往復に百貨店での買物や、用事などをすませてくるからである。一般児童生徒の母親と、準かぎつ子の母親とをくらべると、「外出せぬ」と答えた者が後者にはるかに多く、約30％を占めているのは、注目に値するであろう（第3－17表）。

(ｲ) 意識

働く母親は、在宅の母親と異つて外での労働という重い負担があり、したがついまひとつの重要な役割である家庭責任を両立的に果してゆくということは、それほどなまやさしいことではないだろう。当然そこには、さまざまな悩みも生れるし、矛盾も生ずるであろう。とくに、その内面の意識においては、つねに家庭のことが気にかかつていると思われる。そこで、これらの母親にたいして、「現在、あなたがお勤めをして、ご家庭のことで最も困つていることは、どんなことでしようか。」との問を発してみた。その結果は、第3－18表のようである。

第3－17表 外出回数

	一 般	準かぎつ子	かぎつ子
外出せぬ	45人(19.6%)	54人(29.8%)	62人(19.1%)
1週間1回	59 (25.7)	44 (24.3)	12 (3.7)
〃 2回	29 (12.6)	15 (8.3)	2 (0.6)
〃 3回	11 (4.8)	5 (2.8)	1 (0.3)
〃 4回	6 (2.6)	1 (0.6)	1 (0.3)
1週間5回以上	2 (0.9)	4 (2.2)	16 (4.9)
月に1～2回	69 (30.0)	46 (25.4)	10 (3.1)
非該当	— —	3 (1.7)	221 (68.0)
不明	10 (4.3)	9 (5.0)	

この結果によると、かぎつ子の母親の場合、「特に困つていることはない」と答えたのが40.0%で、他の58.2%(不明1.8%を除く)すなわち、全体の6割近くは何らかの側面に関し「最も困つている」と表現されるような重い苦労、困難を抱きつづけていることが示されている。これに反し、準かぎつ子の場合は、逆に6割近く(55.8%)が「特に困つていることはない」としている。

第3－18表 家庭で困っていること

	準かぎつ子の母	かぎつ子の母
子どもの世話ができない	17人(9.4%)	61人(18.8%)
家事が十分できない	18 (9.9)	42 (12.9)
家族団欒の機会がない	9 (5.0)	28 (8.6)
趣味、教養の時間がとれない	10 (5.5)	12 (3.7)
疲労する	7 (3.9)	30 (9.2)
特になし	101 (55.8)	130 (40.0)
その他	7 (3.9)	16 (4.9)
不明	12 (6.6)	6 (1.8)

おなじ働くにしても、後者は家庭において働いたり、また、時間的に短時間の労働であつたりするから、それだけ家庭の仕事に自己を投入する余裕も多いわけである。かぎつ子の母親の場合は、そうした余裕は少ない。それでは、困つていることの内容は何であるかというと、かぎつ子の母親の場合は、「子どものめんどうが充分みられない」ことが第1位であり、つづいて「家事が充分できない」悩みが第2位であり、この両者あわせて31.7%となつている。これに対し、準かぎつ子の母親の場合は、「家事が充分できない」が第1位で、これと殆ど同じ率で「子どものめ

んどうが充分みられない」が第2位となつている。また、両者あわせても、19.3%であり、かぎつ子の母親のそれよりも1割ほど低くなつている。

母親の意識に関しては、このほか、外出中の気がかり、帰宅後の時間使用期待、等について発問したが、それらの解答結果は、子どもの問題につながるところがきわめて大きい。したがつて、ここでは詳述することをやめて、次節にゆずることとする。

(ウ) 要　約

これまで見てきたところは、かぎつ子の母親たちの就労ならびに家庭生活の実態であつた。これらをまとめてみると、ほぼ以下のようになる。

1. かぎつ子の母親で、子どもが生れる前から就労していた継続就労型は約1割1分、全体としては、子どもが小学校4年生以後に就労した小学後期型が約2割3分で最も多い。
2. 就労理由としては、絶対的な困窮ではないが、家計の不足を補おうとする生活拡充型が約5割、これにつづいて、他に働くものもなく、生活にひどく困る困窮型が約3割である。経済的理由だけではなく、社会参加をもとめて働く社会型は約2割である。
3. 大多数の約8割1分は、現在の仕事をつづけたいと思つている。
4. 現在の職業にたいする態度として、積極的に意義を見出している積極適応型は4割弱、その中では現職満足型、自己成長型、社会還元型、技術型の順であり、これにたいし、ともかくもせつかく就いた職場だから続けてゆくという消極適応型が4割強である。また、母親が外で働くことにたいする意見としては、その社会的意義を強調する社会自立型が4割弱、すべては経済的必要の如何によるとする経済型が3割、事情さえ許せば家庭にもどるべきだとする家族第一主義型が3割弱である。在宅母親では、家族第一主義型が過半数の6割で、社会自立型の意見も約2割3分ほどある。
5. 妻の働くことにたいし、夫の「賛成」は約4割8分、態度のあいまいなものが約2割9分、はつきり「反対」のものは1割弱である。
6. かぎつ子自身は、自分の母親が働くことにたいし、賛成とも反対とも「どちらともいえない」ものが約4割、「賛成」のものが3割4分、「反対」のものが2割6分である。
7. 母親の収入は、その過半数の6割が「家計の足し」にされている。これにつづいては、「貯金」の2割4分、「教育費」の約2割である。
8. 家事労働の面では、一般児童生徒の母親（在宅母親）は、そうじ、夕食のしたく、食事の後片づけ、買物、洗濯のどれについても、9割以上を母親自身がやつているが、かぎつ子の母親のばあいは、洗濯、夕食のしたくのほかは、自分で何でもするのは7割前後であり、家事量の2割前後をときどき手伝つてもらうものとして、そうじ、食事の後片づけ、買物がある。これらのかぎつ子の母親の6割は、帰宅後の家事におわれており、また、現在、とくに家庭で困つていることを挙げさせたうちに、家事が充分にできない、というものが約1割3分いる。

9. 外で働いていて、自分の家庭のことで「とくに」困つていることはない、というものは4割程度いるが、同時に、どうも「子どものめんどうが充分みられない」と考えているものが2割弱いる。全体として、彼女たちの約5割5分が家庭のこと、自分のことで何らかの困つた問題を抱えている。

3. 子どもとの関係

絶対的な経済上の必要性、あるいは膨張する家計支持のため外に働きに出るにせよ、育児責任、家庭管理責任、家事責任をになう母親が、安心して家を離れうるためには、何らかのこれを補う条件が必要である。とくに、子どもの世話を誰が引受けてくれるか、ということは重要な問題である。昭和39年の労働省婦人少年局「婦人労働調査資料・第49号」(「家庭責任をもつ女子労働者ー女子労働者の職業と家庭責任についての調査」報告)によれば、勤めの間、子どもの保育を誰かに任せているものは76.9%であり、そのうち、自宅で家族がみているものが50.4%を占めているが、本調査の場合はどうであろうか。

われわれの調査の結果は、第3ー19表のようになる。すなわち、子どもの世話を誰かにしてもらつているものは24.8%であり、そのうち祖父母にあずけているものが14.8%、その他、親せき、兄弟、近所の人、同居使用人、等となつている。これにたいして、誰も世話をする者がいないものは、全体の64.9%である。上の労働省の調査では、自宅で家族が見ているものが5割で、本調査ではこれが約2割であるから、一見、不安定のような感じがするが、これは調査の対象の差によるもので、前者が幼児を含んだ全体の調査であるのに対し、本調査は小学高学年以上に限定し、子どもがすでにある程度の自立性を備え、母親がこれにまかせて外に出られる年令段階である、ということによる。

子どもたちの世話にそれほど手がかからない、ということは、しかしながら、それだから放任してよい、ということではない。誰かが絶対に世話をしなければならぬ非常に小さな子どもとちがつて、ある程度、自分で自由に行動できる年令だけに、野放し行動にうつる危険はかえつて大きいのであり、むしろ、ある意味では母親の判断、関心と重要な関連をもつとさえいえよう。

そこで、これらの母親が、こうした点に関し、日常、実際にどのような理解、配慮を行つているのかという事実をしらべてみよう。最初、まず基本的な接触度から見てゆくことにする。

第3－19表　子供の世話をする人

	準かぎつ子	かぎつ子
祖父母	10人(5.5%)	58人(17.8%)
兄姉	3 (1.7)	6 (1.8)
学童保育		1 (0.3)
保育ママ	1 (0.6)	1 (0.3)
親せき	1 (0.6)	8 (2.5)
近所の人	4 (2.2)	5 (1.5)
同居人・使用人	1 (0.6)	2 (0.6)
なし	103 (56.9)	211 (64.9)
その他	45 (24.9)	31 (9.5)
不明	13 (7.2)	2 (0.6)

(ア)　母と子の接触度

かぎつ子の母親、準かぎつ子の母親、一般の在宅の母親の3者にたいし、「あなたは、お子さんと話しをすることが多いですか」との問を出し、その答を「しよつちゆうある」、「ときどきある」、「ほとんどない」の頻度分類でとつた結果は、第3－20表のとおりである。これによれば、かぎつ子の母親と子どもとの話し合いで「しよつちゆうある」と答えたものは、一般の家庭の78.7％に比較すると、やはり少なく、その話し合いは十分ではないことがわかる。

第3－20表　話し合いの頻度

	一般	準かぎつ子	かぎつ子
よく話す	181人(78.7%)	118人(65.2%)	195人(60.0%)
時々話す	45 (19.6)	55 (30.4)	115 (35.4)
ほとんど話さない	4 (1.7)	8 (4.4)	5 (4.6)

このことは、次のことからも知ることができる。すなわち「おやつは、だれからもらいますか」という問に対して、母親からもらうと答えたものは、一般の子ども45.4％に対して、かぎつ子は、わずかに19.8％にとどまつている。

第3－21表　だれからおやつをもらうか

	一般	準かぎつ子	かぎつ子
母から	112人(45.5%)	82人(40.8%)	80人(19.8%)
家の人から	3 (1.2)	3 (1.5)	25 (6.2)
おいてあるものをたべる	59 (21.5)	52 (25.9)	147 (36.4)
自分で買う	33 (13.4)	26 (12.9)	50 (12.4)
自分で作る	4 (1.6)	4 (2.0)	8 (2.0)
食べない	18 (7.3)	16 (8.0)	51 (12.6)
その他	14 (5.7)	14 (7.0)	22 (5.4)
不明	9 (3.7)	4 (2.0)	21 (5.2)

また、「あなたは夕食を、お母さんと一緒に食べますか」という問に対して「いつも一緒に食べる」と答えたものは、一般の子ども84.6％に対して、かぎつ子は76％と低く、さらに、「いつも別々に食べる」と答えたものは、一般の子ども1.6％に対し、かぎつ子は、8.4％と1割近くを占めている。

第3－22表　夕食を母と一緒に食べるか

	一般	準かぎつ子	かぎつ子
いつも一緒に	208人(84.6%)	150人(74.6%)	307人(76.0%)
時々一緒に	33 (13.4)	47 (21.4)	53 (13.1)
いつも別々に	4 (1.6)	7 (3.5)	34 (8.4)
母なし	0	0	8 (2.0)
不明	1 (0.4)	1 (0.5)	2 (0.5)

また、第3－23表より、子どもが学校から帰宅した時の母親の在否についてみると、一般家庭の場合は、そのほとんど(97.8％)が、子どもの帰宅時には、母親は在宅して、子どもを迎えているのに対し、かぎつ子の場合は「いつもいる」と答えたものは29.2％で、半数以上の56.9％が「いつもいない」と答えている。

すなわち、半数以上のかぎつ子が、母親のいない家庭に帰宅し、おやつも、おいてあるものを自分で出して来て食べるとか、市販のもので済ませてしまうなどの方法を余儀なくされている。これが親の目の届かないところで行われているだけに、不安は大きい。なお、かぎつ子の1割以

第3－23表　下校時の母親の存在

	一　般	準かぎつ子	かぎつ子
い　る	225人(97.8%)	149人(82.3%)	95人(29.2%)
い　な　い	1（0.4）	24（13.3）	185（56.9）
そ　の　他	0　0	8（4.4）	39（12.0）
不　明	4（1.7）	0	6（1.8）

上が、「おやつを食べない」と答えていることは、発育ざかりの小・中学生にとつて、おやつが栄養上、欠くべからざるものであることを思えば、母親の一層の配慮が望まれる。このように、学校から帰宅した子どもが、一息ついて、おやつを食べるひとときが、母親と一日のできごとを語り合うのに絶好のチャンスであり、学校という集団生活での緊張を解きほぐし、家庭での生活に入るための区切りとなるわけである。このような機会の得にくいかぎつ子の家庭では、母子の話し合いは、どんな時に最も多くなされているかを第3－24表より見ると、次のようになる。

第3－24表　子どもと話す時間

	一　般	準かぎつ子	かぎつ子
朝出かける前	1人(0.4%)	0人(0%)	5人(1.5%)
学校から帰つてから	32（13.9）	19（10.5）	11（3.4）
夕食の支度をしながら	2（0.9）	2（1.1）	4（1.2）
食後くつろいで	129（56.1）	119（65.7）	234（72.0）
テレビを見ながら	12（5.2）	5（2.8）	13（4.0）
そ　の　他	36（15.7）	22（12.2）	39（12.0）
不　明	18（7.8）	14（7.7）	19（5.8）

これによれば、「学校から帰つてから」と答えたものは、一般の子どもの場合は13.9%、準かぎつ子の場合は10.5%であるのに対し、かぎつ子では、わずか3.4%となつている。さらに、「食後くつろいで」と答えたものは、一般の子ども56.1%に対して、かぎつ子の場合は72%と高くなつている。このことは、先に述べた、子どもの下校時における母親の在否において、かぎつ子の半数以上が「いつもいない」状態にあることと考え合わせれば、当然のことといえよう。要するに、かぎつ子の家庭における母子の接触時間は、一般の家庭に比べて、短かく、さらに夕

食後に集中しているということができる。以上のことから見ても、かぎつ子の家庭においては、母子の生活のずれが多く、その話し合いの時間を持つことは、なかなか困難な状態にあると云える。

これまでの多くの報告では、子どもの非行の発生は、放課後から夕食時までが最も多く、これに次いで夕食後となつている。かぎつ子の生活時間では、この最も危険な夕食時まで、家庭の主な監督者である母との接触の少ないことは大きな問題である。親の監督やしつけが不十分であるばかりでなく、心理的に子どもは、不安定であり、孤独であり、ここに問題の起る危険がひそんでいる。

さらに、かぎつ子が家庭において、1人でいる時間の長さと、母子の話し合いの頻度との関係を、第3－25表より見ると、これらの間には、何ら相関が認められず、従つて、子どもが1人

第3－25表　話し合いの頻度と子どもの1人でいる時間

話し合いの頻度＼1人でいる時間	30分以下	31分～120分	121分以上
しよつちゆう話し合う	96人(58.5%)	73人(63.5%)	25人(55.8%)
時々話し合う	62 (37.9)	37 (32.1)	16 (35.5)
ほとんど話さない	6 (3.6)	5 (4.4)	4 (8.9)
計	164人	115人	45人

でおかれている時間の長さが、母子の話し合いの量に殆んど影響していないことがわかる。

このことは、すなわち、仕事が忙しく、家庭にいる時間の短かい母親も、他の時間を切りつめることにより、少しでも長く、子どもと話し合うことが可能であることを示している。また、話し合いの量の不足は、質すなわち、その話し合いの親密さ、母親のこまやかな配慮によつて補わねばならないし、また、それが母親の工夫ひとつで可能となる。さらに、「あなたが特に心がけて、お子さんと話し合おうとしていることは、どんなことですか」というような、母子の話し合いの内容についてみると、第3－26表の如くになる。

これによれば、一般、準かぎつ子、かぎつ子ともに、学業、友人関係についての問題が多く話し合われており、他の問題についても、たいした差は、認められないが、しつけの注意が、一般家庭24.8%に比べて、かぎつ子の場合は18.2%と、やや低くなつている。これは、一般家庭の母親は、子どもとの接触時間が長いため、子どもの行動の1つ1つが注意の対象となり、子どもへの期待が、過大なしつけの注意となつて現われているとも考えられる。さらに、「別にない」と答えたものが、一般、準かぎつ子、かぎつ子ともに1割以上存在しており、これは、子どもに

第3－26表　話す内容

話し合いの内容	一般	準かぎつ子	かぎつ子
学業のこと	73人(31.7%)	53人(29.3%)	107人(32.9%)
友人関係	39 (17.0)	28 (15.5)	53 (16.3)
しつけの注意	57 (24.8)	39 (21.5)	59 (18.2)
あそびについて	6 (2.6)	5 (2.8)	8 (2.5)
世の中のこと	12 (5.2)	11 (6.1)	15 (4.6)
子どもの将来のこと	8 (3.5)	9 (5.0)	19 (5.8)
別にない	24 (10.4)	22 (12.2)	43 (13.2)
その他	10 (4.3)	12 (6.6)	21 (6.5)
不明	1 (0.4)	2 (1.1)	0 (0)

対する放任と考えることができる。

(イ) 子どもの生活の認知

かぎつ子の母親が、子どもの生活を、どの程度認知しているかを、第3－27表から見ると、「あなたは、お子さんのテストの成績をいつも見ていますか」に対して、「必ず見る」と答えたものは、52%で、一般の母親65.2%より少なく、「ほとんど見ない」と答えたものは、一般の母親3.9%に対し、かぎつ子の母親が6.8%と多かつた。要するに、子どもとの接触の長い一般の母親は、子どもの生活への干渉も強くなり、テストの成績に対する関心が高くなるのも当然と云えよう。

第3－27表　子どもの成績を見るか

	一般	準かぎつ子	かぎつ子
必ず見る	150人(65.2%)	100人(55.2%)	169人(52.0%)
出された時だけ見る	71 (30.9)	66 (36.5)	133 (40.9)
ほとんど見ない	9 (3.9)	13 (7.2)	22 (6.8)
不明	0 (0)	2 (1.1)	1 (0.3)

「お宅のお子さんは、学校でどんなクラブに属していますか。クラブの名前をあげて下さい」という質問で、学校で子どもの属しているクラブ活動を、母親がどの程度認知しているかと第3－28表から見ると、一般の母親も、かぎつ子の母親もほとんど差がなくいずれも90%近くが、よく認知していた。クラブ活動に対する認知度は、一般、かぎつ子のいずれの場合も、テストの成績に対する関心度より高く、更

第3－28表　子どものクラブ活動の認知

	一　　般	準かぎつ子	かぎつ子
知つている	186人(80.9%)	154人(85.1%)	264人(81.2%)
知つていない	14 (6.1)	6 (3.3)	19 (5.8)
知らない	28 (12.2)	21 (11.6)	42 (12.9)
不明	2 (0.9)	0 (0)	0 (0)

にクラブ活動の認知については、一般、かぎつ子にほとんど差が見られなかつた。要するに、クラブ活動は1年ごと、もしくは1学期ごとの変動であるということもあり、また、子どもにとつて、クラブ活動は、非常に楽しいものであることから、自然、母親との話し合いの中にも話題としてとり上げられることが予想される。それ故、テストの成績には、それ程、関心を持たない母親でも、クラブ活動については、自然に耳に入つてくるというのが実情であろう。

更に、「あなたは、お子さんがつきあつているお友達について、どんなお友達か知つていますか」という友人についての認知を見ると、「よく知つている」と答えた母親は、かぎつ子の母親39%より、一般の母親は、47%と多く、逆に「あまり知らない」もしくは「ほとんど知らない」と答えた母親は、かぎつ子の母親にやや多かつた(第3－29表)。以上のことから、一般に推定されるように、かぎつ子の母親に比べて、一般の母親の方が、子どもの生活をより多く知つていると云つてよいだろう。

第3－29表　子どもの友人関係の認知

	一　　般	準かぎつ子	かぎつ子
よく知つている	109人(47.4%)	77人(42.5%)	126人(38.8%)
大体知つている	84 (36.5)	82 (45.3)	132 (40.6)
あまり知らない	31 (13.5)	18 (9.9)	53 (16.3)
ほとんど知らない	6 (2.6)	4 (2.2)	13 (4.0)
不明	0 (0)	0 (0)	1 (0.3)

要するに、かぎつ子の母子の生活時間のずれが大きいため、その接触は、一般家庭に比べて低く、ことに、大切な放課後に５７％の子どもが母のいない家庭に帰宅していることは、教育上、非行防止の立場からみても、極めて重要な問題をはらむものと云わなければならない。

さらに、かぎつ子の母親は、子どもの日常生活について、概して、認識が低いことを、重視しなければならない。たとえ、頭の中でどんなに子どものことを考えていても、その日常生活の重要なポイントをつかんでいなければ、監督もしつけも当をえない。ただ、むやみに親の願望をおしつけることになり、母と子の常識や行動に、みぞを作ることになりかねない。子どものことに、どんなに気を配つている「教育ママ」でも、子どもの生活をつぶさに知つているとはかぎらず、母子の対立や衝突が少なくないのに、まして接触の少ないかぎつ子の母子では、そのみぞは、母親の主観的な愛情にもかかわらず、大きくなるばかりである。そこに子どもの心理的不安や不信、大人への反抗の根がめざしていることは、かぎつ子の母子の生活の上に、極めて重要な問題を残すことだと考えられる。

(ウ) 子どもに対する意識・関心

かぎつ子の母親の子どもに対する意識、すなわち、子どもに対して常に気になつていること、心にかかつていることを中心に、第３－３０表より見てみよう。まず、「あなたは、外出中、お子さんについて、どのようなことが、一番心にかかりますか」という問に対して、約半数の母親が、「子どもが事故や危険にあわないか」という心配を挙げている。さらに、子どもの勉強のこと、「友だちやきようだいとうまく遊んでいるかどうか」とつづいている。また、注目されることは、「特に心にかかることはない」と答えたかぎつ子の母親は、１８.８％であるのに対し、準かぎつ子の場合は３２.６％とかなり多くなつている。このことは、準かぎつ子の母親の労働時間が、かぎつ子の母親より短かいことを考えると、労働時間が長く、母子の接触時間が短かい程、その心配も多くなることを示すものと考えられる。

さらに、「あなたは、勤めを終えて帰宅してから、どのようなことに一番時間を使いたいと思いますか」という問に対して、半数近い、かぎつ子の母親が「子どもと話し合つたり、勉強を見てやつたりすること」に時間を使いたいと述べている。次いで「家事」が２０.６％「疲れた体をいやしたい」が１２％、「自分の趣味・教養」１０.２％とつづき、「夫と話し合う」ために時間を使いたいと望むものは、2.2％と最も低くかつた。これに対して、「それでは、実際には、帰宅してから、どのようなことに、時間を使うことが一番多いでしようか」という質問を理想と実際のくい違いを見る目的で行なつてみると第3－31～2表の如くなる。

これによれば、かぎつ子の母親の60.6％、および準かぎつ子の母親の45.9％が、家事を含めた種々な雑用に追われ、また、疲れた体をいやしたいという気持もあつて、思うように子どもとの話し合いはされていない状況にある。すなわち、かぎつ子の母親の47.4％が「子どもとの話し合い」に時間を使いたいと望んでいながら、実際には14.2％の母親においてのみこの希望が実現されているわけである。ここに働く母親の悩みがあり、不安がある。また、さきの「ご家庭で、最も困つていることは何ですか」という問に対しても、20％近い母親が、「子どものめんどうが充分見られない」と、子どもの世話が思うようにできないことを訴えていた。しかしながら「帰宅してから、特にお子さんに対しては、どのようなことに心をつかいますか」という問に対する結果を、第3－33表より見ると、多くの母親は、そのわずかな貴重な時間をさいて、留守中のできごとをたずねたり（10.2％）、勉強のこと（4％）、友人のこと、そして種々なしつけ上の注意を与えるなど（28％）、子どもとの話し合いをする努力をしていることがわかる。」さらに、「心をつかうことは別にない」と答えたものが、準かぎつ子に20.4％、かぎつ子に15.1％存在しており、これは、子どもに対する関心のうすさ、放任を意味するものであると思われる。次に「あなたは、お子さんのために何をしてやりたいと思つていますか」

第3－30表　外出中気にかかること

	準かぎつ子	かぎつ子
友だち、兄弟と仲良くしているか	14人（7.7％）	33人（10.2％）
宿題・勉強のこと	22（12.2）	51（15.0）
家事をうまくやつてくれるか	0（0）	4（1.2）
事故・危険にあわないか	59（32.6）	163（50.0）
特になし	59（32.6）	61（18.8）
その他	9（5.0）	8（2.5）
不明	18（9.9）	5（1.5）

第3－31表　帰宅後何に一番時間を使いたいか

	準かぎつ子の母	かぎつ子の母
家事	36人（19.9％）	67人（20.6％）
子どもと話し合うこと	61（33.7）	154（47.4）
夫と話し合うこと	5（2.8）	7（2.2）
疲れをいやす	13（7.2）	39（12.0）
趣味・教養のために使う	24（13.3）	33（10.2）
仕事の残り準備をする	12（6.6）	11（3.4）
その他	13（7.2）	11（3.4）
不明	17（9.3）	－（－）

と、子どもにしてやりたいことを一般の母親と比較しながらみると、第3－33表のようになる。

これによれば、「もつと話し相手になつてやりたい」が一般の母親26.1%、かぎつ子の母親34.2%、「早く仕事をやめて、子どもの世話をしてやりたい」が一般の母親1.3%、かぎつ子の母親13.8%といずれもかぎつ子の母親が多く、逆に、「別にない」と答えたもの、つまり満足した状態にあると考えているものは、一般の母親30.9%、かぎつ子の母親11.1%と、一般の母親に多く見られた。このことは、かぎつ子の母親は、一般の母親に比べて、子どもに対し、深い贖罪感を持つているとも云えよう。

第3－32表　帰宅後，どのようなことに一番時間を使っているか

	準かぎつ子の母	かぎつ子の母
家事	83人(45.9%)	197人(60.6%)
子どもと話し合うこと	21 (11.6)	46 (14.2)
夫と話し合うこと	4 (2.2)	2 (0.6)
疲れをいやす	6 (3.3)	30 (9.2)
趣味・教養のために使う	3 (1.7)	9 (2.8)
仕事の残り・準備をする	21 (11.6)	12 (3.7)
ただ何となくすごす	8 (4.4)	11 (3.4)
その他	14 (7.7)	12 (3.7)
不明	21 (11.6)	6 (1.8)

第3－33表　帰宅後心をつかうこと

	準かぎつ子の母	かぎつ子の母
留守中のことをたずねる	8人(4.4%)	33人(10.2%)
子どもと話し合う	28 (15.5)	41 (12.6)
勉強をみてやる	10 (5.5)	13 (4.0)
子どもの身のまわりの世話	11 (6.1)	21 (6.5)
子どもの健康の注意	12 (6.6)	30 (9.2)
いろいろ注意する	33 (18.2)	91 (28.0)
家庭サービス	5 (2.8)	13 (4.0)
その他	15 (8.3)	28 (8.6)
別にない	37 (20.4)	49 (15.1)
不明	22 (12.2)	6 (1.8)

(エ) 要　約

以上、かぎつ子の母親の生活において、特に子どもとの関係についてみると、(1)かぎつ子の家庭における母子の接触は、一般の家庭に比べて、やはり短かく、更に、(2)話しあいの行われる時間も、夕食後に集中していることがわかつた。このことは、かぎつ子の家庭が、一般の家庭に比べて、母子の接触、特に話し合いが十分なされていないことを意味するものと云えよう。また、(3)子どもの生活の認知という点においても、一般の母親に比べて、やはり不十分であると云える。

第3－34表　子どもにしてやりたいこと

	一　般	準かぎつ子の母	かぎつ子の母
話し相手になつてやりたい	60人(26.1%)	62人(34.3%)	111人(34.2%)
勉強の相手になつてやりたい	50 (21.7)	35 (19.3)	81 (24.9)
小遣いをもつとたくさんやりたい	5 (2.2)	6 (3.3)	15 (4.6)
あそび相手になつてやりたい	18 (7.8)	16 (8.8)	21 (6.5)
子どもの世話をしてやりたい	3 (1.3)	11 (6.1)	45 (13.8)
食事くらい一緒にしたい	1 (0.4)	5 (2.8)	4 (1.2)
別にない	71 (30.9)	37 (20.4)	36 (11.1)
その他	20 (8.7)	9 (5.0)	12 (3.7)
D．K．N．A	2 (0.9)	0 (0)	0 (0)

さらに、かぎつ子の母親の意識についてみると、(4)子どもとの接触にもつと時間を使いたいと思いながらも、実際には、家事などの雑用に追われ、思うように子どもとの話し合いができないことが悩みとなり、これは子どもに対する贖罪感となつてあらわれている。このような母親の意識と現実とのくい違い、さらにこれに対する子どもの側の意識と現実とのくい違いが、かぎつ子に危機をもたらすおそれのあることは、今後充分注目すべき点である。

第 4 章　かぎつ子の生活と意識

かぎつ子の母親が一般の母親に比較して、生活実態においても、意識においても、どのような差異を示しているかについては前章で報告されたとおりであるが、母親のそうした生活なり意識なりのちがいが、児童生徒の生活や意識にどのように反映されているかは興味をひくところである。児童生徒の場合、生活の全般にわたつて、彼らが依存し、準拠し、従つて行動の原理を求める対象が母親であるとすれば、母親が常時在宅する児童生徒と、母親が常傭勤労者である場合とでは、児童生徒の意識や生活の面に差異があらわれてくると考えても決して無理からぬことであろう。

本章では、児童生徒の生活実態と意識の面を「かぎつ子」「準かぎつ子」「一般児」の三つについて比較・検討し、必要に応じて母親の生活実態や意識を相関させてみていくことにしよう。

1. かぎつ子の生活実態

(ア) 時間的側面からみた実態

児童生徒の帰宅時に、母親が毎日不在だとなれば、対象者の年令から考えても、配慮すべきことは多くなろう。前章において一部ふれたように、第4－1表から一般児の場合、その97.8％が帰宅時には母はいつも在宅だと答えているのに対して、かぎつ子にあつては29.2％、つまり3分の1に満たない数なのである。これはまたかぎつ子の場合、帰宅後家で1人でいる時間は一般児・準かぎつ子のそれよりも相対的に長いことにもなる。第4－2表に示されるごとく、一般児は「1人でいる時間0分」つまり帰宅後はいつも母親が在宅だというものが、ほぼ全数の99.6％であり、準かぎつ子の方では、それが86.7％、30分以下を加えると93％近くに達している。それに対してかぎつ子は、30分以下でもようやく半数の50.5％にすぎず、また60分以

第4－1表　子供の下校時に母親は家にいるか，いないか

	一般児		準かぎっ子		かぎっ子	
い　る	225人	97.8%	149人	82.3%	95人	29.2%
いない	1	0.4	24	13.3	185	56.9
その他	0		8	4.4	39	12.0
不　明	4	1.7	0		6	1.8
計	230	100.0	181	100.0	325	100.0

第4－2表　帰宅後，子供が1人でいる時間

	一般児		準かぎっ子		かぎっ子	
0分	229人	99.6%	157人	86.7%	130人	40.0%
1～30分	1	0.4	11	6.1	34	10.5
31～60分	0		4	2.2	61	18.8
61～90分	0		2	1.1	31	9.5
91～120分	0		3	1.7	23	7.1
121～180分	0		3	1.7	28	8.6
180分以上	0		1	0.6	17	5.2
不　明	0		0		1	0.3
計	230	100.0	181	100.0	325	100.0

上1人でいる者が30.4％を数えている。一人でいる時間の長いことが直接に、家庭教育の不徹底とか子女の非行化に結びつくことは断言しえないまでも、接触時間の減少は、それを埋めるための貴重な努力が両親はじめ多くの人々に要求されてくることは否めないだろう。一方、1人でいる時間が長いかぎっ子は放課後、どう過しているか、については第4－3表、第4－4表が答えている。

第4－3表は、習慣レベルで回答を求めた対象者の行動であり、第4－4表は指定された特定日つまり調査前日の行動を回答に求めたものである。前表からは、「クラブ活動をしてから帰る」者の比が一般児（31.7％）、準かぎっ子（40.8％）、かぎっ子（41.1％）の順に高く、逆に「すぐ家へ帰る」者の比は一般児（33.3％）準かぎっ子（31.8％）、かぎっ子30.0％）の順に低くなる傾向がある。こうした諸傾向は、第4－1表、第4－2表に現われたこと、つま

第4－3表　学校が終るといつもすぐ家へ帰りますか

	一般児		準かぎつ子		かぎつ子	
すぐ、家へ帰る	82人	33.3%	64人	31.8%	121人	30.0%
学校で遊んで帰る	59	24.0	36	17.9	94	23.3
クラブ活動をして帰る	78	31.7	82	40.8	166	41.1
寄り道してから帰る	1	0.4	0	0	2	0.5
その他	15	6.1	11	5.5	9	2.2
不明	11	4.5	8	4.0	12	3.0
計	246	100.0	201	100.0	404	100.0

第4－4表　きのう，家へ帰つてから夕食までの間に何をしましたか

	一般児		準かぎつ子		かぎつ子	
家で遊んだ	86人	35.0%	72人	35.8%	138人	34.2%
外で遊んだ	58	23.6	50	24.9	82	20.3
読書や勉強をした	93	37.8	74	36.8	132	32.7
塾やおけいこへ行つた	40	16.3	35	17.4	70	17.3
仕事や手伝いをした	61	24.8	57	28.4	127	31.4
計	246	100.0	201	100.0	404	100.0

注）この質問は多肢選択であるので、総計および百分比は一致しない

り帰宅時の母の在・不在、１人でいる時間の長短と合せて考えれば、当然の結果と言えるであろう。家へ戻つても「お帰りなさい」と迎えてくれる母が不在だつたり、それからしばらく１人で留守番をしていなければならない児童生徒にとつては、クラブ活動は放課後を楽しく送る恰好の方法であろう。こうして帰宅した彼らは、夕食まで何をしたか。母の不在時間の長短が彼らの生活にどう反映されるかは確証しえないながらも、「家で読書や勉強をした」については、一般児、準かぎつ子、かぎつ子の順に少なく、「手伝いや仕事をした」については、逆に一般児、準かぎつ子、かぎつ子の順に多くなつており、「家で遊んだ」、「外で遊んだ」、「塾やおけいこへ行つた」については、３群ともほぼ同数である。ここから、一般児、準かぎつ子、かぎつ子の３つのカテゴリー間に多少とも差が現われるのは、「読書、勉強」と「手伝い、仕事」の側面と言えよう。以上は時間的側面から対象者の生活実態をみたが、要するに、かぎつ子は、帰宅時に母親

が不在の者が多く、中でも30%前後の者は母親が帰るまで1時間以上も1人で留守番をしているのである。放課後はクラブ活動をしてから帰る者が4割を越えているのは、そうした帰宅後の淋しさ、つまらなさ、を彼らなりに解決する有効な方法なのだと考えられる。また、一旦帰宅してからは、遊ぶ者、読書・勉強をする者が一般児よりもかぎつ子に少ないのは、その分だけ手伝いや仕事に、つまり働いて帰る母を助けるための時間に使つている者が多いと解せられるであろう。

ここまでは時間的側面からの生活実態であつた。以下しばらく、生活領域ごとにその実態を考察しよう。

(イ) 領域的側面からみた実態

a) 家族生活の領域

まずはじめに、家族生活の領域であるが、その中で特に大切なことは母一子の接触であろう。接触実態の分析法には様々な方法があり、本調査でも可能な限りそれらを採用しているが、本節では、食事時間の母子間のズレのみにしぼり、詳しくは他所にゆずりたい。家族生活の領域では、もう1つ、対象者一児童生徒の家事参加度をとり上げてみよう。

母親が常傭勤労者であれば、朝食や夕食を子供たちと一緒にできない率が高いと予想されるし、その率も、準かぎつ子、一般児の順に低下すると予想される。しかし、朝食についての結果を示す第4－5表、夕食についての結果を示す第4－6表は、この仮説を必ずも実証していない。第

第4－5表 あなたは朝食をおかあさんと一緒にたべますか

	一般児		準かぎつ子		かぎつ子	
いつも一緒	139人	56.5%	91人	45.3%	231人	57.2%
ときどき一緒	76	30.9	64	31.8	121	30.0
いつもべつべつ	24	9.8	32	15.9	37	9.2
朝食はたべない	6	2.4	11	5.5	11	2.7
母はいない	0		0		4	1.0
不明	1	0.4	3	1.5	0	
計	246	100.0	201	100.0	404	100.0

第4－6表 あなたは夕食をおかあさんと一緒にたべますか

	一般児		準かぎつ子		かぎつ子	
いつも一緒	208人	84.6%	150人	74.6%	307人	76.0%
ときどき一緒	33	13.4	43	21.4	53	13.1
いつもべつべつ	4	1.6	7	3.5	34	8.4
母はいない	0		0		8	2.0
不明	1	0.4	1	0.5	2	0.5
計	246	100.0	201	100.0	404	100.0

4－5表で、いつも一緒に朝の食事をしている者が一般児とかぎつ子とでほぼ同率の56～7％、それに対して準かぎつ子が10％ほど低い45.3％を示している。つまり、全体では、いつも母親と一緒に朝食をとつて学校へ出かける子供たちは半数しかいないのである。もしも、一般児家庭の示している数字が標準だとすれば、それと相似の数字を示しているかぎつ子家庭では、母親はじめ家族全体がかなり多忙な朝のひとときを、登校前、出勤前に過ごしていると思われる。準かぎつ子の場合が他の2者に比してやや異たつた数を示しているのは、パートタイマーであつたり、家業従業者であつたり、内職を営んでいることなどからくる時間的不規則性の影響であろう。

第4－6表でも、夕食を母子いつも一緒にとるものは、準かぎつ子に最も少なく、「ときどき一緒」、「いつも別々」を合せてみた場合、準かぎつ子、かぎつ子、一般児はそれぞれ24.9％、21.5％、15.0％となる。総じて食事については、準かぎつ子の方がややズレの率が大きいといえようが、その理由は家業従事、内職、パートタイムという雇用形態ないしは就労形態が常傭勤労という形態に比較して時間的に不規則になるということであろう。

一方、常傭勤労者を母にもつかぎつ子たちは、夕食ひとつにしても母親の帰りを待つて準備にかかるのでもないだろう。すなわち、かぎつ子に対しては家事参加を期待され、その度合は一般児よりはもちろん、在宅従業者を母にもつ準かぎつ子よりも高いと考えれば、その結果として、実際の参加度もかぎつ子の方が他の場合より高いであろう。多様な家事の中から、対象者の年令を考慮に入れながら、ここでは「そうじ」、「夕食のしたく」、「食事の後かたづけ」、「買物」、「洗濯」の5項目について調査した。（結果については第4－7表から第4－11表を参照）

この中で特に大きな差を示したものは見られないが、一般的な傾向として、参加度は一般児が最も低く、かぎつ子と準かぎつ子はほぼ同じ数字を示している。特に一般児とかぎつ子とを取り出して両者の差をみるとき、その差が最も大きいのは「そうじ」であり、次いで「夕食の仕度」

第4－7表　家のそうじ

	一般児		準かぎつ子		かぎつ子	
いつもする	22人	9.6%	15人	8.3%	48人	14.8%
ときどきする	115	50.0	105	58.0	167	51.4
全然しない	95	40.0	60	33.1	109	33.5
不明	1	0.4	1	0.6	1	0.3
計	230	100.0	181	100.0	325	100.0

第4－8表　夕食のしたく

	一般児		準かぎつ子		かぎつ子	
いつもする	9人	3.9%	17人	9.4%	25人	7.7%
ときどきする	69	30.0	56	30.9	98	30.2
全然しない	152	66.1	108	60.0	202	62.1
不明	0		0		0	0
計	230	100.0	181	100.0	325	100.0

第4－9表　食事の後かたづけ

	一般児		準かぎつ子		かぎつ子	
いつもする	26人	11.3%	24人	13.3%	37人	11.4%
ときどきする	89	38.7	69	38.1	128	39.4
全然しない	115	50.0	88	48.6	160	49.2
不明	0		0		0	
計	230	100.0	181	100.0	325	100.0

「買物」、「洗濯」、「食事の後かたづけ」の順になつている。この順位は母親の帰宅前に、小中学生でも十分やつておけるものの順とほぼ一致するし、「食事の後かたづけ」が双方の間で差が小さいのは、食後のかたづけぐらいは子供にやらせようとする一般児の親の考え方と、食事の用意をしてくれたのだから、後かたづけは自分でやろうとする、かぎつ子の親の考え方からくるものと思われる。ところで母親の家事労働については第3－15表〔家事労働の負担状況〔

第4－10表 買　物

	一般児		準かぎつ子		かぎつ子	
いつもする	20人	8.7%	22人	12.2%	40人	12.3%
ときどきする	138	60.0	104	57.5	190	58.5
全然しない	72	31.3	55	30.4	95	29.2
不明	0		0		0	
計	230	100.0	181	100.0	325	100.0

第4－11表 洗　濯

	一般児		準かぎつ子		かぎつ子	
いつもする	11人	4.8%	10人	5.5%	22人	6.8%
ときどきする	58	25.2	34	18.8	83	25.5
全然しない	161	70.0	137	75.7	220	67.7
不明	0		0		0	
計	230	100.0	181	100.0	325	100.0

頁参照））に示されているが、その数字を第4－7表から第4－11表の子供の参加度を示す数字と比べるとき、一見矛盾が感じられよう。しかし、これは双方とも母親の回答であり、おそらく、子供の負担する部分と、親の担当する部分との間には質的な差異があり、たとえ子供が参加し負担する部分が大きくとも、その要所は母親が握つているのだ、という意識から来ることであろうし、またそれぞれの家事は母子2人の労働力を必要とすることから来る結果でもあろう。

家族生活の領域でかぎつ子や準かぎつ子たちは一般児より食事時間が母親とズレる率がやや高いこと、また家事参加については一般児より準かぎつ子、かぎつ子の方がやや高いと言える。しかし、子供たちの参加を得てもまだまだ不十分なことは第3－18表〔家庭で困つていること〕（40頁参照）にもみられることであろう。

b） 遊戯生活の領域

次いで、子供の生活で特に重要な領域である遊びの生活を取り上げてみよう。母親たちの目が十分にとどかないかぎつ子や準かぎつ子たちは、どこで遊んでいるのか、遠くまで遊びに出かけることはないか、また、だれと遊んでいるのだろうか。おそらく、こうした疑問は毎日家を留守にする母親の胸を去来する心配ごとでもあろう。第３－３０表〔外出中気にかかること〕（５０頁参照）はその一端をのぞかせている。

第４－１２表は対象者の遊び場を、また第４－１３表は遠くまで遊びに出かけるかを、第４－１４表は遊びの相手をそれぞれ回答させた結果である。第４－１２表、第４－１３表からは予想されたほど大きな差は見られなかつた。監視が行き届かないかぎつ子は、どうしても危険な、ま

第４－１２表　いつもどんな所で遊びますか（多肢選択）

	一般児		準かぎつ子		かぎつ子	
公園・遊園地・広場	81人	32.9%	59人	29.4%	117人	29.0%
お寺・神社	9	3.7	10	5.0	12	3.0
空地、川原、土手	44	17.9	44	21.9	62	15.3
道路	25	10.2	14	7.0	53	13.1
盛場、はんか街	0	.	2	1.0	2	0.5
学校	43	17.5	33	16.4	69	17.1
友だちの家	77	31.3	65	32.4	122	30.2
自分の家	159	64.6	32	66.2	251	62.1
調査対象者数	246	100.0	201	100.0	404	100.0

第４－１３表　学校が終つてから電車やバスで遠くまで遊びに行きますか

	一般児		準かぎつ子		かぎつ子	
よくある	1人	0.4%	1人	0.5%	1人	0.2%
ときどきある	29	11.8	21	10.4	47	11.6
ほとんどない	214	87.0	179	89.1	352	87.1
不明	2	0.8	0	—	4	1.0
計	246	100.0	201	100.0	404	100.0

た好ましくない場所で遊ぶ者も多く、中には遠くへ出かけて行つて遅くまで遊んでくる者も多いとすれば、彼らはそれだけ一般児に比して交通事故や非行化等々の危険に多く晒らされていることになる。しかし、こうした大方の予想ははづれた。ただ、第４－１４表で、かぎつ子の中に、

第4－14表　学校が終つてから誰と遊びますか（多肢選択）

	一般児		準かぎつ子		かぎつ子	
きょうだい	82人	33.3%	53人	26.4%	95人	23.5%
近所の友だち	76	30.9	61	30.3	138	34.2
学校の友だち	140	56.9	112	55.7	224	55.4
一人で	54	22.0	54	26.9	95	23.4
調査対象者数	246	100.0	201	100.0	404	100.0

「きょうだい」を遊びの相手に選んだ者が、一般児、準かぎつ子に比して少ないことが目立つ。これは第2－19表〔子どもの数〕（24頁参照）からもわかるように、かぎつ子にきようだいが少ないことから出された結果と思われるが、また子供の数が少ないことは母親たちにとつて、それだけ家を離れる上での好条件の1つに数えることができるであろう。

c）経済生活の領域

つぎに子供たちの小遣いについて、そのもらい方、一か月の平均額、使い途をみてみよう。小遣いも、使う側と与える側とでは機能的に異なつてくる。与える親の方では、それによつて教育的効果をねらうべきであろう。たとえば、かぎつ子は親がいないから淋しいだろうということで小遣いが多かつたり、ほしいだけ与えられていては問題である。また使い途に対しても与える側としては当然関心の対象でなければならない。

第4－15表　小遣いのもらい方

	一般児		準かぎつ子		かぎつ子	
毎日もらう	10人	4.1%	8人	4.0%	26人	6.4%
一週間ごと	13	5.3	13	6.5	29	7.2
1か月ごと	168	68.3	143	71.1	262	64.9
ほしいときだけ	39	15.9	21	10.4	57	14.1
もらわない	3	1.2	2	1.0	9	2.2
その他	12	4.9	12	6.0	21	5.2
不明	1	0.4	2	1.0	0	—
計	246	100.0	201	100.0	404	100.0

第4－16表　小遣いの額

	一般児		準かぎつ子		かぎつ子	
0 円	1人	0.4%	0人	─ %	4人	1.0 %
1 ～ 199 円	3	1.2	3	1.5	9	2.2
200 ～ 399 円	28	11.4	24	11.9	54	13.4
400 ～ 599 円	101	41.1	76	37.8	148	36.6
600 ～ 799 円	49	19.9	37	18.4	101	25.0
800 ～ 999 円	19	7.7	23	11.4	22	5.4
1000 円以上	37	15.0	29	14.4	55	13.6
不明	8	3.3	9	4.5	11	2.7
計	246	100.0	201	100.0	404	100.0

最近、子供たちは小遣いを定期的にもらう傾向が強い。かぎつ子、非かぎつ子の別なく7割以上のものが定期的に受け取つていることは、今回の調査でも明らかにされている（第4－15表を参照）。

また、その額についてみると（第4－16表を参照）、かぎつ子、非かぎつ子の間に差はなく、400～599円のクラスに36～40％が集中し、巾を広げて上限を799円にしても、準かぎつ子56.2％、一般児61.0％、かぎつ子61.6％で有意な差は認められない。一方、そうして定期的に定額づつ受け取る小遣いを彼らは何に消費するのか。母親が毎日働いている姿を見ているかぎつ子には、いわゆる「むだ遣い」は少なく、学用品とか、貯金などが多いだろうと予想

第4－17表　小遣いの使い途（多肢選択）

	一般児		準かぎつ子		かぎつ子	
おやつ、おかし	95人	38.6%	85人	42.3%	169人	41.8%
本を買つたり、借りる	109	44.3	80	39.8	156	38.6
学用品	123	50.0	91	45.3	163	40.3
プラモデル、遊び道具	56	22.8	46	22.9	82	20.3
切手、ブロマイド、レコード	42	17.1	34	16.9	54	13.4
映画、スケート場、つり堀	17	6.9	22	10.9	40	9.9
昼食	5	2.0	6	3.0	13	3.2
貯金	86	35.0	73	36.3	139	34.4
計	246	100.0	201	100.0	404	100.0

した。しかし、第4－17表から見るかぎり、上述の貯金については差がないにしても、学用品に使つていると回答した者は一般児、準かぎつ子、かぎつ子の順に減少している。またこの使途をあとまで物財の残るものと、その場で消費され、あとに物財の残らないものとの2つに分け、前者に「本を買う、本を借りる」、「学用品」、「プラモデル、遊び道具」、「切手、ブロマイド、レコード」を、そして後者に「おやつ、おかし」、「映画、スケート場、レーシングサーキット、つり堀り」、「昼食」を含めた場合、一般児では、物財が後に残るもの、つまり学用品とか、本とかの部類が、かぎつ子より数％多く、逆に後に物財が残らない、おやつ、映画、スケート場などでは、かぎつ子が一般児に比べてやや高いという傾向が見られる。

以上、遊戯生活と経済生活として検討した点を合せて要約すれば、遊び相手としてきうだいを選んでいる者が、かぎつ子には少ないこと、定期的に受け取る小遣いを食べ物とか映画、つり堀りなど物財の後にのこらない方面へ消費する傾向がかぎつ子にみられること、などが指摘されよう。

d）学習生活の領域

生活領域の第3に学習生活の領域をとり上げてみよう。母親の在宅時間も、母親との接触時間も短かいかぎつ子は、勉強時間は短かく、勉強中に解らない問題にぶつかつても、それを聞きに行ける相手は兄・姉か友人、あるいはそれほど積極的な態度も示さず、だれにも聞かないことも予想される。また、商店や工場、あるいは内職を営んでいる家庭の多い準かぎつ子の場合、彼らに独立した1部屋を勉強部屋に与えられない例が多く、その解決策として塾やおけいこに通うことも考えられる。反面、かぎつ子の場合、留守番を兼ねて、母親が帰るまで勉強しているように期待されていれば、塾やおけいこへ行く者は少ないと予想される。諸般の事情からして、学業成績については一般児、準かぎつ子、かぎつ子の順に劣るのではないか、と予想される。もちろん、苦労して働いている母親の姿をみて、自らも奮起するかぎつ子も多いであろう。

勉強時間については第4－18表から、総じて1時間前後となるが、有意な差は認められないまでも、一般児、準かぎつ子、かぎつ子の三者の間では、やはりかぎつ子の方が短かい傾向がみられる。家事参加度を考慮に入れれば、短い理由を、母親の監視の届かないことにのみ求めることはできない。

第4－19表は家で勉強中、わからない問題が出たら誰にきくか、の質問に対する回答であるが、これについてはいずれも差は示されず、強いて付言すれば、「だれにも聞かない」と消極的な態度を示す率がかぎつ子に多少多いことである。

次に塾やおけいこへ週何回いくかを第4－20表から読むと、平均して一般児が1.13回、か

第4－18表　在宅学習時間

	一般児		準かぎつ子		かぎつ子	
0分	2人	0.8%	4人	2.0%	7人	1.7%
1～30分	34	13.8	32	15.9	70	17.3
31～60分	97	39.4	65	32.3	162	40.1
61～90分	27	11.0	35	17.4	54	13.4
91～120分	49	19.9	41	20.4	74	18.3
120分以上	31	12.6	22	11.0	29	7.1
不明	6	2.4	2	1.0	8	2.0
計	246	100.0	201	100.0	404	100.0

第4－19表　家でわからない問題があつたらだれに聞きますか（多肢選択）

	一般児		準かぎつ子		かぎつ子	
父	79人	32.1%	57人	28.4%	112人	27.7%
母	72	29.3	55	27.4	122	30.2
兄・姉	126	52.1	96	47.8	193	47.8
家庭教師	8	3.3	8	4.0	2	0.5
塾やおけいこで	17	6.9	22	10.9	28	6.9
友だち	69	28.0	60	29.9	119	29.5
学校の先生	12	4.9	10	5.0	10	2.5
だれにも聞かない	16	6.5	14	7.0	41	10.1
調査対象者数	246		201		404	

ぎつ子が1.21回、準かぎつ子が1.40回であるが、しかし、この差も有意でないことから断定は避けなければならない。

学習生活の領域の最後に学業成績を検討しよう。この調査では、小・中学校で教科目数が異なることから、各教科目の成績全体を加算し、それを7つのランクに分類しなおしてある。成績で特に不明が多いのは、1中学校で一部成績の調査を行わなかつたことによる。第4－21表から一般児の成績の方がかぎつ子のそれよりもやや優れている。段階1から3までは、その比率も一般児よりかぎつ子に多く、段階4から7までは逆にかぎつ子よりも一般児の方が多くなつている。こうした差は、かぎつ子の勉強時間が相対的にやや短いこと、家事のため時間がさかれているこ

第4－20表　あなたは塾やおけいこに行つていますか

	一般児		準かぎつ子		かぎつ子	
週に1回	18人	7.3%	18人	9.0%	21人	5.2%
週に2回	26	10.6	21	10.4	32	7.9
週に3回	17	6.9	19	9.5	25	6.2
週に4回	24	9.8	27	13.4	41	10.1
週に5回	3	1.2	5	2.5	24	5.9
週に6回	8	3.3	5	2.5	8	2.0
行つていない	147	59.8	105	52.2	250	61.9
不明	3	1.2	1	0.5	3	0.7
平均	1.14回		1.39回		1.22回	
計	246	100.0	201	100.0	404	100.0

第4－21表　学業成績

	一般児		準かぎつ子		かぎつ子	
1	14人	5.7%	3人	1.5%	20人	5.0%
2	22	8.9	22	10.9	54	13.4
3	44	17.8	30	14.9	74	18.3
4	58	23.6	49	24.4	87	21.5
5	39	15.9	30	14.9	47	11.6
6	34	13.8	31	15.4	37	9.2
7	12	4.9	4	2.0	1	0.2
不明	23	9.3	32	15.9	84	20.7
計	246	100.0	201	100.0	404	100.0

注：数字の多い段階ほど、成績はよくなる。

となどにも原因があると考えられるが、一方、親の側にもその責任の一端はあろう。たとえば、子供のテストの成績を必ず見る者も一般児の母親に比べて少ないことに示されるように親の教育に対する関心の低さもその一因と云えよう（第3－27表〔子どもの成績をみるか〕（47頁）を参照）。

以上、かぎつ子の学習生活の領域では、学習時間がやや短いこと、および学業成績が一般児や準かぎつ子に比べて劣つていることが指摘される。そして、成績の低いことが母親の教育に対する関心の低さに直接、間接の原因があるとするならば、かぎつ子の母親が高い関心を持ちえない条件を明らかにし、それを補う方法を考えることによつてかぎつ子であつても、それが成績に影響を与えないようにすることが、われわれにも、かぎつ子の母親にも、要請されてくる。

(ウ) 行動の記録からみた実態

生活実態の総括的意味も含めて、行動の記録を検討しよう。この行動記録は3段階に評価されているが、評価の基準は学校によつて一様ではなく、教師の主観にまかされているのが実情と云えよう。現在、文部省が要求している記録項目数は13であるが、今回は特にその中から「基本的な生活習慣」、「自主性」、「協調性」、「情緒の安定」を選び出した。

母親が毎日家をはなれているかぎつ子たちは、そうでない一般児に比べて基本的な生活の習慣はそれだけ早くから確立することを期待されているだろうし、母親の留守中、残されたきようだいだけで、掃除、夕食の仕度など家事を負担している過程で、彼らには自主性や協調性も身につくであろう。しかし、対象者の年齢で帰宅後しばらく1人で留守番をしなければならない状況は当然彼らの情緒を動揺させるのではないか。我々は、こうした仮説から、上記の4項目を選定した。なお、行動の記録でも不明が多いのは、上記の中学校で一部調査を行わなかつたことによる。

4項目を通じて、A(すぐれている)にランクされている者は協調性を除いて一般児の率が高いことに注目される。とくに「情緒の安定」では一般児とかぎつ子との差が大きく、比率で8%ほど開いている。「自主性」では、また、準かぎつ子、かぎつ子がともに20.0%ほどで、他の3項目中最低である。

こうしたことから、我々の予想した結果は必ずしも得られなかつたのであるが、この記録から見るかぎり、かぎつ子の行動は一般児のそれよりやや劣つていると考えられるのである(第4-22表から第4-25表を参照)。

(エ) 要　約

以上、かぎつ子の生活実態を一般児、準かぎつ子と比較しながら述べてきた。その中から、か

第4－22表　基本的な生活習慣

	一般児		準かぎつ子		かぎつ子	
A	83人	36.1%	63人	34.3%	92人	28.3%
B	121	52.6	92	51.4	192	59.4
C	9	3.9	8	4.4	22	6.8
不明	17	7.4	18	9.9	18	5.5
計	230	100.0	201	100.0	404	100.0

第4－23表　自主性

	一般児		準かぎつ子		かぎつ子	
A	58人	25.2%	37人	20.4%	67人	20.6%
B	146	63.5	118	65.2	211	64.9
C	9	3.9	8	4.4	29	8.9
不明	17	7.4	18	9.9	18	5.5
計	230	100.0	201	100.0	404	100.0

第4－24表　協調性

	一般児		準かぎつ子		かぎつ子	
A	78人	33.9%	56人	30.9%	110人	33.8%
B	131	57.0	105	58.0	183	56.3
C	4	1.7	2	1.1	14	4.3
不明	17	7.4	18	9.9	18	5.5
計	230	100.0	201	100.0	404	100.0

ぎつ子の生活上の特性を要約すれば、

① 帰宅時には母は不在であり、母親の帰宅まで60分位待たなければならない。

② 家事参加度は一般に非かぎつ子よりかぎつ子の方が高い。

③ かぎつ子の在宅学習時間は平均して非かぎつ子のそれよりやや短かく、成績も非かぎつ子に比して劣つている傾向がみられる。

第4−25表 情緒の安定

	一般児		準かぎつ子		かぎつ子	
A	62人	29.0%	56人	30.9%	69人	21.2%
B	142	61.7	104	57.5	223	68.6
C	9	3.9	3	1.7	15	4.6
不明	17	7.4	18	9.9	18	5.5
計	230	100.0	201	100.0	404	100.0

④ 教師による行動の記録では、かぎつ子は非かぎつ子に比して、「基本的な生活習慣」、「自主性」、「情緒の安定」においてやや劣る傾向がみられる。

等々である。

2. かぎつ子の意識

以上のような生活を送るかぎつ子たちは、どのような意識や意見をもつのだろうか。母親が働いているために、卑屈な気持、歪んだ意識や価値観を持つようなことがあるとすれば問題であろう。このような観点から、かぎつ子が母親に対して抱いている不平・不満、希望、母親が働くことに対する一般的な考え方、および将来の生活目標について検討してみよう。

(一) 不平・不満

おそらくかぎつ子は毎日家を出ている母親に少なからず不平や不満を抱いているだろう。年少者であれば、母親の不在がどのような心理を抱かせるかは理論以前のことであろう。第4−26表はその結果である。不平・不満があると回答した者は、一般児22.3%、準かぎつ子28.9%、かぎつ子31.0%で、一般児とかぎつ子では8.7%の開きがある。

第4－26表　あなたはおかあさんに不平や不満がありますか

	一般児		準かぎつ子		かぎつ子	
たくさんある	2人	0.8%	6人	3.0%	10人	2.5%
少しある	53	21.5	52	25.9	115	28.5
殆とんどない	189	76.8	139	69.2	274	67.8
不明	2	0.8	4	2.0	5	1.2
計	246	100.0	201	100.0	404	100.0

(イ) 希　望

では、約3分の1が不平・不満を抱いているかぎつ子は母親にどのような希望を持つているのだろうか。そしてまた、彼らの抱いている希望は一般児とどう異なり、母親の「子どもにしてやりたいこと」の回答とのズレがあるだろうか。「あなたはおかあさんからどんなことをいちばんしてもらいたいと思いますか」という希望についての回答のうち、19.6％をしめてトップの「仕事をやめて家にいてほしい」がまず注目される。ついで、「もつと小遣いを増してほしい」、「わたしの身になつて考えてほしい」がつづく。一般児では「家にいてほしい」が1.2％にすぎないのは当然のことであろう。また「別にない」と回答した者は、一般児44.3％、準かぎつ子31.3％、かぎつ子24.8％で、一般児が大体において満たされた生活を送つているのに対し、かぎつ子では4人のうち3人は母親に何らかの希望を抱いていることがわかる。中でも、「家にいてほしい」という希望には切実なものがある（第4－27表参照）。

一方、母親の側では子どもに何をしてやりたいと考えているだろうか。前章の第3－34表〔子どもにしてやりたいこと〕（52頁参照）は、前掲の第4－27表とはその選択肢は異なるが、かぎつ子の母親の90％までが何かを考えており、中でも「話し相手になつてやりたい」、「子どもの相手になつてやりたい」、「子どもの世話をもつとしてやりたい」が多く、上位3項目を占めている。

(ハ) 母親が働くことに対する一般的な考え方

前述のような不平・不満を抱いているかぎつ子では、一般的な意見としても母親が常雇勤労者

第4－27表　あなたは，お母さんからどんなことをしてもらいたいか

	一般児		準かぎつ子		かぎつ子	
もつと話し相手になつてほしい	16人	6.5％	15人	7.5％	23人	5.7％
もつと小遣をふやしてほしい	32	13.0	27	13.4	59	14.6
勉強についてやかましく言わないで	26	10.6	28	13.9	39	9.7
私の身になつて考えてほしい	29	11.8	23	11.4	49	12.1
仕事をやめて家にいてほしい	3	1.2	15	7.5	79	19.1
たまには一緒に遊んでほしい	13	5.3	15	7.5	31	7.7
一緒に食事をしてほしい	1	0.4	1	0.5	0	―
別にない	109	44.3	63	31.3	100	24.8
その他	14	5.7	9	4.5	14	3.5
不明	3	1.2	5	2.5	10	2.5
計	246	100.0	201	100.0	404	100.0

であることを好まずに反対し、逆に一般児ではステレオタイプに賛成する者が多いのではないかと予想されよう。しかし、母親の働く理由や母親が働くことに対しての賛否についての９つの意見（Ａ：どんな理由があつても、おかあさんが外ではたらくのには反対だ。Ｂ：家にいてもただブラブラしているのなら、おかあさんも外ではたらいたほうがよい。Ｃ：日本では古くから母親は家にいることになつているから、やつぱり家にいたほうがよい。Ｄ：外ではたらけば、それだけ自分の勉強にもなるから、おかあさんも外ではたらいたほうがよい。Ｅ：何といつても親にとつては、わたくしたち子どもが一番だいじなのだから、おかあさんは家にいたほうがよい。Ｆ：お金がなくて苦しい時は、おかあさんも外ではたらいてくるべきだ。Ｇ：お金はおとうさんがもうければよいし、外ではたらけばつかれるのだから、おかあさんは家にいたほうがよい。Ｈ：今の日本は男女同けんだから外でおかあさんがはたらいてもよい。Ｉ：おかあさんもいつしょにはたらけば、それだけもつとお金が入るから、はたらいた方がよい。）のうち賛成のもの１つを選ばせたところ、結果は第４－２８表のように前述の予想とは逆になつた。すなわち、彼らかの理由で母親の就労について賛成している者は、一般児２０.８％、準かぎつ子３７.９％、かぎつ子５１.３％であり、また反対している者は、一般児、準かぎつ子、かぎつ子がそれぞれ７７.６％、６１.２％、４６.５％となつているのである。かぎつ子の賛成理由は、「男女同権だから」、「家にいてブラブラしているなら」、「自分の勉強にもなるのだから」、「経済的に苦しい時は」の

第4－28表　次の意見のうち，あなたはどの意見に賛成しますか

	一般児		準かぎつ子		かぎつ子	
どんな理由でも反対	33人	13.4%	16人	8.0%	20人	5.0%
家でブラブラしているなら働いてよい	14	5.7	19	9.5	48	11.9
日本では古から母は働かない	15	6.1	6	3.0	19	4.7
働けば自分の勉強にもなる	10	4.1	13	6.5	40	9.9
子供が大切だから働かない方がよい	108	43.9	75	37.3	85	21.0
経済的に苦しい時は働いた方がよい	8	3.3	16	8.0	29	7.2
働けばつかれるから反対	35	14.2	26	12.9	64	15.8
男女同権だから働いてよい	18	7.3	24	11.9	69	17.1
収入がふえるから働いてよい	1	0.4	4	2.0	21	5.2
不明	4	1.6	2	1.0	9	2.2
計	246	100.0	201	100.0	404	100.0

順であげられている。また、一般児の反対する理由は「子どもが大事だから」、「外で働けばつかれるから」、「どんな理由があつても反対」が主なところである。このようにかぎつ子に賛成者が多いことは意外の感もするが、しかし、働く母親の姿を目の当りに見ている彼らは、次第に労働の意義を学んでいたのだとも考えられよう。

(エ) 将来の生活の目標

最後に「あなたは大きくなつたらどんな生活をしたいと思いますか。」という将来の生活の目標をみてみよう。総じて7割前後のものが「丈夫で、普通の生活を楽しみたいと思います」という、いわゆる小市民的な生活を志向しており、「社会や国のためにつくしたいと思います」という者は、一般児15.0%、準かぎつ子13.9%、かぎつ子8.4%となり、かぎつ子が一般児に比べやや少ない。いわゆる小市民的とも思われる生活を志向するものが全サンプルの7割前後を占めているのは、その背後に社会の大衆化状況を考えさせる。そしてまた特に、かぎつ子が他に比べ77.2%と多いのは、彼らの生活と無関係ではないであろう。すなわち、かぎつ子の母親は就職の理由として「生活に困らないが」とか「十分に生活できるが」とか「経済的理由はない」と

回答したものが約3分の2を占めており、大量消費時代の状況をその一面にのぞかせているのである（第4－29表、および第3－3表〔仕事についた理由〕（29頁）参照）。

第4－29表　あなたは大きくなつたらどんな生活をしたいですか

	一般児		準かぎつ子		かぎつ子	
金持ちになりたい	6人	2.4%	9人	4.5%	17人	4.2%
有名人になりたい	15	6.1	9	4.5	21	5.2
社会や国のためにつくしたい	37	15.0	28	13.9	34	8.4
じようぶで普通の生活をしたい	172	69.9	135	67.2	312	77.2
その他	12	4.9	12	6.0	14	3.5
不明	4	1.6	8	4.0	6	1.5
計	246	100.0	201	100.0	404	100.0

以上、かぎつ子の意識を概観してきた。総じてかぎつ子は一般児や準かぎつ子に比べ大きくずれた意識を持つているわけではない。たしかに、かぎつ子は母親に対する不平・不満を抱いている。そして、何らかの希望を全体の70％以上のものが母親に対して持つてもいる。しかし、母親が毎日働きに出、家を留守にしていれば、子どもがその母親に対して不満を抱き、希望をもつのはむしろ当然であり、そのこと自体、積極的に肯定的に評価してよいであろう。逆に、かぎつ子でありながら、母親に対し何らの不平・不満も、あるいはまた希望も抱けないときこそ問題なのであり、子どもにとつて危険なのではないであろうか。母親が働くことに対して彼らが持つている肯定的、積極的態度を前提として、これらの不平・不満、そしてまた希望を正しく導いていくことが大切なのではないであろうか。

3. 要　　約

以上の調査結果から描かれるかぎつ子像が一般に予想されるかぎつ子像と一致する部分は必ずしも多いとはいえない。なぜ、予想されるかぎつ子像が調査結果から出なかつたのであろうか。その理由を考える手がかりのひとつとして、母親が働くことに対する肯定的態度が一般児に比べかぎつ子にかなり多いことが指摘できる。

第4－28表にみるように、「男女同権だから」とか「家にいて時間があるなら」とか「自分の勉強にもなるから」などと肯定する理由を明確に持つことができているかぎつ子が、特殊な意識面ではともあれ、一般児と変らぬ生活実態を示しても、それは当然といえるかも知れない。

今後一層増加するであろうかぎつ子の生活や行動を指導していく際には、こうした彼らの態度に注目し、それを前提として行なうことが必要ではないであろうか。

第 5 章　母子関係の問題

われわれは、これまで母親と子どもの双方について、それぞれ、その生活実態や意識をしらべてきた。とくに前章では、かぎっ子を一般の子どもと比べた場合、それほど大きな差はないが、学業成績や基本的な生活習慣、自主性、情緒の安定などの面でやや劣る傾向のあることが指摘された。また、かぎっ子は、一般的に母親が外に出て働くことに対して、他の子どもたちより高い理解を示しているが、反面、母親に対する潜在的な不平不満も、後者よりやや強いことが明らかにされた。ことに最後の点は、十分注意する必要があろう。一般に、母親と子どもの間に意識のズレがあることは当然予想されるところであって、ことに母子の接触時間が短かければ、母親の気持ちもそのまゝ子どもに伝わらぬことも生じてくるであろう。たとえ、母親が、外出中子どものことを案じ、家に帰ったらこうもしてやりたいと考え、帰宅後、自分では十分子どものめんどうを見てやっているつもりでも、子どもは案外にそうは受取っていないかもしれないのである。

そこで、木章では、まず、子どもが親のしつけ態度を、一体どのようなものとして受け取っているのか、それはかぎっ子と一般の子どもとで差異があるのかどうか、という問題を探ってみよう。

1. 子どもからみた母親のしつけ態度

(ア) 親子の接触の問題

母親が他出して家事労働以外の労働に従事しているということは、必然的に母子接触時間を短かくする。このことは、母親自身の意識のなかでもある程度自覚されていることであって、したがって本調査でも「どんなことに時間を使いたいか」、「お子さんに何をしてやりたいか」といった質問には、特別にないというものを除いては、「子どもと話し合いをしたい」というような解答が比較的に多く見られてきたのである。

ところで、こうした母親の子どもに対する接触態度について、子どもの側はどう感じとっているであろうか。

子どもの側でも、母親がすすんで積極的な接触をしようとしている、と受けとっているかどうかをみるために、「あなたのおかあさんは、いそがしいときに、あなたが話しかけても、あいてになってくれないことがありますか。」という問を出して、その答えを求めた結果は第５－１表のとおりである。

第５－１表　おかあさんは忙しい時でも話し相手になつてくれますか

	一　般	かぎっ子
なってくれない	6人(2.4%)	12人(3.0%)
ときどきない	155 (63.0)	270 (66.8)
なってくれる	83 (33.7)	119 (29.5)
不　明	2 (0.8)	3 (0.7)
計	246 (100.0)	404 (100.0)

かぎっ子と一般の子どもを比較してみると、有意な差ではないが、かぎっ子の方が母親の接触態度が積極ではないと受けとっている子が多い。

このような母親と子どもの間の意識のズレは、とくに母と子の接触という問題に関しては、大きな意味をもっていると思われる。

（ィ）　親の一般的なしつけ態度

子どもの生活態度や行動を形成する上において、家庭のあり方が重要な意味をもつことはいうまでもない。たとえばこの調査では、かぎっ子の家庭と一般家庭とを比較する方法をとってきたが、親の生活条件をみるかぎりそこには明らかな差がみられた。しかしこれらの生活条件の差異は直接、無媒介的に子どもにつながるものではなく、そのような生活条件に支えられた親の態度、行動を媒介とし、さらにいうならば、その親の態度、行動を、子どもがどのように受容しているかによって、子どもの具体的な行動なり態度なりが異ってくるものといえよう。この関係を図示するならば、第５－１図のようである。

第5−1図

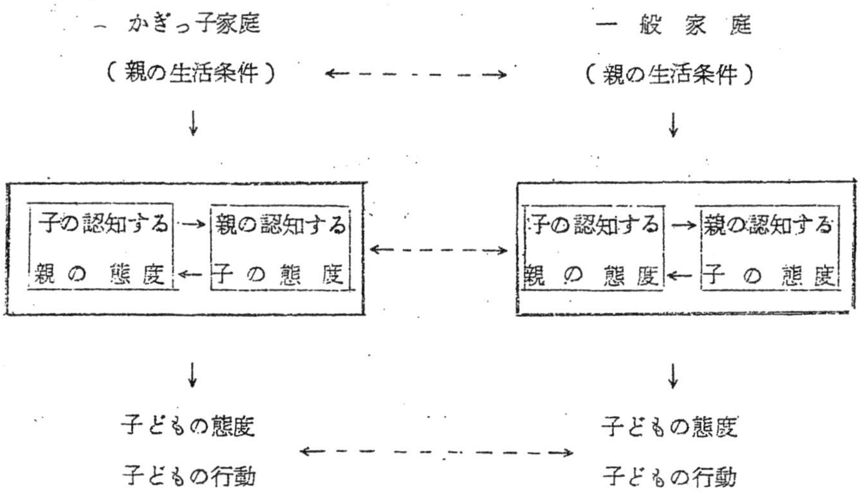

注：←――→は本調査による差異分析

簡略のため準カギッ子家庭は省略して図示してある。

この線に沿ってさきには、子どもの認知する親の接触態度をみたのであったが、結果は、かぎっ子の方が、一般の子に比べて、親の態度をやや拒否的に受けとっている傾向がみられたのであった。

問題は接触態度の面だけではない。そのほか、母親自身は気ずかずとも、彼女の行動が、知らず知らずのうちに、子どもに対する歪んだしつけ態度となって受けとられていることはないだろうか。たとえば放課後ひとりで過ごさせていたことにたいする自責から、過度な溺愛や盲従となったり、労働の疲労からくる気分本位のしつけ方となったり、あるいは逆に、昼間の放任を回復しようとして、過敏な積極的干渉となっているようなことけないだろうか。

このような観点から、親の基本的なしつけ態度に対する子どもの受けとり方をみるために、品川不二郎氏の親子関係診断テストの一部をとり、かぎっ子、準かぎっ子および一般の子どもの3者に実施し、そこに差異があるかどうかを対比、検討することにした。この親の態度の類型と子どもの性格・態度の関連については、サイモンズ（Symonds, P. M.）をはじめとしてすでに多くの研究があり、親の態度を、受容－拒否、支配－服従の2つの関連する要因から類型化するのは最も定説化している。わが国では、品川不二郎氏がこの要因にもとづいた親子関係の診断テストを標準化している。本調査では、品川氏による親子関係診断テスト児童・生徒用のうちから、親の態度、10類型にあてはまる最も典型的な質問項目各1つを選びだし、子どもの母親が、それらの態度を、「しょっちゅうとる」か、「ときどきとる」か、「ぜんぜんとらない」かをたずねた。

調査項目と該当する態度類型を示せば次のとうりである。

① あなたのおかあさんは、いそがしいときには、あなたが話しかけても、あいてになってくれないことがありますか。（消極的拒否）

② あなたのおかあさんは、「ごはんを食べさせない」、「先生にいいつける」、「家の中に入れない」などということがありますか。（積極的拒否）

③ べんきょう、きまり、れいぎなどについて、おかあさんはいつもやかましくいいますか。（厳格）

④ 「もっと勉強すればできるようになるのに」とおかあさんからいわれることがありますか。（期待）

⑤ あなたのおかあさんは、あなたの身のまわりのことについてあれこれうるさくいいますか。（干渉）

⑥ あなたのおかあさんは、いつもあなたのことを、いろいろしんぱいしていますか。（不安）

⑦ あなたのおかあさんは、あなたがたのむことなら、何でもよろこんでしてくれますか。（溺愛）

⑧ あなたのおかあさんは、あなたの思うとおりに、いつも何でもしてくれますか。（盲従）

⑨ あなたのおかあさんは、気分によって、しかるときと、しからないときがありますか。（矛盾）

⑩ あなたにたいして、おとうさんのいうことと、おかあさんのいうことがくいちがっていることがありますか。（両親の不一致）

調査の結果は、品川氏による整理の方法と同じくパーセンタイル順位で表わすために、次のような操作を施した。

各設問について、その態度をとることが、「しょっちゅうある」と答えれば2点、「ときどきある」には1点、「ぜんぜんない」場合には0点を与えるとすれば、それぞれに答えた人の分布は、累積度数分布で表わすことができる。各態度の中間的な状態は1点であると考えられるから、この中央の1点が、各々の累積度数分布の何パーセンタイル順位にあるかを計算すれば、分布の片寄りの程度がわかる。算出は次の式による。

$$\%ile順位(PR)=\frac{100}{Nh}\{fp(X-l)+Fh\}$$

X………求める%ileの得点(ここでは1)

f_p……Xの属する級間の度数(ここでは「ときどきある」に答えた人の度数)

N………総数　(各設問の回答数。DKNAを除く)

h………級間の巾　(ここでは1)

l………Xの属する級間の下限点(ここでは0.5)

F………lまでの累積度数(ここでは「ほとんどない」に答えた人の度数)

一般・準カギッ子・カギッ子別に得られたパーセンタイルは次のとうりである。

第5－2表　親の態度の特徴

(パーセンタイル順位)

	一般	準カギッ子	カギッ子
消極的拒否	65.9	61.0	63.5
積極的拒否	84.7	80.4	83.5
厳格	40.9	40.7	41.4
期待	45.7	44.3	47.3
干渉	39.3	40.1	36.1
配慮	23.4	24.9	24.6
溺愛	45.1	49.5	47.1
盲従	47.6	50.3	49.3
態度の矛盾	70.9	63.8	64.5
両親の不一致	63.0	60.4	59.3

これを、支配一服従(たて)と保護－拒否(よこ)の軸の上にあらわし、ダイヤグラムに表わせば、第5－2図が描ける。

第5−2図　親の態度のダイヤグラム
（子の認知する親の態度）

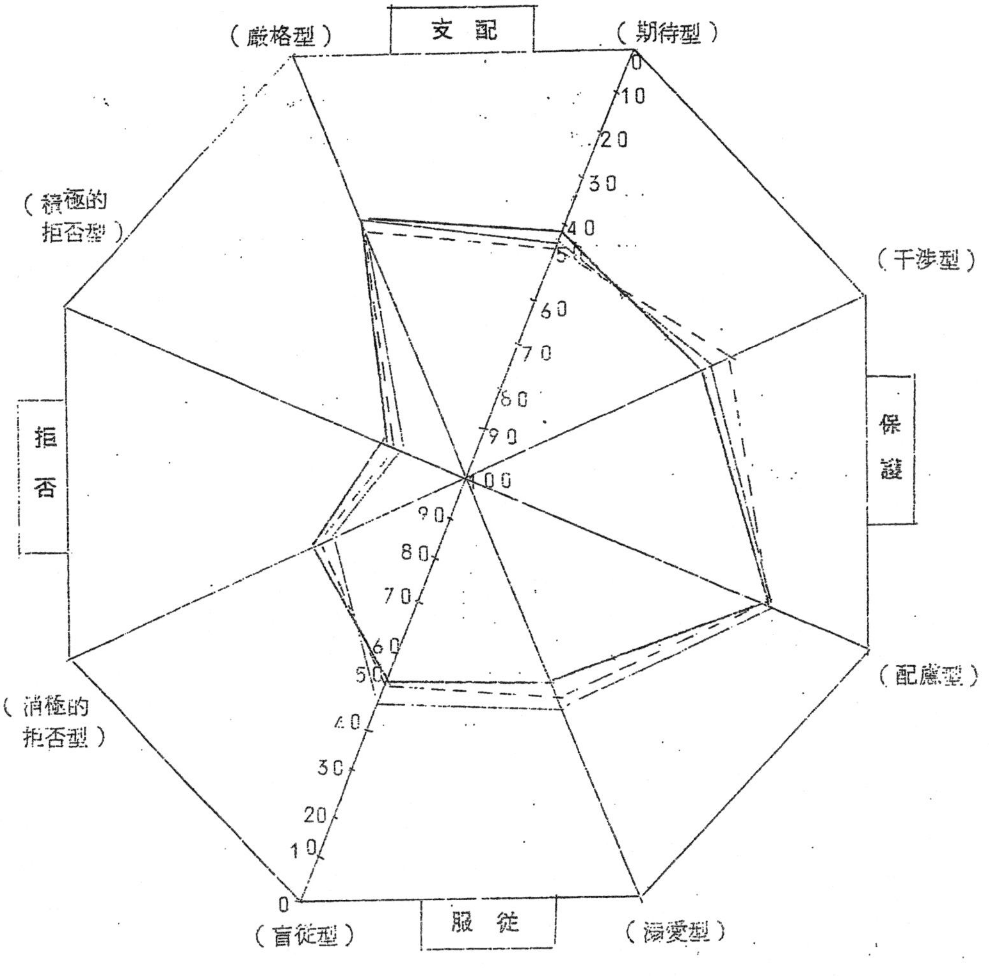

	カギッ子	準カギッ子	一　般
矛盾型	64.5	63.8	70.9
不一致型	59.3	60.4	63.0

ダイヤグラムでは、50パーセンタイルが普通という意味を示す。グラムの中心(99パーセンタイル)に近いほど良いわけで、20パーセンタイル以下は危険地帯、20〜40パーセンタイルまでは準危険地帯といわれる。

第5ー2表および第5－2図からいえることは、子どもの認知する親の態度は、全体として、拒否的態度が少なく、保護的態度に傾いていること。さらにいうならば、積極的拒否の態度は著しく少なく、子どもに対する配慮にあふれていること。(品川氏の場合、配慮型にあたるタイプは不安型で表わされているが、本調査の設問の場合、配慮という言葉の方がより適切に内容を表わしていると思われるので、便宜的に改めた。)

そして非常に重要な点は、カギッ子、準カギッ子、一般別にみた場合、その差異は、ほとんどみられない。ということ。強いて差異を見つけるならば、準カギッ子の場合、他の対照群に比して、相対的に母親を拒否の態度においてより強く認知しており、カギッ子の場合は干渉的態度に関して、一般の子どもの場合は、服従的態度に関して、それぞれ相対的により強く認知している、ということができる。また、一般の子の親には、矛盾型、不一致型が、やや少ないことが、若干印象に残る程度である。

このように、全体として見れば、かぎっ子も、一般の子どもも、その受けとっている基本的なしつけ態度の型にそれほどの差異がないとすれば、どうして、前章にものべたように、かぎっ子の例に若干の劣る面が出てくるのであろうか。

この点はさらに細かな追求を必要とするが、一般的に考えられることは、ここにとりあげたような基本的なしつけの型は型として、やはり絶対的な接触時間の量が少ないことや、これに帰因する子どもの生活のちょっとした細かい点にいたる気づかいが行きとどかない面が影響しているのではないだろうか。とくに、さきにのべてきたところの子どもの日常生活の認知の不足、といった点は、重要な意味をもつと思われる。また学業成績についていえば、母親の就労理由に困窮型が3割も含まれているが、これらの家庭では、他の恵まれた家庭に比し、学習環境の零悪なものが少なくないと考えられ、とくに今日のように母親が、直接間接に子どもの学習を補助し、それが低学年などでかなり大きなひらきをもたらしがちな風潮の中では、こうした結果の生まれることも、ある程度当然といえるであろう。

2. 親からみた子どもの行動・態度

働く母親が、とかく子どもの日常生活の細かな点の認知に不十分であり、認識に欠けがちであることは否めないところである。この点に関しては、さらに一段と工夫された配慮が必要であろう。ことに前章において指摘されたような子どもの性格上の問題については、十分注意をしていくことが大切と思われる。

しかし、かぎっ子の行動・性格上の問題については、もうすこし検討してみる必要があるように思われる。

たしかに、全体統計的にみれば、基本的な生活習慣・自主性・情緒の安定などで、かぎっ子にやや劣る傾向がみられる。しかしこれはあくまで全体的な統計結果であって、なかには、かぎっ子であってもすぐれた性質をつちかっている者もあるだろう。ことに今回の調査では、かぎっ子の母親を全体的に一括して集計しており、これをさらに細かく、その内部のいろいろな層やグループに分けて考察するまでにはいたっていない。これまでのところでは、かぎっ子というだけでまとめた判断であるから、もしこれを細かな層別にとってみれば、もっと変化したものになることが予想される。この点は、今後の課題として残しておきたい。

このような問題もあって、われわれは本調査において、統計的調査と併行して、よりインテンシブな方向を求める母親のインタヴューも同時に実施した。この設問は「あなたがお勤めに出ていらっしゃる（あるいは働いていらっしゃる）ことが、お子さんにとってプラスになっているような面がありましたら、おっしゃってください。」という自由回答式である。

これにより得られた結果を整理すると、第５－３表のようになる。

インタヴューの技術の問題に関連するが、プラスの側面については何らかの回答をした人は、準かぎっ子、かぎっ子の親とも、半数にやや足りず、無回答が非常に多い。しかし、プラスの面はない。とはっきり答えた親は逆に非常に少ない。

プラスの影響として、最も多くの母親があげているのは、「自分のことは自分でするようになった」「自分のことは何でもするようになった」ということと、『家事の手伝いをするようになった』、「よく手伝うようになった」といったような行動面での変化である。

第5－3表　子どもにとってプラスの影響

	準カギッ子	カギッ子	計
（子どもの行動に関して）			
自分のことは自分でするようになった	25	43	68
家事を手伝うようになった。	18	34	52
（子どもの態度や性質に関して）			
自立心、独立心が強くなった	8	32	40
責任感が強くなった	4	5	9
親への思いやり、理解ができた	14	28	42
弟や妹のめんどうをよくみる	1	8	9
友人・他人と協調的	6	4	10
お金の大切さがわかるようになった	4	1	5
仕事の尊さを知る	10	4	14
その他の態度	2	7	9
（母親自身への影響から）			
子どもに欲しいものを買ってやれる	14	33	47
母親自身へのプラスの影響	5	6	11
その他（生活が規則的になるなど）	1	2	3
（プラスの面）計（ダブルチョイスを含む）	112	207	319
プラスの面回答者計	96	184	280
プラスの面なし	6	6	12
D. K.　N. A.	99	214	313
全体　計	201	404	605

これらは、より一般化した言葉で表現された場合、「自立心が強くなった」、「自主性・独立心が増した」といった態度特性でのべられている。前章の結果では、かぎっ子に自主性の面でやや劣る傾向がみられたが、ここでは、家庭のなかでの日常的な行動から母親がとらえた自主性と、学校の学級集団のなかで教師の評価する自主性と、内容的に差異がある点を注意しておくべきであ

ろう。

親が時間的に忙がしいという客観的な条件は、まず自分のことは自分でする、手伝う、といった行動面での変化を与え、それが、自立心、独立心を増すといった一般的な態度特性にまで変化を与えていくと考えることができる。「友人・他人と協調的になった」、「責任感が増した。」「忍耐強くなった」、「勤労の尊さがわかるようになった」といった変化は、さらに次元の高い態度変化であると思われる。

第5－3図　母親の認知する子どもに対するプラスの影響（関連図）

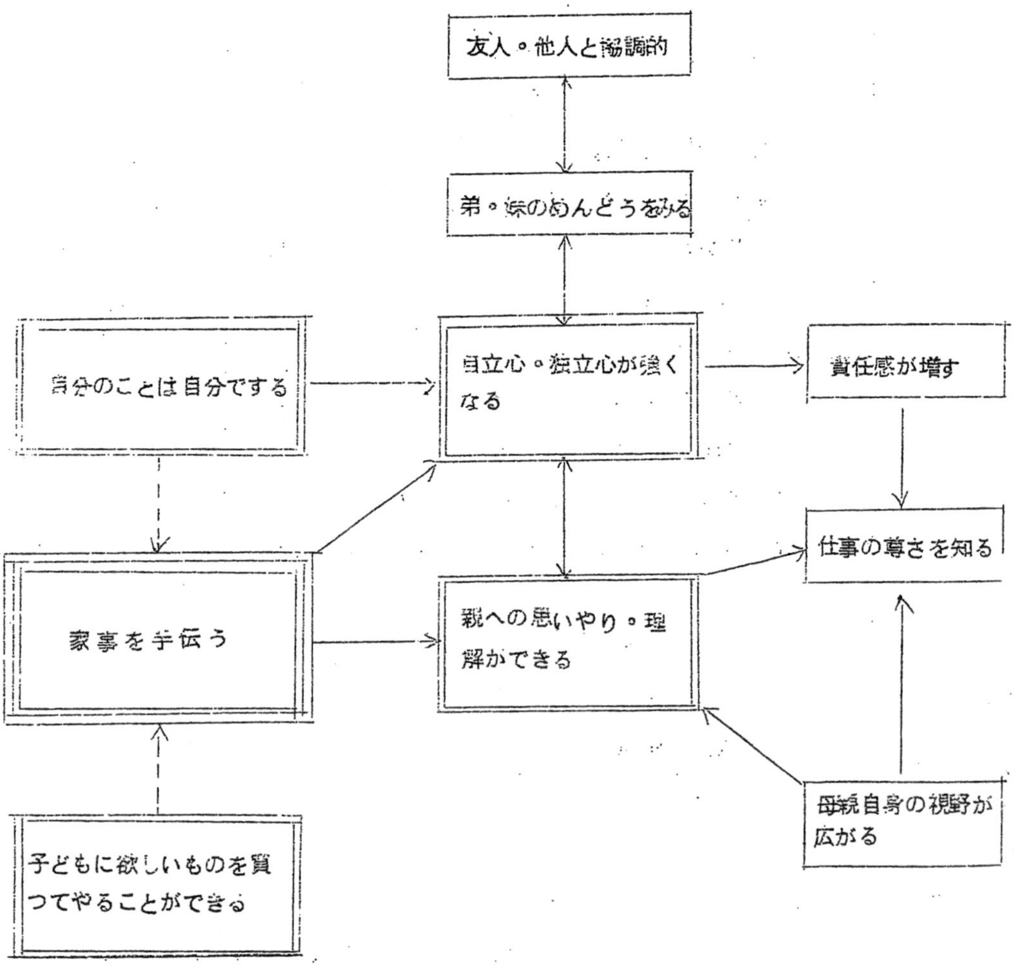

子どもに対するプラスの影響力について、インタヴューで得られた結果をまとめてみるならば、第5－3図のような連関図が描けるであろう。（もちろんこれは、自由回答の結果をアフターコードしていく過程で想定された連関であり、連関の有無や方向について数量的な裏付けをもつものではない。）

図にかかげた以外の項目については、ごくすこしの頻度でしか表われていないから、この図によって、母親が働くことの子どもへのプラスの影響に関する認知の内容はほゞつくされていると考えてもよい。

設問では子どもの側の変化についてたずねたのだが、「子どもに何でも買ってやれる」というような、自分自身の立場の変化を答えた親が多かったことは、注意すべきかもしれない。子どもの態度や行動の変化にたえず気を配ることができ、子どもの変化に応じて、親の態度を変えていくことができるようであれば、その親子関係は円滑に機能するであろう。子どもに何か買ってやれるからプラスであると、親が一方的に考えるのではなく、買ってやった結果、子どもがどのように変化していくかについて、たえず配慮のできる母親であるべきであろう。

3. 要　　約

本章では、母親が働いているということが、子どもに対して、どのような影響を与えるか、という問題に焦点を合わせて考察した。

母親が働いているという生活条件の差異が子どもに影響を及ぼす場合の問題として、われわれの調査では次の3つの問題を分析した。(1)は、特に親子の接触のあり方に関連して、親の子に対する積極的な接触への志向を子どもの側では、どのように受けとっているのか、ということ。(2)は、親の一般的なしつけ態度は、型として子どもにどのようにうけとられているか、かぎっ子と一般の子と差異があるかどうか、そして最後に、(3)母親が働くことによって子どもの側に、どのようなプラスの面が生じると親は認識しているか、という問題である。

母と子の接触については、母親の接触に対する積極的な気持（第3章）にもかかわらず、子どもの方は、やはり一般の子と比較してかぎっ子に、親の接触態度を拒否的に受けとっている傾向が若干みられた。

親の一般的なしつけ態度については、かぎっ子、準かぎっ子、一般の子どもに、その受けとり方についてはほとんど大きな差はみられなかった。このことは、かぎっ子という状態におかれている子どもたちが、一般の子どもに比して、若干の点でやや劣るところがあるにせよ、一般的な行動や性格特性については、それほど大きな差異を持つものではないことを説明する助けになるであろう。実際には、母親の生活条件の面で、かぎっ子と一般とはちがっていても、基本的な親のしつけ態度という媒介要因そのものについては、この面の調査によるかぎり大差がなかったということである。

「親が働くことによって子どもにどのようなプラスの影響があると思うか」という自由回答式の質問の結果では、プラスの面の内容を答えた親は、かぎっ子、準かぎっ子の親のそれぞれ半数にみたなかったが、「自分のことは自分でするようになった」、「家事を手伝うようになった」といった日常的な行動面の変化をあげる親が最も多かった。

ここでは、実際の子どもの行動が母親の認知と同じであるかどうかは問題にしなかったが、しかし、親自身が、子どもに対するプラスの影響ということを認識しているかどうかは、大切な点であろう。母親が働くということの子どもに対する影響については、ほとんどマイナスの面でのみ考えられがちであるが、特に子どもが大きくなっている場合などは、プラスの面ということをもっと認識していくことが必要と思われる。親が働くことによって、子どもが現実に、良い特性を発達させることができるならば、大いに望ましいことである。この調査ではまだ十分とはいえなかったので、今後、この面に焦点を合わせた研究が、もっと行われていくことが期待される。

第６章　農村の場合

１　比較の意義

かぎっ子の生活や行動を問題とするとき、それは母親の不在、およびそれから派生する愛情的、教育的な欠陥に帰すことができるものか、あるいは母親の雇傭という形態での就労が、「母親は本来家庭にあるべきものだ」という。人々の、また子ども達の一般的な意識との関連において、かぎっ子の行動に何らかの影響をおよぼしているのか、ということが明らかにされなければならない。そして、後者の場合には、人々の意識や当の子ども達の意識が、地域的に異なったあらわれかたをすることが想定されるので、この問題を明らかにするためには、地域の社会構造の別に分析をすゝめることが必要となる。

これまで、工業都市である川崎市、中小工業・商店・住宅などの混合地帯である渋谷区における、かぎっ子とその母親の生活と意識について述べてきたが、上のような問題を明らかにするために、それとの比較・参照に供すべく、農村地帯の子どもと母親の生活と意識に関する調査を行なっている。本章では、都市のかぎっ子や母親の諸特性と比較しながら、農村のかぎっ子の生活、意識、母子関係、それに母親の意識などについて述べることにする。

２　社会的背景

調査対象地とされた農村は、栃木県小山市郊外の純農村地帯である豊田地区である。この地区で調査の対象とされたものは（有効回収数）、子ども３０１名、うち中学生１５８名（一般４２、かぎっ子１１６）、小学生１４３名（一般４４、かぎっ子９９）、およびその母親２６７名、うち中学生の母親１３１名（一般３４、かぎっ子９７）、小学生の母親１３６名（一般３７、かぎっ子９９）である。

ただ、こゝでは便宜上かぎっ子とされたものは、既に定義されたかぎっ子とは性質を異にしているので、あらためて農村におけるかぎっ子の定義を下しておきたい。

この地区では、大多数の家庭が農業を営んでおり、調査対象者の６割が専業農家である。この地区でも兼業農家の割合が比較的増加してきてはいるが、父親の職業が何であれ、母親が農業に従事している家庭は、いまだ大多数をしめている。このような家庭の子どもは、家から大声で呼べば聞えるようなところで母親が働いているとはいうものゝ、実質的には、帰宅後（学校からの）直ちに母親との接触をもつというわけにはいかない。後に述べるように、夕食までの時間、母親に親しく世話をしてもらえないという点では、彼らの立場は都会のかぎっ子のおかれている状態と異ならない。

そこで母親が農業にたずさわり、週日は一日中田畑で働いている家庭の子どもを、こゝではかぎっ子と定め、それ以外の家庭の子どもを一般家庭の子どもとして定義した。なお、母親が死亡その他の理由でいない家庭、および母親が常傭勤労者である家庭（都会のかぎっ子の家庭と同じ）は、いずれの群にも含まれていない。

この地区については、さらに３つのことに注意しておく必要がある。１つは、こゝでは、子どもの数が３人ないし４人という家庭が最も多く、前者が４３.８％、後者が２７.７％で、合計して７１.５％を占めていることであり、２つは、かぎっ子の場合、祖父母の両方ともを欠くという家庭が３５.７％（一般家庭では７０.４％）にすぎないということである。この２つの点から、かぎっ子とはいえ、母親以外の保護者がいる家庭が多い点で、都市のかぎっ子とは著しく性格を異にすると考えられる。その３は、すでに述べたように、地区の大多数の家庭が農家であり、母親が戸外で働くということは、子どもにとっても母親自身にとっても、おそらく伝統的に、あたりまえのこととして受けとられているために（子どもの場合、母が働くことについて、賛成５５％、反対１３％。母親に仕事の継続意志のあるもの９４％）、母親が就労している家庭が少数群である都市の場合とは、母親の就労をめぐる意識が、母子とも諸々の面でかなり異なってくるということである。

なお、かぎっ子の父親の職業は、７７.６％が農業であり、一般の子どもの父親の職業では、事務、販売、運輸、技能工、生産工程従業者などが６０.６％をしめている。

3　かぎっ子の生活

はじめに、このような特性をもった豊田地区の、子どもの生活実態を、都市の子どもの生活と比較しながらながめてみよう。

まず、帰宅後の生活の点では、一般の子どもとかぎっ子との間には、概ね差異がみられない。自分の家か友達の家で遊ぶ。あるいは自分の家で仕事の手伝いをするというのが、両群の大部分をしめている。（第６－１表）

第６－１表　帰宅後夕食までに主として何をするか

	小学生		中学生	
	一般	かぎっ子	一般	かぎっ子
家の中で遊んだ	29人（65.9%）	54人（54.5%）	21人（50.0%）	44人（37.9%）
外で遊んだ	6（13.6）	25（25.3）	5（11.9）	18（15.5）
読書・勉強をした	19（43.2）	44（44.4）	15（35.7）	38（32.8）
塾やおけいこに行った	—	2（2.0）	2（4.8）	5（4.3）
仕事の手伝いをした	23（52.3）	56（56.6）	35（83.3）	100（86.2）

勉強する時間は、小学生ではいずれの群でも少なく、１６～６０分が８７％前後であるが、中学生では、一般の子どもは、９０～１２０分が４２.９％、６１～９０分が１４.３％、３１～６０分が２６.２％となっているが、かぎっ子では逆に、９１～１２０分が１９.０％、６１～９０分が１４.７％、３１～６０分が４６.６％となっている（第６－２表）。これは、中学生のかぎっ子では、ごく僅かながら、学校で遊んで帰ったり、クラブ活動をして帰ったりして、まっすぐに家に帰るものゝ割合が低いことにも基づく現象であろう（第６－３表。）

この点では、都会とほゞ似たような傾向がみられている。すなわち、都市のかぎっ子でもすぐ家に帰らず、クラブ活動などをした後で帰宅するものが比較的多いし、読書、勉強などをせず、仕事、手伝いをするものゝ割合が高くなっている。また、農村では、塾やけいこ事には行かない子どもが大多数である。

親子の接触時間に関しては、一般の子どもとかぎっ子との間に、大きな差異をみることができる。夕方、子どもが１人でいる時間については、一般の子どもでは０が８３.１％であり、また下校時に母親がいつも在宅しているものの８０.３％に達している。かぎっ子では、６０分以上１人

第6－2表　一日平均の勉強時間

	小学生		中学生	
	一般	かぎっ子	一般	かぎっ子
しない	0人(0%)	1人(1.0%)	2人(4.8%)	0人(0%)
1～15分	2(4.5)	4(4.0)	－	1(0.9)
16～30分	23(52.3)	64(64.6)	2(4.8)	13(11.2)
31～60分	15(34.1)	24(24.2)	11(26.2)	54(46.6)
61～90分	－	3(3.0)	6(14.3)	17(14.7)
91～120分	3(6.8)	3(3.0)	18(42.9)	22(19.0)
121～150分	－	－	1(2.4)	5(4.3)
151～180分	－	－	2(4.8)	3(2.6)
181分以上	1(2.3)	－	－	1(0.9)

第6－3表　学校が終つてから何をするか

	小学生		中学生	
	一般	かぎっ子	一般	かぎっ子
すぐ家へ帰る	23人(52.3%)	50人(50.5%)	12人(28.6%)	29人(25.0%)
学校でしばらく遊ぶ	9(20.5)	33(33.3)	9(21.4)	29(25.0)
クラブ活動をする	9(20.5)	11(11.1)	18(42.9)	52(44.8)
塾やおけいこに行く	1(2.3)	－	－	1(0.9)
途中よりみちをする	－	－	－	2(1.7)
その他	2(4.5)	5(5.1)	3(7.1)	3(2.6)

でいるものが、小学生で46.5％、中学生で18.6％、30分以上1人でいるものは小学生で61.6％、中学生で31％となっている。しかし、帰宅時、母親がいつもいないというものは、小・中学生合せて62.2％に達している。1人でいる時間が、子どもの学校の別によって異なるのは、中学校では下校時間が遅くなっているからである。

夕食時に、母親と一緒に食事をするかどうかという点では、かぎっ子も一般の子どもも、大部分（前者で８０.５％、後者で７７.９％）がいつも一緒に夕食をとるという傾向がみられ、２つの群の間に差異はない。このことは、かぎっ子の母親の勤労時間は８時間以上が最も多く、８４.２％にも達しているが、子どもの夕食時までには帰宅して夕食の仕度を始めることゝ、夕食時間が遅いという農家の一般的な習性とを表わしている。

都市における親子の接触時間は、これまでにも述べたように、かぎっ子の家庭において少ないが、かぎっ子・準かぎっ子の家では、母子が夕食をともにすることもやゝ少なくなっている。これは、農村の場合とやゝ事情を異にする点である。

農村のかぎっ子が、母親と夕食をともにすることが多いということは、子どもの家事負担の点からも示されている。つまり、かぎっ子でも一般の子どもでも、「夕食の仕度を全くしない」というものが半数以上あり、あとは「ときどき手伝う」といった程度である。夕食の仕度にかぎらず、洗濯でも、夕食のあとかたずけでも、こうした傾向に変りはない。家のそうじとか、買物程度のことは、子どもがときどきする家庭が半数以上におよんでいるが、これについても２つの群に差異はない（第６－４表）

これは、子どもを対象とした調査の結果であるが、面白いことには母親の方では、一般家庭で、「そうじ、夕食の仕度、夕食のあとかたずけ、洗濯、買物など」のすべてにわたり、「いつでも自分でする」というものが大部分を占め、「子どもにときどき手伝ってもらう」とする母親の割合も「子供がときどき手伝う」とする割合より下まわっている（第６－５表）。これについては、子どもが手伝っているときでも、母親は仕事の主要な部分をなおひきうけているということが考えられる。つまり、一般の子どもは、家事を手伝う頻度においてはかぎっ子と変りはないにしても、手伝いの度合はごく補助的なものであって、母親の仕事を代行する性質のものではないと思われる。

一方、かぎっ子の母親では、一般の母親と比べて、「いつも自分でする」というものゝ割合が家事のいろいろな側面において低く、「子どもにときどきやってもらう」という率が高くなっている。したがって、かぎっ子の手伝いは、一般の子どもの手伝いに比較すれば、母親に代ってそれぞれの仕事をひきうける、という性質のものと考えられる。こうしたことは都市のかぎっ子についてもいえることであるが、都市では手伝いの頻度の点でも、かぎっ子は一般の子どもにまさっている。

このように、農村のかぎっ子の生活における特色は、

①都市のかぎっ子と同じように、すぐ家に帰らない。

②帰宅したとき母親はたいてい不在である。

③夕食まで一人でいる時間が、一般の子どもと比べて長い。

④勉強時間が短かい。

⑤母親の仕事の代行というかたちで家事の手伝いをする。

という点にあるが、都市のかぎっ子の生活と異なることゝして母親が夕食の仕度をし、母親と一緒に食事をすることが多いということがとりあげられる。

第6－4表 子どもの家事負担

		小学生		中学生	
		一般	かぎっ子	一般	かぎっ子
夕食のあとかたずけ	いつもする	3人(8.1%)	5人(5.1%)	3人(8.8%)	12人(12.4%)
	ときどきする	16 (43.2)	31 (31.3)	14 (41.2)	34 (35.1)
	全然しない	18 (48.6)	63 (63.3)	17 (50.0)	51 (52.6)
買物	いつもする	5人(13.5%)	24人(24.2%)	8人(23.5%)	28人(28.9%)
	ときどきする	17 (45.9)	58 (58.6)	15 (44.1)	47 (48.5)
	全然しない	15 (40.5)	17 (17.2)	11 (32.4)	22 (22.7)
洗濯	いつもする	—人(0%)	6人(6.1%)	3人(8.8%)	14人(14.4%)
	ときどきする	13 (35.1)	27 (27.3)	11 (32.4)	40 (41.2)
	全然しない	24 (64.9)	66 (66.7)	20 (58.8)	43 (44.3)
家のそうじ	いつもする	7人(18.9%)	17人(17.2%)	5人(14.7%)	23人(23.7%)
	ときどきする	19 (51.4)	47 (47.5)	21 (61.7)	52 (53.6)
	全然しない	11 (29.7)	35 (35.4)	8 (23.5)	22 (22.7)
夕食の仕度	いつもする	2人(5.4%)	4人(4.0%)	3人(8.8%)	10人(10.3%)
	ときどきする	10 (27.0)	24 (24.2)	16 (47.1)	37 (38.1)
	全然しない	25 (67.6)	71 (71.7)	15 (44.1)	50 (51.5)

第6－5表 母親の家事労働

		小学生		中学生	
		一般	かぎっ子	一般	かぎっ子
夕食のあとかたずけ	いつも自分でする	32人(86.5%)	58人(58.6%)	24人(70.6%)	64人(66.0%)
	子どもにときどきやってもらう	3 (8.1)	34 (34.3)	8 (23.5)	24 (24.7)
	子どもに全くまかせている	2 (5.4)	2 (2.0)	1 (2.9)	3 (3.1)
	その他の人がする	－	5 (5.1)	1 (2.9)	6 (6.1)
買物	いつも自分でする	24人(64.9%)	38人(38.4%)	20人(58.8%)	38人(39.2%)
	子どもにときどきやってもらう	6 (16.2)	42 (42.4)	12 (35.3)	35 (36.1)
	子どもに全くまかせている	5 (13.5)	9 (9.1)	1 (2.9)	15 (15.5)
	その他の人がする	2 (5.4)	10 (10.1)	1 (2.9)	9 (9.2)
洗濯	いつも自分でする	32人(86.5%)	68人(68.7%)	30人(88.2%)	71人(73.2%)
	子どもにときどきやってもらう	4 (10.8)	25 (25.3)	4 (11.8)	20 (20.6)
	子どもに全くまかせている	1 (2.7)	3 (3.0)	－	2 (2.1)
	その他の人がする	－	3 (3.0)	－	4 (4.1)
家のそうじ	いつも自分でする	30人(81.1%)	55人(55.6%)	26人(76.5%)	59人(60.8%)
	子どもにときどきやってもらう	7 (18.9)	34 (34.3)	8 (23.5)	28 (28.9)
	子どもに全くまかせている	－	5 (5.1)	－	4 (4.1)
	その他の人がする	－	5 (5.1)	－	6 (6.2)
夕食の仕度	いつも自分でする	33人(89.2%)	45人(45.5%)	28人(82.4%)	59人(60.8%)
	子どもにときどきやってもらう	2 (5.4)	36 (36.4)	6 (17.6)	18 (18.6)
	子どもに全くまかせている	1 (2.7)	2 (2.0)	－	10 (10.3)
	その他の人がする	1 (2.7)	16 (16.2)	－	10 (10.3)

4　母子関係

次に、母子関係について、母子の話し合いの頻度をみると、かぎっ子の場合、一般の子どもと比べて、母親と話し合うことがやゝ少ない（第6－6表）。子どもの成績をみるかどうかという点でも、かぎっ子の母親は必ずみるという割合が低いが、礼儀や勉強に関してやかましくいう程度については、一般の母親と異ならない（第6－7表・第6－8表）。これらのことは、都市のかぎっ子の母親にも共通してみられることである。

農村のかぎっ子も、都市のかぎっ子と同じように、母親と親しく接触し、話し合い、世話をしてもらう、という機会に恵まれていないし、母親の側でも子どもに関心を注ぐいとまがない。勉強について、ときどきやかましくいうことは、日常子どもに注意をはらっていられないことから生ずる。母親の焦りにも似た態度を示すものであろう。

第6－6表　子どもと話しあう頻度

	小学生		中学生	
	一般	かぎっ子	一般	かぎっ子
しょっちゅう話し合う	30人(81.1%)	66人(66.7%)	21人(61.8%)	57人(58.8%)
ときどき話し合う	7（18.9）	26（26.3）	10（29.4）	35（36.1）
話し合うことはほとんどない	−	6（6.1）	3（8.8）	5（5.2）
不明	−	1（1.0）	−	−

第6－7表　子どもの成績をみるか

	小学生		中学生	
	一般	かぎっ子	一般	かぎっ子
必ずみる	25人(60.6%)	51人(51.5%)	18人(52.9%)	44人(45.4%)
出されたときだけみる	11（36.6）	43（43.4）	15（44.1）	46（47.4）
ほとんどみない	1（2.8）	5（5.1）	1（2.9）	6（6.2）
不明	−	−	−	1（1.0）

第6－8表　母は，礼儀，勉強などについてやかましいか

	小学生		中学生	
	一般	かぎっ子	一般	かぎっ子
いつもやかましくいう	3人(6.8%)	14人(14.1%)	15人(35.7%)	30人(25.9%)
ときどきやかましくいう	38(86.4)	80(80.8)	27(64.3)	84(72.4)
何もいわない	3(6.8)	5(5.1)	－	2(1.7)

農村のかぎっ子の母親の悩みは、さすがに、「子どもの世話ができない」というものが最も多い。次いで、「身体が疲れる」、「家族みんなでくつろげない」などがあげられている（第6－9表）。母親は仕事から帰ると、子どもと話し合ったり、身体の疲れをいやすことに時間をさきたいと考えているが（第6－10表）、実際には、こうしたことに時間を費やすことはできず、家事をかたずけたり、仕事の残りをしたり仕事の準備をしたりすることで、一日を終ってしまっている（第6－11表）。都市のかぎっ子の家庭と同じように、母親は夫と話し合おうとすることはほとんどない。農村でも、夫との話し合いの中に、母親の就労に関する問題を打開する途が残されていると考えられる。

第6－9表　家庭で困っていること（かぎっ子）

	小学生の母	中学生の母	計
子どもの世話ができない	23人(23.2%)	23人(23.7%)	46人(23.5%)
家事が十分できない	9(9.1)	6(6.2)	15(7.7)
家族みんなでくつろげない	10(10.1)	7(7.2)	17(8.7)
趣味や教養の時間がとれない	5(5.1)	4(4.1)	9(4.6)
身体が疲労する	7(7.1)	12(12.4)	19(9.7)
特に困っていることはない	37(37.4)	40(41.2)	77(39.3)
その他	4(4.1)	1(1.0)	5(2.6)
不明	4(4.1)	4(3.1)	8(4.1)

第6－10表　帰宅後どのようなことに時間を使いたいか（かぎっ子）

	小学生の母	中学生の母	計
家事をかたずけること	10人（10.1％）	9人（9.3％）	19人（9.7％）
子どもと話し合うこと	50（50.5）	50（51.5）	100（51.0）
夫と話し合うこと	－	2（2.1）	2（1.0）
勤務の疲れをいやすこと	11（11.1）	13（13.4）	24（12.2）
趣味や教養のため	8（8.1）	7（7.2）	15（7.7）
仕事の残りや準備をすること	10（10.1）	11（11.3）	21（10.7）
その他	6（6.1）	2（2.1）	8（4.1）
不明	4（4.0）	3（3.2）	7（3.6）

第6－11表　実際には，どのようなことに時間を使っているか（かぎっ子）

	小学生の母	中学生の母	計
家事をかたずけること	45人（45.5％）	43人（44.3％）	88人（44.9％）
子どもと話し合うこと	20（20.2）	5（5.2）	25（12.8）
夫と話し合うこと	－	1（1.0）	1（0.5）
勤務の疲れをいやすこと	7（7.1）	9（9.3）	16（8.2）
趣味や教養のため	2（2.0）	－	2（1.0）
仕事の残りや準備	14（14.1）	25（25.8）	39（19.9）
なんとなくすごす	3（3.0）	6（6.2）	9（4.6）
その他	4（4.0）	5（5.2）	9（4.6）
不明	4　4.0	3（3.1）	7（3.6）

ところで、このような立場におかれている母親に対して、かぎっ子はとりわけて不平・不満をもっていない母親に対して不平・不満のないものは、かぎっ子で66%、一般の子どもで67%であり、差は全くない。すでに記したように、母親が就労していることについて反対の意を表示しているかぎっ子はごく僅かであり、母親に対して仕事をやめて家にいてほしい。と望むものもごく少ない。

母親に対するかぎっ子の希望は、特にない35.3%、自分の身になって考えてほしい14.0%、もっと話し相手になってほしい8.8%などに多いが、一般の子どもでも、特にない27.9%、自分の身になって考えてほしい18.6%、もっと話し相手になってほしい7.0%の順になっていて、かぎっ子の希望は、かぎっ子であるがために生じた希望とはみなし得ない。

農村のかぎっ子は、母子関係やその他の生活条件で都市のかぎっ子と同様に恵まれていないが、概して、母親の就労（農業）に対して不平・不満をもたず、母親に対して格別の希望をいだいているむきも少ないといえる。このことでは都市のかぎっ子と違いをみせているが、これは、

①近所のおゝかたの家庭が、同じような状況にある。

②伝統的に母親の就労は、当然のことゝして、子どもを含めて一般の人々に容認されている。

③母親との接触は、母親の就労中でも容易に可能である。という農村特有の事情がある。

④夕食時の母子の接触が十分保持されている。

ということに基づくものと考えられる。

学校における、かぎっ子の行動に関する評価が、都市ではやゝ悪いということをすでに述べておいたが、かぎっ子の行動が何らかの面で問題をはらんでいるのであれば、母親の就労をあたりまえのことゝして受けとるか、それを不幸なことだと考えるかによって、かぎっ子の行動が問題を帯びたものになるか否かが、ある程度規制されるであろう。そして、上のような、母親の就労に対する子どもの受容一拒否は、母親の就労が極めて稀なことである地域か、あるいはそれが普遍的な地域であるかによって、かなり色あいの違ったものになると思われる。

母親の不在、それから派生する教育的・情緒的な面での欠如は、確かにかぎっ子を見舞う悪条件としてあることは事実であるが、農村のかぎっ子の場合は、それは「勉強時間がない」、「母親の仕事を代行しなければならない」、といった生活の表皮的な側面での、思わしくない結果を招致しているにとゞまっている。農村のかぎっ子の意識・態度には、それが格別の

作用をおよぼしているという証左は、都市の場合と異なり、みとめられていない。

結　　論

本調査の意図するものは、母親留守家庭の児童の生活と意識についてその実態を都会と農村において調査し、一般家庭児の実態と比較検討ののち、母親不在の状態が児童の性格形成におよぼす影響について把握しようとすることであつた。調査は、母とその子を対象にして、大都市型として東京都渋谷区、工業都市型として川崎市、農村型として栃木県小山市の小・中学生について行なわれた。最初に、本調査の結果を概括し、対策について考察してみたいと思う。

1. 概　括

そもそも都会と農村では母親の就労ということならびに母親の留守という家庭の状態についての社会における意識が異質であることに注目したい。そのことは本調査の結果にもあらわれている。そこでまず都会のかぎつ子についてのべたい。

(ア) 都会のかぎつ子の状態

調査の結果としては、概していえば、すべてにおいてかぎつ子の生活は一般児よりよい条件を示してはいないということである。しかしながら、当然各家庭には親と子の生活をつくり上げる努力があるから、といおうか。極端な数値でその差異が現われているわけではない。最も簡明に示される学業成績にしても、総体としては、かぎつ子の方が低く評価されている。学校でつけられる「行動の記録」にしても、かぎつ子は極端にわるいのではないが、生活習慣、自主性、情緒の安定性、協調性のすべての項目において優位になつてはいない。いわば、現在の生活で示され評価されるものには著しく問題点を見出さないが、かぎつ子の意識の中に包蔵されるものが彼等の性格をつくり、彼等の将来を方向づけることを思うとき、問題点が少くはないといえよう。

たとえば、一般児では、帰宅時に母がおらず、つづいて1人でいるのが30分以上と答えたのはただ1人であるが、かぎつ子では3時間以上1人でいるという回答が17人、5.2％である。そのことは結局母子の接触時間の少いことを示しているのであるが、これは必ずしも母子関係の稀薄性をそのまま意味するものではない。何故ならばこの17人の母の答の「話し合いの頻度」をみると、「よく話す」が8人、「ときどき話す」が7人、「ほとんど話さない」は2人だけである。一方、常に母とともにある一般児の中にも「ほとんど話さない」と訴えるものが4人もある。しかし、全体の傾向としてはやはり「よく話す」という答は、かぎつ子の母の60.0％に対し一般の母は78.7％であつて、かぎつ子の母子関係に問題点が残るのである。

同じようなことが夕食時の状況についてもいわれる。朝食は登校のため忙しいという条件があつて「母と一緒にたべる」ことに一般とかぎつ子家庭に大差はないが、夕食の際は「いつも母と一緒」の子は一般児がかぎつ子より多い。（一般児84.6％、かぎつ子76.0％）。「いつも別々に」と答える子はかぎつ子に8.4％ある。しかし、一般児の中にも「いつも別々に」夕食をとると答える子が1.6％あり、また「ときどき一緒に食べる」子が13.4％あるが、むしろこの方が問題であるともいえよう。

かぎつ子と一般児の生活の差異は家事労働にあらわれる。かぎつ子の母が家事労働を十分になし得ないのは当然であろうが、その仕事は子に肩代りされている。一般児の母は「自分でする」と答え「全くまかせる」は皆無であるが、かぎつ子の母は「自分でする（67.7％）」、「全くまかせる（4.6％）」、である。子どもについては「いつもする」が「そうじ（14.8％）」、「夕食の支度（7.7％）であり、一般児の「いつもする」が「そうじ（9.6％）」、「夕食の支度（3.9％）」というのに比較すると相当な生活の差異が見出される。しかし夕食の後始末については、一般児とほとんど同じで、かぎつ子の母は帰宅してからは家事を受持つのであろう。

かぎつ子と一般児の生活の差異は、母が子に子が母に対し抱いている意識の底に流れるものにも見出される。母の不在のため、または、家庭にいる時間でも母が忙しいため、母と子の間に疎通を欠き、子が母の愛情や配慮を認めたり受入れたりすることをなし得ないという点が見うけられるのである。かぎつ子は一般児に比して、自分が好ましく思わないことに、母の叱責の言葉の頻度が高いことを訴えている。たとえば「『家に入れない』という」、「身のまわりについてあれこれいう」、「気分によつて叱つたり、叱らなかつたりする」について母を非難することでは一般児よりつよい傾向を示している。他方、「自分のことを心配してくれる」、「たのんだことを心配してくれる」、「思うとおりにしてくれる」など自分に願わしく思うことには、母の誠意がうすいことを表現している。

このような母に対するかぎつ子の抵抗は、「仕事をやめて家にいてくれ」という切実な願いになつている。

かぎつ子の母の側でも、子どもにしてやりたいことでは、「話し相手になること」が最大の願いであり、実際に帰宅してからの家事以前の時間は夫と話すことよりも断然子どもと話すことにつかわれている。子どもと話すときが「食後くつろいだとき」であり、これは一般児の母よりも遙かに積極的姿勢である。話題も、学業に関することが最も多く、これはやや一般児より高い。子どものクラブ活動についての認知度もかぎつ子の母の方がやや高い。一般児の母で子どものクラブ活動についても「知らない」、友人関係についても「知らない」母があることは問題である。わからない問題があつたら誰にきくかの問にも、「母にきく」と答える率は僅かながらかぎつ子に多い。

以上のように、一般に、かぎつ子の母はできるだけの愛情と努力をもつて子どもとの関係づくりをしているようである。しかし母への不平・不満があるということ、またその強さもかぎつ子の方に強く表現されているのはやむを得ぬことであろう。この欲求不満の状態にあるかぎつ子に対し、いかなる保護対策をなすかが今日の課題である。

(イ) 農村のかぎつ子の状態

農村のかぎつ子の状態も都会の場合と大差なくあらわれているが、次の諸点で都会のかぎつ子家庭と異つており、それ故に農村におけるかぎつ子の問題は都会のものとかなり異質であるといえよう。

a) 都会では常傭勤労者が多く、一般児家庭に比して低所得階層のものが多い。したがつて共稼ぎの家庭は特殊性をもつてみられる。これに比し農村では夫も妻もともに働くことが常態となつているので、かぎつ子家庭の存在が特例視されるわけではない。

b) この通念は子どもの意識にもあらわれ、母の就労に反対しているのは極く僅かである。

c) 母が働いている場はわが家の所在地もしくは関係するところであるので、子どもは行こうと思えばそこに行けるので疎外感がない。

d) 都会のかぎつ子の母とちがい、食事の支度を子にまかせる母は少数であり、子と夕食をともにする。農業については、母は家事労働の時間を計算に入れて生活の企画をしているし、またそれが可能である点が都会の母の就労とは異なるのである。

e) しかし農村の場合も母の願いは都会の場合と同じく「子と話し合いたい（５１％）」である。加えて大きな差異は、都会のかぎつ子の母は、実際には余裕のある時間を子との話合い、勉強をみてやる、ことに費しているのに対し、農村の母は家事の片づけに費していることである。家事労働を子に手伝わせるにしても、「まかせる」わけにはいかないのが農家の衣食住であるように思われる生活に余裕があつても、妻の共稼ぎは当然のこととなつている農家の母の生活は、母が留守ということが母子の実態とはならず、したがつて家事労働をも含めて母の労働は過重となつている。

上述の理由から農家のかぎつ子問題は都会の問題とはかなり異質のものと考えられる。ただし、都市化し兼業化した農村の生活についてはまた別である。

2. 対　策

ここでいうかぎつ子のための対策の考察は、主として都会における場合のものである。対策として、(ア)家庭における局面と、(イ)社会における局面とが考えられよう。

(ア) 家庭において

a) 母自身の工夫と努力

現今の社会において健康で文化的生活を維持するために、共稼ぎすることが必須のことであるならば、現在においては母自身がまず母子関係を成長させるために工夫し努力することより他にない。家族の幸福のための家庭生活、またそのための共稼ぎであるからには、母はわが子の幸福をはかることを基本として就労を考え、家庭と仕事の両立をはかるべきである。話し合いの時間をつくるとか、日曜は子どもと外出するとか、おやつに工夫するとかの方法を考える。また、この見地における指導が行政面で考えられることが期待されよう。

b) 夫はじめ家族の協力

生計について妻がともに働くのであるから、家庭内の仕事、家族の和合については夫が協力しなければならないだろう。またそのようにするために、妻自身の努力（たとえば、夫と話し合うなどの）が必要であろうし、社会教育の内容としてこの面についてとり上げ指導するのも一方法である。

c) 専門機関の協力

児童福祉機関、ケースワーク援助、グループワーク指導が、かぎつ子家庭に焦点をおくことが必要である。現在の、かぎつ子家庭の増加傾向からして、かぎつ子家庭の問題解決のために、専門職はそれぞれ努力すべきであつて、つねに地区内の児童の傾向を研究していなければならない。

d) 家庭と学校との交流

かぎつ子家庭の場合、できるだけ学校との交流が望ましい。学校側もとくにかぎつ子家庭に積極的協力態度を示すことが望まれる。

(イ) 社会において

a) 学童保育の設営

学童保育の施設を充実しかつ増設することが現在の解決策として最も望ましい。ただし、専任で有能な保母をおき、ケースワーカーが家庭の相談をも受けもつことが必要である。

b) 遊び場の設営

都会はもちろん、農村でも、国道の貫通、工場の設営、農業の多角経営などにより、子どもの遊び場がなくなつている。かぎつ子の１３％が「いつも道路で遊んでいる」と答え、かぎつ子の母の心配は何よりも「事故（５１％）」である。このため、かぎつ子も、その他の子どもも、安心して遊べる場を設置することが、急務といえる。

c) 子ども会の指導

子ども会、集団指導による児童の健全育成はますます必要であり、この中でもかぎつ子を指導することに焦点をおいて積極態勢をとるべきである。

d) 女子の労働について

母の労働について一定の保護規定を設定するとか、女子の再雇傭制度について必要な措置を研究することは、かぎつ子対策の1つであろう。母が育児のために必要な期間だけ家庭にあり、再び職場に戻ることが許されることは、女子労働にとつて考慮されてよいことではあるまいか。

e) 児童手当法の施行

もしも「母は家庭に帰れ」という強い提唱を打ち出すならば、低所得階層にはとくに完べきな保障が前提とならなければならない。児童手当法はそのために施行されなければならない。

以上対策としては、家庭と社会にそれぞれ焦点をおき、またかぎつ子家庭を消滅させる方向と、現存するかぎつ子の育成を意図する方向において考察されるのである。しかしながら本調査に現れているように、問題は一般家庭においても、かぎつ子家庭においても、個々別々のものであり、かぎつ子であるという条件のみが児童の健全育成を阻害する唯一の条件ではないことを念頭におかなければならない。

参 考 文 献

留守家庭あるいはその児童生徒についての調査、研究は未だ出発点にあつて多くの蓄積があるとは言い難い。調査も多くは公的機関による実態調査であり、研究論文もテーマを特定なものに限定したものが大部分である。ここでは公的機関による実態調査の種類と、個人による研究論文にわけて、その主要なものを今後の研究の資料としてかかげよう。

Ⅰ 実 態 調 査

o 厚生省児童局：「全国家庭児童調査結果報告書」（１９６４年２月）

o 日本児童福祉協会刊：「日本の子供とその家庭の実態―全国家庭児童調査結果報告」（１９６４年）

o 東京都民生局、教育庁：「留守家庭児童生徒調査報告書」（１９６４年）

o 横浜市教育委員会：「留守家庭児童保護育成実験中間報告」（１９６５年）

o 地方行財政調査会：「留守家庭児童対策について」（１９６５年１０月）

o 宮崎県教育委員会：「留守家庭児童調査結果報告書」（１９６６年）

o 北海道総務部青少年対策室：「留守家庭児童生徒の適応に関する調査研究結果報告書」（１９６６年２月）

o 横須賀市教育研究所：「るす家庭児童・生徒についての調査」（１９６６年３月）

o 川崎市：「留守家庭児についてのしらべ」（１９６６年）

o 神奈川県社会福祉協議会：「学童保育に関する問題研究委員会報告」

o 共立女子大学児童研究部：「小学生の保育所―学童保育の実態と必要性」

o お茶の水女子大学児童学科：「かぎつ子を探る―共稼ぎ家庭の親子関係」

Ⅱ 研 究 論 文

o 牧野修二：「保育に欠ける児童の問題」（保育の友：１９６２年２月号）

o 坂田仁：「非行中学生の生活時間に関する一調査」（家裁月報：１９６４年２月号）

o 手塚直樹：「学童保育の問題」（保育の友：１９６４年４月号）

o 蓮見みち子：「学童保育―かぎつ子対策から制度化へ」（月刊福祉：１９６４年５月号）

o 奥山貞義：「川崎市の学童保育」（子どもと家庭：第５号）

o 一番ヶ瀬康子：「婦人労働者と家庭復帰論」（社会教育：１９６４年８月号）

o 秋本国男：「児童とその家庭の実態」（青少年問題：１９６４年７月号）

o 青柳良策：「留守家庭児童の実態」（社会教育：第２１巻６月号）

o 中山茂：「Ｋｅｙ Ｃｈｉｌｄｒｅｎの問題点」（青少年問題：１９６４年３月号）

o ルポルタージュ：「かぎつ子とＰＴＡ」（社会教育：１９６４年２月号）

o 渡辺文吉：「かぎつ子の望ましい指導」（学校経営：１９６５年８月号）

o 小倉胤雄：「片親の子と夫婦共かせぎの子は不良化するか」（青少年問題：１９６５年２月号）

o 藤原良毅：「出稼ぎ家庭の子どもたち」（青少年問題：１９６５年５月号）

o 鈴木寿二郎：「農村と育児」（子どもと家庭：１９６５年第７号

o 稿田弘之：「留守家庭児童と非行」（子どもと家庭：１９６５年第８号）

o 鈴木みち子：「団地のかぎつ子の問題」（保健の科学：１９６６年４月号）

o 金森定雄：「本校のかぎつ子とその対策」（学校体育：１９６６年５月号）

o 寺島時一：「団地つ子、鍵つ子の願い」（児童心理：１９６６年１月号）

o 上寺久雄：「かぎつ子問題とその対策」（青少年問題研究：１９６６年第１巻）

o 岩淵英之：「川崎市における留守家庭児童対策」（社会教育：１９６６年１月号）

o 小島茂良：「留守家庭児童の保護育成」（社会教育：１９６６年３月号）

o 有沢貞雄：「『かぎつ子』について」（青少年ふくおか：１９６６年第３号）

Ⅱ 単　行　本

o 秋田書店刊：「ママ日曜でありがとう」（１９６４）

o 家庭教育の会編：「かぎつ子、不在つ子」（１９６５）

o 労働旬報社刊：「学童保育物語」（１９６６）

附：調査用紙

児童・生徒の生活環境調査（子ども用）

青少年指導研究会

（書くまえに読んでください）

この調査は、みなさんが、どんなことを考えているか、ふだんどんな毎日をおくつているかを知るために行なうものです。

みなさんの成績（せいせき）には関係ありませんから、ありのままのことや、思つたとおりのことを答えてください。

なまえ ＿＿＿＿＿＿＿＿ 男・女 ＿＿＿＿ 学校 ＿＿＿ 年 ＿＿＿ 組

1. あなたは、きのう、学校から帰つて夕食まで、おもにどんなことをしましたか。あてはまるものに○をつけてください。
   1. 家の中で遊んだ
   2. 外で遊んだ
   3. 家で読書・勉強をした
   4. じゆく・おけいこに行つた
   5. 仕事・お手伝いをした
   6. そのほか（　　　　　　　　　　）

2. 学校が終わると、すぐ、家へ帰りますか。おもなものにひとつだけ○をつけてください。
   1. すぐ、家へ帰る
   2. 学校でしばらく遊んだり本を読んでから帰る
   3. クラブ活動をしてから帰る
   4. とちゆう、じゆくやおけいこによつてから帰る
   5. とちゆう、より道してから帰る

6. そのほか（　　　　　　　　　　　　　　　　　）

3. あなたは、遊ぶとき、いつもどんな所で遊びますか。

1. 公園・遊園地・広場
2. お寺・神社
3. あき地・原つぱ・川原・土手（どて）
4. 道　路
5. 盛り場・はんか街（がい）
6. 学　校
7. 友だちの家
8. 自分の家
9. そのほか（　　　　　　　　　　　　　　　　　）

4. あなたは、学校が終わつてから、電車やバスでとおくまで行つて遊ぶことがありますか。

1. よくある
2. ときどきある
3. ほとんどない

5. 学校が終つてから、だれと遊ぶことが多いですか。

1. きょうだい
2. 近所の友だち
3. 学校の友だち
4. ひとりで遊ぶ
5. そのほか（　　　　　　　　　　　　　　　　　）

6. おこずかいは、おもに、どのようにしてもらいますか。

1. 毎日もらう
2. 一週間ぶんをまとめてもらう
3. 一ケ月ぶんをまとめてもらう
4. ほしいときだけもらう
5. もらわない

6. そのほか（　　　　　　　　　　　　　　　　　　　　　　　）

7. あなたのおこずかいは、1カ月だいたいいくらですか。

	円

8. あなたは、おこずかいを、おもにどんなものに使いますか。

1. おやつ・おかし
2. 本を買う、本をかりる
3. 学用品
4. プラモデルや遊び道具
5. 切手・ブロマイド・レコード
6. 映画・スケート場・レーシングサーキット・つり堀
7. 昼　食
8. 貯　金
9. そのほか（　　　　　　　　　　　　　　　　　　　　　　　）

9. あなたは、朝、おかあさんといつしよに食事をしますか。

1. いつも、いつしよにたべます
2. ときどきいつしよにたべます
3. いつも、べつべつにたべます
4. 朝ごはんはたべません
5. おかあさんはいません

10. 夕食を、おかあさんといつしよにたべますか。

1. いつも、いつしよにたべます
2. ときどきいつしよにたべます
3. いつも、べつべつにたべます
4. おかあさんはいません

11. おやつは、だれからもらいますか

1. おかあさんからもらいます
2. おかあさん以外(いがい)の家の人からもらいます
3. おいてあるものをたべます
4. 自分で買ってたべます
5. 自分で作ってたべます
6. おやつはたべません
7. そのほか(　　　　　　　　　　　　　　　)

12. あなたは、じゅくやおけいこに行っていますか

1. 1週間のうち　1回行きます
2. 〃　2回行きます
3. 〃　3回行きます
4. 〃　4回行きます
5. 〃　5回行きます
6. 〃　6回行きます
7. 〃　7回以上行きます
8. 行っていません

13. 家で勉強していてわからない問題があったとき、あなたはだれにききますか。

1. おとうさん
2. おかあさん
3. おにいさんやおねえさん
4. 家庭教師の先生
5. じゅくやおけいこの先生
6. お友だち
7. 学校の先生
8. だれにもききません
9. そのほか(　　　　　　　　　　　　　　　)

14. あなたは、家で一日平均(へいきん)何時間ぐらい勉強しますか。

[　　　　　　] 時間くらい

15. あなたは、大きくなつたら、どんな生活をしたいと思いますか。一つだけえらんで○をつけてください。

1. 金持ちになりたいと思います
2. 有名な人になりたいと思います
3. 社会や国のためにつくしたいと思います
4. じょうぶで、ふつうの生活を楽しみたいと思います
5. そのほか(　　　　　　　　　　　　　　　　)

16. あなたのおかあさんは、どこかへはたらきに行つていますか。

1. 行かないで、家で、そうじ、せんたく、子どもの世話をしている
2. 毎日、はたらきにいつている
3. ときどき(一週間に何度か)はたらきにいつている
4. 内職をしている
5. 家の店や仕事場で、はたらいている
6. 田や畑にいつて、はたらいている
7. おかあさんはいません

これからあとの質問は、おかあさんのいる人だけ答えてください。
おかあさんのいない人は、これでおしまいですから、もう一度前のところを見なおしてください

17. あなたのおかあさんは、いそがしいときには、あなたが話しかけても、あいてになつてくれないことがありますか。

1. しよつちゆう　あります
2. ときどき　あります
3. ぜんぜん　ありません

18. あなたのおかあさんは、「ごはんを食べさせない」、「先生にいいつける」、「家の中に入れない」などということがありますか。

1. しょっちゅう　いいます
2. ときどき　いいます
3. ぜんぜん　いいません

19. べんきょう、きまり、れいぎ　などについて、おかあさんは、いつもやかましく　いいますか。

1. いつも　いいます
2. ときどき　いいます
3. 何も　いいません

20. 「もっと勉強すればできるようになるのに」と、おかあさんから、いわれることがありますか。

1. いつもいわれます
2. ときどきいわれます
3. いわれたことはありません

21. あなたのおかあさんは、あなたの身のまわりのことについて、あれこれうるさくいいますか。

1. いつもいいます
2. ときどきいいます
3. ぜんぜんいいません

22. あなたのおかあさんは、いつもあなたのことを、いろいろしんぱいしていますか。

1. いつもしんぱいしています
2. ときどきしんぱいしています
3. ぜんぜんしんぱいしていません

23. あなたのおかあさんは、あなたがたのむことなら何でも、よろこんでしてくれますか。

1. いつも　してくれます

2. ときどき、してくれます

3. ぜんぜん　してくれません

24. あなたのおかあさんは、あなたの思うとおりにいつも何でもしてくれますか。

1. いつも　してくれます

2. ときどき　してくれます

3. ぜんぜん　してくれません

25. あなたのおかあさんは、気分によつて、しかるときと、しからないときとがありますか。

1. しよつちゆう　あります

2. たまに　あります

3. ほとんど　ありません

26. あなたにたいして、おとうさんのいうことと、おかあさんのいうことがくいちがつていることがありますか。

1. しよつちゆう　あります

2. ときどき　あります

3. ぜんぜん　ありません

4. おとうさんはいません

27. あなたは、おかあさんから、どんなことを、いちばんしてもらいたいと思いますか。どれか1つをえらんでください。

1. もつと話し相手になつて欲しいと思います

2. もつとおこずかいをふやして欲しいと思います

3. 学校や勉強のことをあまりやかましくいわないで欲しい

4. もつと私の身になつて考えて欲しいと思います

5. 仕事をやめて家にいて欲しいと思います

6. たまには　いつしよに遊んで欲しいと思います

7. いつしよに食事をして欲しいと思います

8. 別にしてもらいたいことはありません

9. その他（　　　　　　　　　　　　　　　　）

28. あなたは、あなたのおかあさんに、不平や不満がありますか。

1. たくさんあります
2. 少しあります
3. ほとんどありません

ＳＱ１　1と2に○をつけた人だけ答えてください

おもにどんなことが不満ですか

29. お友だち9人が、それぞれ次のような意見をだしました。

あなたは、だれの意見に賛成（さんせい）ですか。一つだけえらんで○をつけてください。

A君　「どんな理由があつても、おかあさんが外ではたらくのには反対（はんたい）だ」

B君　「家にいてもただ　ブラブラしているのなら、おかあさんも外ではたらいたほうがよい」

C君　「日本では古くから母親（ははおや）は家にいることになつているから、やつぱり家にいたほうがよい」

D君　「外ではたらけば、それだけ自分の勉強にもなるから、おかあさんも外ではたらいたほうがよい」

E君　「何といつても親にとつては、私たち子どもが一番だいじなのだから、おかあさんは家にいたほうがよい」

F君　「お金がなくて苦しい時は、おかあさんも外ではたらいてくるべきだ」

G君　「お金はおとうさんがもうければよいし、外ではたらけばつかれるのだから、おかあさんは、家にいたほうがよい」

H君　「今の日本は、男女同けんだから、外で、おかあさんがはたらいてもよい」

I君　「おかあさんも、いつしよにはたらけば、それだけもつとお金が入るから、はたらいたほうがよい」

児童・生徒の生活環境調査（母親用）

青少年指導研究会

この調査は、お子さんの生活のようすをしらべて、お子さんのためのよりよい生活環境をきずくための参考にすることを目的として行なわれるものです。個人のお名前を発表することはありませんから、できるだけを正確にお答え下さい。

なお、この調査で「お子さん」といいますのは、現在（　　　　）小学校、中学校（　　　）年生に在学中の（　　　　）さんを指しています。

お忙しいところ恐れ入りますが、それではよろしくお願いいたします。

氏　名　　　　　　　　（子どものなまえ　　　　　　）　場所

1. 最初に（　　　　　）さんのご家族と、ご家族以外でも同居されている方についてお知らせ下さい。

	性 別	満年令	最終学歴、在学校、学年	健 康 状 態
本人	男 女	オ		
父		オ		
母		オ		
	男 女	オ		
	男 女	オ		
	男 女	オ		
	男 女	オ		
	男 女	オ		
	男 女	オ		

ＳＱ　これらの方々の中で、長く病気でねていらつしやるような方はありませんか。（あつた場合、健康状態の欄にチェックする）

2. お子さんの(　　　　)さんは、お家で次のことをどのくらいしますか。

イ、家のそうじ	1. いつもする	2. ときどきする	3. 全然しない
ロ、食事(主に夕食)の仕度	1. 〃	2. 〃	3. 〃
ハ、食事のあとかたづけ	1. 〃	2. 〃	3. 〃
ニ、買　物	1. 〃	2. 〃	3. 〃
ホ、洗　濯	1. 〃	2. 〃	3. 〃

3. あなた御自身は、次の家事をどのくらいなさいますか。

イ、家のそうじ	1. いつも自分でする	2. ときどきやってもらう	3. 全くまかせている
ロ、食事(主に夕食)の仕度	1. 〃	2. 〃	3. 〃
ハ、食事のあとかたづけ	1. 〃	2. 〃	3. 〃
ニ、買　物	1. 〃	2. 〃	3. 〃
ホ、洗　濯	1. 〃	2. 〃	3. 〃

SQ. 3.全くまかせていると答えた場合

それはどなたにまかせていらつしゃいますか。

イ、家のそうじ	
ロ、食事(主に夕食)の仕事	
ハ、食事のあとかたづけ	
ニ、買　物	
ホ、洗　濯	

4. あなたが、お子さんと話すのは、一日のうち、主にどんなときですか。

イ、朝でかける前

ロ、学校から帰つてきてから

ハ、食事の仕度をしながら

ニ、夕食中や食後のくつろいだとき

ホ、テレビをみながら

ヘ、その他のとき(　　　　　　　　　　　)

5. 次のことがらのうち、あなたが特に心がけて、お子さんと話し合おうとしていることはどれでしょうか。1つだけ選んでください。

イ、学業成績や勉強の仕方について

ロ、お子さんのしつけ上の注意

ハ、お子さんの友人関係について

ニ、お子さんの遊びについて

ホ、テレビ、新聞などでみる世の中の話題になつていることについて

ヘ、お子さんの将来について

ト、別にない

チ、その他（　　　　　　　　　　　　　　　）

6. あなたは、お子さんと話しをすることが多いですか。

イ、しよつちゆうある

ロ、ときどきある

ハ、ほとんどない

7. あなたは、お子さんのテストの成績をいつもみていますか。

イ、必ずみます

ロ、だされたときだけみます

ハ、ほとんどみません

8. お宅のお子さんは、学校でどんなクラブに属していますか。クラブの名前をあげて下さい。

イ、（　　　　　　　　　　）部

ロ、入つていません

ハ、知りません

9. あなたは、お子さんがつきあつているお友達について、どんなお友達を知つていますか。

イ、よく知つている

ロ、だいたい知つている

ハ、あまり知らない

ニ、ほとんど知らない

10. あなたは、お子さんのために何をしてやりたいと思つていますか。次のうちから、もつとも
してやりたいものを一つだけ選んでください。

イ、もつと話し相手になつてやりたい

ロ、たまには、勉強の相談にのつてやりたい

ハ、もつとお小遣いをふやしてやりたい

ニ、ときどきは遊び相手になつてやりたい

ホ、早く仕事をやめて、子どもの世話をしてやりたい

へ、せめて食事ぐらいは一緒にしてやりたい

ト、別にない

チ、その他（　　　　　　　　　　　　　　　　　）

11. 次の意見の中で、あなたが一ばん賛成するものを選んで下さい。

イ、大事な子どももいるし、家事もあるのだから、母親はいつも家にいた方がよい

ロ、経済的に困らないときは、母親は外で働く必要はない。

ハ、夫は外で働き、妻は家事に専念する。これが日本の古くからの伝統だから、それにしたがつたほうがよい

ニ、時間的に余裕があれば、自分の成長のために母親も外で働いたほうがよい

ホ、家計を一層楽にするためには、母親も外で働くことが必要だ

へ、母親も社会の一員として、家にだけいないで、外に出て働くのもよい

12. きのう、ご家族の方々は、それぞれどのようなことをしてすごされましたか
外出（出勤・登校）、帰宅、起床、就寝、だんらんなどについて、時間をお知らせ下さい。

	4	5	6	7	8	9	10	11	12	13	14	15	16	17	18	19	20	21	22	23	24	1	2	3
例			起床		出勤										帰宅	外出		テレビ			就寝			
子ども																								
父																								
母																								

13. 御家族の方々のお仕事と、従業上の地位をお知らせ下さい。

	職　　　業	従業上の地位
父		
母		

職　業　イ、専門・技術
ロ、管　　理
ハ、技能・生産
ニ、単純労働
ホ、運輸・通信
ヘ、サービス
ト、販　　売
チ、事　　務
リ、自　由　業
ヌ、内　　職
ル、農　林　業
ヲ、無　　職
ワ、そ　の　他

従業上の地位
a　雇用されている
b　会社などの役員
c　自家営業主
d　自家営業の手伝い
e　内　職

14. 現在すんでいるお家は次のどれでしようか。

イ、自　家
ロ、借　家
ヘ、私営アパート
ニ、公団アパート
ホ、都営アパート、県営アパート
ヘ、公営住宅
ト、間借り

チ、同　　居

リ、官舎、社宅、寮

ヌ、その他（　　　　　　　　　　　　　　）

Q15. あなたは次のようなことで外出をすることがありますか。

イ、おけいこ　　　　　　　　ロ、社交、訪問

ハ、宗教関係　　　　　　　　ニ、会、団体の関係

ホ、P.T.A　　　　　　　　ヘ、趣味の会

ト、その他（　　　　　　）

チ、外出しない

16. 一週間に何回ぐらい外出されますか。

イ、1　回　　　　ロ、2　回　　　　ハ、3　回

ニ、4　回　　　　ホ、5回以上

K17. あなたは、次のうちどのようなかたちで働いていますか。

イ、定年までの雇用　　　　ロ、年雇、月雇、給節雇

ハ、日　雇　　　　　　　　ニ、パートタイム

ホ、家業主、農業主　　　　ヘ、家業、農業の手伝い

ト、その他（　　　　　　）

SQ　ホ、へにつけた方は家業、農業と家事のどちらが主になつていますか。

イ、家業、農業が主

ロ、どちらともいえない

ハ、家事が主

18. 一週間のうち何日働いていますか。

イ、1　日　　　　ロ、2　日

ハ、3　日　　　　ニ　4　日

ホ、5　日　　　　ヘ、6　日

ト、7　日

19. あなたのお仕事は、どんな仕事ですか。

イ、サービス業（派出家政婦、お手伝いさん、飲食店手伝い）

ロ、物品販売（行商、露店を含む）

ハ、作業労務（学校用務員、まかない婦）

ニ、事務員

ホ、教　員

ヘ、保　母

ト、技術職（理容師、美容師、タイピスト、電話交換手、和洋裁）

チ、学童擁護員

リ、保険外交員

ヌ、工　　員

ル、看護婦、保健婦

ヲ、専門職（医者、学者、研究者、弁護士）

ワ、雑誌、新聞、放送関係

カ、農業、家業

ヨ、接客業

タ、その他（　　　　　　　　　　　　　　　）

20. 現在、どのような理由で仕事についていますか。

イ、自分しか働くものがいない

ロ、生活にひどく困っている

ハ、生活には困らないが、さらに収入が欲しい

ニ、十分に生活できるが、さらに収入を得たい

ホ、経済的な理由はない

ヘ、家業、農業だから

ト、わからない

a、仕事に生き甲斐を感じるから

b、自分の技術を生かしたい

c、自分自身の成長のため

d、自分の能力を社会に還元したい

e　ついた仕事だから続けている

f　家業、農業だから

g　わからない

21. あなたがお仕事をしていることについて、ご家族の方々は、どのようにお考えになつていますか。

A、ご主人の考え

イ、働くことに賛成

ロ、働くことに反対

ハ、どちらともいえない

B、お子さんの考え

イ、働くことに賛成

ロ、働くことに反対

ハ、どちらともいえない

22. あなたがお仕事に出ているとき、お子さんの面倒はどなたがみますか。

イ、祖父母　　ロ、年長の兄姉

ハ、学童保育　　ニ、保育ママ

ホ、親せきの人　　ヘ、近所の人

ト、同居人、使用人　　チ、なし

リ、その他（　　　）

23. 今の仕事を続けていきたいと思いますか。

イ、続ける

ロ、やめたい　その理由は（　　　）

その時期は（　　　）

ハ、転職したい　その理由は（　　　）

希望の仕事は（　　　）

24. あなたが仕事につかれたのは、お子さんがいくつのときからですか。

イ、子どもが生まれる前から　　ロ、1才になつてから

ハ、2才のときから　　ニ、3才から

ホ、4才から　　ヘ、5才から

ト、6才から　　チ、小学校に入学してから

リ、小学校4年生になつてから　　ヌ、中学校に入学してから

ル、その他（　　　　）

25. あなたの収入の主な使い途はどのようなものですか。

イ、家計の足しにする　　ロ、教育費

ハ、自分の小遣い　　ニ、貯金（将来にそなえて）

ホ、家族のレジャーのため　　ヘ、自分の収入がはつきりしていない

ト、その他（　　　　）

26. あなたは外出中、お子さんについて、どのようなことが一ばん心にかかりますか。

イ、友だちや、きようだいと、うまく遊んでいるかどうか。

ロ、宿題や勉強をしているかどうか

ハ、家事をうまくやつておいてくれるかどうか

ニ、事故や危険に会わないか

ホ、特に心にかからない

ヘ、その他（　　　　）

27. あなたは、勤めを終えて帰宅してから、どのようなことに一ばん時間を使いたいと思っていますか。

イ、家事をかたづけること

ロ、子どもと話し合つたり、勉強をみてやつたりすること

ハ、夫と話し合うこと

ニ、勤務の疲れを直すこと

ホ、趣味や教養のための時間を作ること

ヘ、仕事の残りをしたり、準備をしたりすること

ト、その他（　　　　）

28. それでは実際には、帰宅してから、どのようなことに時間を使うことが一ばん多いでしょうか。

イ、家事を片づけること

ロ、子どもと話し合つたり、勉強をみてやつたりすること

ハ、夫と話し合うこと

ニ、勤務の疲れを直すこと

ホ、趣味や教養のために過すこと

ヘ、仕事の残りをしたり、準備をしたりすること

ト、ただ何となくすごす

チ、その他（　　　　　　　　　　　　　　）

29. 帰宅してから、特にお子さんに対しては、どのようなことに心をつかいますか。

イ、留守中のことをたずねること

ロ、いろいろなことについて、うちとけて話し合うこと

ハ、勉強をみてやること

ニ、子どもの身のまわりの世話をすること

ホ、子どもの健康状態を知ること

ヘ、子どもの話をきいて、いろいろ注意すること

ト、子どもが喜ぶようにサービスすること

チ、その他（　　　　　　　　　　　　　　）

リ、別に心をつかうことはしない

30. 現在、あなたがお勤めをして、ご家庭のことで最も困つていることは、どんなことでしょうか。

イ、子どものめんどうが充分みられない

ロ、家事が充分できない

ハ、家族みんなで、くつろぐ時間がない

ニ、趣味や教養の時間がとれない

ホ、身体が疲労する

ヘ、特に困つていることはない

ト、その他（　　　　　　　　　　　　　　）

ＳＱ　困つていることがらについて、あなたはどのように解決しようと、お考えですか。または、どのような対策をおのぞみですか。

31.　あなたがお勤めに出ていらつしやることが、お子さんにとつて、プラスになつているような面がありましたら、おつしやつてください。

横浜市における留守家庭児童の分布と
これに対応する地域の児童福祉環境の実態

1 9 6 8

横 浜 市 立 神 奈 川 小 学 校

教諭　青　柳　良　策

横浜市における留守家庭児童の分布と
これに対応する地域の児童福祉環境の実態

1968

今年も，急がしい教育現場のあい間をぬって，留守家庭児童に関するささやかな調査研究を試みた。

留守家庭児童と言われている，「児童の保護・指導・監督に当る責任能力者が児童の在宅中継続的に一定時間不在して，その間責任のはたせない状況の家庭をさし，共稼ぎであっても，兄姉その他同居人でその能力をとっている者がある場合を除く」家庭の児童は，市内のどの地域に多いのか。また，増加の激しい地域はどこなのかを調べ，それぞれの地域における留守家庭児童の生活実態と福祉環境の実態を調査して，彼等の健全育成をすすめる基礎資料を得ようとしたのである。

日数だけは４０日ある夏休みも，やれ研究会，やれ登校日，やれ校舎工事のあとしまつ等ととられたため，調査につかえる日はほんのわずかであった。そのため，４月当初に予定したそれぞれの地域における住民の保護対策に関する意見の聞きとり調査は中止せざるをえなかった。そればかりでなく，後日にいたっても十分な時間がとれなかったために，追跡調査ができなかったことは一層分析を弱いものにしてしまったようである。また，いつものことながら叙述の曖昧さも目だつようであるが，きびしい御批判と御指導がいただければ幸いである。

なお，本研究をすすめるにあたり御指導と御協力をいただいた，横浜市教育委員会指導課山片指導主事，社会教育課小島係長・菊地課員。横浜市立神奈川小学校長藤本せつ子先生・汐入小学校長菅野康雄先生・入船小学校長浜田忠次先生・末吉小学校長飯田忠三先生・旭小学校長鈴木正三先生。及び調査地の父兄の方々に深甚なる謝意を表します。

昭和４３年３月２３日

目　　次

I　研究の概要と調査のねらい

1 研究の意図

国や地方自治体の手による工業開発の計画が着々とすすめられるにしたがい，労働力の不足を婦女子に求める傾向がここ数年来特に強まってきたが，一方では，家庭における消費生活を少しでも高めたいと願うために働こうとする母親たちも急激に増加してきた。そのため，児童のなかには，〝学校から帰っても誰れもいず，父母のいずれかが帰るまで1人で淋しく過さなければならない者〟が現われた。

はじめの頃は数も少なく，また，これらの児童にまつわる事故や問題行動等もほとんど知らされていなかったので，それほど問題にはされなかったのであるが，最近とみに多くなった児童・生徒の非行化や問題行動とのかかわりあいにおいて留守家庭児童・生徒のことが指摘され報道されるようになると，にわかにこれらの児童に対する保護対策のあり方や母親の就労にたいする是非の問題までも議論されるようになった。「家庭における教育の役割が児童の人間形成や情緒形成の上で極わめて重要であり，将来社会生活を営なむ上での適応・不適応はいつに家庭教育のいかんにかかっているのに，この重要な時期に母親が家庭における教育の機会を放棄して家の外で働くとはなんたることか。〝母親よ家庭に帰れ〟」と叫べば，母親の側からは，「安心して暮らせるだけの生活の保障をしないばかりか，社会が母親の労働を強く求めておきながら，児童・生徒の非行化や問題行動の原因を家庭における一方の教育主体者である母親に求めるのはけしからん。」というのである。

ところが，このような反駁を繰りかえしているうちにも留守家庭児童はふえる一方で，事態は一層深刻になってきたのである。出現率は大都市といわず地方都市においても2割をこえ3割に達せんとするところがでてきたし，「殺人事件を調べてみたところ，被害者も加害者も留守家庭児童・生徒であった。」「家人の不在を幸いに，来客をよそおった者に少女が殺害された。」「忘れものを取りに家に帰ったが，登校しないので調べてみたら誘拐される寸前であった。」等の不幸な事件まで続発したのである。

ことの重大性を痛感した国及び地方公共団体は，ようやくにして2・3年まえからこの問題の対策に乗りだした。しかしその現状はほとんどが試行的なもので，申し訳に現象を追いかけているほどのものにすぎないのである。留守家庭児童に関する基礎的な調査や研究がほとんどすすめられていないため，具体的な保護対策なり指導対策なりが立案できない状況にあることもその要因と考えられるので，本研究は，このような観点からの基礎的・総合的な資料の収集を意図しているものなのである。

2 研究の経過

この研究は，留守家庭の生活実態を明らかにしながら，児童にまつわる教育問題を解明しようとする調査研究と，放課後，児童を一定時間学校が保護して，彼等を交通の危険や偶発的な事故から守り，心身共に健全な育成を図ろうとする学校保護育成研究の二つより成っている。共に昭和38年より実施した継続研究であるが，その概要はつぎのようなものである。

(イ) 留守家庭の教育問題に関する研究

・第1次研究〜横浜市立神奈川小学校通学区域の実態調査から〜（38年度）

全市的な規模において留守家庭児童にまつわる教育問題を解明したいのであるが，これを一挙に実施することは困難なことであるので，横浜市でも最も出現率の高い神奈川小学校通学区域を調査地として選び，この地域に接近して実態を詳細に捉えたものである。調査の内容は，① 児童の発達段階と出現率の関係。② 家族員と家族構成。及び父母の学歴・職業・就業先事業所。③ 児童の学力の実態と不振の傾向。④ 下校後から就寝までの児童の生活行動の様態。⑤ 起床・睡眠・夕食・父母の帰宅時間。⑥ 母親の意識と児童の意識等についてである。調査の結果は，横浜市教育研究所所報第46号に掲載してある。

・第2次研究〜留守家庭の生活実態と母親の意識。留守家庭における家庭教育の様相〜（39年度）

第2次研究は，第1次研究の成果をふまえて，全市的な規模で留守家庭の生活実態と母親の意識を明らかにすること。及び家庭教育の実態を一般家庭の場合と比較してその問題点を捉えようと意図したもので，横浜市教育研究所の共同研究として実施したものである。前者の調査内容には，① 家庭の生活水準。② 母親の就業理由と家族の理解程度。③働きに出ていくことからおこるプラスとマイナスの影響。④ 帰宅後における母親の仕事と夫の協力程度。⑤ 子どもに対する配慮と勤務継続に関する意思。⑥ 学校や区に対する希望等をとりあげた。一方後者では，① 躾・手伝い・交友関係・学習場面での教育内容の状況。② 学習や手伝い場面での褒賞・叱責の度合いと方法の状況。③ 教育内容や教育方法における教育主体者の状況を内容としてとりあげた。

これらの調査結果については，横浜市教育委員会〜留守家庭児童保護育成実験校中間報告(2)に掲載してある。

・第3次研究〜母親の就労と体位形成との関係〜（40年度）

この調査は，同年令の一般家庭児童と留守家庭児童の体位を比較しながら実態を捉え，母親の就労が児童の体位形成にどのようなかかわりあいをもっているかを解明する体位調査と，出生から今日に至るまでの健康状態を知る健康調査。及び，家庭が望ましい体位づくりをすすめていくために必要な指導資料を得るための食生活調査の三つより成っている。体位調査では，① 発育度・栄養度・体格・型態的健康度の現状。② 母親が就労する以前のときの発育度・栄養度・体格・型態的健康度・現在のそれとの比較からみられる推移の傾向を調査の内容とし，健康調査では，① 妊娠中の母体の健康状態と栄養摂取の状況。② 出生時の児童の身長と体重。③ 就学時までの疾病異常の状況を明らかにすることを調査の内容とした。食生活調査では，① 食事の習慣性・一日平均

4

摂取栄養量・朝食や夕食やおやつの現状からみた栄養量適否の検討。② 栄養比率の検討。③ 使用食品の検討をとおして問題点を明らかにすることを調査の内容としている。結果については，横浜市教育研究所研究紀要３９集に掲載してある。

・第４次研究〜留守家庭児童の性格の実態と家庭の生活条件や親の教育態度との関係〜（４１年度）

この調査では，留守家庭児童に反社会的な，または非社会的な行動をとる者が多いと言われていることがらを性格の側面から探り，その実態を明らかにしながら家庭における指導の資料を得ようとしたものである。調査は，実態を把握するための性格調査と，性格形成に影響を及ぼす家庭の生活条件を知るための環境調査の二つより成っている。性格調査では，矢田部ギルホード性格検査によって測定された結果を，一般家庭の児童群と比較しつつ，① 性別にみた留守家庭児童の性格特徴。② 留守になってからの経過期間や家庭の生活程度など母親の就労状態別にみた性格の特徴。③ 集落構成の状態や児童のための福祉施設の有無といった地域環境の状態からみた性格特徴を詳細に検討することを内容としている。一方，家庭環境調査は，① 両親の年令・職業・教育程度や同胞構成，及び住居の状況等の客観的生活条件と性格形成の関係。② 親子間の遊び・話し合い・外出の度合，及び躾の状況等にみられ親の教育的態度と性格形成の関係を内容としている。調査の結果は横浜市教育研究所研究紀要第４５集に掲載してある。

(ロ) 学校保護育成実験研究

学校保護育成実験研究は，昭和３８年１０月，勤務校が横浜市教育委員会より，留守家庭児童保護育成実験研究の指定を受けて実施したものである。具体的には，留守家庭児童を，放課後一定時間学校が解放した教室に収容し，彼等に家庭的な雰囲気を与えて留守の淋しさから解放し，交通事故の危険や偶発的な事故から身を守ってやり，健全な心身の育成を図ろうとする試みである。

いうまでもないことであるが，この研究は勤務校が市より受けた指定研究であるから，もちろん全職員が一丸となって取り組んだものであり，全くの個人研究ではない。しかし，この研究の直接の責任者として，また，このクラブの運営や指導の責任者として取り組まなければならない状況におかれていたため，意図的な調査を実施したりまとめたりしたものが多い。そこで，このような立場からの研究内容を特に学校保護の実際という点にしぼってあげてみると，① 学校保護育成のねらいと指導体勢に関する事項。② 参加児童の割合と運営のための児童組織に関する事項。③ 保護育成をすすめるための施設設備に関する事項。④ 指導の計画と運営の方法に関する事項。⑤ クラブの運営管理に必要な諸帳簿に関する事項。⑥ 一般児童のクラブ観と参加児童のクラブ観に関する事項。⑦ 保護者や教師の反響に関する事項。⑧ 一般家庭母親の留守家庭児童観とクラブ観に関する事項。⑨ 一般家庭母親の学校保護に対してできる協力の度合と民生保護機関の設置に関する考え方。⑩ 実践上の問題点に関する事項などである。くわしくは「神奈川小学校留守家庭児童保護育成報告書〜実態の分析と学校保護の実際」及び，「一般家庭の母親たちは留守家庭児童保護対策についてどのように考えているか。」を参照されたい。

3 この調査のねらい

留守家庭児童の激増と，これらの児童にまつわる痛ましい事件や非行化への憂慮は心ある多くの市民を動かし，″学校から帰っても家に誰れもおらず，父母のいずれかが帰るまで1人淋しく過さなければならない児童たちのための保護対策を立てよ。〃と高く強く叫んでいる。

横浜市にあってはこのような事態に対処するため，昭和38年末より教育委員会の指定による学校保護の試図的研究が1区1校の割で開始され，これに約400名程の児童が参加した。一方，昭和39年より開始された民生局の所管による青少年の家や公民館を解放した10ヶ所の保護施設に約200名程の児童が参加している。保護対象の年令等に多少の違いはあるが，いずれの場合も，留守家庭児童中近隣・親戚・その他に児童の保護・指導・監督を委託できない家庭の児童を，下校後一定時間施設に収容し，児童の欲求や好みを考慮して楽しい生活を営ませながら，望ましい人間関係を結ばせて，豊かな心情と健全な身体を養ない，彼等を非行や交通事故やその他の不慮の災害から防いでやろうというものである。幾多の障害を乗りこえて，全国に先がけ具体的な形と方法をもって保護対策に乗り出した関係者の努力は大いに賞賛されなければなるまい。

しかしながら，ここで大いに問題にされなければならないのは，すでに4年の研究実績の上にたって，かなりの保護成果をあげているにもかかわらず，施設は一向ふえる見込みもなく，施設を持たざる地域に対する具体的な指導対策もうちだされていないことである。
現にある保護施設で恩恵を受けられる児童が本市留守家庭児童のわずか2.5％にすぎない。ことは，今もってなおこの対策が極めて消極的にすすめられている一面を物語っているのであろう昭和42年度における本市留守家庭児童の平均出現率は，小学校の場合は15％・中学校の場合は23％にも達しており，臨海工業地域の学校では40％を越え50％にも達せんとしているのである。児童の成長発達にとって，ただでさえ好ましからざる煤煙・騒音・交通災害等の悪環境の中にあって，そこに住む児童の10人中5人までが留守家庭児童であるとすれば，具体的な対策立案の必要性は急務を要するといえよう。

横浜の将来は，昭和35年の工場誘致条例にみられるように，工場地区の内陸部進出によって，名実共に一大工業都市として大きく変貌しつつあり，そのための工業開発は着々とすすめられている。労働力の不足が一層深刻になる一方，婦人の労働条件も改善されつつあるので，これらの地域にあっても母親の就業率は高まるであろう。そうなれば留守家庭児童もますます増加することが予測されるので，これらに対処するための留守家庭児童保護育成対策も地域の工業開発と並行してたてられなければなるまい。そこで本調査では，以上のねらいを達する基礎的な資料を得るためにつぎのことがらを明らかにしようとするものである。

① 横浜市における留守家庭児童の出現状況を詳細に把握し，今後とも激増するであろう地域を予測する。
② 現に出現率の高い地域や今後増加するであろう地域の児童福祉環境の現状と問題点を明らかにする。

II　横浜市における留守家庭児童の分布と増加の傾向

1　本市の平均出現率

第1表は，昭和42年度の横浜市における留守家庭児童数と割合を示したものである(小学校児童をさす)。これによると，その数は21693名の多きに達し，全児童に対する割合は14.74%にも及んでいる。

第1表　本市における留守家庭児童数

在籍児童数	147172
留守家庭児童数	21697
在籍児童数に対する割合	14.74

100名中15名もの者が，学校から帰ってからの数時間を両親のいずれとも会うこともなく淋しく過しているわけであるが，学年別にみた場合の出現率はどうなっているのであろうか。それぞれの学年在籍児童数に対する留守家庭児童数の割合を算出してみると，1年生7.6%，2年生11.4%・3年生14.3%・4年生17.1%・5年生18.9%・6年生21.4%となる。学年がすすむにつれて割合が増加していることは，「子どもが小さいうちは家にあって育児に専念しよう。」とする母親たちの多いことと，「子どもにさほど手もかからなくなったので働こう。」と考える母親たちの多いことを物語っているのであろうか。留守家庭児童保護育成指導者連絡会議の席上，低学年児童の母親ほど内職している者が多くなったという報告を聞いたが，はげしい物価の上昇と増大する教育費の渦中にあって，家外労働に比べれば全く条件の悪い低賃金内職に甘んじながら子どものめんどうをみている母親たちの多いことも見過してはなるまい。

第2表は，各行政区域別平均出現率をまとめたものである。最も出現率の高いのが鶴見区，第2位が金沢区，第3位が戸塚区，第4位が神奈川区で，以下南・西・中・保土ケ谷・港北・磯子区とつづいている。市の中心部地域に比べて周辺地域に多発していると言えよう。上位にある4区の特色について概観すれば，鶴見・神奈川区は本市の臨海工業地帯の中枢部を包含している区であり，金沢区・戸塚区は臨海工業地帯の飽和に伴なう工業の内陸化地区として盛んに開発されている区である。

第2表　行政区域別にみた留守家庭児童数

区名	数	%
鶴見区	3868	20.5
神奈川区	2282	15.3
西区	1209	13.5
中区	1012	13.3
南区	2825	13.8
保土ケ谷区	2857	13.3
磯子区	968	11.9
金沢区	1047	16.4
港北区	2471	12.3
戸塚区	3158	16.1

2　通学区域別にみた分布の状況

区の平均出現率を検討して注目されるのは，率の高い区と低い区にかなりの幅のあることである。このことは，言いかえるならば本市の留守家庭児童の出現分布が地域によって著しく差のあることを示唆しているのではないかと考えられる。そこでここでは，昭和４２年度の学校別出現率を基にして作成した第１図，通学区域別分布図によって留守家庭児童の分布の状況を詳細に把握しようと思う。

第１図
通学区域別にみた留守家庭児童の分布図

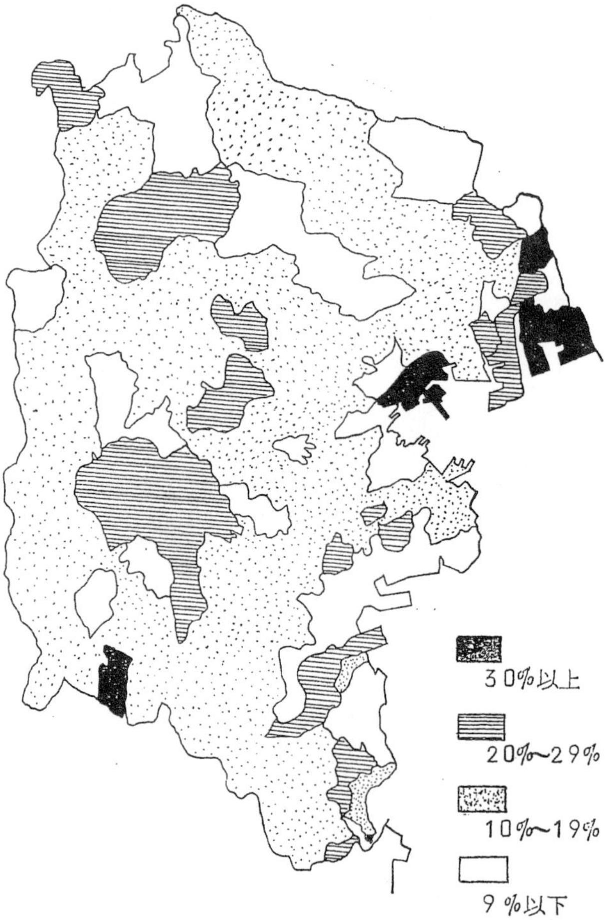

まず，留守家庭児童の著しく多い地域，即ち，１００人中３０人以上が留守家庭児童によって占められている通学区域をひろいだしてみよう。入船・汐入・下野谷・神奈川・幸ケ谷・市場千秀小学校通学区がこれに該当する。ほとんどが臨海工業地帯を通学区域とする学校であることがわかる。それぞれの通学区域における留守家庭児童の出現率は第３表に示すとおりであるが，すでに４割を越え５割に達せんとするところもみられるのである。

第３表　留守家庭児童が著るしく多い学校区　（％）

入船小学校区	30.3
汐入小学校区	30.7
下野谷小学校区	33.5
神奈川小学校区	43.7
幸ケ谷小学校区	36.1
市場小学校区	35.1
千秀小学校区	30.2

つぎに留守家庭児童のかなり多い地域についてみよう。これらの地域は児童１００人について２０人から３０人が留守家庭児童によって占められている通学区域であるが，これに該当するものとしては，鶴見・生麦・岸谷・末吉・上末吉・中村・山元・岡村・杉田・八景・瀬ケ崎・川和・山下・新治・十日市場・上菅田・川島・市沢・川上・岡津小学校通学区域をあげることができる。それぞれの通学区域における出現率は第４表に示すとおりであるが，ここでも留守家庭児童の出現

8

率が地域の産業体制と深くかかわりあっていることを見い出せるであろう。即ち，生麦・鶴見・岸谷・末吉・杉田小学校通学区域は，本市の臨海工業地域及びこれらの関連下請工場を一帯にもつ地域であるし，上末吉・山下・新治・川和・市沢・岡津・川上・八景小学校通学区域等も，第2図に示す 本市の内陸工業地区を通学区域とする学校群であるからである。しかしながら，留守家庭児童の多い地域は必ずしも工業地域だけと限られているわけではない。中村・山元・十日市場小学校通学区域等にもみられるように，一部の密集地域や低所得者階層の多い地域にも激発しているのである。このことは，留守家庭の発生要因が産業構造の変革に伴なう婦人労働力の給源にかかわるだけでなく，家庭の経済的理由とも深く結びついている一面を物語っているのであろう。

第2図 工 業 地 域 図

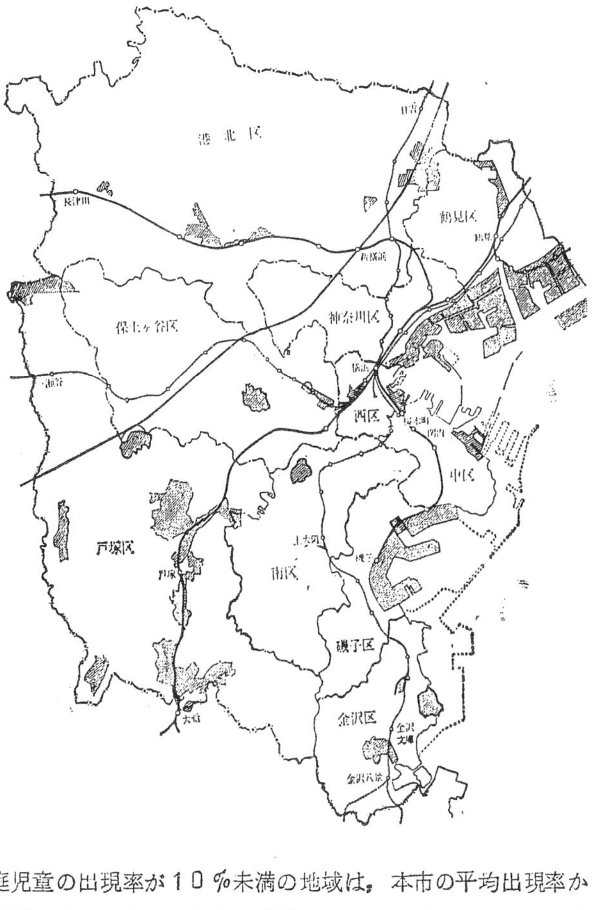

ところで，留守家庭児童の出現率が10％未満の地域は，本市の平均出現率から言って比較的留守家庭児童の少ない地域と言えるが，これらの地域をひろいあげてみると，日吉台・下田・本町・汐見台・谷本・万騎ケ原・二ッ谷・平沼・東・浜・青木・立野・富岡・桜台・篠原・鉄・上瀬谷・汲沢・城郷小学校通学区域をあげることができる。第5表によって，それぞれの通学区域の出現率を詳細に検討してみると，近年開発された高級団地や高級住宅地域に留守家庭児童の出現率が最も

第4表　留守家庭児童がかなり多い地域　（％）

岸谷小学校区	26.8
生麦小学校区	24.8
鶴見小学校区	21.6
杉田小学校区	20.1
末吉小学校区	25.9
上末吉小学校区	23.5
川和小学校区	20.2
山下小学校区	21.7
新治小学校区	20.6
上菅田小学校区	20.6
川島小学校区	21.9
市沢小学校区	20.0
岡津小学校区	27.2
川上小学校区	22.6
八景小学校区	26.3
瀬ヶ崎小学校区	22.7
中村小学校区	20.0
山元小学校区	21.6
岡村小学校区	20.7
十日市場小学校区	26.0

第5表　留守家庭児童の少ない地域　（％）

日吉台小学校区	4.9
下田小学校区	4.6
汐見台小学校区	3.6
万騎原小学校区	3.7
本町小学校区	3.0
谷本小学校区	4.7
二ツ谷小学校区	8.0
平沼小学校区	8.3
東台小学校区	9.8
浜小学校区	9.9
青木小学校区	8.6
立野小学校区	6.1
富岡小学校区	7.4
桜台小学校区	9.7
篠原小学区区	7.4
鉄小学校区	5.4
上瀬谷小学校区	7.5
汲沢小学校区	8.7
城郷小学校区	9.2

低く，また，旧来からの本市の代表的な住宅地域においても低いことが明らかである。経済的に恵まれていること。他地域に比べて就業しにくい条件にあること。勤めに出る場合でも，留守中の児童の保護・指導・監督は出来るように何等かの方法で人を得たりしているため，留守家庭児童に該当しないこと等考えられよう。なおこのほかに，本町小学校通学区域のような純商業地域や，平沼小学校通学区域のような自宅工・自宅商を多く含む商工業地域，及び鉄小学校通学区域のように今なお農村の影をかなりとどめている地域が含まれているが，これらは，多くの場合母親が家業に就いているために留守家庭児童の規定に該当しないからだと考えられる。

3　本市における平均出現率の推移傾向

第6表は，昭和38年より昭和42年に到る5ヶ年間の横浜市における留守家庭児童数についてまとめたものである。まず平均出現率について検討してみると，38年度10.0%・39年度10.4%・40年度10.5%・41年度10.2%・42年度14.7%となっているから，本市における留守家庭児童の出現率は，41年までは横ばい状態を続け，42年に至って急激に増加したと言えるわけである。しかしながら，横ばい状態を続けていた38年から41年までの実数について検討してみると，38年から39年にかけては約600名，39年から40年にかけては約400名，40年から41年にかけては約300名と年々増加しているのである。実質的には増加していたのであるが，留守家庭児童の増加率と同じような比率で在籍児童が増加していたために，出現率の上では横ばい状態を保つという結果になって表われたわけである。

第6表　最近5ヶ年間における留守家庭児童の出現状況

項目＼年度	38年5月	39年5月	40年5月	41年5月	42年5月
在籍児童数	131842	132250	135318	141039	147172
留守家庭児童数	13186	13768	14156	14439	21693
割合	10.0	10.4	10.5	10.2	14.7

ところで，急激に増加した昭和41年から42年にかけての状況についてみると，割合の上では4.5%増，児童数では7254人増と，まさに驚異的な数字を示している。この時期は，労働力の不足に悩む企業体の婦人層に対する求人攻勢が今までにないほど積極的にすすめられてきたときで，駅の構内や町の電柱に″婦人従業員求む。給与待遇・各種保険あり〃等の求人広告が張り出されたり，新聞にはさまれた二色刷の求人広告が毎日といってよいほど家庭に配布されるようになってきたときなのである。留守家庭児童の出現が，単に家庭の経済的要因のみならず，産業構造の変革に伴う労働力の不足を婦人労働力によって補おうとする企業側の求人対策にある一面を端的に物語っていると言えよう。

つぎに，留守家庭児童の平均出現率の推移傾向を第7表によって学年別に検討してみよう。全市の平均出現率が横ばい状態を続けていた38年と40年の学年別平均出現率を比較してみると，どの学年の場合も割合はわずかに高くなっているが，児童の学年別段階と増加率の間に一定の傾向を見いだすことはできない。しかし，全市の平均出現率が急激に増加した42年と40年を比較してみると，どの学年も増加しているだけでなく，学年が進むにつれて増加率も高まっている

第7表　学年別にみた平均出現率の推移

学年＼年月	38.5	40.5	42.5
第1学年	4.9	5.2	7.6
第2学年	7.3	8.1	11.4
第3学年	8.7	10.3	14.3
第4学年	11.4	11.8	17.1
第5学年	12.5	13.5	18.9
第6学年	14.1	14.8	21.6

のである。すなわち1年生の増加率が2.4％であるのに対して，2年生に3.3％増，3年生は4.0％増，4年生は5.3％増，5年生は5.4％増，6年生は6.8％増となっているのである。すでに述べたことではあるが，子どもに手がかからなくなったことや，高学年になるにつれて児童の下校時刻も遅くなるので，留守であることの影響が少ないであろうと考える母親が多いためであろう。

行政区域別にみて特に注目されるのは，鶴見区と戸塚区が他区に比べて増加率が高いことである。

第8表　行政区域別にみた留守家庭児童の推移
(％)

区名＼年月	38.5	42.5
鶴見区	13.3	20.6
神奈川区	10.4	15.3
西区	9.0	13.5
中区	8.1	13.3
南区	9.3	13.8
保土ケ谷区	8.9	13.3
磯子区	7.8	11.9
金沢区	14.5	16.4
港北区	7.8	12.3
戸塚区	10.3	16.1

（第8表）鶴見区は，今更言うまでもなくわが国有数の大企業を中心に関連下請工場をその周辺一帯にもつ地域であるから，母親への求人攻勢も盛んであろうし，母親たちも就業しやすい条件にあるだけに当然の帰結と言えよう。戸塚区は，高速道路の建設や幹線道路の整備と相まって，昭和35年に制定した市の工場誘到条例に該当する地域を多くもっている区である。今や，〃かってののどかな農村は工場の町に変貌しつつある。〃と市民白書（1966年版）は報告しているが，昭和30年度に88工場5127名の従業員数であった工業規模が，昭和40年度には305工場31987名の従業員を抱え込むほどの工業規模へと発展したのである。昭和35年度に対する昭和38年度の人口増加率も82.88％と同白書は報告しているが，その変貌の烈しさには全く眼をみはるばかりだと言うほかはない。しかし，この工業化への変貌が一面では留守家庭児童を生む直接の原因となっていることも否定し難い事実なのである。

中区における留守家庭児童の平均出現率は決して高いものでなく，本市の平均出現率を下まわる13.3％である。しかし，増加率ではさきに述べた鶴見区・戸塚区に次ぐ区として注目される。本市では最も商業活動の盛んな地域であるだけに，住宅街からパートタイムとして働く主婦が多いと言われていたが，呉服・子ども服・文房具・室内装飾品の販売など・母親たちにとってはお得意の商品知識を生かした就業であるだけに当然とも考えられる。就職当初は，勤める母親の側も雇用者側もパートタイムとしてであったが，人手不足が深刻になるにつれて労働条件や就業規則が改善され，一般従業員と同じような就業体制に入ったケースが多いようである。

鶴見区や戸塚区と非常に似ているという点で注目されるのが神奈川区と港北区である。両区の増加率はそれぞれ4.9％・4.5％で，最近5ケ年間における本市の平均増加率とほとんどかわらないのであるが，今後はますます増加するであろうと考えられるからである。
即ち，神奈川区について言うならば，鶴見区同様臨海一帯にわが国有数の大企業がたちならび，周辺にこれらの関連下請工場が密集しているため，企業側の求人攻勢も一層活発になるであろうし，母親たちの就業条件にも恵まれているからである。一方，港北区の場合について考えてみると，この区も戸塚区同様市の工場誘致条例の指定を受けた地域を多く包含しており，工場数や従業員数の伸び率では戸塚区にも劣らぬ状況におかれているからである。即ち，工業規模では昭和３０年に１１０工場しかなかった工場数が昭和４０年には４８１工場に激増し，従業員数も２５７５人から２４１７０人に激増したのである。そればかりでなく，この地域の開発を急ピッチに進めている東急の多摩田園都市計画によれば，市ケ尾を中心に１３２万坪，恩田を中心に２１０万坪，１０年後の推定人口はおよそ１６万人から２０万人の近郊住宅となることが予想されているのである。産業の発展に伴なう労働力の不足問題が解消しない限り，地域の工業化と人口の増加は，今後とも直接間接に留守家庭児童の増加を生む原因の一つとなることは必定であろう。

4　学区別にみた最近５ヶ年間における増加地域の分布

最近の５ケ年間における留守家庭児童の激増地域を詳細に捉えて分布図に表わしたものが第３図である。

第３図　通学区域別にみた激増地域分布図

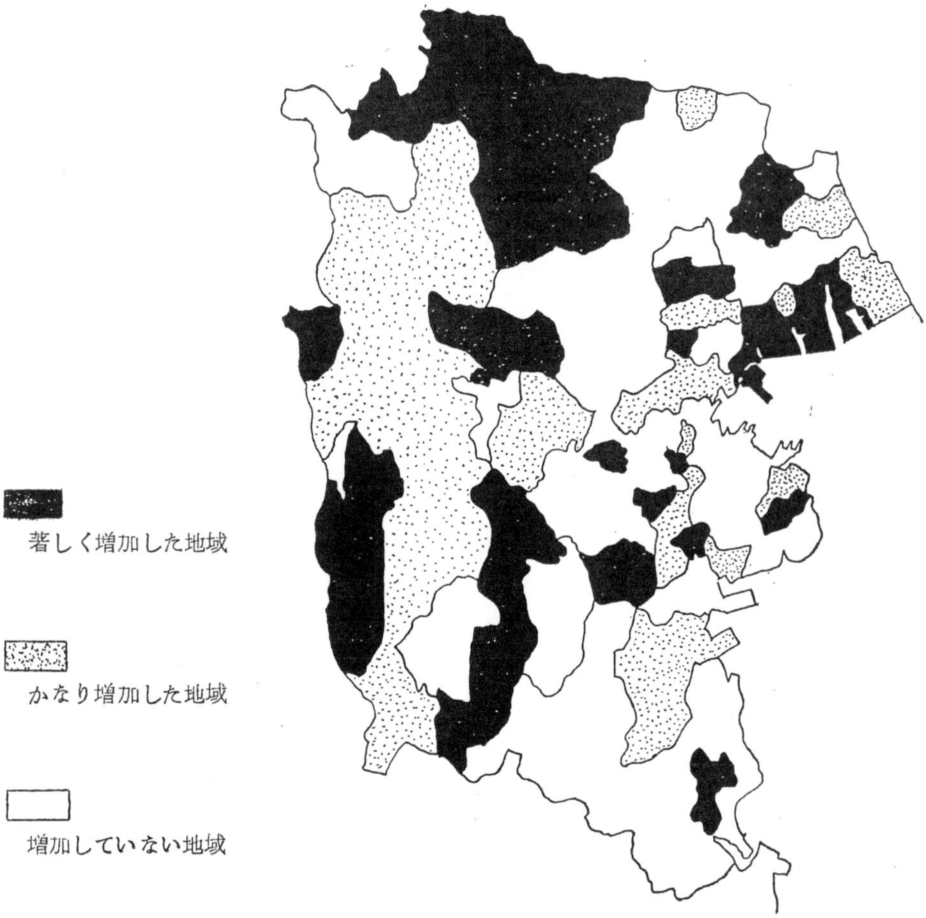

この分布図は，全市を小学校通学区域別に分け，それぞれの通学区域における昭和38年度の留守家庭児童の出現率を100とし，これに対する昭和42年度の出現率指数を求めて作成したものである。著しく増加した地域とは，指数が200を越えた通学区域。即ちこの5ケ年間に出現率が2倍になった通学区域であり，かなり増加した地域とは指数が150から199までの通学区域である。

第9表　著るしく増加した通学区域

学校区名	留守家庭指数	在籍指数
旭小学校区	263	139
生麦小学校区	243	81
下野谷小学校区	217	88
上末吉小学校区	216	116
神奈川小学校区	230	75
子安小学校区	202	87
斉藤分小学校区	274	100
一本松小学校区	350	103
大鳥小学校区	267	110
桜岡小学校区	207	140
南大田小学校区	214	92
南小学校区	248	107
白根小学校区	255	187
桜台小学校区	294	97
上菅田小学校区	245	213
滝頭小学校区	308	94
八景小学校区	210	96
鉄小学校区	225	84
中川小学校区	307	103
都田小学校区	552	106
山内小学校区	347	117
川和小学校区	281	128
港北小学校区	263	91
析本小学校区	419	83
篠原小学校区	370	131
豊田小学校区	285	134
原小学校区	231	166
上瀬谷小学校区	341	104
中和田小学校区	251	203
川上小学校区	200	120

第10表　かなり増加した通学区域

学校区名	留守家庭指数	在籍指数
市場小学校区	163	90
潮田小学校区	154	90
入船小学校区	167	81
岸谷小学校区	167	86
下末吉小学校区	169	94
汐入小学校区	157	93
青木小学校区	183	80
神橋小学校区	177	102
白幡小学校区	165	96
大口台小学校区	172	90
戸部小学校区	167	84
東小学校区	170	77
宮ケ谷小学校区	163	92
北方小学校区	160	90
日下小学校区	174	92
蒔田小学校区	174	101
市沢小学校区	175	123
川島小学校区	166	147
今井小学校区	174	159
都岡小学校区	176	89
峯小学校区	168	98
杉田小学校区	193	101
根岸小学校区	158	86
屏風浦小学校区	164	129
岡村小学校区	194	134
山下小学校区	184	147
谷本小学校区	196	95
新治小学校区	154	191
菊名小学校区	178	120
長津田小学校区	161	104
下田小学校区	157	167
大正小学校区	181	157
岡津小学校区	164	140
瀬谷小学校区	190	172
三ツ境小学校区	196	93
中田小学校区	181	186

まず，著しく増加した通学区域をあげてみると，旭・生麦・下野谷・上末吉・神奈川・子安・斉藤分・一本松・大鳥・桜岡・南太田・白根・桜台・上菅田・滝頭・八景・鉄・中川・都田・山内川和・港北・折本・篠原・豊田・原・上瀬谷・中和田・川上小学校通学区域であり，それぞれの区域における指数は第10表に示すとおりである。一方，かなり増加した通学区域についてみると市場・朝田・入船・岸谷・下末吉・汐入・青木・神橋・白幡・大口台・戸部・東・宮ケ谷・北方・日下・蒔田・市沢・川島・今井・都岡・峯・杉田・根岸・屏風浦・岡村・山下・谷本・新治・菊名・長津田・下田・大正・岡津・瀬谷・三ツ境・中田小学校通学区域がこれに該当する。それぞれの通学区域における詳細な増加指数は第11表に示すとおりである。

ところで，これらの表及び分布図をみて第1に注目できるのは，当然のことながら本市の臨海工業地帯とこれをとりまく下請関連工場地域一帯に，著しく増加した地域やかなり増加した地域が分布していることである。
入船・汐入・朝田・市場・下野谷・生麦・岸谷・下末吉・子安・神奈川・幸ケ谷・根岸・杉田小学校通学区等がこれに該当する。これらの学校群にあっては，杉田小学校のみ在籍指数が5年前と変わらない状態にあるが，他のすべての学校は在籍指数が低くなっている点で共通している。在籍児童数は著しく減少しているのに，これに反比例するかのように留守家庭児童は逆に著しく増加しているのである。この傾向は，それぞれの学校の在籍児童数と留守家庭児童数の移動状況を分析してみるとより明確に言いうるのである。恐らく，これらの地域にあっては，今後ともますます留守家庭児童は増加するであろう。母親が極めて就業しやすい条件におかれていることや，労働力の不足に悩む企業側の婦人に対する求人攻勢が一層積極的に展開されると考えられることも一つの理由であるし，神奈川や幸ケ谷や市場小学校通学区域等に比べて，入船・汐入・下部谷・生麦・鶴見子安・朝田等の通学区域における出現率は低く，まだまだ開発しうる婦人の労働力は潜在していると思えるからである。現に，45.7％の割合で留守家庭児童が出現している神奈川小学校通学区域の働いていない一般家庭の母親全員に，「今後，この地域では留守家庭児童がふえると思うか。減ると思うか。」と問うてみると，「減ると思う。」と答えたのはわずか0.95％，数にしてたった2人であり，約半数にあたる49.05％の母親たちは「今後も一層増加するであろう。」と答え，残りの48.10％の母親たちは「ここ当分現状の状態が続くだろう。」と反応しているのである。
この夏に本調査に関係して，入船・汐入の両小学校通学区域を実施踏査した際に，両小学校の副校長は全く示し合わせたように，パートタイムを吟味すれば5割を越え6割に達するのではないかと言っていたし，あるPTAの役員も同じような観方であったが，これらは，以上のような臨海地域における今後の増加説を裏付けるものといえよう。

第2に注目されるのは，内陸部における著しく増加した地域やかなり増加した通学区域の分布状況を検討してみると，この場合も，工場地区やその周辺に分布が集中していることである。旭・上末吉・都岡・川和・山下・上瀬谷・川島・市沢・川上・岡津・大正・中和田・八景小学校通学区等がこれに該当するが，理由は言うまでもなく，これらの工業地区にあっては臨海地域以上に深刻な労働力の不足に悩まされているため，企業側の求人攻勢が一般と烈しいこと，及び，母親たちの立場からは比較的に職に就きやすい条件におかれているためであろう。そして，今後もますます増加の一途を辿ることであろう。ただ，激増の現象やその理由は臨海工業地帯の場合と同じだと考えられるが，地域社会の産業構造や性格が大きく変わっていく過程で留守家庭児童がふえていっているという点では大きな違いをみせているのである。例えば，八景小学校通学区域を除く他のすべての通学区域においては，在籍児童の増加に伴ないつつ留守家庭児童が増加しているし，最近の5ヶ年間における住民の職業構成の変動状況について検討してみると，（第11表）臨海工業地帯を通学区域とする入船・汐入小学校区の場合はほとんど変動がないのに対して，内陸部工業地区を学区域とする山下・豊田小学校区の場合は農業が著しく減少しつつあり，その落差が会社員や運輸業の増加となって表われているのである。緑の田畑の広がるのどかな農村であったところが，今や機械機具工業を主体とする工場地区へと変貌しつつあるのは，これらの内陸部工業地区の共通な現象であり，このような過程で人口が増加し，留守家庭児童がぞくぞく出現していくというところに，この地域の特色があると言えるのである。

第11表　最近5ヶ年間における保護者の職業構成

（％）

地域	内陸工業地区				臨海工業地帯			
校名	山下小学校		豊田小学校		入船小学校		汐入小学校	
職業　年度	38	42	38	42	38	42	38	42
農業	19.8	7.0	26.9	4.6	−	−	−	−
水産業	−	−	−	−	0.5	0.2	−	0.1
運輸業	2.3	11.6	5.4	2.9	8.3	11.1	4.0	0.6
自宅商	3.0	1.7	2.1	4.7	7.7	5.6	8.5	9.4
自宅工	1.3	2.2	0.9	3.0	4.1	6.5	2.7	6.1
行商露店商	0.2	−	−	0.3	0.6	−	−	0.1
自由労務	2.1	4.8	3.0	0.8	7.5	5.6	2.1	0.9
工員	19.1	14.4	16.1	9.4	41.0	44.0	53.4	45.2
会社員	29.6	37.8	34.9	54.9	15.5	16.2	19.6	27.7
公務員	15.1	11.2	9.3	11.4	1.5	0.6	2.0	2.3
教職員	1.3	2.0	0.4	0.9	0.4	0.2	0.7	0.6
鉱業	−	−	−	−	−	0.4	−	0.1
無職	0.9	2.0	0.4	0.8	3.7	2.7	0.1	0.9
その他	5.3	5.3	0.7	6.5	8.8	6.8	6.9	5.9

第3に注目されるのは，市の中心部に位置する旧来からの住宅の増加指数が目立って高いことである。昭和42年度調査現在では，本市の平均出現率である14.7％を前後する程度であるが，増加指数からみると370にも及んでいる地域がみられるのである。これらに該当する通学区域としては，大鳥・北方・菊名・港北・白幡・神橋・青木・斉藤分・篠原・桜岡小学校通学区域をあげることができるが，今日における留守家庭児童の出現が，本質的には独占化した資本主義的生産に基づく消費革命のなかに巻きこまれて，家計における消費支出の増大に悩まされているために起こるのであるとすれば，これらの地域においても今後ますます増加の一途を辿るものと予想される。

第4に注目されるのは，同じように本市の平均出現率を前後する通学区域であるが，宮ケ谷・戸部・東・南・蒔田・滝頭・岡村・南小学校通学区域等にみられるように，商業地域を多く含む住宅地域学校群の増加指数が高いことである。工業企業体に比べれば，資本や規模においても貧弱と言える商業企業体の求人難が極めて深刻であること。及び，すでに述べたことではあるが，商業活動勤務がどちらかと言えば母親たちの職業活動にむいていることが増加の原因となっているのであろう。若年女子労働力の不足が深刻になればなるほど，この地域における母親たちの就業率は高まるであろうし，それにつれて留守家庭も増加していくことは容易に想像できることなのである。

Ⅲ　地域における児童福祉環境の現状と問題点

1　調査について

横浜市における留守家庭児童の出現状況が，臨海工業地帯及び周辺の関連下請工場の群がる地域一帯と内陸部の工業地区に激発していることが明らかになったが，過去における5ケ年間の出現率推移傾向を検討してみると，これらの地域だけでなく旧来からの住宅地域や商業地域を含む混合住宅地域の増加が著しく，今後もますます増加するであろうと考えられた。

ところで，横浜市教育委員会の調査報告によると，本市における留守家庭児童の77.4％に当る16796名の児童は全く無保護の野放し状態にされていると報告されているが，これらの地域における保護委託の状況はどうなのだろうか。まず臨海工業地帯及びその週辺の下請関連工業地域を通学区域としている幾つかの学校に例をとってみると，保護委託率は，わずかに下野谷17.4％・汐入12.3％・市場15.9％・岸谷16.0％・幸ケ谷17.8％にすぎないのである。このような傾向は内陸部の工業地区を通学区域とする学校群の場合も全く同様で，千秀13.5％・山下29.0％川島17.6％・市沢11.4％・岡津17.9％・十日市場10.8％となっているのである。約3軒に1軒がすでに留守家庭となっている実情の下においては，最早近隣の知人に児童の下校後の生活に関する保護・指導・監督を委託するわけにはいかない状況におかれているといっても過言ではなかろう。

働く母親たちの留守中の不安や市や区に対する要望を分析してみると，「留守中交通事故にあいはしないか。」「子どもが悪い遊びをしていないか。」が最も心配だと言い，ぜひ「小公園のような遊び場を作ってほしい。」と言う要望が強いのであるが，留守家庭児童の多い地域ほど交通事故の危険や不測の事故にみまわれがちな状況におかれているだけに当然の声とも言えよう。そればかりでなく，地域環境の及ぼす留守家庭児童への影響について検討してみると，同じ留守家庭児童であっても，一般の住宅地域に住む留守家庭児童群と商業住宅混合地域や工場住宅混合地域に住む児童群では，後者ほど「情緒不安定・社会的不適応」の傾向が強く。（第１２表）また，公園や遊び場に恵まれている地域の児童群と恵まれていない地域の児童群では，恵まれていない地域の児童群ほど「情緒不安定・社会的不適応が内攻する神経質的傾向を示めす問題の多い型」の者や「情緒不安定・社会的不適応が外に積極的にあらわれ，環境が悪いと反社会的行動や非行に発展する型」の者が多いのである。（第１３表）（調査の方法・結果の詳細については，横浜市教育研究所紀要４５集参照のこと） 地域の環境整備が，今後の留守家庭児童対策をすすめていくうえでいかに重要であるかを物語っているのであろう。

第１２表　　地域別にみた留守家庭児童の性格特徴

（矢田部ギルホード）

性格特徴	一般住宅		工場混合住宅		商店混合住宅	
	M	S・D	M	S・D	M	S・D
抑鬱性	3.16	2.36	4.38	2.15	4.13	2.34
回帰性傾向	3.29	1.96	3.35	1.73	4.06	1.87
劣等感	3.23	1.87	2.95	1.72	3.44	2.00
神経質	3.39	1.97	3.81	1.84	4.50	2.45
客観性欠除	3.90	1.68	4.08	2.34	4.25	1.76
協調性欠除	3.09	1.81	3.08	1.70	3.50	1.97
攻撃的	4.70	1.76	5.12	1.67	5.65	2.33
のんきさ	4.13	1.85	3.70	1.92	4.19	1.88
一般的活動性	3.91	1.89	4.12	1.45	3.38	2.28
思考的活動性	3.80	1.73	4.08	2.17	4.25	2.05
支配的	4.31	1.65	4.50	1.52	3.38	1.73
社会的外向	4.60	1.67	4.92	1.69	4.13	2.20

第13表　公園・遊び場の有無別にみた留守家庭児童の性格

（矢田部ギルホード）

対象＼類型	安定積極型	平凡普通型	安定消極無力型	不安定消極問題児型	不安定積極非行型
公園・遊び場有	5（12.2）	17（41.5）	10（24.4）	4（9.8）	5（12.2）
公園・遊び場無	3（4.1）	22（29.7）	14（18.9）	15（20.3）	20（27.0）

$x^2=7.820$　　$f=4$　　$0.10>P>0.05$

そこで本調査では，Ⅱの横浜市における留守家庭児童の分布と増加の傾向に関する調査結果を総合的に検討し，本市を代表する地域として，臨海工業地域から汐入・入船小学校通学区，住宅地域から末吉小学校通学区，内陸工業地区から旭小学校通学区を選び，それぞれの通学区域における児童福祉環境の現状を調査することにした。

調査の方法は，まえもって調査地の明細地図（鶴見区明細地図……経済地図社41年版）を入手し，下校後児童たちが主に過すであろうと思われる公園・遊園地・空地・寺院・学校や幼稚園・公民館や自治会館等をチエックしておき，踏査しながら実在を確かめ，規模を測り，主としてそこに住む留守家庭児童の利用の状況や困っている事や希望を聞きとることにした。

調査期日は7月28日より8月10日までの2週間をこれにあてた。本来ならば，学校が授業を行なっている日の平常の姿をもあわせて調査してみたいと考えたのであるが，現場の教師であるためにこれは果せなかった。

2　臨海工業地域の現状と問題点～汐入・入船小通学区の踏査から～

地方主要道東京大師横浜線にそった臨海地域は，京浜工業地帯の中枢部にあたっている。造船・機械・化学・重電機等々，日本の誇る大規模な近代工場が群がり，これらの工場を結ぶトラック輸送路と貨物引込線の往来はめまぐるしく，林立する煙突からはきだす黒煙赤煙紫煙はあたりを焦がし，重苦しく空を圧している。横浜市立汐入小学校・同入船小学校はこのような工場地帯の中にあり，下請工場街と商店街と密集した住宅街の雑居地域なのである。このような地域の特徴は第14表に示した保護者の職業構成からみても容易に察せられよう。（次頁参照）

まず両校の通学区域について説明しよう。汐入小学校通学区域は，本町通4丁目・下野谷四丁目仲通1丁目・汐入1丁目・小野町33番地から35番地までと37番地から67番地まで。
入船小学校通学区域は仲通3丁目・汐入2丁目3丁目・朝日町1丁目・末広町2丁目・弁天町・浜町・寛政町・安全町の全域である。

汐入小学校通学区仲通1丁目（第4図）は，日用食料品販売店舗と住宅によって構成されている地域である。ここには汐田本町通り公園と隣りあわせに大聖寺がある。大聖寺の境内は全くあそべ

第14表　汐入・入船小学校保護者の職業

職業＼学校	農業	水産業	運輸業	自宅商	自宅工	行商・露店	自由労務	工員	公務員	教職員	会社員	鉱業	無職	その他	合計
汐入	0	1	4	65	42	1	6	315	16	4	191	1	6	41	693
入船	0	2	101	51	59	0	51	404	6	2	147	4	25	62	914

第4図　仲通1丁目

る広場はなく，普通の住宅の玄関先と少しもかわらない。汐田本町通公園には建物はないが，ベンチ・砂場・鉄棒・ブランコなどの固定施設があり，水道も完備している。しかし，ここでみかけた利用者は母親や祖父母につれられた幼児がほとんどで，この外は外交員と思われる大人が木陰で涼を求めているにすぎなかった。1年生の女子は「わたしはいつもここでままごとやおかあさんごっこや砂遊びをしています。」「もっと遊ぶものがたくさんあったらいい。」「あつくてこまっちゃう。」と現状の設備に対する不満をもらし，「ひかげの屋根を作ってほしい。」「お池があればいい。」「すべり台がほしい。」と要望していた。ところが同じこの地区に住む5年生の男子は「ぼくは学校から帰ったらいつも家の前で遊んでいる。」と言い，「本町通り公園や汐入公園にもたまには行くが，つまんない。」と言うのである。「あそこでは野球はとめられているし，小さい子どもばっかりだから。」と言うのがその理由である。「思いきり野球のできる広場と，プールがほしい。」これがこの地域に住む児童たちの共通の願いである。

本町通4丁目（第5図）は，表通りが日用品や生鮮食料品店街で，裏通りは小料理・バーなどが居並ぶ飲食街である。空地はないだろうか。………と町中歩いたが全くない。施設に注目して歩いているうちに幼稚園「くるみ学園」をみつけた。教室と思われる2階に広い立派な雨天体操場らしきも

第5図　本町通4丁目

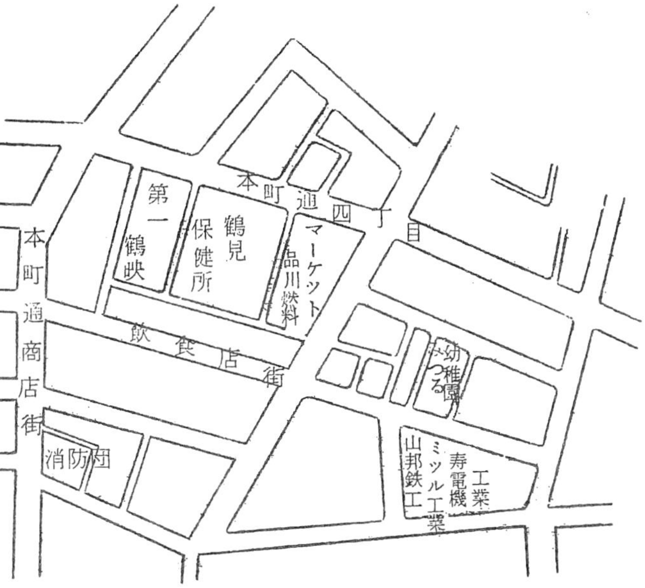

のがあり，遊具施設も目につく。大したものだと思って外壁をひとまわりしてみた。運動場らしき広場は一向に見あたらない。さっきの2階の体操場が運動場がわりになっているのだとあとに気づいた。飲食店街通りで遊んでいた4年生の女子に下校後の遊びのようすを聞いてみた。「いつもこの通りで遊んでいる。」と言う。「ゴム飛び・石けり・ドッチボール・お入りなさい（道路に家の絵を書いて遊ぶお客さんごっこ）」が主な遊びである。仲通り公園には行かないのかと聞いてみると，「ほとんど行かない。」と言う。「小さい子どもの遊び道具だけだからつまらない。」「道路を渡らなければいけないから，あぶないので行ってはいけないと母に言われる。」と言うのが理由である。「あぶないからこの道に車が入ってこないようにしてほしい。」「道路に自動車がとまってしまうので遊ぶ場所がなくなってしまう。」駐車禁止地域にしてもらいたいと言うのがこの子どもたちの当面の願いである。

下野谷4丁目（第6図）は，まわりの大通りに面した地域一帯が商店街，中通りに面した地域が町工場街で，そのまわりを住宅がびっしり埋めつくしている。ここには，市立鶴見工業高等学校と弁財天児童遊園地があるが，そのほかは空地すらない。住宅街に住んでいる3年生の男子は「いつもここで遊んでいる。」と言って4mほどの道路の交叉しているアパートの塀のあるところに連れていってくれた。遊びは「キャッチボール・両手（ドッチボールの投げあいを必ず両手で受ける遊び）・片手」が主なものである。「汐入公園や本町通り公園にもたまに行く。」が「おかあさんが道路があぶないから行ってはいけない。」と言うので行かないほうが多いと言う。ここで遊んで困ることは……？と聞いてみると「自動車はほとんど来ないが，人の出入れが多くて遊べない。少しせまい。」と言うことであった。「まわりの塀をとっちゃうと広くなっていいと思うんだが……，ガラスを割る危険もあるし。……」と首をかしげた。この辺の児童たちが塀のあるこの交叉点を選んでいるのは，ほかよりやや広く塀があるためにガラスを割らないですむと言う生活の知恵なのである。集まってきた何人かの児童たちが，くちぐちに「広場がほしい。」「汐田プールは遠いからこの辺にもほしい。」「鶴工のグランドで遊ばせてほしい。」と願っていたが，遊び場を閉ざされた町の児童たちの広場に対する要求度の強さをしみじみと感じた。町工場の多い所や商店街に住む児童たちにとって，ただ一つの遊び場が弁財天児童遊園地である。児童遊園地と言うと聞こえがよいが，実は間口10m奥行16mというわずかな広さの弁財天の境内にブランコを置いてある程度のものなのである。しかし，それにもかかわらず児童たちにとっては良い遊び場であるらしい。「いつもここで遊んでいる。」と言う6年生の女子は「ゴム飛び・なんでもやります（人のまねをする遊び）・おにごっこ」をしていると語ってくれた。5年生と4年生の男子は「少し前までは10番地にある公園に遊びに行っていたのだが，高速道路の工事がはじまってからは，近いけど危なくて遊びに行かれなくなった。」と顔をしかめて話し合っている。ここでは，産業の発展に伴う道路の整備が何よりも優先して，住民の生活にはかかわりなく強力な行政措置によって進められているのである。児童福祉法は，その総則において児童福祉の理念と育成の責任をつぎのように規定しているが，

◇ すべての国民は，児童が心身ともに健やかに生まれ，且つ，育成されるよう努めなければならない。

すべて児童は，ひとしくその生活を保障され，愛護されなければならない。

◇ 国及び地方公共団体は，児童の保護者とともに，児童を心身ともに健やかに育成する責任を負う。

制定後すでに20年を経た今日においてどれほど生かされているのであろうか。

第6図　下野谷町4丁目

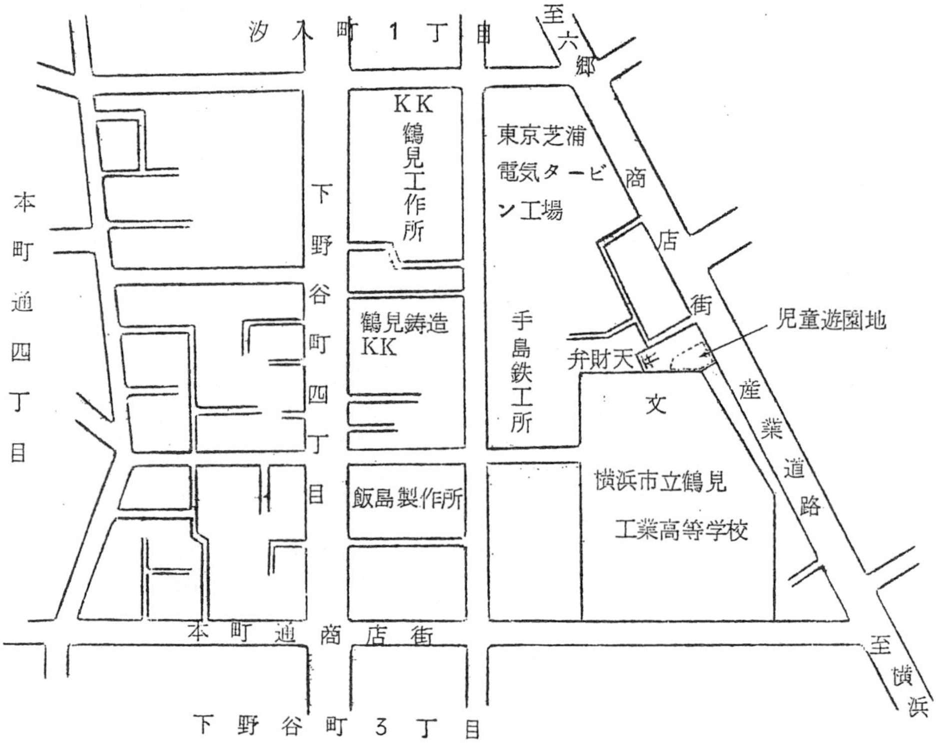

第7図　汐入町1丁目

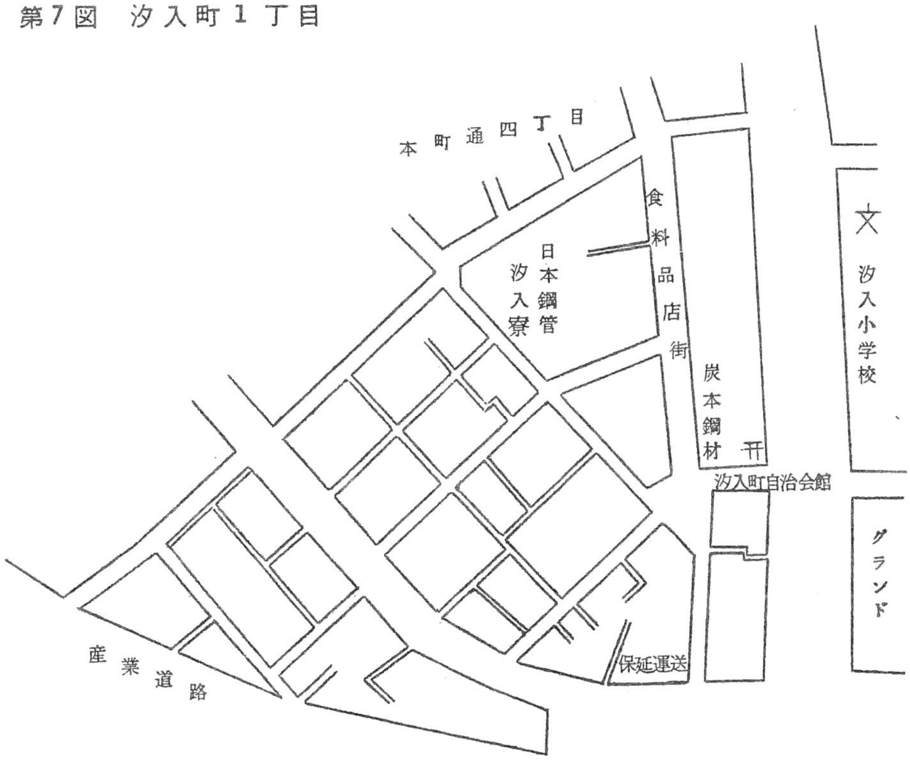

汐入1丁目（第7図）は，鋼材商や工務店・作業所・運送店等が並ぶ表通りと，日用食料品店の並ぶ中通り，及び附近の工場の寮やアパートと住宅の雑居する地域である。ここには汐入小学校や汐入公園や自治会館もある。児童たちは，主に学校のグランドや汐入公園で遊んでいるようであり，ほかに比べれば通学区域では最も恵まれている地域でもある。しかし，それにもかかわらず不満が強かった。「きまった遊び道具しかないし，野球もしちゃいけないと言うし，全くあきちゃう。」と，この町内ではただ一か所の空地である間口22m奥行10mの草むらの中で遊んでいた5年生の男の子たちが話してくれた。私と児童たちの会話をじっと聞いていた務め人風の父親も，「汐入公園なんて，あんなものは宝の持ちぐされですよ。散歩ができるわけではないし，風当りが強く，冬はものすごく寒いし，夏の陽よけはなにもない。設備と言えば，小さな子どもがつかうブランコや砂場だけだ。あれじゃ小学生は遊べない。」と言うのである。

この通学区域では最も公園らしく，かつ広々としているだけに，利用状態をできるだけくわしく知りたいと思い，翌日再び午後2時と4時に再調査に行ってみた。いずれの場合も，母親や祖父母に連れられた幼児が多く，利用者数は2時頃が11人，4時頃が15人という程度であった。西側が交通量の烈しい道路に囲まれており，特に東側は産業道路に面しているだけに，交通事故を危惧する親が多いのであろうか。「産業道路側に金網を張って，思いきり野球でもやらせたらいいんだ。」昨日語ってくれた勤め人風の父親の言葉が脳裏をかすめた。確かに公園は男女老若を問わず，すべての市民の健全な憩の場でなければならない。しかし，この地域がおかれている実状から言えば，もっともっと児童の利用できる公園でなければならないのではなかろうか。幼児のための公園としては十分その要求を満たしている場合が多いが児童の要求を満たすには全く不十分な現状であるという実感を深くもった。

入船小学校通学区域は，汐入町2・3丁目・浜町・朝日町・寛政町・弁天町・末広町・安全町であるが，末広町・安全町からはほとんど児童が通学していないので，これらを除く各町の児童福祉環境の現状とそこでの児童の生活にまつわる問題点について述べることにする。

第8図　汐入町2丁目3丁目

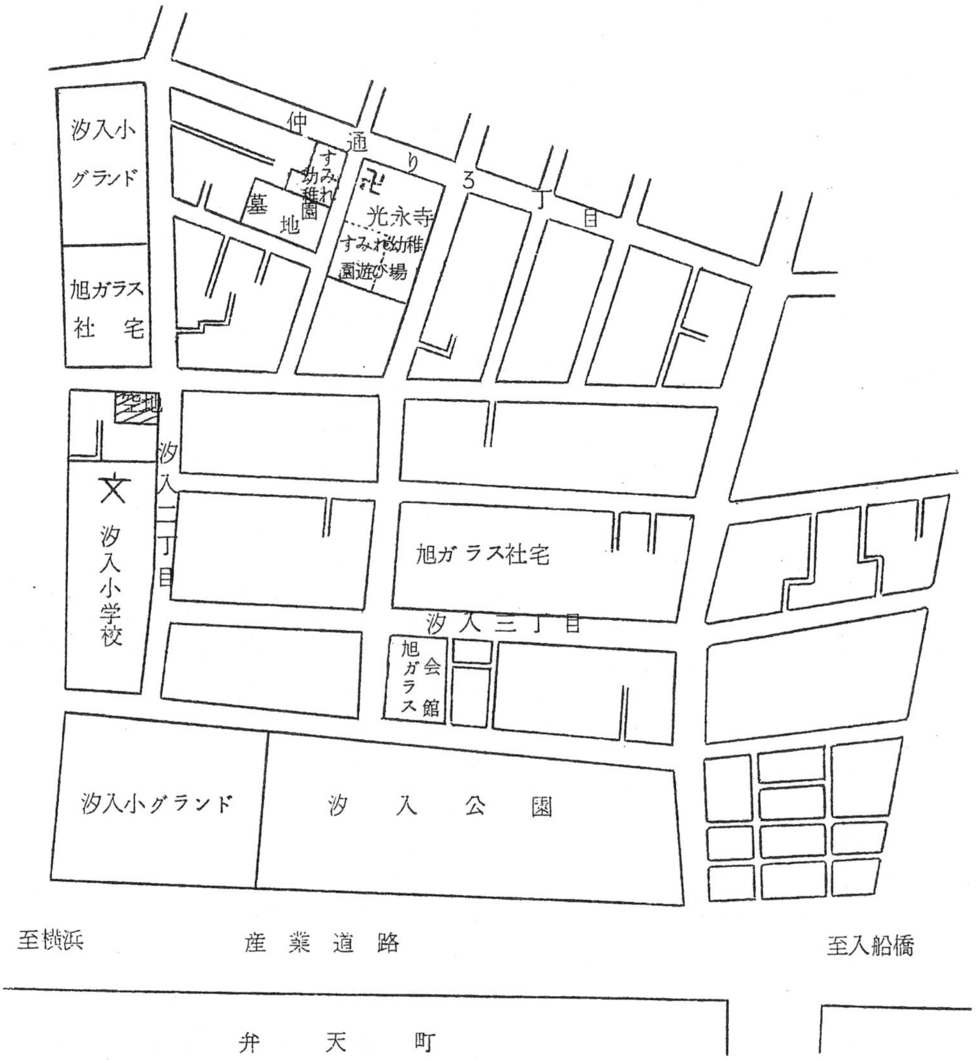

汐入町2丁目3丁目（第8図）にも，汐入公園に面した道路にそって作業所や工業所はあるが，なんと言っても社宅やアパートを含む住宅の多い地域である。ここには，近くの汐入小学校や汐入公園のほかに，自治会館・光永寺・すみれ幼稚園がある。しかし，自治会館は間口3間奥行1間の建物で，会合につかう程度の設備はできているが，広場はぜんぜんなく児童たちが下校後ここを利用して過すことは不可能な状態にある。すみれ幼稚園は光永寺の経営によるものであり，寺と並んですばらしい遊び場をもっているが，（そのためか，寺の境内は全く狭い）一般の児童はつかえない。こう書いていくと，多くの児童たちは勢い汐入公園で遊んでいるように思えるが，事実は決してそうではない。汐入公園はすでに述べたように，児童たちにとっては「野球はできないし，遊び道具も少ないし，小さい子どもが多いから，つまんないのである。」したがって空地のぜんぜんないこの町の児童たちにとっては道路が主な遊び場なのである。「5円玉・10円玉・なんでもしましょう・大また小また。」が主な遊びであると，3年生の男の子は話してくれた。遊んでいて困るのは，なんといつも「自動車がくるのであぶない。」ことである。「町の中に遊び場がほしい。」「魚つりができるといい。」「プールもほしいが，それよりも汐田プールのねだんを下げてほしい。」と希望している。「汐田プールは1時間で浅い方が10円，深い方が15円であるが，楽しもうと思ってちょっと長く入ると小遣が足りなくなってしまう。」と言うのである。

中通り3丁目・浜町は（第9図），目ぬき通りに並ぶ日用品店・食料品店を除けば，アパートを含んだ住宅地域である。ここには入船小学校・自治会館・汐田老人憩の家がある。しかしこれ以外は何の施設も空地もない。中之橋近くで遊んでいた留守家庭児童4名を含む5人の男子に，いつも遊んでいる所はどこかと聞いたら「ここだ」と言ってドラム罐の積んである，間口3m奥行12mの空地とも私道ともつかないようなところに案内された。ここで「ボール投げをしたり，板きれを集めて何かを作っている。」のが日課だと言う。手前は大型自動車の往来が烈しい道路，つきあたりは塀も柵もない運河，球とりに勢いこんで駆出したら…………そう思ったらぞっと寒気がした。「まえはドラム罐もつんでなかったし，広くてよかったんだ。」「またどかしてくれないかなあ。」児童たちの切実な願いである。別れ際に，3年生の男の子が「この頃学校に行って遊ぶようになったんだよ。」と言ったので，学校は自由に遊ばせてくれる？………と聞いたら，みんな「うん」と首をふった。〃学校は広いし，危なくないからいいね。〃とは言ったものの，学校だけに遊び場を求めて，これが解決だと言っていいだろうかと自問自答しながら次の目的地にむかった。

仲通り3丁目や浜町の住宅街を歩いていて，特に眼についた光景は，自転車に乗って遊んでいる児童たちの多いことである。遊び場がないので，結局，車の往来の少ない所で自転車に乗るのが，せめてもの楽しみなのだろう。そう考えながら学校の近くをひと回わりしてくると，塀のまわされた中に廃車や鉄骨を置いてある広々とした屋敷が眼にとまった。（図中の自動車置場）中に入ってみると，男の子が7人高く積まれた鉄板の上に腰をかけてトランプをやっている。3人留守家庭児童であるが，彼等はいつも「ここで遊ぶか。」「学校に行くか。」「自転車に乗って遊ぶか。」のいずれかであると言う。5年生を頭に，1年3年生と集まっているが，7人中6人までが自転車を

第9図　仲通３丁目・浜町

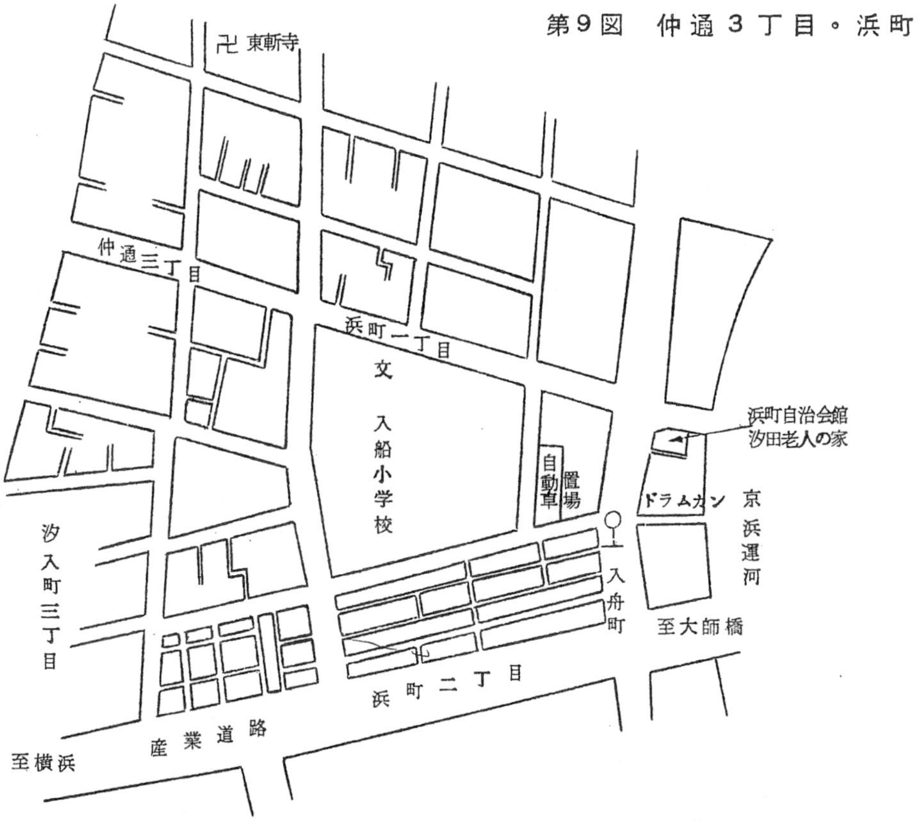

もっている。最近けがした人……？　と聞いたら２人手をあげた。１年生の子は右足のお皿の所に４cm四方の傷あとがあり，３年生の男はオデコに傷あとがあり，右足をすりむいていた。彼等も口ぐちに「広場がほしい。」といい「早く学校のプールが出来ればよい。（目下工事中）」と願い，「学校の運動場にもっとたくさんの鉄棒やブランコや回旋塔ができればいい。」と言うのである。庭に水をまきながら話のやりとりを聞いていた ここの主人が，「この辺の子どもはかわいそうですよ。だから私も，鉄の上に乗ったりすればうるさく言うが，らくがきやボール遊びでガラスを割ったぐらいではなんにも言わないのですよ。」と言いながら語りかけてきた。「いつまでも遊ばせてやりたいんだが……？」と言ってみつめた視線の彼方に，若草色のトタンで囲み作られた真新しい作業場が建っていた。理解あるこのご主人が提供してくれていた只一つの遊び場も，遠からず児童たちの生活から消えて行くのであろう。

朝日町は，輸送会社とガソリンスタンドと町工場に３方を囲まれた雑居住宅地域である。（第１０図）したがって，狭い道路でもトラックはわがもの顔で通りすぎて行く。この町には朝日公園と円光寺があり，このほかに猫の額ほどではあるが間口５ｍ奥行7.５ｍの空地がある。円光寺は最近建立されたものらしく真新らしい。境内は間口８ｍ奥行６ｍほどの広場となっているが，遊びには利用できそうもないし，事実児童たちも遊びには行かないようだ。この地域の児童たちの遊び場は断然朝日公園のようだ。４年の女子は「家の前で人形ごっこやおにごっこやかくれんぼをして遊ぶが，自動車や自転車が通って危ぶないから朝日公園に行く。」と言っているし，同じ4年の男子も「朝日公園で遊ぶ。」と言う。しかし，今の朝日公園で決して満足しているわけではない。「もっと広くしてほしい。」「陽よけを作ってほしい。」「高い鉄棒や自転車練習場も作ってほしい。」と言うのである。

第10図　朝日町

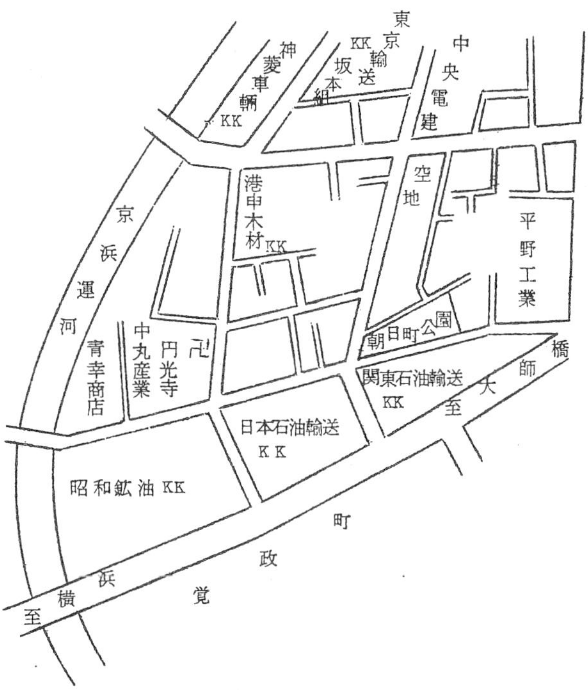

朝日公園は，三角形のせまい土地で，施設はブランコ・スベリ台・砂場だけであるが，大勢の児童たちに利用されているだけに児童の言い分も当然だと思った。また，この公園ばかりでなく，今まで見てきた公園のほとんどが自動車往来の極めて烈しい道路ぎわに設置されているのであるが，利用者の危険防止という点からは今後とも考慮の対象としなければなるまい。

北側が日本鋼管鶴見造船所，西側が東京芝浦電気鶴見工場，南側が国鉄鶴見線東側が京浜運河に囲まれた最も川崎に近い大工場の中に棟を並べる住宅街が寛政町に住む児童たちの住宅である（第11図）ここには施設や広場はなにもなく，只一つの教育施設である寛政中学校にも非常に遠く，そこまで遊びに行くには，自動車往来の烈しい輸送路を1Kmから1.5Kmも歩かなければならない。そのため児童たちはほとんど住宅内の道路で遊ぶか，または国鉄鶴見線と道路の間にある変電所内の置場，間口12m奥行7mの猫の額のような空地で遊ぶ以外場所はないわけである。女子は多く道で遊び「ゴム飛び・かけっこ・おにごっこ・両手・片手（ドッチボールの投げあい）」などをしている場合が多い。男の子の遊び場は変電所内の置場である。「ゴロベース・キャッチボール」をして遊ぶ。なにしろ狭いので，「ボールが線路や道路にころがり出る。変電所のガラスを割る。」ことでよく叱られるそうだ。どこで遊んでも危険が一杯。「短かい時間でいいから，道路に自動車の入ってくるのをとめてほしい。」というのが大勢の児童たちの願いである。全く遊び場がないので，日曜日などみんなでさそいあって，2Km ほど離れている「富士電機のグランドに野球をやりに行く。」と言う。あいているときは会社の方でも児童たちの使用を見て見ないふりをしているようである。しかし，児童たちが揃ってみんなでやりたいと思う日曜日などは会社で使っていることが多いのである。そこで児童たちは，「4時頃に起きて出かけ，会社の人がくるまで練習する。」とリーダーの6年生が話してくれた。男も女も「野球やドッチボールが思い切り出来る広場がほしい。」「小さな子どもが安全に遊べる小公園がほしい。」「プールも川崎まで行くのは大変だから家の方にほしい。」と言う。つい数年まえまでは，「ここにも広場があったからよかった。」と言ってその場所に案内してくれた。なるほど広々とした学校の運動場ぐらいの広場である。私が飛び上がっても見えないほどの高さのセメント塀をまわしてあるので，電柱によじのぼってみた。中には無雑作に大きな鉄骨が置いてあった。横浜市の基本市政方針は〝子どもを幸福にする市政だと言う。〟あちらにもこちらにもチビッ子広場やチビッ子プールが出来たとも聞く。しかし，同じ市民でありながらこの地域の児童たちはその恩恵によくしていないのである。空地を提供する人がいないからと言えばそれまでだろうが，そのような地域だからこそ政治的な解決の道が編み出さなければならないのではないか。

第11図　覚政町

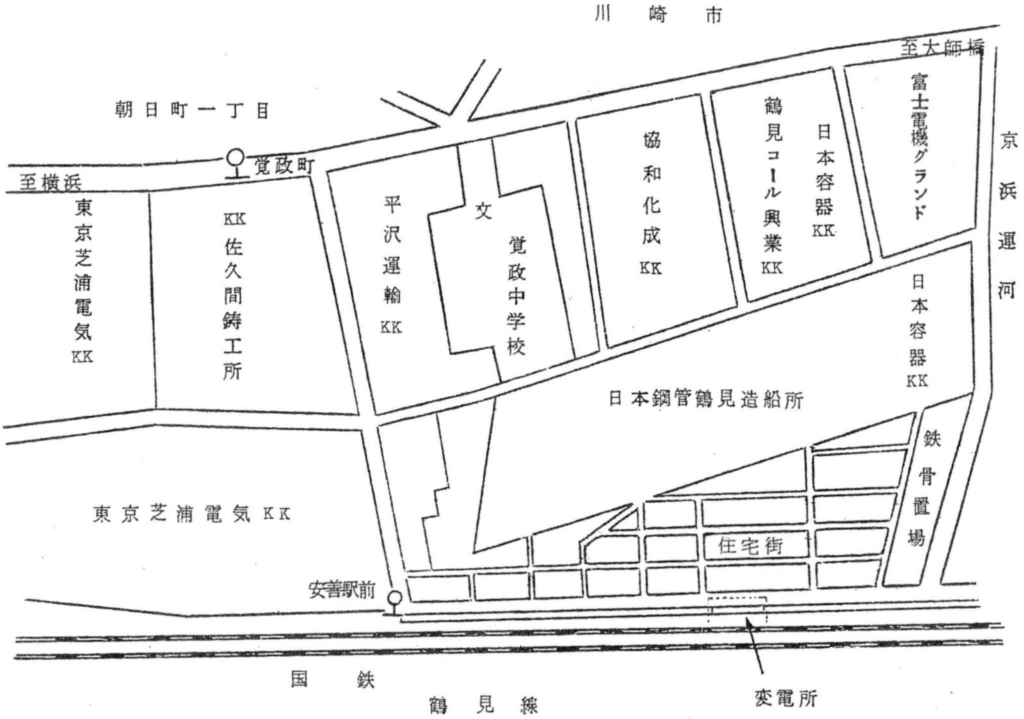

第12図　辯天町

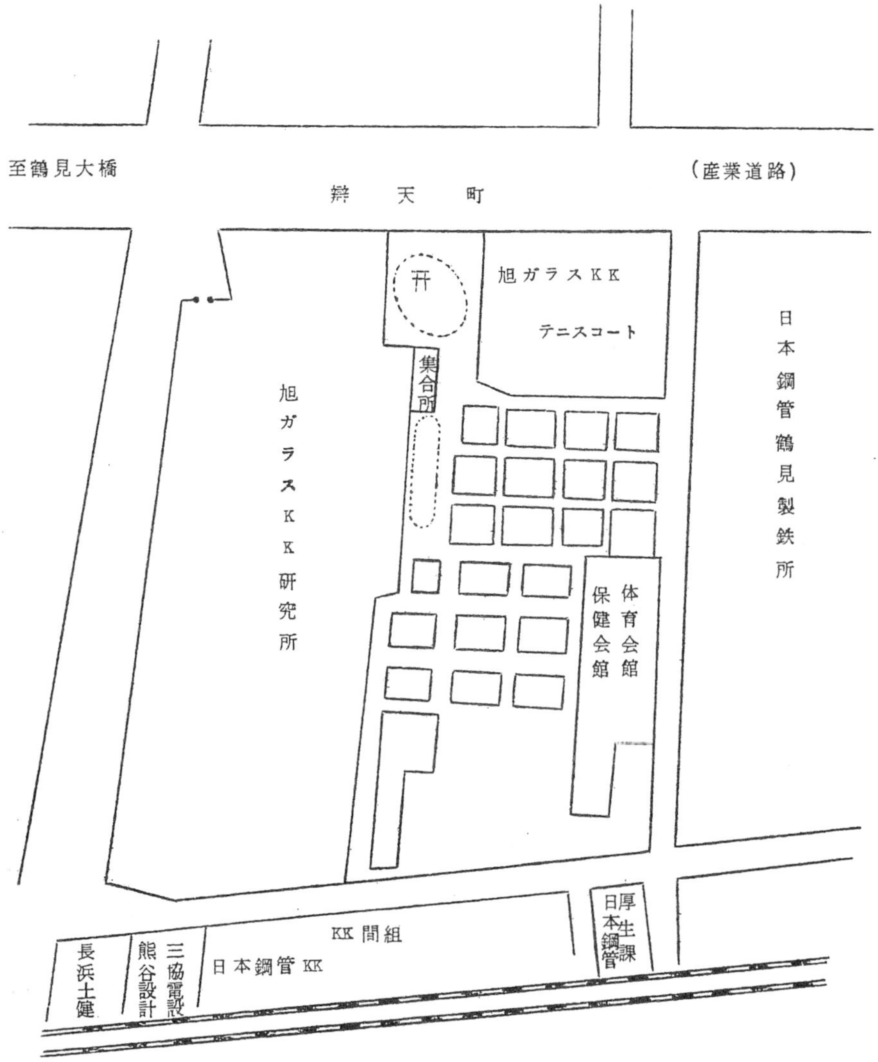

最後の踏査地である弁天町(第12図)に行ってみた。ここの児童は全員バス通学であると学校で聞いた。児童たちの住んでいる所は旭ガラス研究所の敷地内にあり，すべて社宅であった。まさに通学区域の孤島とも言えるが，遊び場には大変恵まれている。テニスコートあり，神社の境内に作られた池をふくめて一帯が遊び場にふさわしく作られている。会社が社員の要求を入れて児童たちのための施設作りに協力しているのであろうか。自由奔放飛びまわり，ブランコに乗り，ゴロベースをやっている児童たちののびのびとした活動的な姿は，入船・汐入通学区域のどこにもみられなかった光景である。「弁天地区の子どもはいいですよ。」と説明してくださった副校長の言葉を思いだして，自然にうなずけた。

3 住宅地域の現状と問題点
～末吉小学校通学区域の踏査から～

神奈川区を経て五反田方面に至る国道1号線沿いの鶴見区一帯は，古くからの住宅地である。道の両側の小高い丘にむらがる家々。夏の陽をいっぱい受けた緑の樹々はまことに美しく，同じ市内を走る国道4号線や産業道路にはみられない光景である。しかし，これらの光景も，鶴見川近くに至ると大小の工場と住宅の入りくんだ町の姿に変わる。横浜市立末吉小学校通学区域は，このような丘に沿った住宅地と，鶴見川附近の若干の工場地域と，その間にひろがる下町風の住宅地よりなっている。

行政区からみた通学区域は，下末吉町1番地から221番地まで，246番地から555番地まで，559番地，568番地から733番地まで802番地から814番地まで，845番地から856番地まで，854番の2，922番の2，923番地。及び，上末吉町870番地から958番地まで，1072番地から1082番地まで，1261番地から1442番地まで。矢向町1592番地，1629番地，1640番地，1647番地，1650番地，1666番地を含む地域である。

さて，この地域の特徴をもう少し具体的に把握するために住民の職業構成を児童の保護者の職業構成からみて推測してみよう。

第15表　末吉小学校保護者の職業

学校＼職業	農業	水産業	運輸業	自宅商	自宅工	行商露店	自由労務	工員	公務員	教職員	会社員	鉱業	無職	その他	合計
末吉	2	1	124	41	17	0	10	194	99	19	663	1	11	59	1241

会社員が最も多く半数以上を占め，これに次いで工員・運輸業・公務員の順となっている（第15表）。このような構成状況を先に述べた臨海工業地域の代表的通学区である入船小学校通学区の保護者の構成状況と比較してみると，入船小学校区の場合工員が44.0％会社員が16.2％であるのに対して，末吉小学校区の場合は逆に会社員53.4％工員が15.6％の割合となっている。公務員に関する割合について検討してみても，入船小学校区がわずか0.6％であるのに対して末吉小学校区の場合は8.0％も占めているが，この地域がやや高級な住宅地域である一面を物語っているのであろう。

なお，ここの通学区域には，上末吉町第5自治会・上末吉町第4自治会・下末吉町第3自治会・

三島自治会・旭自治会の5つの自治会組織があり，児童たちの生活も学校の校外指導組織もこれに準じているので，ここではこれらの単位自治会区内における児童福祉環境の状況と問題点について述べることにする。

丘の斜面を安山岩で築き，緑の樹々の間から色とりどりの屋根をのぞかせている家々。古い樹令を思わせる巨木を自然のままに生かして建てた大企業のアパート。西洋の家を想わせる芝生の庭を配した社宅。旭地区にみられる高級な住宅群である。しかし，この自治会地区のすべてがこのようなところだけではない。三島地区に接するあたりはかなりこみいった住宅地域である（第13図）。

第13図　旭自治会地区

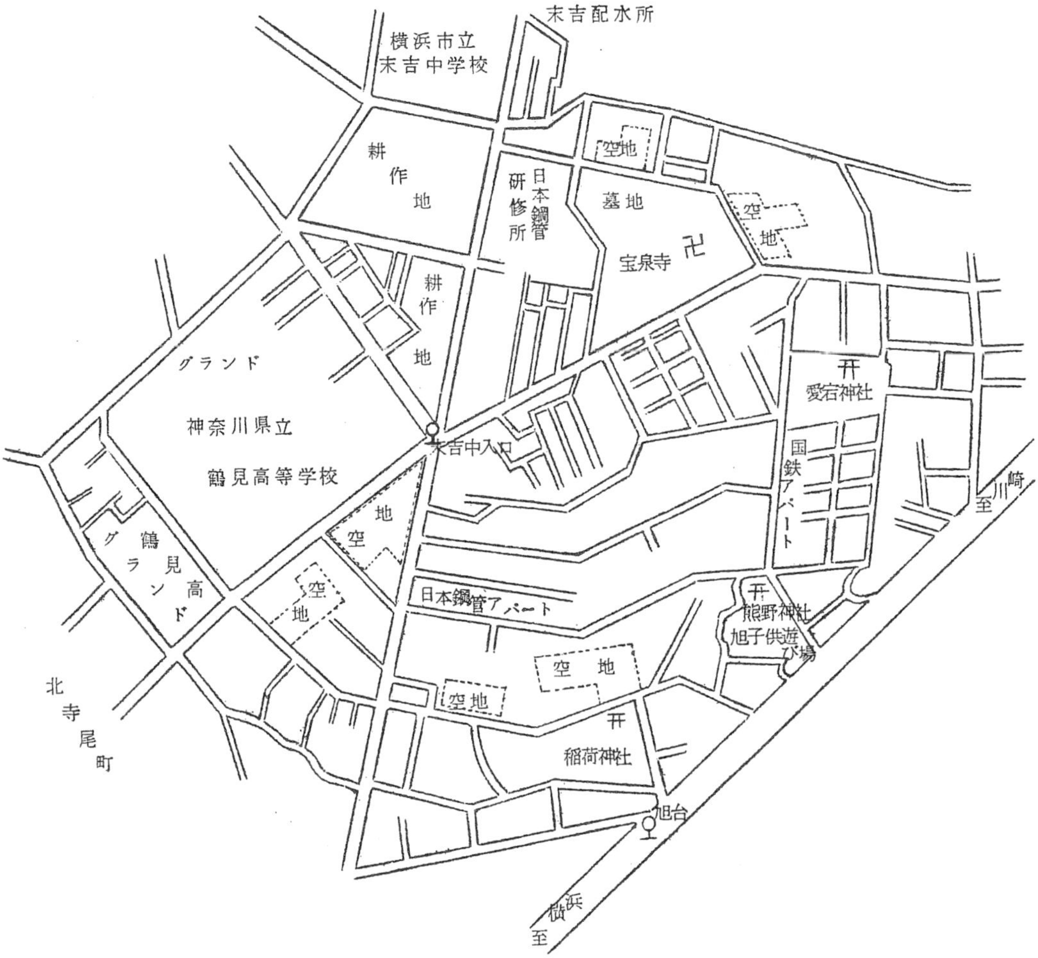

ここには県立鶴見高等学校・市立末吉中学校のほか，愛宕神社・熊野神社・稲荷神社・宝泉寺宝塔寺がある。これらの寺院の中で，児童たちが遊び場として活用できるように施設してあるのは熊野神社のみであるが，稲荷神社と宝塔寺を除く他の寺院には広い境内があるため児童の遊び場としては十分に役立っている。この外，特にこの地区で注目されるのは空地や耕作地が今なお住宅地の中にとり残されていることである。１０００m²ほどのものから３０００m²もあろうものまで１４ヶ所はあるだろう。もちろん土地によってはすでに児童たちの遊び場となっている場合もあるし，バラ線が張りめぐられて耕作地となっている場合もある。

より具体的に理解するために，下校後の児童の生活とのかかわりあいにおいて考察してみよう。第２国道に沿った地域の児童たちの遊び場は，なんといっても熊野神社の境内である。広さは間口２４m奥行１１mほどで，運梯・すべり台・鉄棒・ブランコの設備があり，樹木も多いので蝉類等の昆虫採集にも適している。臨海工業地帯の汐入学区や入船学区と比べたらなんと幸福なことかとつくづく思う。しかし，児童たちにしてみれば不満がないわけではない。女子は「階段が急で危ない。」「少し狭ますぎる。」「遊び道具がこわれっぱなしになっている。」と言う。しかし男の子は「少しせまいけど崖登りができるのでよい。　野球をするときは空地に行けばよい。」と答えている。

国鉄鶴見アパート附近に住む児童たちの遊び場は，なんと言っても愛宕神社の境内である。広さは約６００m²で，鶴見・川崎の工場地帯が一望におさめられ，総持寺本堂の勾配が実に美しく拝まれるところである。５年生の男の子は「ちょっと狭いけど，ここで野球をしたり，おとし穴を作ったりして遊ぶ。」と言う。君たちが野球をしたら１・２年生はどこで遊ぶの？……と聞いたら，「国鉄で遊ぶと言う。国鉄アパートに行ってみた。棟と棟の間が完全に遊び場として使えるようになっており，ブランコ等の施設もあった。「ここでは，陣取りや両手・片手・ドッチボールはできる。」と言う。遊びの種類によって広場が選ばれているのである。神社の境内という言わば町の公共用地と，企業体の提供する空間地が効果的に児童達の生活に溶けこんでいるのである。インタビューの最中，母親の１人が「神社の境内に落し穴を作って困るんですよ。」と言うので，もう一度確かめにもどってみた。数人の人達がムギワラ帽子をかぶって境内の草とりを始めるところだった。町会の役員だと言う人が「この辺には遊園地らしいものはないのでね。せめて，ここでけがをしないで遊んでもらおうと思ってね。……」と汗を流している。「道路にそって金網でも張ってやるといいんですがね。」と１人の老人が顔をあげながら言った。この人たちは，ここで子どもがどんな遊びをしているのか　どんなことに困っているのか知っているのであろう。言いかえるならば，児童たちの生活を親愛の眼をもって見つめているのだろうと思えた。留守家庭児童の多くがこのような形で地域の大人たちに愛護されることが現状では最も大切な事なのだろう。しかし，ここで留守家庭児童と話しあうことはできなかった。

川崎水道局末吉配水所附近は，この旭地区では最も高い所である。すぐ下に１８００m²ほどの空地がある。草がのび放題になっている事から想像すると児童たちが遊んでいるとは思えない。自転車に乗って遊んでいた２年生と３年生の男子２人と，まりつきをしていた１年生の女子２人をようやくつかまえた。「家の前の道で，両手や片手，なわとび，虫とり，かくれんぼをして遊ぶか。」「アパートの広場で野球をしたり，かけっこやおにごっこをして遊ぶ。」と言う。建ったばかりの日本鋼管アパートの前に大きな広場があり，その横にも間口４０ｍ奥行１８ｍの空地があった。たまには鋼管の独身寮のグランドにも行くと言う。そこにはバレーコートもあった。

上末吉町第4自治会地区は学校前の通りをはさんだ両側の住宅地域である（第１４図）。

第１４図　上４自治会地区

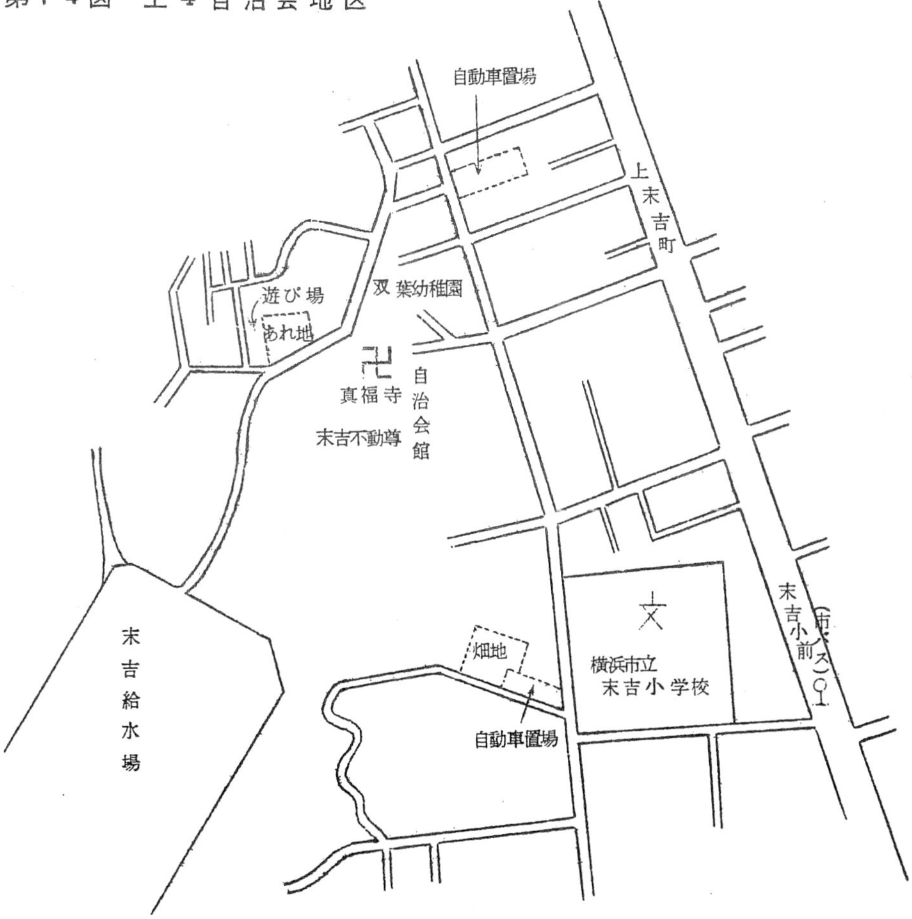

ここには末吉小学校・双葉幼稚園・真福寺があるほか，数個所の空地がある。学校の近くに住んでいると言う５年男子は「いつも学校で野球やかけっこをして遊んでいる。」が「蟬とりやチャンバラを山の上の広場でやる」　と話してくれた。山の上の広場とは，最近できたばかりの日本鋼管用地につながる間口３８ｍ奥行２５ｍほどの草むらの空地である。同じような広さの空地が鋼管アパートの前後にあるため，３箇所ではかなり広い場所となり，児童たちにとっては格好の遊び場となるのである。「5時までは校庭で自由に遊べるが，それから後は遊べない。どうしても遊びたいとき

は，ここはとても便利だ。」そうである。「学校のプールには入れてもらえるし，特に遊び場に対する願いはない。」と言う。一方，５年生と３年生の女子の話はこうだ。「私たちは学校や家の近くでも遊ぶが，いつも遊ぶのは不動尊（真福寺）です。」「ブランコもあるし，シーソーもあるし，すべり台もある。」「広場もあるからドッチボールもできるし，蝉とりもできる。」と言うのである。連れだって真福寺に行ってみた。なるほど，樹木に囲まれたこんもりした場所で，３段からなる広場がある。一番下の広場にはブランコやシーソが設置されている。中段は２つの広場から成り一方には自治会館があり３２０m²の広場に卓球台がおいてある。数人の母親たちが話し合いをしているようだった。これよりやや高いがこちらは１２０m²ほどあり，ここの広場と一番下の広場とが崖登りできるように鉄柱の柵で結ばれている。自然の地形を利用してある程度のスリルを楽しめるように工夫したものであるが，この鉄柱がまたすべり台の役目をしているとはよく考えたものだと思った。一番上の段は真福寺の本堂の境内で，大きな銀杏の木が腕をのばして木陰を作っている。奥には池もあり周囲での昆虫採集はもってこいの場所である。ここの広さは４３０m²ほどで，ドッチザールやゴロベースをやるには十分の広さである。児童たちは「ここはとてもおもしろいから別に遊び場の不満はない。」が「ときどき下の広場のまわりの人からうるさいと叱られるので困る。」程度だと言う。この近所には，ここの外にも双葉幼稚園もあるし，更に道をのぼったところにも，ブランコと砂場だけの施設ではあるが児童遊園地として手入されたところもある。その外にも，畑とも空地ともつかない用地があるので，児童たちにとっては誠に恵まれた環境であると言えるわけである。

上末吉第５自治会地区と下末吉第３自治地区，及び三島地区は，大通り商店と鶴見川治沿いの工場群を含む住宅地域である。（第１５図）過密な住宅地域であればあるほど，そこには遊び場も空地もないのが通例であるが，この地区の場合もその例にもれない。昭和４１年の明細地図では，少なくともこの３自治会地区に１８個所の空地や耕地はあったはずであるが，１年後の今日の調査では約半数の１０個所にすぎない。アパートが建ち，材料置場となり，自動車置場となったりして児童たちの生活から消えていくのである。この地域の児童たちが叫ぶ「遊び場がほしい。」「公園がほしい。」という声は，まさに汐入や入船小学校通学区に住む児童たちの声と同じだと言ってよいのであるが，その実情を自治会地区ごとにさぐってみようと思う。

上末吉第５自治地区にある児童のための設備は，京三製作所と日本全業の間にある間口２２ｍ奥行１４ｍの広場だけである。心ある地域の大人の協力によって作られたのであろう。砂場であったと思われる枠だけがその面影をとどめている。５年生の女子は「いつもここで砂遊びや両手・片手やゴム飛びをして遊んでいると言う。」「もう少し広くして，小さい子どもの遊ぶ道具をふやし，私たちの遊ぶところと区別したら，どんなにいいだろう。」と平素の生活で考えていることを訴える。町の中ほどで，３年生の男子が２人遊んでいた。彼等の場合は「学校から帰ってから，おかあさんがくるまで，いつもここで遊ぶ。」といって道を指す。狭い９尺道路である。「キャッチボール・ドッチボール・自転車乗り・石けり等」が遊びの中心である。「ボールが家の中に入ると１０日ぐらい返してもらえない。」「ガラスを割って叱られる。」「ほかの子に先に場所をとられると，

第１５図　上５下３三島自治会地区

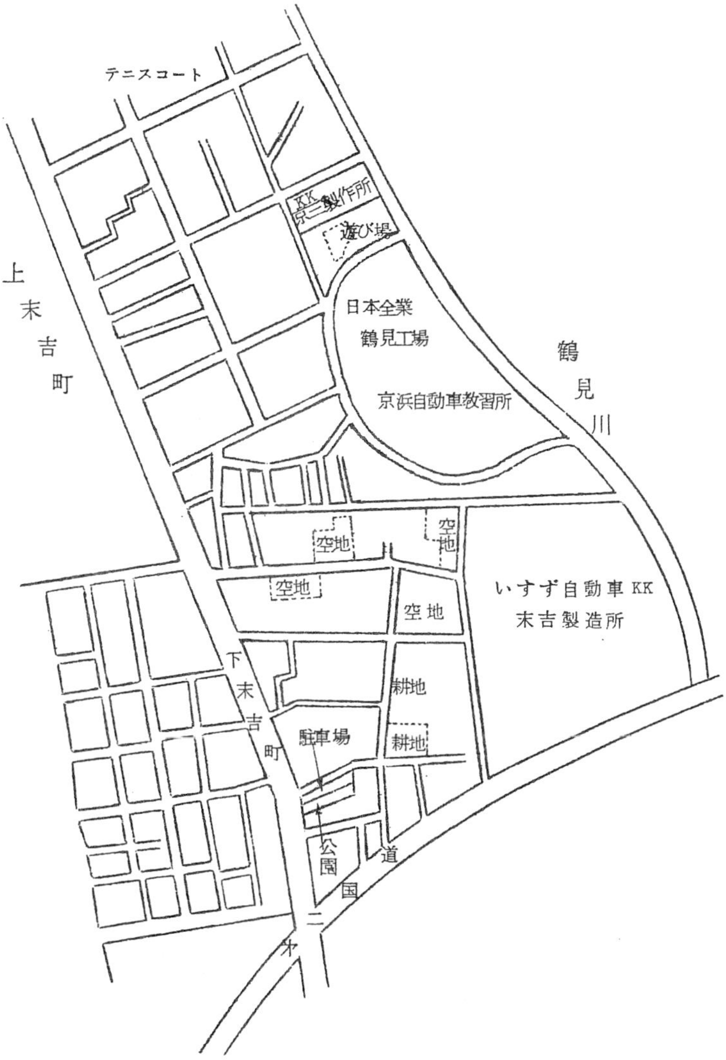

もう遊べない。」等いろいろ困ったことがある。だからこの地域の児童たちは「道でないところに遊び場をつくってほしい。」「小さい子どもと区別して遊べるところがあったらよい。」と切実に訴えるのである。ほかの所に遊びに行けばいいだろうと聞いてみる。「たまに学校や真福寺に遊びに行くが，４・５人行かないと友だちがいないのでつまんない。」と言う。真福寺まではそれほど遠くはないが友達を誘いあって行くのは大変なのだろう。そこで，つい９尺道路が遊び場になってしまうのである。もう少し大きい児童はどこで遊んでいるのだろうか。そう思って歩いていると，道路をへだてた上末吉小学校通学区のテニスコートで野球をしている１団が眼にとまった。６年生３人，５年生４人，中学生４人の集団である。彼等は「たまに真福寺や学校にも行くが，この辺の子

は，たいていここが遊び場だ。」と説明してくれた。「野球・サッカー・ソフトボール・ドッチボール」が遊びの中心である。「この辺でこういう遊びができるのはここだけだともいう。」話のはしばしから，適した遊び場所があってはじめて人間関係が保たれ，連帯感やチームワークが育つものなのだと，つくづく感ずる。″君たちはいつもここで遊べていいなあ〃と言ったら，「おじさん，ここは京三製作所のグランドなんだ。だから会社の人がバレーやテニスをやりにきたら，どかなければいけないんだ。」と言う。″いつも試合は中止さ〃この叫びには，自分たちが自由につかえる広場がほしいと言う強い願いがこめられているのであろう。１１人中１０人までは自転車に乗っているが，今日は自転車に乗って遊ぶのが目的ではなく，会社の人がきてつかえなくなったら，つぎの候補地に早く行くためだと言う。

下末吉第３自治会地区と三島自治会地区の境界に公園があるはずだと思って，地図をたよりに探し歩いた。広い有料駐車場と下駄ばき公団アパートの間にある細長い名ばかりの公園である。入口が鉄の門塀でしめられているので，公団アパートの入口から入らなければならない状態になっていたので見落してしまったのである。幼児が2人ブランコにのって遊んでいた。入って行くと「おじさん団地の人。」と聞かれた。「ここは団地の人だけ使うの。」と聞いたら「そう。」と言う。あわててひきあげた。結局，下三・三島の両地区にはなんの福祉施設もないのである。しかし，この地区は確かに過密な住宅地域ではあるが，まだかなり広い空地や耕地が残されている。児童たちが広場と呼んでいるところは，間口４８ｍ奥行２８ｍもある野球も十分できる空地であるし，砂場と呼んでいるところは，間口３０ｍ奥行１３ｍの空地なのである。このほかにも間口４５ｍの広場があるほか，１７０m²から４００m²ほどの耕地が6箇所もあるのである。いずれこのままにしておけば，これらの空地や耕作地もなくなり，この地区のすべての児童たちが，交通事故の危険にさらされながら９尺道路でカンケリや両手・片手をして過さなければならなくなるだろう。心身ともに健全な児童を育成するための環境整備は誠に急を要すると言わなければなるまい。

最後に，この通学区域にある県立三ツ池公園と児童の生活についてふれておこう。三ツ池公園は旭自治会地区に所属しているわけであるが，一部の児童を除いてはかなり距離的に遠い。そのため，これらの地区の児童ですらたまに行く程度なのである。学校の方針も大人と一緒でなければ行ってはいけないという態度をとっているが，″危険である〃事が理由である。児童たちの意見も「広くて美しくていい。」でも「やっぱり危険だ。」と言う。「見はりの人をたくさんおいてくれればいいが……」と児童たちは言うが，地域ぐるみの管理体制の研究いかんによっては効果的な活用が考えられよう。

4　内陸工業地区の現状と問題点
～旭小学校通学区域踏査から～

港北区に境を接するあたり一帯は，つい最近まで農村地域であったことを物語る風景と，ここ数年の間にすばらしい勢いで発展し住宅化・工業化しつつあることを物語る風景が随所にみられる。

山ぞいに曲折する道。その丁字路や陽だまりの森を背景にして集まる家々。そこからはこの土地の昔がしのばれるし，田園の真中を帯のように走る舗装道路や丘をけずったひな壇風の土地にそそりたつ団地と社宅からは，この土地の明日の姿を容易に想像することができる。横浜市立旭小学校は内陸工業地区の一部を含む，このような地域を通学区域とする学校である。このため，保護者の職業構成は会社員や工員が全体の８割を占めているものの，公務員や自宅工もかなりみられる。（第１６表）

第１６表　旭小学校保護者の職業

職業＼学校	農業	水産業	運輸業	自宅商	自宅工	行商・露店	自由労務	工員	公務員	教職員	会社員	鉱業	無職	その他	合計
旭	42	0	2	39	39	0	12	204	52	19	725	0	0	23	1157

しかし，今まで踏査してきた汐入・入船小学校通学区や末吉小学校通学区と比較して特徴ずけられるのは，なんといっても農業が多いことである。行政区域からみた通学区域は，獅ケ谷町，馬場１番地から１１７番地まで，２１９番地から２４２番地まで，２４９番地から２６９番地まで，２７０の１番地，３８９番地から４１０番地まで，４２３の１番地。駒岡町１番地から７４６番地まで，８４８番地から８９３番地まで，９４６番地から１０６６番地まで，１０９２番地から1161番地まで。及び，北寺尾町７７３番地から７８５番地まで，１００８番地から１０１９番地まで，１０２１番地から１０２６番地まで，１０６１番地から１０９５番地まで，１１３８番地から1487番地まで，１５１８番地から１５４８番地までである。

まず，獅ケ谷町に住む留守家庭児童たちが，下校後から父母の帰るまで，どのような環境の下でどのように過しているかを検討してみよう。獅ケ谷町は，上谷・原谷・大池谷・中谷・下谷・西谷の８つの字よりなる町であるが，（第１６図）各字毎に集落を形成しており，各集落は山地や田園によって囲まれているような形になっているため地方の農山村にみられるような部落的集落の様相を呈している。したがって，今まで踏査してきた汐入・入船小学校通学区域や末吉小学校通学区域の場合のように，どこに遊び場があるのか空地があるのかを探し歩くと言うようなことはなく，むしろ地図にある下谷に行くにはどの道をとおって行けばよいのか迷うと言ったほうがよいくらいなのである。こう書くと，この地域にあっては到るところに空地や広場があり，全く児童たちは自由奔放に遊び回われるように思うだろうが，現実は決してそうではないのである。地域が農村であればあるほど土地は生産の場として四季を問わず活用することになるし，かつては自由に遊べた森も今は団地造成のために売買され，バラ線を張りめぐらされた立入禁止地域となっているからである。これが密集住宅地域であれば，児童たちは叱られるのを覚悟して立入り野球やドッチボールをする広場として使用するであろう。しかし，この地域の児童は決してそうはしないのである。それでは

第１６図　獅子ケ谷町

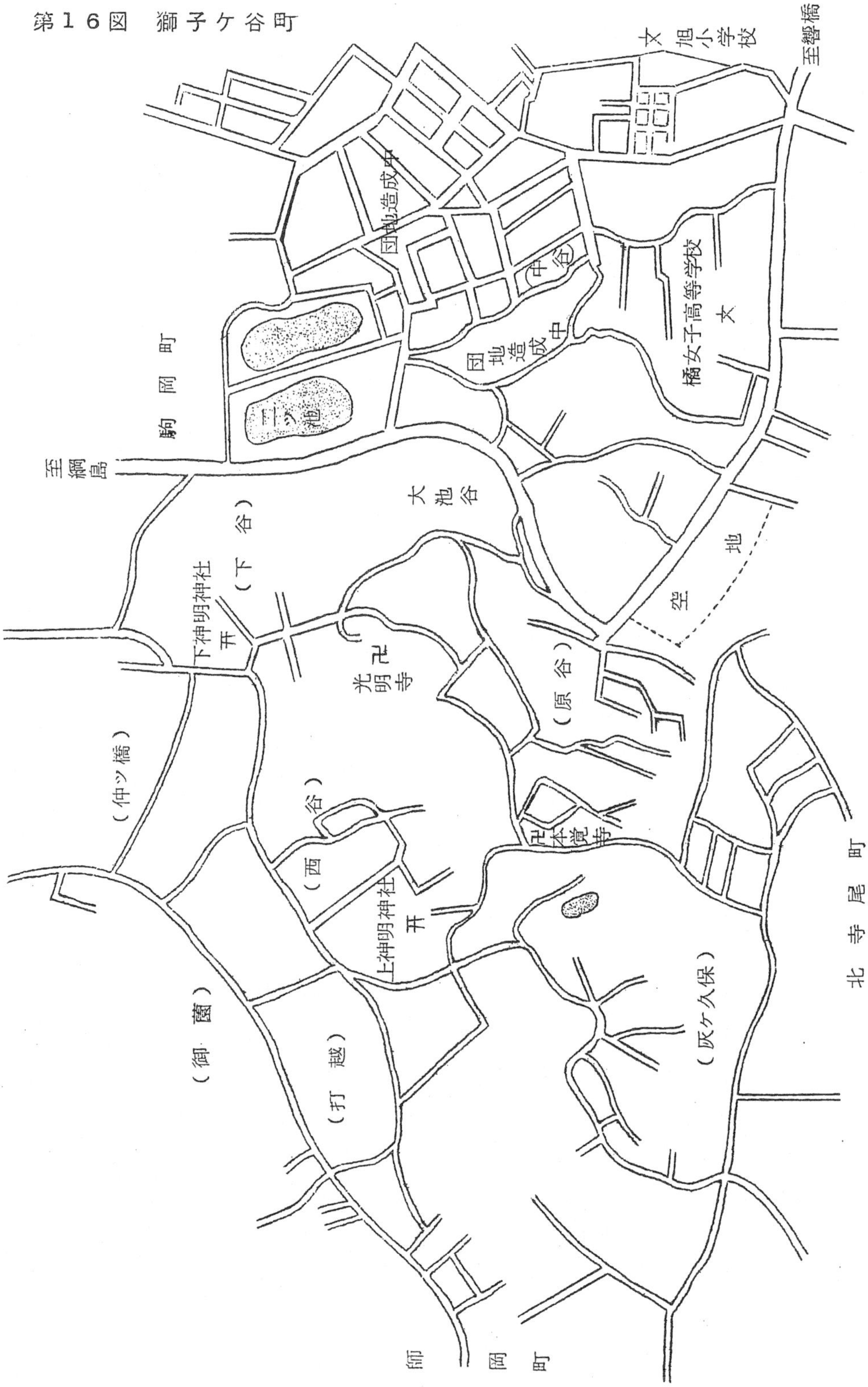
文
旭小学校
至響橋
団地造成中
(中谷)
団地造成中
橘女子高等学校
文
駒岡町
二ツ池
至綱島
大池谷
(下谷)
下神明神社
空地
卍
光明寺
(原谷)
(仲ツ橋)
(西谷)
卍本覚寺
上神明神社
北寺尾町
(灰ケ久保)
(御園)
(打越)
師岡町

彼等はどこでどう遊びどんな願いをもっているのであろうか。原谷に住む5年生の男子は「いつもアパートの中の空地か友だちの家のまわりで，ゴロベースやおにごっこやかくれんぼやせみとり」などをして遊んでいると言う。「ちょっと前までは坂の空地で野球ができてよかった。」というのでそこに行ってみた。現在は空地が2つに仕切られ，1間おきに抗を打ってバラ線を張り入れないようにしてあった。測ってみると，両方で間口80m奥行44mある長方形の土地である。まわりに大きな樹木が生い茂っているので夏の暑い日も運動後ここでひと休みしたのであろう。「狭いあき地はいっぱいあるからいい。」「野球のできる場所がほしい。」と言う。「どんどん家が建っちゃって，空地なくなんもなあ。……」一緒にいた数人の児童たちが顔を見合わせながらつぶやく。
児童たちと別れて，しばらく休んでいると，4人の女の子が蝉とりに来た。5年生を頭に3年生と2年生と1年生である。この児童たちは店のそばの空地で遊んでいると言う。「鬼ごっこ・かくれんぼ・蝉とり・ボカンスイライ」などが主な遊びだが，「石がごろごろしていたり，ガラスの破片があったり，ボールが林の中に入ってなくなっちゃう。」のが困ると訴える。また，近くに「日本鋼管のプールがあるが利用券がないので入れないので，「二ッ谷をプールになおしてもらえないか。」と提案している。二ツ池畔に立って前後左右を見まわしてみると，池の下方面には真白なアパートや大企業の社宅が建ち並んでおり，中谷のほとんどは宅地造成も完了し，明日にもビルが建ち並ぶ気配を感じさせている。確かにこの土地には旭小学校も橘学園女子高等学校もあり，授業に差支えない限りにおいては運動場も児童の遊び場として提供しているようである。しかし，それだけが児童たちの遊び場であってよいのだろうか。児童たちが指摘するように“空地はつぎつぎとなくなってしまうのである。　今のうちに将来を見越した対策を早く立て土地の確保をしておく必要を強く感ずる。このように思えるのは決してこの原谷の場合だけではない。下谷にある下神明神社の境内も，間口9m奥行12mの広さで，このままでは遊び場としては狭すぎる。　しかし，昇り口の両側にはすばらしい耕地とも空地ともつかぬ土地があるのである。これが将来この地域に住む児童たちの遊び場となったらどんなに幸福なことであろう。灰ケ久保の場合もそうである。上神明社や本覚寺があるが，本覚寺には全く広場はないし，どうしてもここに住む児童たちの将来のためには広場を確保しておく必要があるのである。田を埋めて建てたのであろう。木の匂いがまだ残っているような赤や青のスレート瓦屋根の家がたくさん軒を並べているだけに，一層その感を強くするのである。

駒岡町は字八千代・中郷・内町・四ツ田・寺の前・池の下に分かれている。（第17図）
今のところ四ツ田・寺の前・池の下はほとんどが田園で住宅は建っていない。しかし県道にそって営業所・事業所・自動車置場が建ちつつあり，今後もこのような建造物が建つのであろうか？……土盛による造盛工事が盛んに行なわれている。この地域は隣の師岡町・樽町と共に内陸工業地区に当る所なので（第2図），数年後には一帯が工場街となるのであろう。すでに建設が完了し稼働している明治製菓・東京トヨペット等はまさにこの地域の将来を暗示しているものと言えよう。ところで，八千代地域における児童のための施設についてであるが，用地として宅地化された広場や空地は到るところにあるが，児童のための施設や設備はなにもない。児童たちは「家の前の道端や造

第17図　駒岡町

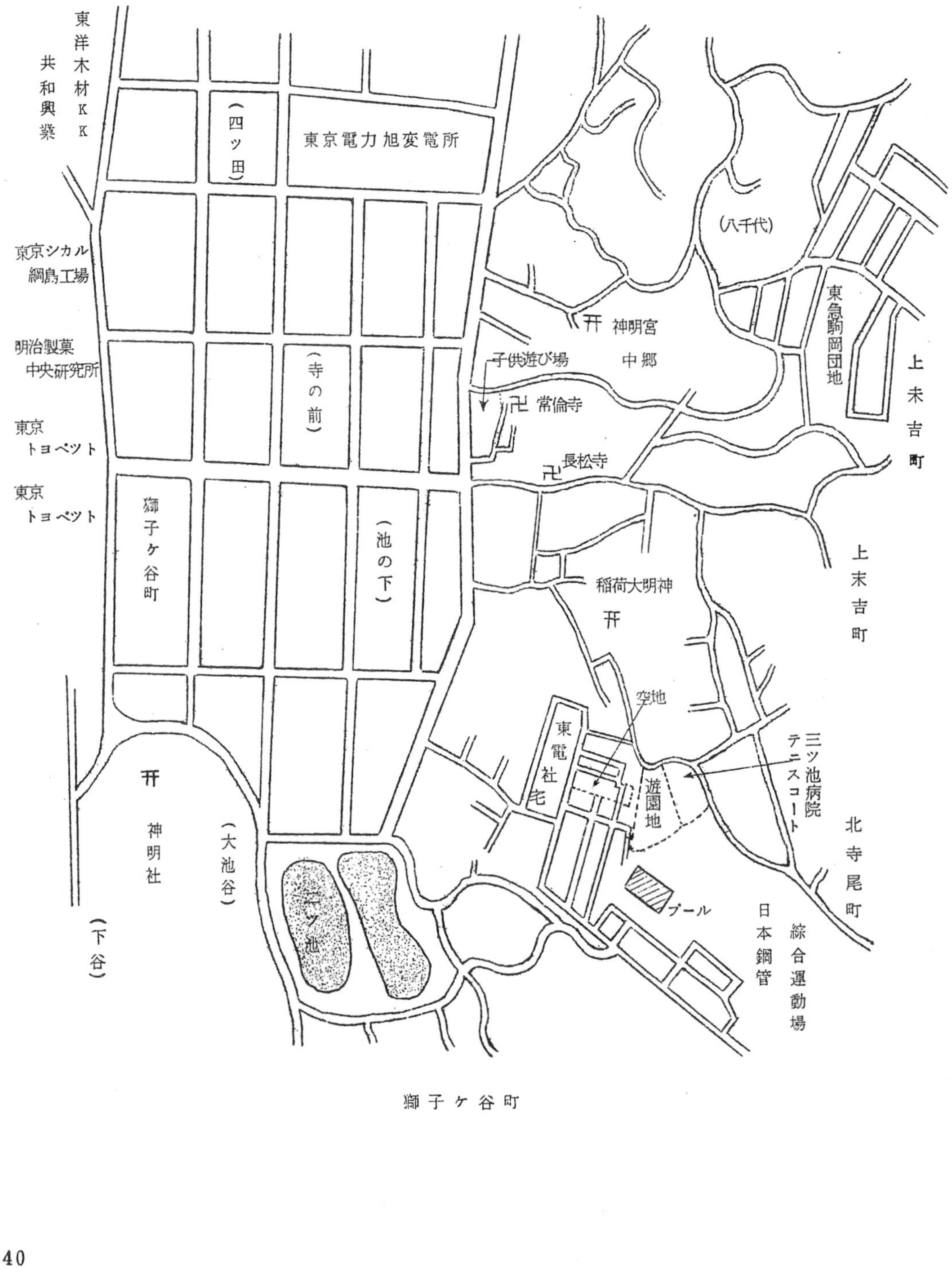
東洋木材KK
共和興業
(四ツ田)
東京電力旭変電所
(八千代)
東京シカル網島工場
明治製菓中央研究所
東京トョペツト
東京トョペツト
神明宮
中郷
子供遊び場
常倫寺
長松寺
(寺の前)
東急駒岡団地
上末吉町
獅子ケ谷町
(池の下)
稲荷大明神
上末吉町
空地
東電社宅
遊園地
三ツ池病院テニスコート
神明社
(大池谷)
三ツ池
北寺尾町
プール
日本鋼管
綜合運動場
(下谷)
獅子ケ谷町

成中の空地」で「かけっこ・かくれんぼ・野球」等をして遊んでいる。この地域一帯に建てられている住宅街の現状や，現在整地されている宅地造成の傾向からみると，今後はかなり密集した住宅地となることが予想される。この意味では，今のうちに土地を確保しておく措置がとられることが望ましいと考えられる。中郷地区も八千代地域とほとんど同じだとみてよいが，ここには常倫寺子ども遊び場があり，神明宮がある。常倫寺子ども遊び場は，寺の厚意によって地域が子どもの遊び場として借用しているものであるが，間口２２ｍ奥行き２８ｍの広さである。ブランコ・シーソー等の固定施設が設置されており，主に幼児対象の遊び場として作られたものである。高学年児童にとっては「野球ができない。」不満はあるが，「ドッチボールはできる。」と言うので極めて利用度が高い。６年生の女子は，「私の家のまわりには遊び場はありません。だから家の前の道路か空地で遊んでいます。」でも「交通事故の危険もあるし，石ころやガラスが落ちているのでけがをすることもあります。」ので「ときどき常倫寺遊び場に行きます。あそこは，大ぜいでゴム飛びやふざけっこを思いっきりできるので，とってもよいです。」と語ってくれた。しかし，この地域の児童にとって唯一つの遊び場であるこの常倫寺子ども遊び場にも問題がないわけではない。この遊び場作りに尽力されたＴさんはつぎのように言うのである。「今のところ遊具も少ない。飲料水の設備もしていない。寺の土手を利用して崖登りができるようにしてやったり，自然のスベリ台を作ってやったらどんなに子どもたちが喜こぶだろうかともときどき思う。」しかし，「それより問題なのは，この土地が寺の厚意によるものだけに場合によっては明日にも返さなければならないことにもなりかねないのです。」と。

獅子ケ谷町と北寺尾町に接する内町の高台は，ほとんどが住宅地となっているところである。新らしい一戸建の邸宅と東京電力の鉄筋社宅・大成火災海上の寮等が建っている。公設の遊園地はないが，東京芝浦電気ＫＫの土地であると言われている所に，１５００m^2もあろうかと思われるテニスコートと，ややそれより広い遊園地がある。運梯・ブランコ・鉄棒等遊具も豊富に用意されているが，遊園地内の雑草はのびほうだいで，手入れも利用もされていないことが一見して解る。どこからか入れるだろうと思って一巡したが金網が張りめぐらされているために入ることもできない。誰れの為に，何の目的で作られたのだろうかと不思議に思う。それでは，児童たちはどこで遊んでいるのだろうか。社宅に住む児童たちは社宅の中に設けられている広場で遊んでいる。東京電力の社宅内には，間口３０ｍ奥行４０ｍもある広場が児童たちのためにちゃんと用意されているからである。他の児童たちも，もちろんこの中で遊ぶこともあるが，ふだんは自分の家敷の中か大成火災鶴見寮前の空地で遊ぶ。ここも広く，間口３０ｍ奥行４０ｍほどあり「野球・ドッチボール・自転車乗」等もできる「すばらしい広場だ」からである。けれども「もうすぐここにも建物が建つと大人たちが話し合っていた。」と言って，５年生の男の子は顔を曇らせた。下の住宅地に行ってみた。道路にそって家は建っているが，まわり一帯は耕作地でところどころに空地がある。しかし児童たちが思いきり遊べるようなところはない。稲荷大明神の入口近くにある用水池で遊んでいる児童たちに聞いてみると，「○○君の家が建つまではそこで，つぎは○○君の家が建っている所で」と言った具合である。稲荷大明神の境内は狭いが，その両側にある雑草の生えている空地か耕地かは広い。しかし，そこはこの地域の場合も今までの例にもれず児童たちの遊び場としては使えないのである。

第１８図　馬場町別所

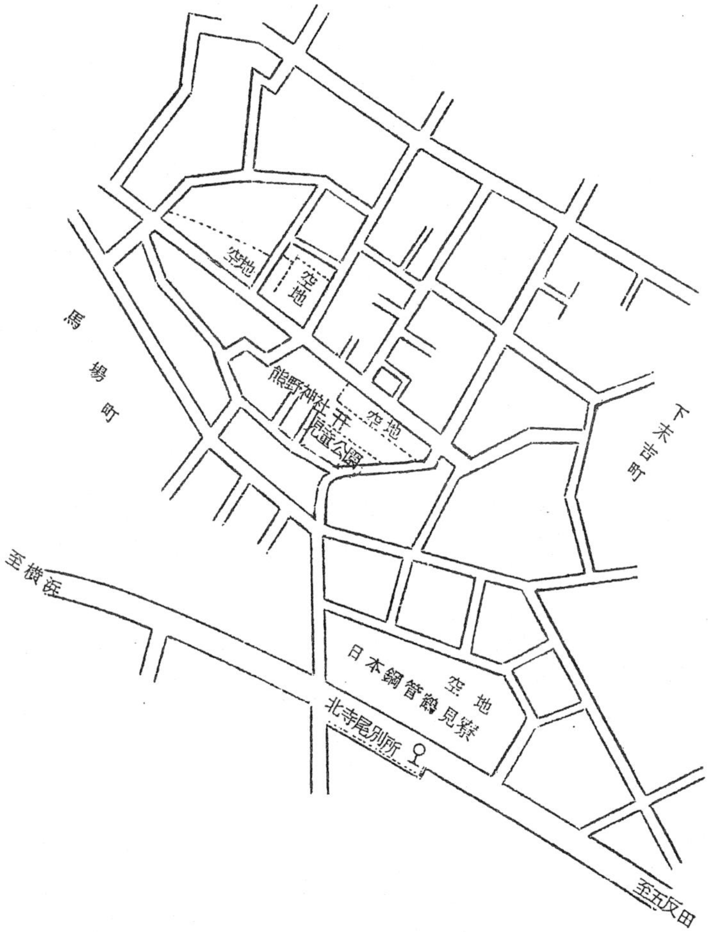

馬場町別所及び中丸地区は，旭小学校通学区域では最も古くから開けていた住宅地である。市の中心地に近いわりには閑静であり，景色もよく交通の便も悪くないからである。

別所地区（第１８図）には，町の中央に熊野神社がある。この神社の境内には，比較的広い自治会館があるほか，裏側の道路に面した所に８６０m²ほどのあき地があり，神社より一段下った所には児童遊園地がある。そのため，ここは周辺に住む児童たちの遊び場の中心となっており，低学年の場合は下の遊園地でブランコ・鉄棒・砂遊び。高学年の場合は上の空地でボール投げといった具合である。３年生の男子は「近所の子がみんな来て一緒に遊ぶことはないから，ここで十分遊べる。」と話してくれたが，各家庭にかなりの庭があるため，そこで遊んでいる者も多いだろうと考えられた。ところで，この地域には熊野神社のほかにも空地がないわけではない。少なくとも１０００m²

以上はあろうと思われる所が3ケ所はある。しかし，それらの空地は全くの藪地であったり，崖地であったりしている場合が多いため児童たちが立入った形跡は認められない。危険であることや熊野神社を中心とした遊び場に恵まれているためであろう。

だが，この地区で問題にされるのは第2国道に面した日本鋼管鶴扇寮付近の児童のための環境が思わしくない状況におかれていることである。現在のところでは「鶴扇寮がこわされているため空地となっているが，あそこに家が建ってしまえば，全く遊ぶところがなくなる。」と児童たちは言うのである。「裏通りの交通は烈しいし，三ツ池は遠いし，とても心配です。」と母親たちは嘆いている。全く皮肉なことであるが住家が密集し児童も多いと言う必要感に迫られている地域ほど，遊び場も空地もないのが現状なのである。すでに企業体の土地であるとは言え，鶴扇寮の一隅に児童のための遊び場ができたらどんなに幸福だろう。また，働く母親の不安も少なくなるであろうと考えられるのである。

第19図　馬場町中丸

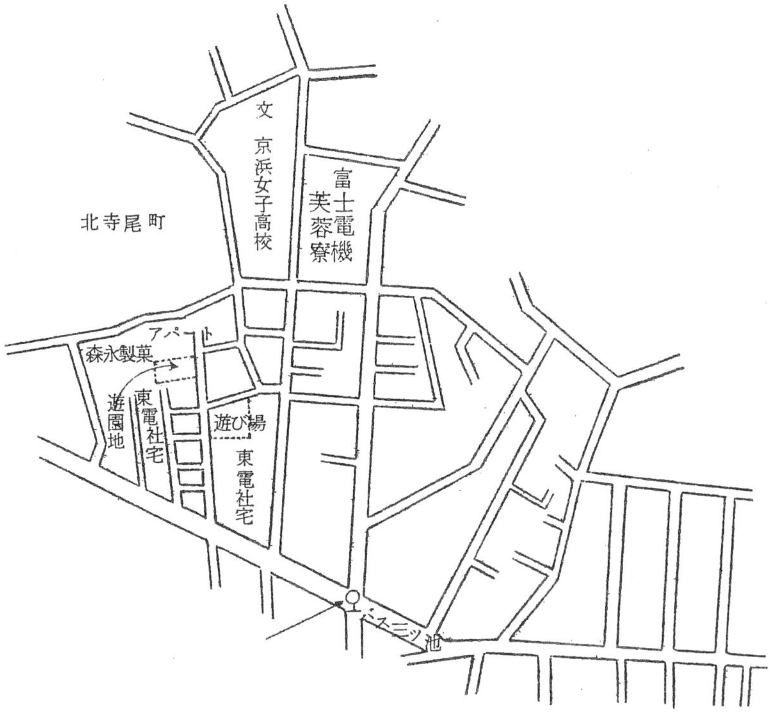

中丸地区（第19図）には，京浜女子高等学校があるほか，遊園地と児童のために解放した450m²ほどの空地がある。このため，この地域の児童は「蟬とりもできる。」し「キッチボールやゴロベースぐらいは東電前の空地でできる。」と言い，「思いきり野球をやるときは京浜のグランドに行く。」と言う。「小さい子どもは遊園地で遊んでいるので少しもじゃまされない。」のが，またよい結果をもたらしているようである。遊園地や空地は，森永と東京電力が従業員の児童を含めた地域の児童のために提供しているものであるが，多くの児童がこの恩恵を受けて，危険から守られ健やかにのびのびと成長しつつあることは誠に喜こばしいことである。

Ⅳ 調査のまとめと保護対策への要望

留守家庭児童の出現率が著るしく高く，今後もますます増加するであろうと推測できる臨海工業地帯の児童福祉環境は極めて貧弱である。

下校後の数時間を，家の方で友達と好きな野球やドッチボールをして遊ぼうと思っても，この欲求を満してくれる広場や空地は猫の額ほどもない。会館や寺院もないわけではないが，会館は全く建物だけで，読書等には利用できても戸外での遊ぶ広場はない。 寺院の境内も，普通の民家の庭先と少しも変わらない広さであるために，児童たちの遊びには耐えない。数は少ないが公園はある。しかし，設備の内容はどちらかと言えば幼児むきであり，野球やソフトボールをして遊ぶことを禁止しているため，児童たちは結果的には締め出されていることになっている。

このような状況におかれている児童たちにとって，最も良い遊び場はやはり学校である。校庭も広いし，地域の実情を考慮して，かなり自由に使えるように解放しているからである。しかし，学校の近かくの児童たちにはよいが，遠い児童たちは利用価値がうすい。学校の校庭で遊ぶことについては親も異存はないのであるが，そこに行くまでに交通事故にあうといけないからときびしく言い含めているからである。

遊び場を失なった児童たちのほとんどは，いきおい道路や原料置場・建材置場でところせましと遊んでいる。ところが，このような状況にひきかえ，この地域の交通量はものすごく烈しい。工場や原料置場と幹線道路を結ぶ輸送路が町中を網の目のようにはり，大型・小型のトラックがわがもの顔で往来しているのである。全く，町の到るところに，尊い児童の生命を奪うかもしれない危険が待ちかまえていると言っても過言ではない。留守家庭児童のためのみならず，この地域に住む児童全体のためにも，保護と健全育成のための環境整備を急がなければならない。

民間企業体の協力による施設や広場の解放。一定時間，自動車の通行を禁止する道路の活用。空間を得るために，3階建・4階建の住居構造にする町作りなど。

住宅地域における留守家庭児童の出現率は全市平均とほぼ同じであるが，増加率は非常に高い。現在のところ，パートタイムとして働いている母親が多いために，留守家庭児童とはなっていない者も多いようであるが，労働力の不足が拍車を加わえるにつれて勤務条件もかわり，これが要因となって増加していくことも容易に予想できる。

この地域における児童福祉環境の状況は，山の手方面では，遊び場や空地にも恵まれており，寺院の境内も広く，教育施設や公園や遊園地も多い。そればかりでなく，最近建築した民間企業体の社宅や高層住宅の多くが，十分な敷地をとっているだけでなく，児童たちの遊び場等も考慮したと思える設計をしているので一層ゆとりを感じさせる。したがって児童たちは，多少の不便はあるにしても，おもいおもいの遊びをして，のびのびと過しているようである。大都市に住む留守家庭児童としては，交通事故の危険にさらされていないという点でも恵まれていると言えるし，自然に親しめる状況におかれていると言う点でも幸福であると言えよう。

ところで，下町一帯の状況についてみると，ここの場合は，山の手方面とはうってかわって住宅が密集しており，公園や遊園地等にも恵まれておらず，会館等も広場を持たない場合が多い。そのため，道路で遊んでいる児童たちも多く交通事故の不安を強く感じさせる。ただ，臨海工業地帯の場合と比較して異なっているのは，現在も町のあちこちにかなりの空地とも耕地ともつかない荒れ地が残っていることである。

現在のところでは，学校の校庭を除けばこれらの空地が児童たちの唯一な安全な遊び場となっているわけであるが，遠からずこれらの空地も児童たちの手から奪われていくことは間違いないとみてよい。早急に，買収・借地等の方法によって土地の確保をすることが急務であろう。このことは，単に留守家庭児童の健全育成に寄与することが大きいだけでなく，この地域に住む児童全体のためにも必要かくべからざることであるからである。

内陸工業地域において注目されるのは，留守家庭児童の出現率が本市の平均出現率を著るしく上まわっているだけでなく，ここ数年にみられる増加率が他地域ではみられないほどの激増ぶりであると言うことである。このことは，留守家庭の問題が地域の工業開発と深くかかわりあっている一面を物語っているわけであるが，同時に，これらの地域の工業開発が急ピッチに進められれば進められるほど留守学庭児童が激増していくことを物語っているわけである。

これらの地域の児童福祉環境の現状についてみると，広場や遊び場という点では今のところさほど不自由は感じられない。しかし，現に遊んでいる空地や広場が，公共の土地ではないと言う点では大いに問題にされなければならないし，他地域に比べて施設が少ないと言う点でも考慮の対象としなければならない。そればかりでなく，民間企業体の資本投資による工場用地や宅地造成用地の買収が着々と進められているにもかかわらず，地域にみあった児童のための環境作りの用地がほとんど確保されていない状況にあることは，誠にいかんと言うほかはない。工業化の歪を是正し，子どもや市民が人間として生きていけるような町作りをするのが横浜市の市政の重点施策だと言うものの，「子供を大切にする市政」「だれでも住みたくなる横浜市の都市づくり」は，まだまだ子どもや市民の生活の中に生きた施策となって現われていないと言ってよいと思う。

さて，以上は「横浜市における留守家庭児童の出現状況を詳細に把握し，今後とも激増するであろう地域を予測する。」こと。及び，「現に出現率の高い地域や今後増加するであろう地域の児童福祉環境の現状と問題点を明らかにする。」こと。の二つの視点に立った調査結果の分析を集約して言える幾つかの問題点について述べたのであるが，ここでは更に，この調査に関連して，現に横浜市が実施している留守家庭児童対策の施策に対する要望の幾つかについて述べてみたい。

冒頭に述べた如く，本市が他市に先がけて，「学校における保護対策」と「地域における保護対策」を具体的にすすめたことはまさに賢明な策であったと思う。しかしながら，昭和３８年以降，毎年発表された研究報告では，「学校における保護活動面」でも「地域における保護活動面」でもかなりの成果をあげているにもかかわらず，５年後に到っても一向施設は増加していないのである。理由はいろいろ考えられる。産業基盤強化策に伴なう土木関係事業費の急増や，人口の社会増に伴なう学校教育施設費が市の財政を圧迫しているため，そこまで手がまわらないこと等。

しかしながら，だからと言ってこのままでよいと言うことにはならなかろう。繰りかえし述べることではあるが，騒音・媒煙・交通事故・刺激多過な不良広告という大都市の思わしからざる生活環境の中にあって，16796名児童は全く無保護のまま放置されているのである。

私は，将来の横浜を担うこれらの小市民のために，もっともっと積極的な施策をうちだすべきだと思う。現状のように，「学校保護」も「民生保護」も1区各1個所などと言う割合でなく，現に多発しており，福祉施設に恵まれていない臨海工業地域の如きにあってはどんどん学校保護をすすめるべきであるし，他の施設が活用できる地域の場合はそれを活用すべきだと思う。全く施設の無い地域にあっては川崎市が実施し効果をあげているような「ママさん保護」の方法をとるのも現状における問題解決の方法だと思う。しかし，将来はこのような児童の保護対策を十分考慮した都市作りを積極的にすすめるべきである。なぜならば，「産業や経済が栄え，交通や通信が発達するとともに，子どもたちが健全に育ち，父母たちが安心して子どもを保育所に送り，学校に通わせ，市民が満足してその日々の生活を営なみ，休日ともなれば大人も子どももものびのびとスポーツを楽しみ，公園の木立の中を散策し，明日の活動にそなえるといった市民の物質的文化生活の享受と向上に努力する。」のが近代都市行政の一大目標であり，横浜市の市政の重点施策である「子どもを大切にする市政」もこれをめざしているのにほかならないからである。

横浜市における留守家庭児童の分布と
これに対応する地域の児童福祉環境の実態

昭和43年3月31日発行

編集　横浜市立神奈川小学校
教諭 青柳良策

発行　横浜市立神奈川小学校

印刷所　ビジネス・プリント　とりまる堂
電話　681－2521

不在家庭児童調査報告

昭和43年12月

浪速区恵美校下社会福祉協議会

調査実施者	恵美校下社会福祉協議会
調査地域	浪速区恵美地域
調査対象者	恵美小学校の不在家庭児をもつ保護者
	恵美小学校生徒在籍数　６７８名
	〃　不在家庭児童数　１３２名
	〃　不在家庭児比率　１９.５％
調査件数	不在家庭児童数　１０６名
	不在家庭世帯数　１０２世帯
調査時期	４３年７月
調査員	恵美校下社協の役員
調査方法	民生児童委員が調査対象者を訪問して記入したものである。

(1)

1. 児童について

恵美小学校の調査によれば恵美地域の不在家庭児童数は132名であるが、このたびの調査によって回収されたものは106名である。児童の男女別、学年別数は（表1）のとおりである。町別児童数では新馬渕住宅のものが最も多い。

（表1） 男女別，学年別

学年	男	女	計
1年	6	3	9
2	9	6	15
3	10	11	21
4	5	8	13
5	16	11	27
6	12	9	21
計	58	48	106

（表2） 町別児童数

町別	実数
新馬渕住宅 A	21
新馬渕住宅 B	20
市共同住宅	4
馬渕町	39
恵美須町	20
霞町	2
計	106

2. 保護者について

不在家庭児童になる理由としては「両親の共働き」が65.1％で1番多く、次いで「母子家庭」の17.0％，「父子家庭」の12.2％となる。厚生省児童局の「全国家庭児童調査」（昭和39年）によれば児童のいる家庭（児童は18才未満）の6.2％は母子家庭となっている。保護者の不在家庭の調査であるから母子家庭が多くなるのは当然であるが、特に目だつのは父子家庭の多いことである。「両親のいない家庭」2名の内1名は祖母が保護者となっており、他の1名は調査用紙からは詳しく知ることができない。また母子家庭の中で母が病気入院しているものが1名いるがこれも誰が子どもの世話をしているのかはわからない。両親の年齢は（表4）のとおりで40～49才が父母とも1番多い。

（表3） 不在家庭理由別

不在家庭理由		実数	%
両親のいる家庭	両親外勤	67	63.2
	片親外勤	2	1.9
	外勤・疾病	4	3.8
母子家庭	母外勤	17	17.0
	母疾病	1	
父子家庭（父外勤）		13	12.2
両親のいない家庭		2	1.9
計		106	100.0

（表4） 両親の年齢

年齢	父	母
20才～29才	－	7
30～39	24	34
40～49	33	35
50～59	11	3
60～69	4	－
無回答	14	12
計	86	91

（2）

3．保護者の不在について

保護者の不在とは子どもが学校から帰って家にいる時に保護者が仕事にでかけて家を留守にし、子どもがひとりでほうっておかれている時の状態をいう。子どもは朝の8時頃から学校へ行き、1年生は1時頃に帰ってくる。高学年になるほど下校時間は遅くなるが4時には6年生も帰ってきている。

（表5）児童の学年別下校時間

	1年	2	3	4	5	6	計	%
1時～	8	2					10	9.4
2時～		5	9	2		4	20	18.9
3時～		2	12	8	17	12	51	48.1
4時～				3	10	5	18	17.0
無回答	1	6					7	6.6
計	9	15	21	13	27	21	106	100.0

（表6）は両親の出勤時間が子どもの登校前を不在にしている状況をみたものである。□は朝の8時前には保護者は既に出勤しているもので、その児童数は32名である。

（表6）両親の出勤時間

出勤時間	母								母不在	計
	6時前	6時～	7～	8～	9～	その他	不定	無回答		
父 6時前		1	1	3					1	6
6時～		1	4	5	1	1			1	13
7～	1		9	22	1	5		1	6	45
8～			2	5		3			5	15
9～										0
その他	1	1				1		1		4
不定				1			1			2
無回答								1		1
父不在	2	1	4	6	2	1		1		86
計	4	4	20	42	4	11	1	4	90	

（表7）両親の帰宅時間

帰宅時間	母												母不在	計
	4時前	4時～	5～	6～	7～	8～	9～	10～	11～	12～	その他	無回答		
父 4時前	1													1
4時～													1	1
5～	3		5	1	2								2	13
6～		1	8	2	1	1	1				3		9	26
7～	1	1	9	2	2				1					16
8～	2		3	1	1	1				1				9
9～	1	3	1	1			1				2	1		10
10～														0
11～									2					2
12～		1												1
その他	1		1	1	1							1		5
無回答												1	1	2
父不在	3	2	6	2		1			1		1	1		86
計	12	8	33	10	7	3	2	0	4	1	6	4	90	

（3）

（表7）は両親の帰宅時間をくみあわせて保護者の不在状況をみたものである。4時前にすでに母親が帰宅しているものは12名いる。4時から7時までの間に父母のいずれかが帰宅している者は71名である。この内両親とも（ただし、母子家庭、父子家庭は片親のみ）7時までに帰宅しているものは39名である。父子家庭では13名の内12名のものは父親は7時までには帰ってきている。次ぎに□の数字は両親とも帰宅時間が7時以後になるもので、両親のいる家庭で12名、母子家庭では3名となっている。ことに母親の仕事がサービス業や露天商であればその帰宅時間は夜の11時から12時となって、子どもが寝た後に帰ることになる。このような子どもたちは「夜間の不在家庭児」である。

子どもの下校時間と保護者の帰宅時間とのひらきを示すと次のようになる。

開き時間	児童数
なし	11名
1時間	11 〃
2 〃	32 〃
3 〃	18 〃
4 〃	6 〃
5 〃	6 〃
6 〃	4 〃
7 〃	1 〃
8 〃	1 〃
9 〃	1 〃

（表8）両親のどちらかで早く帰った方の帰宅時間と児童の下校時間の関係

帰宅時間＼下校時間	12時～	1～	2～	3～	4～	無回答	計
12時～			2				2
1 ～							0
2 ～							0
3 ～		(2) 1	(1) 1	7			9
4 ～		(3) 1	(2) 1	(1) 4	2	1	9
5 ～		(4) 3	(3) 5	(2) 22	(1) 6	2	38
6 ～		(5) 2	(4) 1	(3) 12	(2) 8	2	25
7 ～		(6) 1	(5) 2	(4) 2			5
8 ～			(6) 2	(5) 1			3
9 ～				(6) 1	(5) 1		2
10 ～							0
11 ～			(9) 1	(8) 1	(7) 1		3
在宅（失業中）		1					1
無回答		1	5	1		2	9
計		10	20	51	18	7	106

（注）（ ）内の数字は帰宅時間から下校時間を引いたひらき時間

(4)

(表9) 両親の職業別不在時間

職業＼不在時間	父 8	9	10	11	12	13	14	15	17	不定	無回答	計	母 4	5	6	7	8	9	10	11	12	13	14	無回答	計	合計
会社員		1	1	2	1							5						2	3						5	10
工員			4	4	7	2	4				1	22					2	7	4	1	7			1	22	44
店員			2			2						4		1	2	1	2	5	2					2	15	19
労務者		1	1	7	3	7	1	2			1	23				3	1	2	2	1					9	32
公務員												0							1						1	1
医療従事者									1			1													0	1
運輸従事者				1	4	2						7													0	7
建築従事者	1	2	1	3	1	2						10													0	10
サービス業					1		2					3					2	2	2	1	1	2	1	2	13	16
職人						1	1					2											1		1	3
露天商					2					1		3			1			1			2				4	7
内職												0						1							1	1
その他		1									1	2			2					2		1			5	7
無回答			1								3	4	1			3		4	1	1				5	15	19
計	1	5	10	17	19	16	8	2	1	1	6	86	1	1	5	7	7	24	15	6	10	3	2	10	91	177

(表9)の両親の不在時間とは出勤時間から帰宅時間までの家を不在にする時間で、これは勤務時間に通勤所要時間が加わったものである。

通勤所要時間は「30分以内」が44名、「30分から1時間以内」が43名、「1時間～1時間30分」が19名で2時間は3名である。普通8時間勤務の会社員が通勤に往復2時間かかるとすれば、不在時間は10時間になる。(表9)によれば11時間以上不在になる父は63名(73.3%)で、母は21名(23.1%)となり非常に勤務時間の長いことがうかがえる。

(表10) 両親の日曜祝日出勤について

		母 ある	母 ない	母 無回答	母不在	計
父	ある	21	11	1	9	42
父	ない	11	18	1	6	36
父	無回答			7		7
父不在		11	8	2		85
計		43	37	11	91	

(表11) 子供の下校後に事故や急用があるときの連絡はとれますか。

		とれる	とれない	無回答
両親のいる家庭	両親外勤	47	19	1
	片親外勤		1	1
	外勤・疾病	4		
母子家庭	母外勤	11	6	
	母疾病	1		
父子家庭(父外勤)		7	6	
両親のいない家庭			2	
計		70	34	2

両親の日曜祝日出勤をみると両親とも出勤するが21名、母子家庭で11名、父子家庭で9名のものが出勤している。これは日曜日にも不在家庭児童106名の内、41名(38.7%)は保護者のいないことをしめしている。

4. 下校後の子どもの生活

子どもが学校から帰ってきた時の落ち着き先はまず家庭である。そこで子どもの住居状況をみたものが(表12)である。間借が非常に多いのは、(表2)でみたように新馬渕住宅、市共同住宅の計45名のものが含まれているからである。その数を間借の83名から引いても残りの38名はアパート住まいということになる。自家に住んでいるものは僅か3名のみで、借家に住んでいるものは16名である。このような住宅状況にあってはまず部屋数の少ないことが推察される。そのしわよせが子供部屋のないものの88.7%となってあらわれている。

(表12) 住居状況別子供部屋の有無、

住居＼子供部屋	ある	ない	無回答	計	%
自家	2	1	—	3	2.8
借家	3	13	—	16	15.1
間借	2	77	4	83	78.4
その他	—	1	—	1	0.9
無回答	1	2	—	3	2.8
計	8	94	4	106	100.0
%	7.5	88.7	3.8	100.0	

(表13) 子供の帰宅後はどなたがみてくれますか、

		父母のどちらか	祖母、兄姉	親せき又は近隣の人	誰もいない	計
両親家庭のうち	両親外勤	1	9	4	53	67
	片親外勤	1			1	2
	外勤・疾病			1	3	4
母子家庭	母外勤	2			15	17
	母疾病				1	1
父子家庭(父外勤)			1	1	11	13
両親のいない家庭					2	2
計		4	10	6	86	106
%		3.8	9.4	5.7	81.1	100.0

共働きの家庭でも母親がパートタイムなどであれば早く帰ってきている家庭もある。しかしそれも僅かに4名のみであ

(6)

る。家に帰れば母親はいなくとも祖母か兄や姉などの家族のいる者は10名である。しかし兄や姉が本人よりも早く帰っているということはない。子どもが家に帰った時、保護者が帰るまで家には誰もいないというものは81.1%（86名）である。

子供が家に帰ってからどのように過ごしているのかをみたのが（表14）である。「勉強やそろばん等の塾に通っている」ものは6.4%で、「クラブ活動や運動チームに参加する」ものは0.5%、「子供会に参加する」は4.9%である。これらを合わせて何かのグループに参加しているといえるものは24名で、子どもの実数106名からその比率をみれば22.6%になる。屋外で遊ぶものは71名で、実数106名の比率は67.0%である。密集地域は遊び場~~のない地域であるが~~や空地などが全くなく住宅の建てこんでいる密集地域であるが、子どもたちは屋外でよく遊んでいることがうかがえる。しかし屋外とは道路や路地などであるが、この場合交通事故などの危険性

（表14）子供の帰宅後の過ごしかた

	低	高	計	%
勉強やそろばん等の塾に通っている	6	7	13	6.4
クラブ活動や運動チームに参加する	—	1	1	0.5
子供会に参加	3	7	10	4.9
屋外で遊んでいる	37	34	71	35.0
友達の家で勉強又は遊んでいる	10	7	17	8.4
家でテレビをみている	9	16	25	12.3
家で勉強又は遊んでいる	15	18	33	16.2
家でマンガをみている	5	9	14	6.9
家で用事をしている	2	12	14	6.9
その他	2	2	4	2.0
わからない	1	—	1	0.5
計	90	113	203	100.0

（注）1. 低は低学年で1～3年
高は高学年で4～6年

2. 勉強やそろばん等の塾に通っているの内訳

	低	高
週に5回	3	6
週に6回	2	1

3. 子供会名ー馬渕子供会
週2回

4. その他で高学年2人のうち1人は新聞配達をしている。

5. この表は該当するものに全部○印をつけているので計が203になったものである。

(7)

はどんなものであろうか。

友達の家に行くものは17名で、実数106名の比率は16.0%である。

(表14)は該当するものに全部0印をつけたことと、実際子供たちが自由に動きまわる生活をしているので、屋外で遊んでいるか、友達の家に行っているか、家にいるかなどを区別することはできないが、この表からは子どもが屋外で遊んで過ごしていることが最も多いのであろうとうかがえる位である。

(表15) 帰宅後の状況と子供の事故について

帰宅後の状況	父母のどちらか			祖母、兄又は姉			親せき又は近隣の人			誰もいない			計		
	あったことが		起きないかと心配している	あったことが		起きないかと心配している	あったことが		起きないかと心配している	あったことが		起きないかと心配している	あったことが		起きないかと心配している
	ある	ない		ある	ない		ある	ない		ある	ない		ある	ない	
交通事故	1	1	1	2	6	3		3	1	8	31	14	11	41	19
水難事故		1			6	1		3	1	1	24	2	1	34	4
けがやその他の事故		1	1	1	6	4	1	3	1	25	21	17	27	31	23
火の始末		2	1	1	5	3		3	1	3	32	14	4	42	19
危険な遊びや悪い遊び		2	1	2	5	3		3	1	13	26	19	15	36	24
遠くへ遊びに行く	1	2	1	4	4	4		3	1	21	26	13	26	35	19
人のものを盗む		1		2	5	2		3	1	7	23	4	9	32	7
計	2	10	5	12	37	20	1	21	7	78	183	83	93	251	115

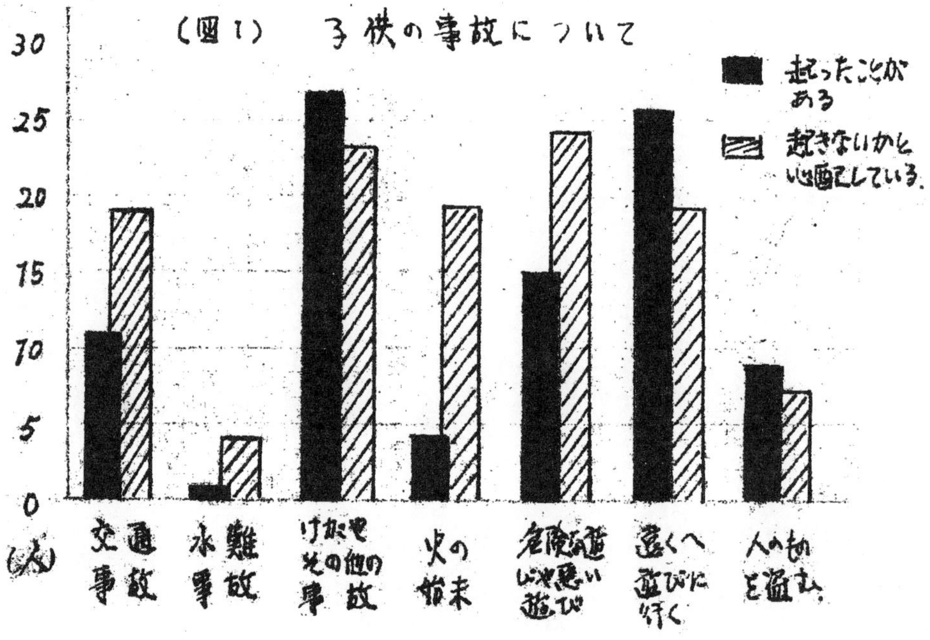

(図1) 子供の事故について

(8)

子どもが保護者やその他世話をする人の目から離れて一人で遊びに行く時に最も心配なのはけがや事故に合わないだろうかということである。これまで起ったことのある子どもの事故については「けがやその他の事故」が27名で最も多い。その内帰宅後「誰もいない」家庭の子どもが25名もいる。また「交通事故」にあっているものが11名、「火の始末」などで事故を起しているものが4名いる。全く無保護状態の中で子どもが一人このような事故にあっている時どのような処置がとられているかを考えると非常に痛ましい限りである。子どもの死亡原因の第1位が不慮の事故である今日、不在家庭児童にその可能性が最も多く含まれている。その次に多いのが「遠くへ遊びに行く」で26名である。恵美地域には新世界の歓楽街があり、天王寺公園や西成のドヤ街等を控えているので、子どもが遠くへ遊びに行ける要素を十分に持っている。更に良くないことは子どもが1人ででもお金を持っていれば誰も注意することなく、映画館や飲食店に自由に出入りできることである。自由で匿名性と放浪性の要素を多く持っている町では大人でさえ誘惑が多いのにまして子どもたちが何の抵抗もなくその空気を受けているとすればその影響は大きい。保護者が最も心配しているのは「危険な遊びや悪い遊び」をしはしないかということである。ことに夜間の不在家庭児も多いのでその心配は一層大きい。

5 子どもを守る対策について

不在家庭児童の対策については「児童遊園があればよい」というものが73人で最も多い。次に多いのは「児童館があればよい」の44人で、「子供会」が32人、「クラブ活動」が28人、「学校開放」が22人、「学童保育所」が14人となっている。この地域には児童遊園が1か所もないので不在家庭児童

(図2) 子供を守る対策について

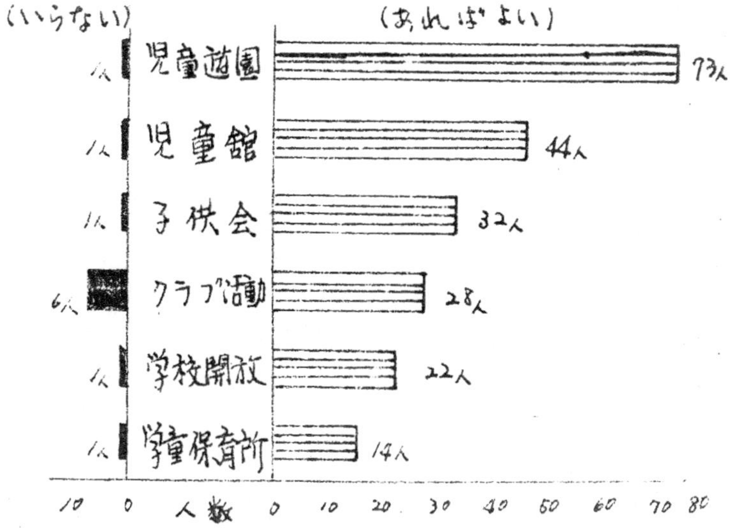

に限らず遊び場がほしいというのは以前からの地域の希望である。しかし地域には空地が全くないので遊び場づくりは非常にむつかしい。学校開放は行われているが地域には運営委員会もなく、指導員も少ないので学校の先生が交代で世話をしている。学校開放を更に発展させて子供たちの魅力ある遊び場にするには地域で運営委員会をつくり、遊びの指導をする協力体制が必要である。

子供会は馬渕生活館で週2回、学生ボランティアの人たちによって行われている。このような子供会を地域の中にもつくる話が出ていたが、何かの手ちがいで今はたちぎえになっている。

遊び場や子供会、クラブ活動等は不在家庭児対策というよりむしろ一般的な児童健全育成対策である。不在家庭児童のみに焦点をしぼるとすればやはり学童保育所が必要である。これには施設や指導員が必要であり、費用も高くかかるので簡単にはできないが、小学校を活用するとすれば「不在家庭児童会」の制度もあるのでこれを利用することも考えられる。

不在家庭児童調査報告

昭和43年12月

港区八幡屋地区社会福祉協議会

調査実施者　港区八幡屋地区社会福祉協議会

調査地域　港区八幡屋地域

調査対象者　八幡屋小学校の不在家庭児童をもつ保護者

八幡屋小学校在籍児童数　1,495名

〃　不在家庭児童数　299名

〃　不在家庭児比率　20.0%（昭和42年度）

調査件数　不在家庭児童数　108名

不在家庭世帯数　71世帯

調査期間　43年10月20日～11月3日

調査員　民生児童委員

調査方法　調査員が調査対象者を個別に訪問し、面接調査によって調査員が記入したものである。

1. 児童について

（図1）男女別、学年別

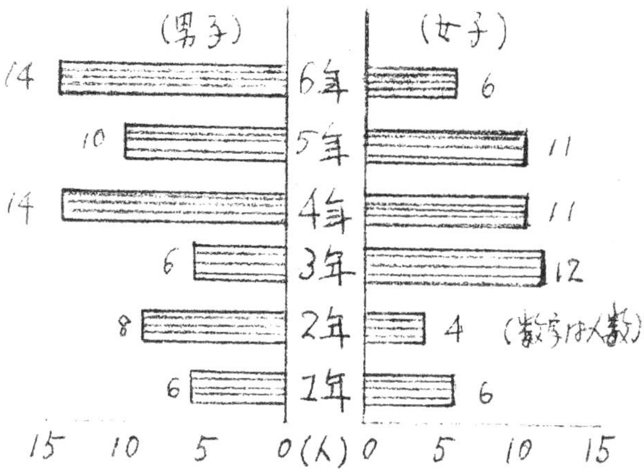

八幡屋小学校の調査による不在家庭児童数は２９９人であるが、このたびの調査によって回収されたものは１０８人である。１０８人の中には八幡屋小学校の児童は104人で、その他港晴小学校の児童３人と三先小学校の児童１人が含まれている。１年～３年の低学年は４２人で４年～６年の高学年は６６人である。男女別では男子が５８人、女子が５０人である。居住班別による世帯数及び児童数は（図２）のとおりである。

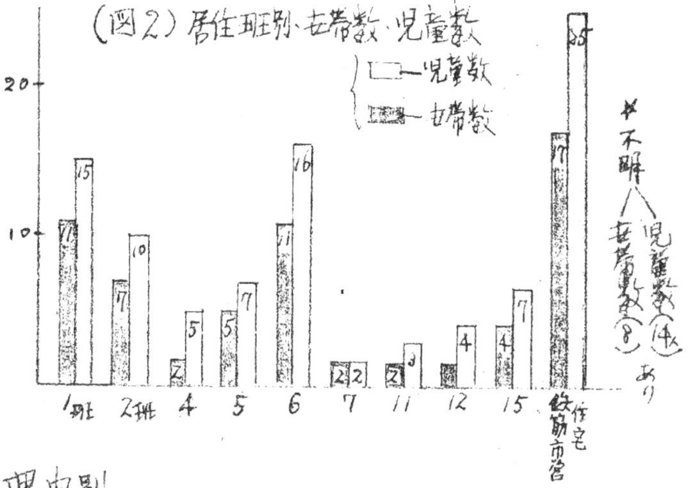

2. 保護者について

（図3）不在家庭の理由別

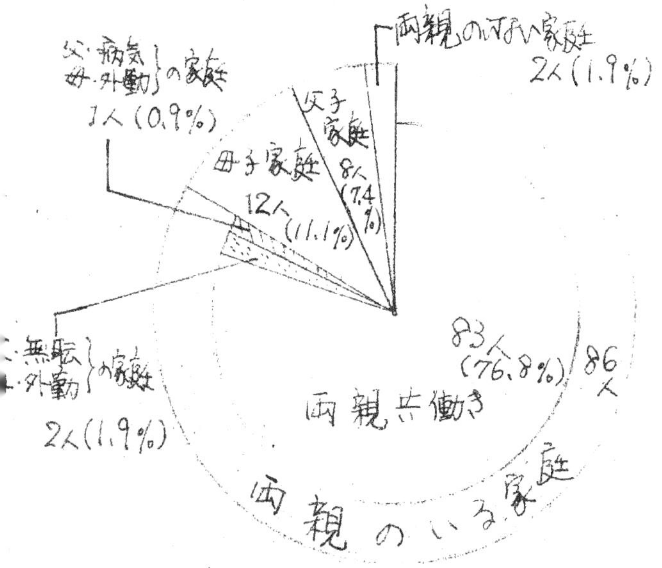

不在家庭になる理由をみると「両親共働き」によるものが８３人（76.8％）で最も多い。次に多いのが「母子家庭」によるもので１２人（11.1％）「父子家庭」によるものが８人（7.4％）となっている。「両親のいない家庭」によるもの２人は兄弟で祖父が保護者にな

っているが祖父も勤めに出ており子供の帰宅後は誰もいない不在家庭児である。

保護者の年齢（表1）は父親では40代が26人で最も多く30代では23人である。母親では30代が29人で最も多く、40代では27人である。

（表1）両親の年齢

年齢	父	母
20〜29才	—	2
30〜39	23	29
40〜49	26	27
50〜59	7	4
60〜69	1	—
無回答	2	2
計	59	64

3 保護者の不在について

ここで述べる保護者の不在とは子供が学校から帰って家にいる時に保護者が仕事に出かけていて家を留守にし、子供がひとりで放っておかれている時の状態をいう。子供は朝の8時頃に学校へ行き、低学年では1時から2時頃に下校し、高学年では3時から4時頃に下校してくるものが最も多い。従って朝の8時以前と午後1時〜4時以後における保護者の不在時間が問題となるわけである。

（表2）児童の学年別下校時間

下校時間＼学年	1年	2	3	4	5	6	計	%
1時〜	10	1	1				12	11.1
2時〜	1	6	8	3			18	16.7
3時〜	1	2	7	17	15	13	55	50.9
4時〜		1	1	5	3	5	15	13.9
5時〜						2	2	1.9
無回答		2	1		3		6	5.5
計	12	12	18	25	21	20	108	100.0

（表3）の両親の出勤時間をみると、父親は7時代に出勤するものが36人（37.5%）で最も多

（表3）両親の出勤時間

出勤時間		母 6時前	6時〜	7〜	8〜	その他	不定	無回答	母のいない者	計
父	6時前									0
	6時〜		3	18	7	2			2	32
	7〜		3	14	6	3	1	1	＊8	36
	8〜				16					16
	その他									0
	不定			1	2					3
	無回答			2	4					6
	非該当			2	1					3
父のいない者		2	1	2	7					12
計		2	7	39	43	5	1	1	10	108

（注）＊……両親のいない者で、保護者が祖父である2名を含む。

(1) 父の非該当の3名は病気1名、無職2名のものである

（表4）　両親の帰宅時間

帰宅時間		母 4時前	4時~	5~	6~	7~	8~	9~	10~	11~	不定	無回答	非該当	母のない者	計
父	4時前			1	1										2
	4時~		2		1									★2	5
	5~		2	11	2							1		2	18
	6~		3	11	5					2					21
	7~	4	2	11	5									3	25
	8~			2	1										3
	9~			2											2
	10~														0
	11~														0
	不定		2	3	2									3	10
	無回答		2	2	2							1			7
	非該当			3											3
父のいない者		1	2	7	1		1								12
計		5	15	53	20	0	1	0	0	2	0	2	0	10	108

（注）★……両親のいない者で保護者が祖父である2名を含む。

く、6時代に出勤するものが32人（33.3％）で次に多い。8時代に出勤するものは16人（16.7％）である。母親の出勤時間では8時代のものが43人（43.9％）で最も多く、7時代が39人（39.8％）で次に多い。特に（表3）で□に記してあるのは両親とも（母子及び父子家庭は片親のみ）8時以前に出勤する家庭のものでその数は53人（49.1％）である。およそ半数のものは登校前に既に保護者が不在でありその中に

（表5）両親のどちらか早く帰宅した方の帰宅時間と児童の下校時間の関係

保護者＼児童		下校時間 12時~	1~	2~	3~	4~	5~	無回答	計
帰宅時間	3時~		(2) 1	(1) 2	4				7
	4~		(3) 2	(2) 2	(1) 6	4		3	17
	5~		(4) 5	(3) 6	(2) 34	(1) 9	2	1	57
	6~	(6) 1	(5) 3	(4) 6	(3) 7	(2) 2			19
	7~				(4) 2			1	3
	8~			(6) 1					1
	不定		1	1	1				3
	無回答				1				1
計		1	12	18	55	15	2	5	108

（注）（）内数字は帰宅時間から下校時間を引いたものである。

（図4）児童の下校時間から保護者の帰宅時間までのひらき時間

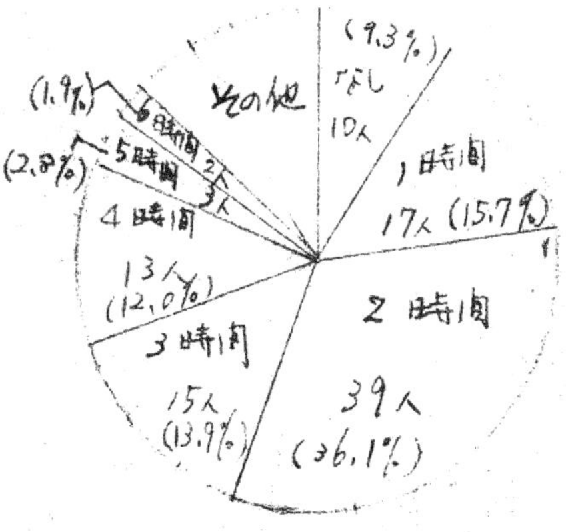

（表6）両親の職業別不在時間

（注）この表の不在時間とは保護者の出勤時間から帰宅時間までの家を留守にする時間で勤務時間に通勤所要時間が加わったものである。

職業＼不在時間	父 8	父 9	父 10	父 11	父 12	父 13	父 14	父 15	父 不定	父 無回答	父 計	母 6	母 7	母 8	母 9	母 10	母 11	母 12	母 14	母 不定	母 無回答	母 計
会社員	2	2	4	6	7	4			3	5	33	2		2	9	9		2				24
工員		3	2	7	1		1		3		17		1		5	9	4	1				20
店員											0			2	2	1		2				7
外交員											0				4	1						5
労務者				4	7	2		2		2	17				3	6	1	1			1	12
公務員			2								2				2							2
運輸従事者		2	1	3		8			4		18					4						4
サービス業											0									1		1
建築従事者				1	1						2											0
その他	2										2		1		8	1	5		1			16
無回答			1		1						2		3	1		2					1	7
計	4	7	10	21	17	14	1	2	10	7	93	2	5	5	33	33	10	6	1	1	2	98

は朝食を両親と一緒にできない子供もいると思われる。

（表4）は両親の帰宅時間をみたものである。父親の帰宅時間は7時代が25人（26.1％）で最も多く，6時代が21人（21.9％）で次に多く，5時代が18人（18.8％）である。母親は5時代に帰ってくるものが53人（54.1％）で約半数である。次に多いのが6時代の20人（20.4％）で，4時代では15人（15.3％）のものが帰ってきている。（表4）で回に記してあるのは両親とも7時以降に帰宅する家庭のものであるが，幸いにして両親のいる家庭のものにはいない。しかし片親しかいない母子家庭では8時代に帰ってくるものが1人，父子家庭では7時代に帰ってくるものが3人，不定の時間に帰るものが3人である。

（表7）両親の通勤所要時間

時間	父	母
30分以内	67	69
30分〜1時間以内	17	20
1時間〜1時間30分	2	1
不定	—	1
非該当	3	
無回答	7	7
計	96	98

（表5）は児童の下校時間から保護者の内どちらか早く帰った方の帰宅時間までの不在時間をみたものである。保護者の帰宅時間と児童の下校時間が同じであれば不在時間は0となる。不在時間が2時間のものが39人（36.1％）で最も多く，次いで1時間のものが17人（15.7％）3時間のものが15

（図5）両親の日曜・祝日出勤状況

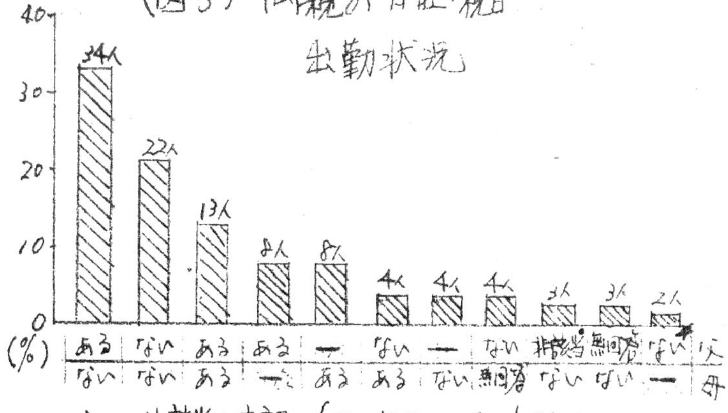

注…非該当の内訳 ｛父—無職—2 父—疾病—1｝ 計3人

注…＊父の欄→祖父—2を含む

人（13.9%）8時間のものが13人（12.0%）の順になる。不在時間が0のものは10人（9.3%）である。

（表6）は両親の職業別不在時間をみたものである。普通8時間勤務の会社員が通勤に往復2時間かかるとすれば不在時間は10時間となる。ここでは職業別に不在時間の特徴は出ていないが、父が11時間から15時間の間不在になるものは55人で父の59.1%にあたる。母では9時間、10時間がそれぞれ33人で母の内67.3%にあたる。

（表8）子供の下校後に事故や急用がある場合連絡はとれますか

連絡	実数
とれる	93
とれない	15
計	108

連絡がとれない家庭の内訳

		帰宅後の状況					計
		誰もいない	祖父母	おば	父母のどちらか	その他	
不在家庭	両親外勤	8	1	1		2	12
	外勤・疾病	1					1
	母子家庭				1		1
	父子家庭	1					1
計		10	1	1	1	2	15

（図6）住居状況別 子供部屋の有無

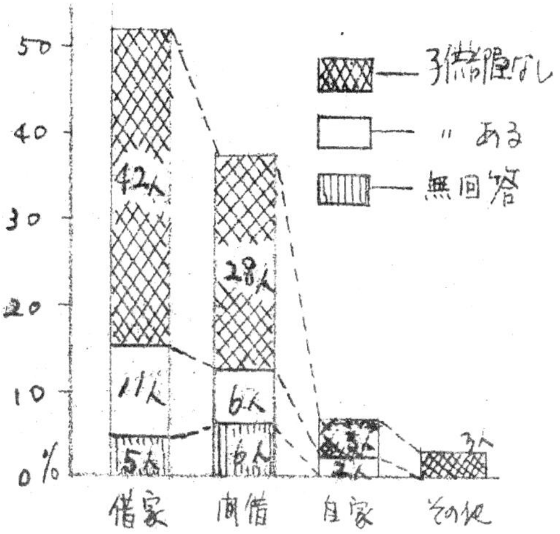

（図5）は両親の日曜祝日出勤状況をみたものである。「父はあるが母はない」ものが34人で最も多い。両親ともあるものは13人おり、また母子家庭、父子家庭であるものは16人もいる。母の日曜

外勤のあるものは全体の内25人（25.5％）である。

（表9）子供の帰宅後はどなたがみてくれますか

		父母のどちらか	祖母・姉	おば	親せき近隣の人	誰もいない	その他	無回答	計
両親のいる家	両親・外勤	11	3	3	20	40	4	2	83
	外勤・疾病					1			1
	外勤・無職					2			2
母子家庭・外勤		3	2			7			12
父子家庭・外勤						8			8
祖父家庭・外勤						2			2
計		14	5	3	20	60	4	2	108
%		12.0	4.6	2.8	18.5	56.5	3.7	1.9	100.0

4 下校後の子供の生活

子供が学校から帰ってきた時の落ち着き先は家庭である。（図6）の住居状況では借家に住んでいるものが58人（53.7％）で最も多く、次いで「間借」に住んでいるものが40人（37.0％）である。「自家」に住んでいるものは最も少なく（僅か）7人（6.5％）である。子供部屋のあるものは19人（17.6％）で、ないものは78人（72.2％）で圧倒的に多い。

子供が帰宅しても誰もみるものがいないものはおよそ半数の60人（56.5％）である。子供が帰った時は父母のどちらかが帰宅しているものは14人（12.0％）で、父母以外の家族で祖母か姉又はおば等が在宅又は帰宅しているものは8人（7.4％）である。親せき又は近隣の人にみてもらっているもの

（表10）子供の帰宅後の過ごし方

すごし方 ＼ 子供の下校後だれがみているか	父母のどちらか	祖母・姉	おば	親せき又は近隣の人	誰もいない	その他	無回答	計	%
勉強やそろばん等の塾に通っている	2		1	9	6			18	16.7
クラブ活動や運動チームに参加		2	1	2	2		1	8	7.4
子供会に参加する		1			2			3	2.8
屋外で遊んでいる	4	3	1	5	29	1	1	44	40.7
家で勉強又は遊んでいる	1			11	24	3		39	36.1
家でテレビをみている	2	2	2	8	29	1	1	45	41.7
家でマンガをみている		1	1	5	17	1		25	23.1
家で用事をしている		2	2	5	13	1		23	21.3
友達の家で勉強又は遊んでいる		2	1	4	12	1		20	18.5
その他						1		1	0.9
わからない					1			1	0.9
計	9	13	9	49	135	9	3	227	—

（注）

1. 勉強やそろばん等の塾に通っている
 週に6回－1名
 5回－15〃
 4回－1〃
 2回－1〃
2. クラブ活動や運動チームに参加
 週に1回－5名
3. 子供会に参加する
 月に1回－2名
4. その他
 カブスカウト
 月2～3回－1名

は20人(18.5%)である。

(表11) 帰宅後の状況と子供の事故について

帰宅後の状況	父母のどちらか			祖母又は姉			おば			親せきや近隣の人			誰もいない			その他			計		
	起きたことが ある	起きたことが ない	起きないかと心配である	起きたことが ある	起きたことが ない	起きないかと心配である	起きたことが ある	起きたことが ない	起きないかと心配である	起きたことが ある	起きたことが ない	起きないかと心配である	起きたことが ある	起きたことが ない	起きないかと心配である	起きたことが ある	起きたことが ない	起きないかと心配である	起きたことが ある	起きたことが ない	起きないかと心配である
交通事故		7	2		3			4		2	9	1	3	28	13	1	2	1	6	53	17
水難事故		6	1		3			3		1	8			32	5	1	3		1	55	6
けがやその他の事故		6	1		3	1	1	3			9	1	2	32	9	1	2	1	4	55	13
火の始末		6	1		3	1		4			9	2		32	6		3	1	0	57	11
危険な遊びや悪い遊び		6	1		3			3			9	1		31	5		2	1	0	34	8
遠くへ遊びに行く		6	1		3			3		1	8	2	2	30	8		2	1	3	52	12
人のものを盗む	1	6	1		3			3			9	1		32	3		3	1	1	56	6
その他		1	1		2						1			3	1		1		0	8	2
計	1	44	9	0	23	2	1	23	0	4	62	8	7	219	50	2	18	6	15	390	75

(表10)は子供が帰宅後どのように過ごしているのかをみたものである。最も多いのは「家で勉強したりテレビをみて遊んだり」して過ごしている子供である。次に多いのが「屋外で遊んで」過ごす子供で44人(40.7%)である。「勉強やそろばん等の塾に通って」いる子供は18人おり全体の16.7%になる。「クラブ活動」は週1回のものが多くそれに参加しているものは8人(7.4%)である。家で一人テレビをみて過ごすのは最も危険度は少ないが集団遊びの好きな年代に一人家にとじこもることは子供の成長にとってあまりいい傾向とは云えないであろう。

(図7) 子供の事故について

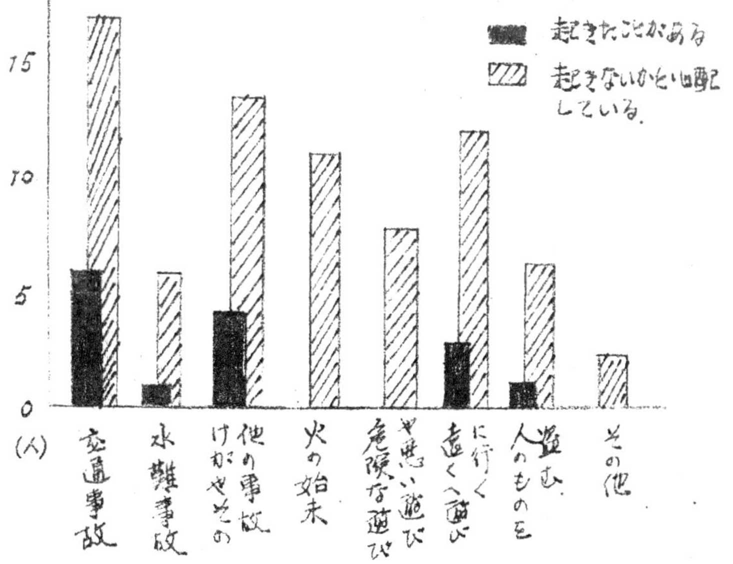

(図7)は子供の事故についてみたものである。事故の種類と

しては「交通事故」にあったことのあるものが６人で最も多く、「けがやその他の事故」にあったことのあるものは４人で次に多い。交通戦争と云われる時代だけに保護者もまた「交通事故」や「その他の事故」に対する心配度が最も高い。特に保護者や世話をする人が誰もいない時に子供が一人でこのような事故にあった場合その処置の仕方が問題となる。

５　子供を守る対策について

不在家庭児童の対策については「児童遊園があればよい」というのが４２人（３８.９％）で最も多い。「学童保育所」と「クラブ活動」はともに２０人（１８.５％）ずつで次に多く、「子供会」と「学校開放」はそれぞれ１８人（１６.７％）で「児童館」の希望は１７人（１５.７％）となっている。しかし「子供会」がいらないというものが１６人（１４.８％）もいる。

（図８）子供を守る対策について

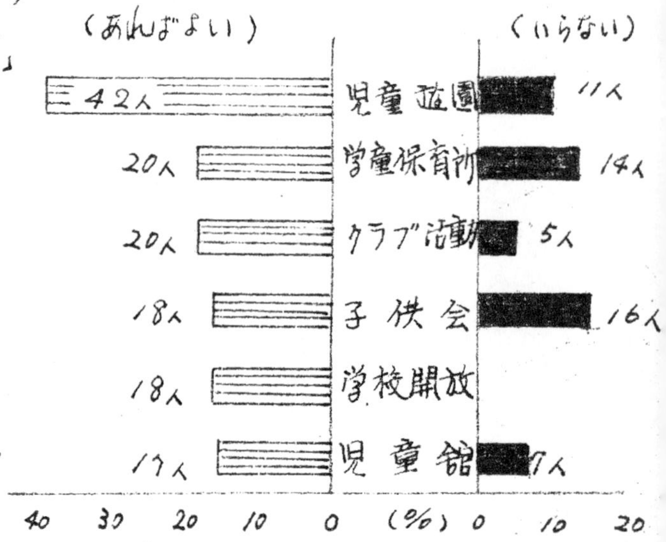

不在家庭児童調査報告

昭和43年12月

西淀川区 香簑社会福祉協議会
竹島社会福祉協議会

調査実施者	西淀川区 香簑・竹島社会福祉協議会
調査地域	西淀川区香簑・竹島地域
調査対象者	香簑小学校の不在家庭児童をもつ保護者
	香簑小学校在籍児童数　９１９名
	〃　不在家庭児童数　２８１名
	〃　不在家庭児比率　３０．６％（昭和42年度）
調査件数	不在家庭児童数　５２名
	不在家庭世帯数　４３世帯
調査期間	４３年７月２５日～９月５日
調査員	民生児童委員
調査方法	調査員が調査対象者を個別に訪問し、面接調査によって調査員が記入したものである。

1 児童について

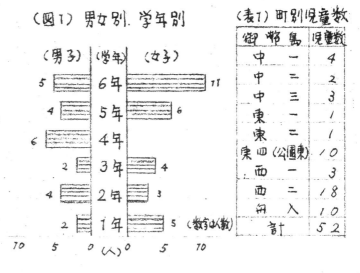

香簔小学校の調査による不在家庭児童数は281名で、不在家庭児の比率は30.6%となり大阪市内でも~~その比率も~~非常に高い比率の地域である。このたびの調査で回収されたものは52名でこれは全体のおよそ5分の1にあたるものである。

1～3年の低学年は20名、4～6年の高学年は32名で、男女別では男子23名、女子29名である。

町別による児童数は（表1）のとおりである。

（図1）男女別．学年別

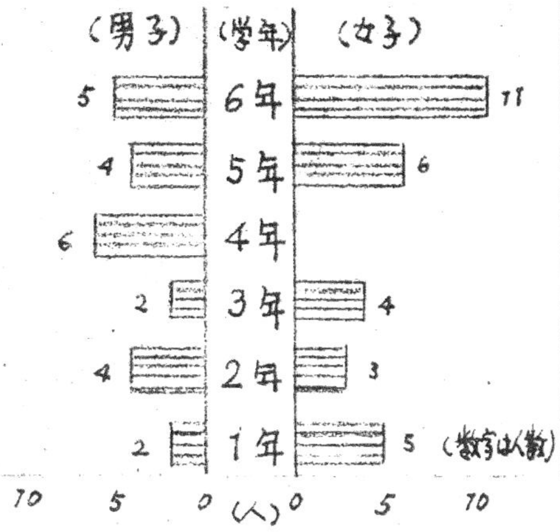

（表1）町別児童数

御幣島	児童数
中 一	4
中 二	2
中 三	3
東 一	1
東 二	1
東 四（公園東）	10
西 一	3
西 二	18
舟 入	10
計	52

2．保護者について

不在家庭になる理由をみると「両親共働き」によるものが47人（90.4%）で最も多い。次いで「母子家庭」のものが4人（7.7%）、「父子家庭」のものが1人（1.9%）となっている。

両親の年齢は（表2）のとおりである。

（図2）不在家庭の理由別

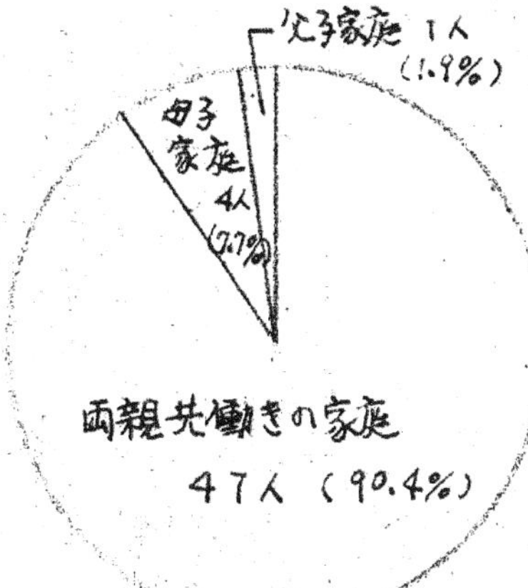

（表2）両親の年齢

年齢	父	母
20～29才	−	2
30～39	17	28
40～49	16	6
50～59	1	−
無回答	14	15
計	48	51

3. 保護者の不在について

ここでいう保護者の不在とは子供が学校から帰って家にいる時に保護者が仕事に出かけていて家を留守にし、子供がひとり放っておかれている時の状態をいう。子供は朝の8時頃に学校へ行き、1年生は昼の11時～1時の間に帰ってくる。6年生でも早い子で3時。4時になると殆んどの子供が帰ってきている。従って朝の8時以前、午後1時～4時以後における保護者の勤務時間が問題となるわけである。

(表3) 児童の学年別下校時間

下校時間＼学年	1年	2	3	4	5	6	計	%
11時～	2						2	3.8
12 ～	3						3	5.8
1 ～	2		2				4	7.7
2 ～		6	2	2			10	19.2
3 ～			2	2	3	9	16	30.8
4 ～		1		2	7	6	16	30.8
5 ～						1	1	1.9
計	7	7	6	6	10	16	52	100.0

(表4)は両親の出勤時間が子供の登校前を不在にしている状況をみたものである。

□は朝の8時前には既に保護者が出勤しているもので、「共働きの家庭」で12名(23.1%)、「母子家庭」で2名、「父子家庭」で1名となる。

(表4) 両親の出勤時間

出勤時間		母 6時～	7～	8～	9～	その他	無回答	母のいないもの	計
父	6時～		3	5					8
	7 ～		9	7	1	1		1	19
	8 ～		3	11	1	1			16
	9 ～				1				1
	その他			2					2
	無回答			2					2
父のいないもの			2			1	1		4
計		0	17	27	3	3	1	1	52

両親の帰宅状況(表5)をみると、母が4時前に帰宅しているものが4名(7.7%)いる。母は5時代に帰るものが21名(40.5%)で最も多いが、4時から7時前までに帰るものは43名で全体の82.8%となる。帰宅時間が両親とも9時ごろになるものが1名、「母子家庭」で11時ごろになるものが1名、「父子家庭」の1名は7時に帰り、特に対策を要

するものである。

次に児童の下校時間から保護者の内どちらか早く帰った方の帰宅時間までの関係をみたのが（表６）である。母が３時～４時に帰宅するものではちょうど子供の下校時間と同じになって不在時間が０となり、その数は~~無ものというのが~~６名（１１．５％）である。

不在時間は１時間が１６名（３０．８％）で最も多く、次に２時間が９人（１７．３％）、３時間が８人（１５．４％）である。

従って１時間から３時間までの不在時間をもつものは３３人となり、全体の６３．５％である。

（表５）両親の帰宅時間

帰宅時間		母 4時前	4時~	5~	6~	7~	8~	9~	10~	11~	その他	母のいないもの	計
父	4時前												0
	4時~		1										1
	5~	2	4	5									11
	6~	1	3	2	3	1							10
	7~	1	3	6	3							1	13
	8~		1	4	1						1		7
	9~							1					1
	その他			3									3
	無回答			2									2
父のいないもの			1		2					1			4
計		4	13	21	9	1	0	1	0	1	1	1	52
%		7.7	25.0	40.5	17.3	1.9	0	1.9	0	1.9	1.9	1.9	100.0

（表６）両親のどちらかで早く帰った方の帰宅時間と児童の下校時間の関係、

帰宅時間 ＼ 下校時間	11時~	12~	1~	2~	3~	4~	5~	計
11時~								0
12~								0
1~								0
2~								0
3~				(1) 2	1	1		4
4~		(4) 1	(3) 1		(1) 7	3	1	13
5~		(5) 2	(4) 1	(3) 6	(2) 5	(1) 7		21
6~	(7) 2		(5) 1	(4) 2	(3) 1	(2) 4		10
7~					(4) 1			1
8~					(5) 1			1
9~			(8) 1					1
10~								0
11~						(7) 1		1
計	2	3	4	10	16	16	1	52

（注）（）内数字は帰宅時間から下校時間を引いたもの。

（図３）児童の下校時間から保護者の帰宅時間までのひらき時間

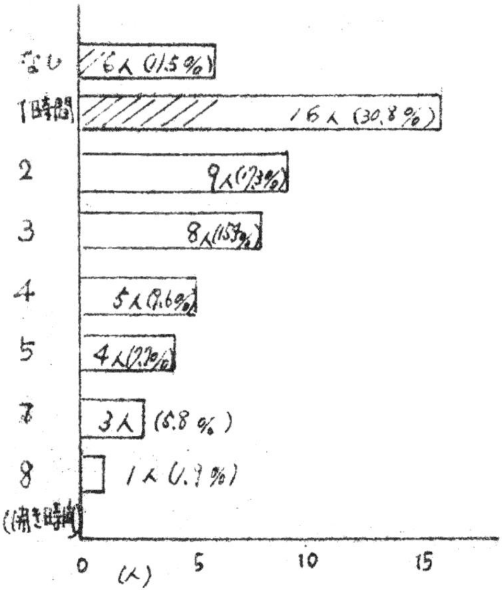

（表７）　両親の職業別不在時間

職業＼不在時間	父 8時間	9	10	11	12	13	14	その他	無回答	計	母 7時間	8	9	10	11	12	13	その他	計
会社員	1	2	3	6	6	1				19	3	5	5	3	3	2		1	22
工員		3	4	4	4	2	2	2		21			9	3	3				15
店員										0								2	2
労務者				1					2	3									0
公務員					1					1									0
教員										0				1					1
医療従事者										0			1					1	2
その他				1		1	1	1		4	1		2				1	1	5
無回答										0		2	2						4
計	1	5	7	12	11	4	3	3	2	48	4	7	19	7	6	2	1	5	51

（注）
この表の不在時間とは出勤時間から帰宅時間までの家を留守にする時間で、これは勤務時間に通勤所要時間が加わったものである。

（表８）両親の通勤所要時間

時間	父	母
30分以内	26	37
30分～1時間以内	8	4
1時間～1時間30分	7	6
無回答	7	4
計	48	51

（表７）は両親の職業別不在時間をみたものである。普通８時間勤務の会社員が通勤に往復２時間かかるとすれば不在時間は10時間となる。ここでは職業別に不在時間の特徴は出ていないが、父が11時間から14時間の間不在となるものは30名で、母が11～13時間不在になるものは９名である。

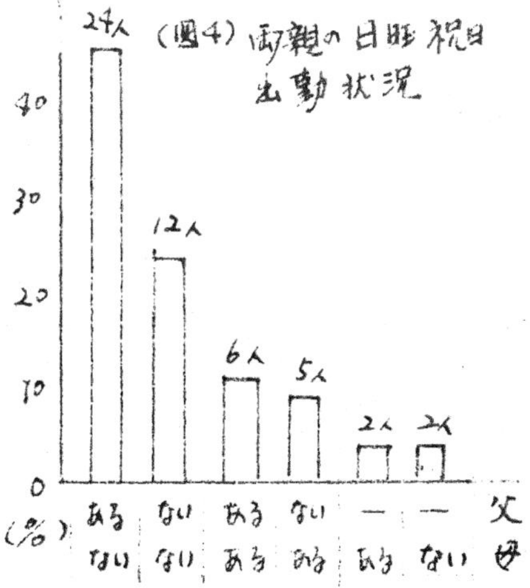

両親の日曜、祝日出勤の状況は「父はあるが母はない」ものが24名（46.2％）「父母ともない」ものが12名（23.1％）、「父母ともある」ものは６名（11.5％）「父はないが母はある」ものは５名（9.5％）である。

（表９）子供の下校後に事故や急用がある場合連絡はとれますか

連絡	実数
とれる	49
とれない	3
計	52

連絡がとれない家庭の内訳

実数	不在家庭 両親外勤	勤務時間 父子家庭	帰宅後の状況 誰もいない
3	2	1	3

4. 下校後の子供の生活

子供が学校から帰ってきた時の落ち着き先はまず家庭である。（表１０）の住居状況では「自家」に住んでいるものは６人と11.5%で「借家」に住んでいるものが２５人（４８.２%）で最も多い。「間借」にはアパートを含んでいるがこの地域では少なく５人（９.６%）である。その内「子供部屋のあるもの」は１３人（２５.０%）で、「ないもの」は３４人（６５.４%）である。

（表10）住居状況別 子供部屋の有無

住居＼子供部屋	ある	ない	無回答	計	%
自家	3	3		6	11.5
借家	5	18	2	25	48.2
間借	1	4		5	9.6
その他	2	5	3	10	19.2
無回答	2	4		6	11.5
計	13	34	5	52	100.0
%	25.0	65.4	9.6	100.0	

（表11）子供の帰宅後はどなたがみてくれますか

	父母のどちらか	祖母・兄又は姉	親せき又は近隣の人	誰もいない	その他	計
両親共働家庭	3	9	5	27	3	47
母子家庭		3		1		4
父子家庭				1		1
計	3	12	5	29	3	52
%	5.7	23.1	9.6	55.9	5.7	100.0

子供の帰宅後「父母のどちらかが早く帰っているもの」は３人（５.７%）で「祖母か兄または姉」等がいるものは１２人（２３.１%）で、「親せき又は近隣の人」によって世話をしてもらっているものは５人（９.６%）である。しかしおよそ半数の２９人（５５.９%）のものは「誰もいない」状態の中におかれ

（表12）子供は帰宅後どのように過していますか

	低	高	計	%
勉強やそろばん等の塾に通っている	5	19	24	16.4
クラブ活動や運動チームに参加	1	6	7	4.8
子供会に参加	1	3	4	2.7
屋外で遊んでいる	6	15	21	14.4
友達の家で勉強又は遊んでいる	9	10	19	13.0
家で勉強又は遊んでいる	8	17	25	17.1
家でテレビをみている	11	16	27	18.6
家でまんがをみている	3	6	9	6.2
家で用事をしている	1	9	10	6.8
計	45	101	146	100.0

（注）１　低は低学年で１～３年
高は高学年で４～６年

２．勉強やそろばん等の塾に通っているかの内訳

	低	高
週に１回	4	
５回		12
６回		5

３．クラブ活動や運動チームの内訳

	低	高	
クラブ活動	1	1	（週1回）
鼓笛		2	〃
卓球部		1	〃
野球チーム		1	〃
カブスカウト		1	〃

４　回答数は二つ以上の回答を含んでいる。

ている。

子供の下校後の過ごし方は「勉強やそろばん等の塾に通っている」ものは約半数の52人中24人（46.2%）である。「クラブ活動や運動チーム」に参加しているものは7人である。しかしこれは殆んどが週1回である。「屋外で遊んで過ごすもの」は21人で52人中（40.4%）全体の146人中では14.4%である。最も多い過ごし方は「家にいて勉強したり、遊んだり、テレビをみている」という過ごし方である。家にいて過ごすのは最も危険度は少ないが最近は兄弟も少なくなっているので誰もいない家の中で一人で遊ぶとすれば最も手軽るな「テレビ」が相手になっている。集団遊びが好きな年代に一人家にとじこもってテレビにかじりついていたのでは子供の成長にとってあまりいい影響はもたらさないであろう。

（表13）は子供の事故についてみたものである。「交通事故」にあった

（表13）子供の事故について

	起きたことが ある	起きたことが ない	起きないかと心配している
交通事故	6	36	22
水難事故	1	40	4
けがやその他の事故	1	40	13
火の始末		40	3
危険な遊びや悪い遊び	1	40	4
遠くへ遊びに行く	3	40	1
人のものを盗む		40	
計	12	276	47

（表13）－（2）子供の事故で「起きたことがある」の内訳

	実数	不在家庭の理由 両親の働	帰宅後の状況 祖母	帰宅後の状況 誰もいない	帰宅後の状況 その他
交通事故	6	6	2	3	1
水難事故	1	1		1	
けがやその他の事故	1	1		1	
危険な遊びや悪い遊び	1	1		1	
遠くへ遊びに行く	3	3		2	1
計	12	12	2	8	2

（図5）子供を守る対策について

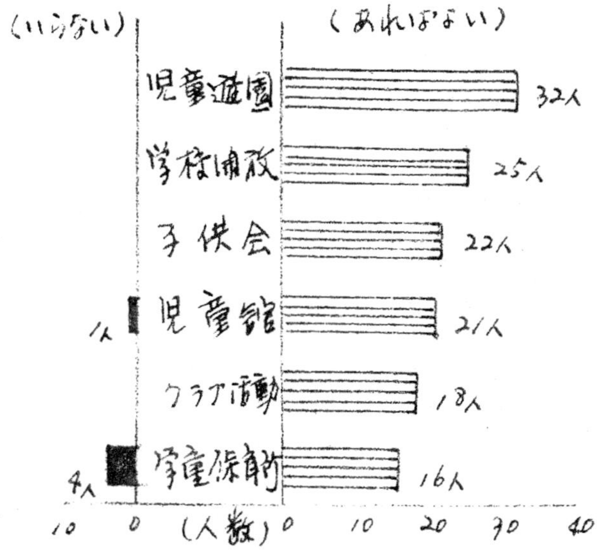

ことがあるものは6人（11.5%）で事故の中で最も多い。次に多いのが「遠くへ遊びに行く」3人（5.8%）である。子供の事故の中で保護者が最も心配しているのは「交通事故」22人（42.3%）であり、「けがやその他の事故」13人（25.0%）がその次に多い。子供の事故で起きたことがあるもの12人の内訳をみると両親共働き家庭で帰宅後誰もいない家庭のものが8人を占める。全く無保護状態の中で子供が一人でこのような事故にあった場合その処置はどのようになされているのだろうか

5. 子供を守る対策について

不在家庭児童の対策については「児童遊園があればよい」というものが32人（~~80.7~~ 61.5%）が最も多く、次ぎに多いのが「学校開放」25人（48.1%）である。「子供会」は22人（42.3%）「児童館」は21人（40.4%）「クラブ活動」は18人（34.6%）「学童保育所」16人（30.8%）の順になっている。

不在家庭児童調査報告

昭和４３年１２月

大正区鶴町社会福祉協議会

調査実施者	大正区鶴町社会福祉協議会
調査地域	大正区鶴町地域
調査対象者	鶴町小学校の不在家庭児童をもつ保護者
	鶴町小学校在籍児童数　1046名
	〃　不在家庭児童数　243名
	〃　不在家庭児比率　23.2%
	（昭和42年度）
調査件数	不在家庭児童数　177名
	不在家庭世帯数　131世帯
調査期間	43年8月1日～8月20日
調査員	鶴町社会福祉協議会役員
調査方法	調査員が対象者自身記入したものを回収したものである。

1. 児童について

（図1）男女別、学年別児童数

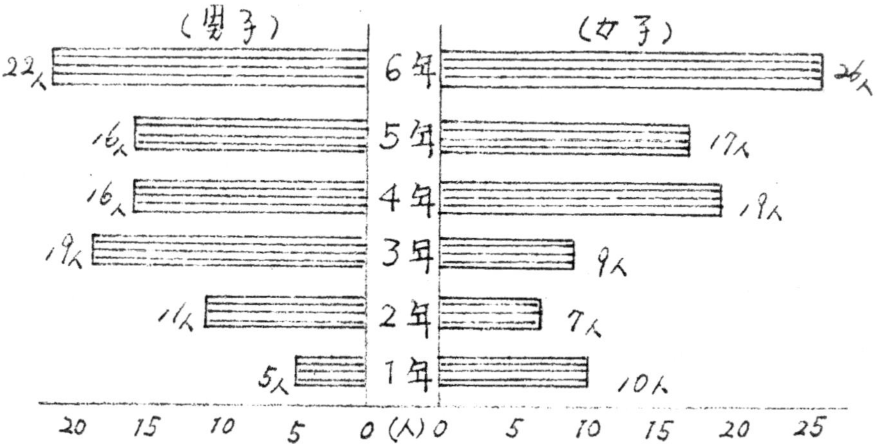

鶴町小学校の調査によれば不在家庭児童数は243人であるが、このたびの調査による集計は177人である。

1年～3年の低学年は61人で、4年～6年の高学年は116人である。男女別では男子が89人、女子は88人である。

居住別による世帯数及び児童数は（表2）のとおりである。

（表2）町団別 世帯数 児童数

町団名	児童数	世帯数
第1町団	35	26
2	14	12
3	20	13
4	14	13
5	7	6
6	14	10
7	14	11
8	7	5
9	4	3
10	13	8
11	18	13
鶴町2・4丁目	16	10
不明	1	1
計	177	131

2. 保護者について

（図2）不在家庭の理由別

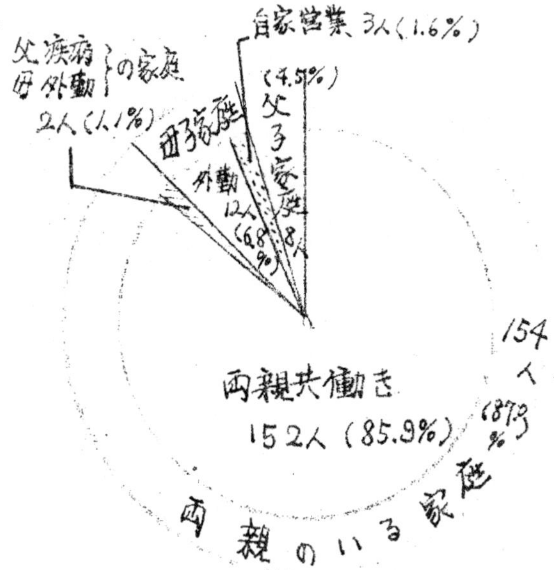

不在家庭になる理由としては「両親共働き」によるものが152人（85.9%）で最も多い。次に多いのが「母子家庭」によるもので15人（8.4%）「父子家庭」によるものが8人（4.5%）となっている。

両親の年齢（表２）は父親では３０代が７７人で最も多く、４０代は６７人で次に多い。母親では３０代が１２４人で最も多く、４０代では３８人となっている。

（表２）両親の年齢

年齢	父	母
20～29才	2	2
30～39	77	124
40～49	67	38
50～59	13	3
無回答	3	2
計	162	169

３．保護者の不在について

ここで述べる保護者の不在とは子供が学校から帰って家にいる時に保護者が仕事に出かけて（以下）家を留守にし、子供がひとりで放っておかれている時の状態をいう。

子供はおよそ朝の８時頃に学校へ行く。下校時間（表３）をみると低学年では２時から３時にかけて帰り、高学年では３時から４時にかけて下校してくる。ここで問題となる保護者の不在時間とは子供が学校へ行く朝の８時以前と下校してくる２時～４時以後の時間である。

（表３）児童の学年別下校時間

下校時間＼学年	1年	2	3	4	5	6	計	%
1時～	1						1	0.6
2時～	10	8	2	4		2	26	14.7
3時～	1	7	17	18	7	9	59	33.3
4時～			2	10	17	34	63	35.6
無回答	3	3	7	3	9	3	28	15.8
計	15	18	28	35	33	48	177	100.0

両親の出勤時間（表４）では父親は７時代に出勤するものが９４人（５８.０％）で最も多く、８時代に出勤するものは４７人（２９.０％）で次に多い。母親の出勤時間では８時代のものが１０３人（６０.９％）

（表４）両親の出勤時間

出勤時間		母 6時前	6時～	7～	8～	9～	その他	無回答	母のいない者	計
父	6時前			3	3					6
	6時～			2	4		1	1		8
	7～		1	21	48	11	8	1	4	94
	8～		1	2	34	4	3		3	47
	9～									0
	その他				2					2
	無回答							2	1	3
	非該当			2						2
父のいない者			1	2	12					15
計		0	3	33	103	15	12	4	8	177

注　父の非該当の２名は

で最も多く、7時代が33人（19.5%）で次に多い。特に（表4）で囲に記してあるのは両親とも（母子及び父子家庭は片親のみ）8時以前に出勤する家庭のものでその数は34人（19.2%）である。

（表5）両親の帰宅時間

		母											
		4時前	4時～	5～	6～	7～	8～	9～	その他	不定	無回答	母のないもの	計
父	4時前			1	1								2
	4時～	1	3		1							1	6
	5～	2	10	4	4	2			3	1		2	28
	6～	5	10	14	12	5						1	47
	7～	14	8	12	5	6	1					2	48
	8～			2	2	2							6
	9～	3	2	1	1	3				2		1	13
	その他	2		1									2
	不定		1	3		1							5
	無回答										1	1	3
	非該当			2									2
父のいないもの		1	3	1	4	2	3	1					15
計		28	37	41	30	21	4	1	3	2	2	8	177

（表5）は両親の帰宅時間をみたもので、父親の帰宅時間は7時代が48人（29.6%）で最も多く、6時代が47人（29.0%）で次に多く、5時代が28人（17.3%）である。母親の帰宅時間は5時代が41人（24.3%）で最も多い。次に多いのが4時

（表6）両親のどちらかで早くかえった方の帰宅時間と児童の下校時間の関係。

		下校時間					
		12時	2～	3～	4～	無回答	計
帰宅時間	1時～		1	1			2
	2～		1	2			3
	3～		(1) 6	10	6	3	25
	4～		(2) 5	(1) 10	21	3	39
	5	(4) 1	(3) 4	(2) 17	(1) 24	5	51
	6		(4) 2	(3) 9	(2) 9	10	30
	7		(5) 6	(4) 7	(3) 3	2	18
	8		(6) 1	(5) 1		2	4
	9			(6) 1		2	3
	無回答			1	1	2	2
計		1	26	59	64	27	177

（注）（）内数字は帰宅時間から下校時間を引いたものである。

（図3）児童の下校時間から保護者の帰宅時間までの不在時間

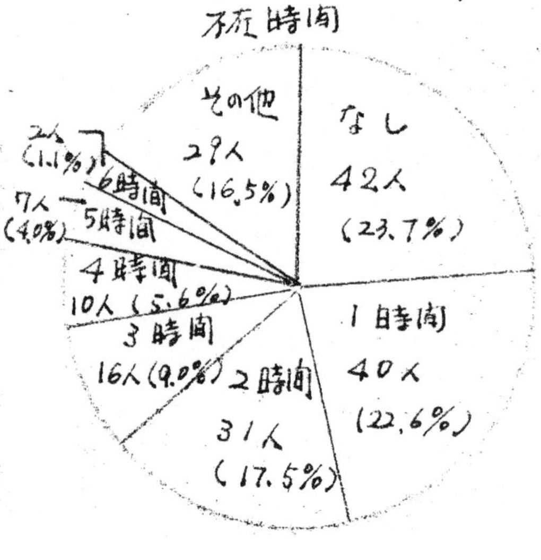

（表７）両親の職業別不在時間

不在時間＼職業	父 5	8	9	10	11	12	13	14	15	その他	不定	無回答	計
会社員		3	6	5	19	25	2	2		1	1		64
工員	1	1	8	9	17	11	5	3				1	56
店員					2		2						4
労務者			1		2	2							5
公務員				5	2	1					1		9
医療従事者													0
運輸従事者			*2			3					5		10
サービス業									1				1
外交員			1										1
自家営業							2						2
公社団体職員													0
パート													0
その他					3	1	2						6
無回答					1		1					1	3
非該当												1	1
計	1	4	18	19	46	43	14	5	1	1	7	3	162

不在時間＼職業	母 5	6	7	8	9	10	11	12	13	その他	不定	無回答	計
会社員	2		8	6	7	7	6	1		1			38
工員			4	9	11	6	2	4	2			2	40
店員	1		3		3	7			1				15
労務者		1					1						2
公務員				1									1
医療従事者					2			1					3
運輸従事者													0
サービス業	2		2	2		2	1	2			2		13
外交員	3			1		2	3						9
自家営業						3			2				5
公社団体職員						1	1						2
パート			2	1									3
その他	3	1	9	5	1	8	2	1	1	1		1	33
無回答				1	3	1		1					6
非該当													0
計	11	2	28	26	27	37	16	10	6	2	2	3	170

（注）＊船員１１を含む
この表の不在時間とは保護者の出勤時間から帰宅時間までの家を留守にする時間で、勤務時間に通勤所要時間が加わったものである。

代で３７人（２１．９％）６時代が３０人（１７．８％）、４時前に帰宅するものは２８人（１６．６％）である。従って６時前までに帰宅するものは全部で１０６人で全体の６２．７％にあたる。

（表５）で囗に記してあるのは両親とも（母子及び父子家庭は片親のみ）７時以降に帰宅するものである。両親とも７時以降に帰宅するものは１２人で、母子家庭では６人、父子家庭では３人で全部で２１人（１１．９％）である。

（表６）は児童の下校時間から保護者の内どちらか早く帰った方の帰宅時間までの不在時間をみたものである。保護者の帰宅時間と児童の下校時間が同じであれば不在時間は０となる。それを図表にあらわせば（図３）のようになる。不在時間が「なし」のものは４２人（２３．７％）で最も多く、１時間が４０人（22.6％）２時間が３１人（１７．５％）、３時間が１６人（９．０％）４時間が１０人（５．６％）５時間が７人（４．０％）６時間が２人

（４）

（1.1％）となっている。

（表7）は両親の職業別不在時間をみたものである。普通8時間勤務の会社員が通勤に往復2時間かかるとすれば不在時間は10時間となる。ここでは職業別に不在時間の特徴は出ていないが、父親が11時間から15時間の間不在になるものは109人で父親の67.3％になる。母親は10時間が37人（21.8％）で最も多く、7時間が28人（16.5％）、8時間が26人（15.3％）、9時間が27人（15.9％）となっている。

（表8）両親の通勤所要時間

時間	父	母
30分以内	105	112
30分～1時間	37	48
1時間～1時間30分	10	1
不明	2	2
無回答	5	7
非該当	3	
計	162	170

（注）非該当3は疾病（2）船員（1）である。

（図4）両親の日曜祝日出勤状況

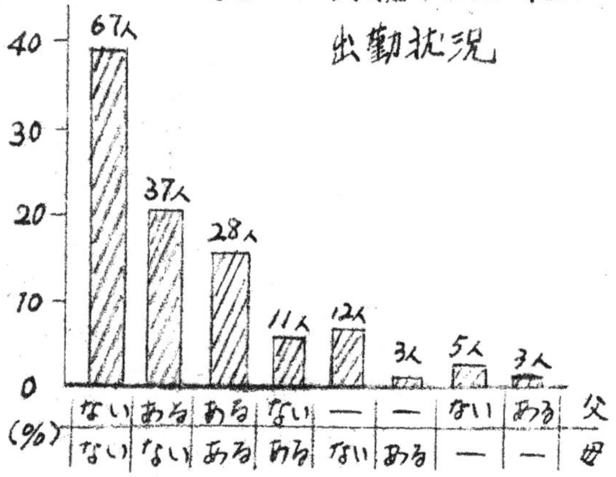

両親の日曜祝日出勤状況（図4）では「両親ともない」ものが67人、母子家庭で「ない」ものは12人、父子家庭で「ない」ものは5人で全部で84人（47.5％）である。両親とも日曜祝日出勤が「ある」ものは28人、母子家庭で「ある」ものは3人、父子家庭で「ある」ものは3人で全部で34人（19.2％）である。「父親はあるが、母親はない」が37人（20.9％）「父親はないが、母親はある」が11人（6.2％）である。

（表9）子供の下校後に事故や急用がある場合連絡はとれますか

連絡	実数
とれる	174
とれない	3
計	177

（注）連絡がとれない家庭の内訳
両親共働き－2
母子家庭－1

4. 下校後の子供の生活

子供が学校から帰ってきた時の落ち着き先は家庭である。その意味から子供部屋の有無の状況（図5）をみると、子供部屋の「あるもの」は（僅か）34人（19.2%）で、「ないもの」が116人（65.5%）である。住居状況からみると「借家」が112人（63.3%）で最も多く、「間借」が15人（8.5%）、「自家」が13人（7.3%）である。

（図5）住居状況別子供部屋の有無

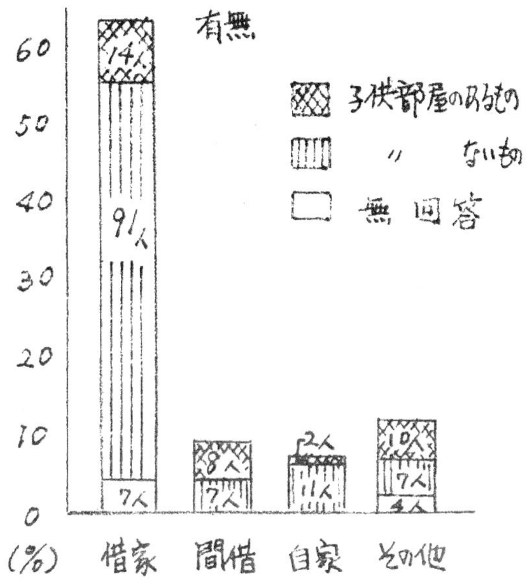

ここでは住宅事情の非常に悪いことがしめされており、子供は家庭に帰っても落ち着き先をもたない者の多いことがわかる。

子供は家に帰ってからは誰がみているか（表10）をみると「誰もいない」というのが79人（44.6%）もおり、およそ半数をしめる。子供が帰った時には「父母のどちらかがいる」というのが32人（18.1%）で、「祖父母か兄や姉がいる」というのが11人（6.2%）「親せき又は近隣の人にみてもらっている」が11人（6.2%）である。「無回答」のものが33人（18.7%）で非常に多いが、これらは恐らく「誰もいない」というなかに入るものと思われる。

（表10）子供の帰宅後はどなたがみてくれますか

		父母のどちらか	祖父母・兄・姉	親せき又は近隣の人	誰もいない	その他	無回答	計
両親のいる家庭	両親共働き	30	10	9	66	11	26	152
	外勤・家庭	1					1	2
母子家庭	外勤		1	2	7		2	12
	自家営業				3			3
父子家庭		1			3			8
計		32	11	11	79	11	33	177
%		18.1	6.2	6.2	44.6	6.2	18.7	100.0

（表11）は子供は帰宅後どのように過ごしているのかをみたものである。

最も多いのは「家で勉強したりテレビをみて遊んだり」して過ごしている子供である。次に多いのが「屋外で遊んで」過ごす子供で65人（36.7%）である。「勉強やそろばん等の塾に通っている」子供は41人おり全体の23.2%になる。「クラブ活動や運動チームに参加する」という子供は7人（4.0%）である。

（表11）子供の帰宅後の過ごしかた

	低学年	高学年	計	%
勉強やそろばん等の塾に通っている	5	36	41	23.2
クラブ活動や運動チームに参加する		7	7	4.0
子供会に参加する	1	0	1	0.6
屋外で遊んでいる	26	39	65	36.7
友達の家で勉強又は遊んでいる	12	15	27	15.3
家で勉強又は遊んでいる	29	42	71	40.1
家でテレビをみている	20	32	52	29.4
家でまんがをみている	22	20	42	23.7
家で用事をしている	4	7	11	6.2
その他	3	1	4	2.3
わからない	1		1	0.6
計	123	199	322	—

（注）

1. 勉強やそろばん等の塾に通っている

	（低）	（高）
週に6回	0%	2%
5回	2	23
3回	0	2
1回	1	3
無回答	2	6

2. 全く無回答のもの　38名

しかし子供は絶えず動いているのでその過ごし方を固定的にとらえることはできないが、大まかにみると家で過しているようである。ことに兄弟のいない家庭では一人でテレビをみて過しているのであろう。しかし集団遊びの好きな年代に一人で家にとじこもることは子供の成長にとってあまりいい傾

（表12）帰宅後の状況と子供の事故について

	父母のどちらか			祖父母・兄・姉			親せき又は近所			誰もいない			その他			計		
	起きたことが		起きると心配する	起きたことが		起きると心配する	起きたことが		起きると心配する	起きたことが		起きると心配する	起きたことが		起きると心配する	起きたことが		起きると心配する
	ある	ない		ある	ない		ある	ない		ある	ない		ある	ない		ある	ない	
交通事故	0	15	9	1	6	6		6	4		41	15		8	7	1	76	41
水難事故		15	3		6	2		6	2	1	39	13		8	1	1	74	21
けがやその他の事故	2	13	5	1	5	4	1	5	4	4	34	20		8	5	8	65	38
火の始末	1	14	2		8	1		6			37	14		7	3	1	72	20
危険な遊びや悪い遊び		14	5		7	2		6	2		37	11		6	4	1	70	24
遠くへ遊びに行く	1	14			8			6		6	31	9		8	3	7	67	12
人のものを盗む		15			8			6			36	6		7	3	0	72	9
その他		2				1											2	1
計	4	102	24	2	48	16	1	41	12	11	265	88	1	52	26	19	498	166
特別にない	2			1			2			6			1			12		

（表12－2）子供の事故の内訳

	実数	不在家庭理由		帰宅後の状況				
		共働き	母子家庭	父母のどちらか	祖父母兄姉	親せき知人近所の人	誰もいない	その他
交通事故	1	1			1			
水難事故	1		1				1	
けがやその他の事故	8	7	1	2	1	1	4	
危険な遊びや悪い遊び	1	1						1
火の始末	1	1		1				
遠くへ遊びに行く	7	6	1	1			6	
計	17	16	3	4	2	1	11	1

（図6）子供の事故について

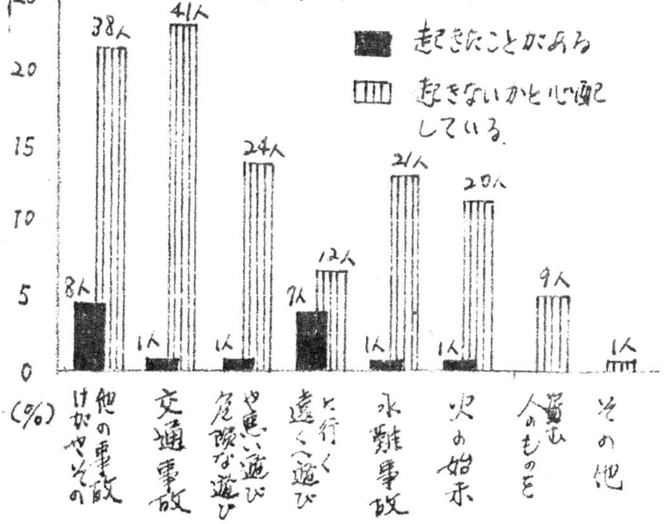

向とは云えないであろう。

（図6）は子供の事故についてみたものである。起きたことがある事故の内訳については「けがやその他の事故」が8人で最も多く、「遠くへ遊びに行ったことがある」ものは7人で次に多い。「交通事故」や「危険な遊びや悪い遊び」、「水難事故」「火の始末」を起したことがあるものはそれぞれ1人づつである。交通戦争と云われる時代だけに保護者が最も心配しているのは「交通事故」の41人であり、「けがやその他の事故」が38人で次に多い。特に保護者や世話をする人が誰もいない時に子供が一人でこのような事故にあった場合にその処置の仕方が問題になるであろう。

5. 子供を守る対策について

（図7）は不在家庭児童の対策について保護者の希望を聞いたものである。

（図7）子供を守る対策について

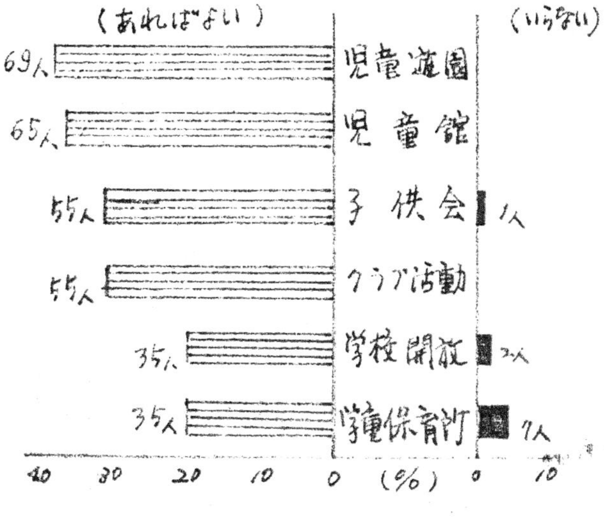

「児童遊園があればよい」という人が69人（39.0%）で最も多く、「児童館があればよい」が65人（36.7%）で次に多い。「子供会」と「クラブ活動」があればよいというのはそれぞれ55人（31.1%）で、「学校開放」や「学童保育所」があればよいというのはそれぞれ35人（19.8%）である。
「学童保育所がいらない」という人は7人（4.0%）である。

不在家庭児童調査報告

昭和43年12月

東淀川区木川社会福祉協議会

調査実施者　東淀川区木川社会福祉協議会

調査地域　東淀川区木川地域

調査対象者　木川小学校の不在家庭児童をもつ保護者

木川小学校在籍児童数　７５３名

〃　不在家庭児童数　１１３名

〃　不在家庭児比率　１５．０％（昭和42年度）

調査件数　不在家庭児童数　９９名

不在家庭世帯数

調査時期　４３年７月８日～７月１０日

調査員　学校の先生、民生・児童委員及び社協の役員

調査方法　学校が毎年４月に行っている基本的な調査にもとづいて先生が本件の項目を記入し、それを（もって）民生・児童委員及び社協の役員が調査対象者を個別訪問して記入したものである。

1　児童について

木川小学校の調査による不在家庭児童数は113名で、このたびの調査によって回収されたものは99名である。その内1～3年の低学年は21名で、4～6年の高学年は78名である。男女別では男子が54名、女子が45名である。

町別による児童数は（表1）のとおりである。

（図1）男女別．学年別

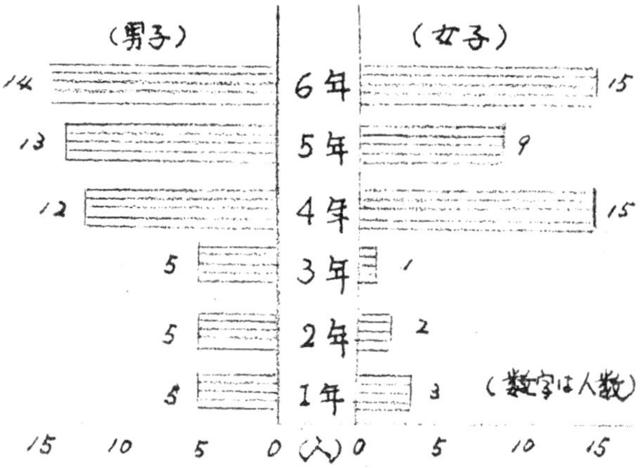

（表1）町別児童数

町名	児童数
木川東之町	54
木川西之町	37
西中島	6
南方町	1
無回答	1
計	99

2．保護者について

（図2）不在家庭の理由別

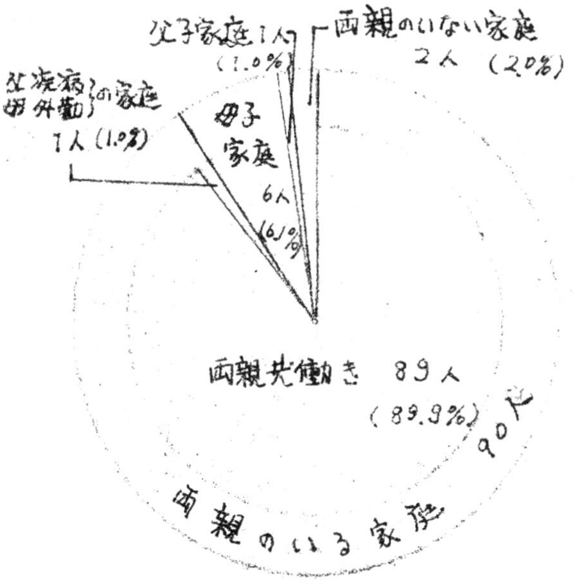

不在家庭になる理由をみると「両親共働き」が89人（89.9％）で最も多い。「母子家庭」のものは6人、「父子家庭」のものが1人いる。「両親のいない家庭」の2人は兄弟で、両親はゆくえ不明で子供は祖母の家にいる。

保護者の年齢は父親が４０代、母親が３０代のものが最も多い。

（表2）両親の年齢

年齢	父	母
20～29才	—	3
30～39	31	55
40～49	46	32
50～59	8	—
無回答	6	6
計	91	96

3. 保護者の不在について

ここで述べる保護者の不在とは子供が学校から帰って家にいる時に保護者が仕事に出かけていて家を留守にし、子供がひとりで放っておかれている時の状態をいう。子供は朝の８時頃に学校へ行き、１年生は２時頃、６年生は４時半頃家に帰ってくる。従って朝の８時以前、午後２～４時以後における保護者の勤務時間が問題となるわけである。

（表3）児童の学年別下校時間

下校時間＼学年	1年	2	3	4	5	6	計	%
2時～	8	7					15	15.2
3時～			4				4	4.0
4時～			1	26	22	29	78	78.8
無回答			1	1			2	2.0
計	8	7	6	27	22	29	99	100.0

（表４）の両親の出勤時間をみると、８時以前に両親が出勤する家庭のものは１５名（１５．２％）である。父親の出勤時間は７時代でおよそ半分の４２名のものが出勤するが、母親の場合は８時代が最も多く６４名で６６．７％のものが出勤する。

（表4）両親の出勤時間

出勤時間		母 6時～	母 7～	母 8～	母 その他	母 不定	母 無回答	母 非該当	母のいない家	計
父	6時～	1	3	5	1	1				11
	7～		10	29	1	1				41
	8～			25	7				1	33
	その他		2		1		1			4
	不定				1					1
	無回答									0
	非該当			1						1
父のいない家			1	4	1				2	8
計		1	16	64	12	2	1	0	3	99

（表5）　両親の帰宅時間

父＼母	4時前	4時~	5~	6~	7~	8~	9~	10~	11~	12~	その他	不定	無回答	非該当	母のないもの	計
4時前																0
4時~			1													1
5~			1	1												2
6~	4	6	9	3	1					1		1				25
7~	1	2	10	3	2	1				1		2			1	23
8~		6	5	4		1										16
9~		2	3	1						1						7
10~																0
11~		1		1												2
12~										1						1
その他	2		1	1	1											5
不定		3	3													6
無回答										1			1			2
非該当			1													1
父のいないもの	1	1	1	1		1					1				2	8
計	8	21	35	15	4	3	0	0	0	5	1	3	1	0	3	99
%	8.1	21.2	35.4	15.2	4.0	3.0	0	0	0	5.1	1.0	3.0	1.0	0	3.0	100.0

両親の帰宅状況（表5）をみると、母が4時前に帰宅しているものが8名である。母が5時だいに帰るものは35名（35.4%）で最も多く、4時から7時前までの間に帰るものは71名（71.8%）となる。保護者が（父母とも）7時以後に帰宅する家

（表6）両親のどちらかで早く帰った方の帰宅時間と児童の下校時間の関係

保護者＼児童 下校時間		2時~	3~	4~	無回答	計
帰宅時間	2時~					0
	3~	(1) 1		7		8
	4~	(2) 3	(1) 1	17	1	22
	5~	(3) 4	(2) 1	(1) 30		35
	6~	(4) 3	(3) 1	(2) 13		17
	7~	(5) 1	(4) 1	(3) 6		8
	8~			(4) 2		2
	9~	(7) 1				1
	10~					0
	11~					0
	12~	(10) 1		(8) 1		2
	その他	1				1
	無回答			2	1	3
計		15	4	78	2	99

（注）（）内数字は帰宅時間から下校時間を引いたもの

（図3）児童の下校時間から保護者の帰宅時間までのひらき時間

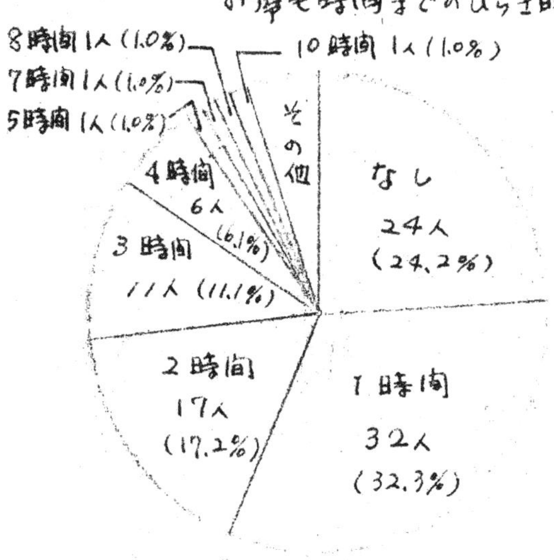

（表7）両親の職業別不在時間

職業＼不在時間	父 9時間	10	11	12	13	14	15	その他	不定	無回答	計	母 5時間	6	7	8	9	10	11	12	13	その他	不定	無回答	計
会社員	1	3	10	7	5	2	1	2	2		33	1		1	1	4	4		1					12
工員		2	4	4	6	2		1		1	20			2	13	17	9	2	1				1	45
店員					1						1			1	1	5		1		1				9
労務者	1		5	2	1				1		10							1						1
公務員		2		1	1		1		2		7													0
医療従事者											0											1		1
運輸従事者		1	2	3					2		8													0
サービス業				1		1	2		1	1	6	1	1	4		1	2				2			11
外交員											0				3	1	2	1				1		8
その他		2		2							4	1		1	1	1	1				1	1		7
無回答					1					1	2									1			1	2
計	2	10	21	20	15	5	4	3	8	3	91	3	1	9	19	29	18	5	2	2	3	3	2	96

（注）この表の不在時間とは保護者の出勤時間から帰宅時間までの家庭留守にする時間で、勤務時間に通勤所要時間が加わったものである。

庭のものは11名である。

（表6）は児童の下校時間から保護者の内どちらか早く帰った方の帰宅時間までの関係~~をある~~。をみたものである。母が3時から4時頃に帰宅するものではちょうど子供の下校時間と同じになって不在時間が0となり、その数は24名（24.2％）である。不在時間は1時間が32名（32.3％）で最も多く、2時間が17名（17.2％）、3時間が11名（11.1％）である。1時間から3時間までの不在時間をもつものは60名となり全体の60.6％である。

（表8）両親の通勤所要時間

時間	父	母
30分以内	52	82
30分～1時間以内	13	4
1時間～1時間30分	14	2
不定	2	—
無回答	10	8
計	91	96

（表7）は両親の職業別不在時間をみたものである。普通8時間勤務の会社員が通勤に往復2時間かかるとすれば不在時間は10時間となる。ここでは職業別に不在時間の特徴は出ていないが、父が11時間から15時間の間不在となるものは65名で、母が11時間から13時間の間不在になるものは9名である。

（図4）両親の日曜祝日出勤状況

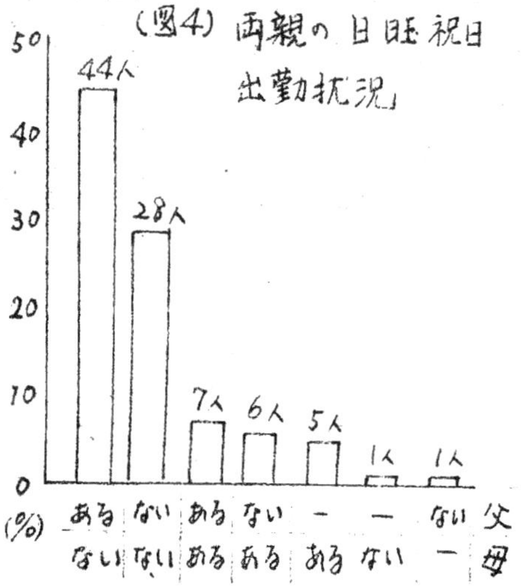

（図4）は両親の日曜祝日の出勤状況をみたものである。「父はあるが母はない」ものが最も多く44人（44.4％）で「父母ともにない」が次ぎに多く28人（28.3％）である。「父母ともである」ものは7人（7.1％）で「父はないが母はある」ものは7人（6.1％）である。「母子家庭」の6人の内5人までが日曜出勤に母が「ある」という状態である。

（表9）子供の下校後に事故や急用がある場合連絡はとれますか。

連絡	実数
とれる	84
とれない	9
無回答	6
計	99

4．下校後の子どもの生活

子供が学校から帰ってきた時の落ち着き先はまず家庭である。（表10）の住居状況では「自家」に住んでいるものが28人（28.3％）で「借家」に住んでいるものが57人（57.5％）である。「間借」にはアパートを含んでいるがこの地域では少ないので、子供部屋のあるものが37人（37.4％）になっている。

連絡がとれない家庭の内訳

実数	不在家庭理由別 両親外勤	帰宅後の状況 誰もいない	親せき・近隣	その他	無回答
9	9	5	1	2	1

（表10）住居状況別子供部屋の有無

住居＼子供部屋	ある	ない	計	％
自家	10	18	28	28.3
借家	20	37	57	57.5
間借	4	5	9	9.1
その他	3	2	5	5.1
計	37	62	99	100.0
％	37.4	62.6	100.0	

（表11）子供の帰宅後はどなたがみてくれますか。

		父母のどちらか	祖母・兄・姉	親せき又は近隣の人	誰もいない	その他	無回答	計
両親のいる家庭	共働き家庭	10	8	12	50	3	6	89
	外勤・疾病		1					1
母子家庭				2	2		2	6
父子家庭			1					1
両親のいない家庭			2					2
計		10	12	14	52	3	8	99
％		10.1	12.1	14.1	52.6	3.0	8.1	100.0

子供の帰宅後は父母のどちらかが早く帰ってみているものが10人（10.1%）で、父母以外の家族では祖母か兄又は姉などがみているものは12人（12.1%）である。家族は誰もいないが近所の人にみてもらっているものは14人（14.1%）である。しかしおよそ半数の52人（52.6%）のものは「誰もいない」状態におかれている。

子供は帰宅後「勉強やそろばん等の塾に通っている」ものが30人あり、99人の内では30%になって非常に多いが（表12）の内訳にあるように毎日通っているわけではない。「運動チームに参加」しているものは週1回野球チームに2人がいっている。地域には子供会があるがここでは参加しているものが誰もいない。「屋外で遊んでいる」ものは54人で99人の内では54.5%になるが、277人の比率からみれば19.5%になる。やはり一番多いのは「家で勉強したり遊んでいる」場合である。家にいる時は最も危険度は少ないが、最近は兄弟も少なくなっ

（表12）子供は帰宅後どのように過していますか

	低	高	計	%
勉強やそろばん等の塾に通っている	5	25	30	10.9
クラブ活動や運動チームに参加	—	3	3	1.1
子供会に参加	—	—	0	0
屋外で遊んでいる	18	36	54	19.5
友達の家で勉強又は遊んでいる	12	11	23	8.2
家で勉強又は遊んでいる	16	47	63	22.8
家でテレビをみている	15	31	46	16.6
家でまんがをみている	12	6	18	6.5
家で用事をしている	2	6	8	2.9
その他		2	2	0.7
計	85	192	277	100.0

（注）1. 低は低学年で1〜3年
高は高学年で4〜6年

2. 「勉強やそろばん等の塾に通っている」の内訳

	低	高
週に1回	1	3
2回	3	
3回		7
4回		1
5回	1	12
6回		2

3. 「クラブ活動や運動チームに参加」の内訳
野球チーム　週1回　2人
ボーイスカウト　月2〜3回　1人

4. 「その他」の内訳
ピアノの家庭教師　週1回　1人

5. 回答数は2つ以上の回答を含んでいる。

ているので家で遊ぶといっても誰もいなければ一人遊びになって、~~結局は~~最も手軽な「テレビをみている」状態になる。集団遊びの好きな年代に一人家にとじこもってテレビにかじりついていたのでは子供の成長にあまりいい影響は与えない。

（表13）子供の事故について

	起きたことがある	ない	起きないかと心配である
交通事故	4	74	16
水難事故		74	3
けがやその他の事故	1	75	15
火の始末		76	
危険な遊びや悪い遊び		75	3
遠くへ遊びに行く	4	72	
人のものを盗む		77	
計	9	544	37

（表13）は子供の事故についてみたものである。「交通事故」にあったことがあるものが4人、「けがやその他の事故」にあったことがあるものは1人、「遠くへ遊びに行く」が4人である。特に自転車に乗って遠くへ遊びに行く場合、一番心配されるのは交通事故やその他の事故であろう。そして家に誰もいない状態の時にもしけがや事故が起ったらその処置はどのようになされているのだろうか。

（表13）―(2) 子供の事故で「起きたことがある」の内訳

	実数	不在家庭の理由		帰宅後の状況			
		両親が働く	母子家庭	父母と	兄弟、親戚近所	誰もいない	無回答
交通事故	4	4		2		2	
けがやその他の事故	1		1		1		
遠くへ遊びに行く	4	4				2	2
計	9	8	1	2	1	4	2

（図5） 子供を守る対策について

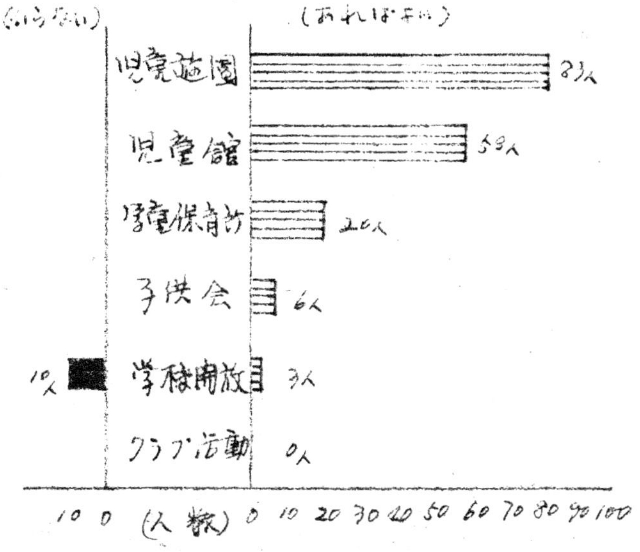

5 子供を守る対策について

不在家庭児童の対策については「児童遊園があればよい」というものが83人で最も多い。次に多いのが「児童館があればよい」の59人、「学童保育所」が20人、

「子供会」が６人、「学校開放」が３人となっている。特に「学校開放」については、いらないというものが１０人いる。

'68 京都府社会教育 No.11

京都府における
留守家庭児童の生活および家庭実態調査報告書

京都府教育庁指導部社会教育課

はじめに

ここ数年来１人の親だけの収入では生活を維持することができにくい状態に追いつめられているのが今日の各家庭の現状である。

このような社会の現状のなかで、子どもたちは、帰宅しても父母もいなければこれに代る保護者もいない、１人ぼっちの淋しい生活に追いやられている。

このような恵まれない子どもたちの精神的生活を安定させ、地域子ども会活動の中で、仲間とともに考え合い支えあう子ども会の育成を、府教委としては努力してきた。

保護も指導もじゅう分な手だてをうけることのできないこの「カギッ子」たちは、常に親の愛情を求め精神的に苦しい毎日と闘っている。府民のくらしを守り生活を高める社会教育活動の緊急な今日的課題として留守家庭児童のことを考えていきたい。

そこで京都府教育委員会として、留守家庭児童の生活実態と、その子等の生活の本拠である家庭の実態を明らかにし、施策を考えていくことが急務であると考え、京都府下全小学校３年・４年生の全児童を対象に、留守家庭児童の生活実態調査を実施した。

その調査結果をここに報告するとともに、この実態をふまえた施策として、昭和４４年度事業の中で、府下数か所の留守家庭児童会に対してその開設のために援助することにした。すでに１部の市町村にあっては、子どもたちのしあわせのため、この問題と積極的に取り組む姿勢が示されていることもあわせて、紹介しておきたい。

さいわい、この調査にあたって府下全小学校の諸先生方、市町村教育委員会の協力を得ることができ、調査がスムーズにまとめられたことを深く感謝するとともに、この冊子が広く府下一円に子どもたちのよりしあわせな生活を考える一助となればこれに過ぐるよろこびはない。

昭和４４年３月

京都府教育庁指導部

社会教育課長　松　尾　幸之助

も　く　じ

本調査は、京都府教育委員会が社会教育活動をすすめるなかから、最近とみに婦人の就労率が高まり、家庭教育が学校教育に子どもの一切をゆだねている事実から、これらの児童・家庭の生活実態を知り、今後の指導助言に加えて施策を考える必要を感じて実施した。

この調査の原案作成にあたっては、調査対象をどこにおくか討議の結果、府下小学校3・4年生の全児童とその家庭を対象に生活実態調査をすることにした。

小学校3年生では低学年の傾向を、また4年生では高学年の傾向を知ることができるという判断のもとに、中学年を抽出したのである。

したがって、府下小学校全児童に対する留守家庭児童の概数を知ろうとするときは、この調査結果（数字）を3倍することによって、京都府下留守家庭児童のあらましを把握することができるものと考えている。

1章　留守家庭児童調査要項

京都府教育庁指導部社会教育課

1. 調査の目的

本調査は京都府下における｢留守家庭児童｣の生活状況および家庭の生活実態を把握し、地域ぐるみの教育活動を発展させ、その子たちのしあわせを守り高めていくための基礎資料とする。

2. 調査種類と対象

(1) ｢留守家庭児童｣生活実態調査

本調査は京都府下全小学校３年生・４年生の留守家庭児童全員（2.２００名予定）を対象とする。

(2) ｢留守家庭児童｣家庭実態調査

(1)における留守家庭児童の家庭を対象とする。ただし１家庭２名以上の場合は年長児童のみとする。

3. 調査期日

昭和４３年９月１日現在とする。

4. 調査方法

(1) 学校
(イ) 配布された調査用紙を該当児童および家庭に配布し９月１日現在で記入させる。
(ロ) ９月１日現在で記入させた、児童および家庭の個票を各校で集計し、学校集計表３部に個表をそえて市町村教育委員会へ９月２０日までに提出する。

(2) 市町村教委
(イ) 各学校から提出された学校集計表を集計し、個表および学校集計表２部に市町村集計表２部をそえて、関係教育局（乙訓郡にあっては本庁社会教育課）へ９月３０日までに提出する。

(3) 教育局
(イ) 管内市町村教育委員会から提出された個票および学校集計表と市

町村集計票をとりまとめ、各1部を10月5日までに本庁社会教育課あて提出する。

5. 調査についての留意事項

(1) 本調査において、児童および家庭が直接記入するのは、各小学校3年生・4年生の児童と、その家庭とする。

(2) 留守家庭とは、

児童が下校し帰宅したとき、保護者不在が月に15日以上あり、この状態が年間をとおして継続3か月以上あったものをいう。

(3) 留守家庭児童とは、

下記三項目に該当する家庭に生活している児童をいい、この判断は学級担任の判断とする。

(イ) 児童が帰宅したときに家人がいないもの。

(ロ) 児童が帰宅したときに家人がいても、間もなく夜間の稼働に出かけ、以後かれらの監護が不可能となる場合も留守家庭児童とみなす。

(ハ) 自宅以外で仕事に従事する自家従業家庭（農業、漁業など）でも、児童が帰宅した後の監護ができないような状態におかれている場合も留守家庭児童とみなす。

(調査1) (1)「留守家庭児童」生活実態調査書 (児童記入)

京都府教育庁指導部社会教育課

— ちょうさについてのおねがい —

このちょうさは、あなたが今より、もっと楽しい生活ができるようにするためにはどうしたらよいかを考えるためのものです。毎日のことをそのまますなおにこたえてください。（つぎのこたえのうち、どれか1つに○をしてください。）

1. あなたは家の人と、どんなにしていますか。

(1) 朝ごはんを
- ア いっしょにたべる
- イ いっしょにたべない
- ウ たべないで学校にいく

—2—

(2) ばんごはんを
- ア いっしょにたべる
- イ いっしょにたべない

(3) その日にあったことを
- ア よく話しあう
- イ ときどき話しあう
- ウ 話しあわない

2. あなたは学校からかえつたあと、どうしていますか。

(1) どこにいますか
- ア 自分の家にいる
- イ しんせきの家にいる
- ウ きんじょの家にいる
- エ そとであそんでいる
- オ じゅくやおけいこごとにかよっている
- カ その他（　　　　　　　　　　）

(2) どうしていますか
- ア だいたい勉強している
- イ 家のお手つだいをしている
- ウ あそんだり勉強したりしている
- エ あそんでいる
- オ その他（　　　　　　　　　　）

3. あなたはつぎのことをどうしていますか。

(1) おやつは
- ア いつもおいてある
- イ ときどきおいてある
- ウ 自分でかってたべる
- エ たべない
- オ その他（　　　　　　　　　　）

(2) 病気になったり、けがをしたときは
- ア 自分でくすりをつけたりのんだりする
- イ おいしゃさんへいく
- ウ そのままがまんしている
- エ きんじょの人にみてもらう
- オ その他（　　　　　　　　　　）

（調査２） (2)「留守家庭児童」家庭実態調査書 （家庭記入）

京都府教育庁指導部社会教育課

― 調査についてお願い ―

この調査は、子どもさんの面倒をみたくてもみることができない家庭の実態を知り、子どものしあわせを守り高めていくために、どのようにすればよいかを考えていくための資料にいたします。ありのままを記入し協力くださいますようお願いします。

1. 保護者と家族について

	父母の有無	健康面	年令	職業	帰宅時間	家族数
父親	有 無	健 否	才		時頃	人
母親	有 無	健 否	才		時頃	
父母とも死亡のときの保護者	有 無	健 否	才		時頃	子どもとの続柄

2. 住居について

ア．自宅　イ．借家　ウ．アパート　エ．間借り
オ．その他（　　　　）

3. あなたが帰宅されるまで、子どもさんはおもに何をしておられますか。

ア．勉強している　イ．家事手伝をしている　ウ．テレビやまんがをみている
エ．外で遊んでいる　オ．その他（　　　　）

4. あなたが帰宅されるまで、子どもさんの世話をしてくれる人がいますか。

ア．いる ｛a祖父母　b兄姉　cおじ・おば　d近所の人
e留守家庭児童施設　fその他（　　　　）
イ．いない

5. あなたが帰宅してから、子どもさんと話しあわれますか。

ア．話しあう　　イ．ときどき話しあう　　ウ．話しあう時間がない

エ．話しあわない

6. あなたの子供さんの健康についてどのようにお考えですか。

ア．健　康　　イ．やや弱い　　ウ．弱　い　　エ．病　弱

オ．その他（　　　　　　　）

7. 今後子どもさんへの対策について、どのようにお考えですか。

ア．現在のままでよい　　イ．なんとかしたい（具体的に　　　　　　）　ウ．わからない

8. 留守家庭として、いまいちばんもとめているものはなにですか。

（　　　　　　　　　　　　　　　　　　　　）

1 「留守家庭児童」生活実態調査集計（児童記入分）

（京都府教育庁指導部社会教育課）

3年		4年		計		
1,096	率	1,319	率	2,415	率	
1,035	94.4	1,223	92.7	2,258	93.5	提出
61	5.6	96	7.3	157	6.5	未提出

(1) あなたは家の人と、どんなにしていますか。

	調査項目	3年 解答数	3年 解答率	4年 解答数	4年 解答率	計 解答数	計 解答率
(a) 朝ごはんを（表1）	(ア)いっしょにたべる	806	77.9	897	73.3	1,703	75.4
	(イ)いっしょにたべない	209	20.2	294	24.0	503	22.3
	(ウ)たべないで学校にいく	11	1.0	18	1.5	29	1.3
	(エ)そのた	0	0	0	0	0	0
	(オ)無答	9	0.9	14	1.2	23	1.0
	(カ) 計	1,035		1,223		2,258	
(b) ばんごはんを（表2）	(ア)いっしょにたべる	900	86.9	1,057	86.4	1,957	86.6
	(イ)いっしょにたべない	126	12.2	151	12.3	277	12.3
	(ウ)そのた	0	0	1	0.1	1	0.1
	(エ)無答	9	0.9	14	1.2	23	1.0
	(オ) 計	1,035		1,223		2,258	

(c) その日にあったことを（表３）	(ア)よく話しあう	259	25.0	275	22.5	534	23.6
	(イ)ときどき話しあう	600	58.0	797	65.1	1,397	61.9
	(ウ)話しあわない	167	16.1	137	11.2	304	13.5
	(エ)そのた	0	0	0	0	0	0
	(オ)無　答	9	0.9	14	1.2	23	1.0
	(カ)　計	1,035		1,223		2,258	

(2)　あなたは学校からかえつたあと、どうしていますか。

(a) どこにいますか（表４）	(ア)自分の家にいる	335	32.4	364	29.8	699	31.0
	(イ)しんせきの家にいる	49	4.7	51	4.2	100	4.4
	(ウ)きんじょの家にいる	102	9.9	95	7.8	197	8.7
	(エ)そとであそんでいる	437	42.2	541	44.2	978	43.3
	(オ)塾やおけいこにかよっている	62	6.0	120	9.8	182	8.1
	(カ)そのた	50	4.8	52	4.2	102	4.5
	(キ)無　答	0	0	0	0	0	0
	(ク)　計	1,035		1,223		2,258	
(b) どうしていますか（表５）	(ア)だいたい勉強している	106	10.2	90	7.3	196	8.7
	(イ)家のおてつだいをしている	75	7.3	78	6.4	153	6.8
	(ウ)あそんだり勉強したりしている	614	59.3	758	62.0	1,372	60.8
	(エ)あそんでいる	210	20.3	263	21.5	473	20.9

調査項目		3年 解答数	3年 解答率	4年 解答数	4年 解答率	計 解答数	計 解答率
	(オ)そのた	30	29	34	28	64	2.8
	(カ)無　答	0	0	0	0	0	0
	(キ)　計	1,035		1,223		2,258	

(3)　あなたはつぎのことを、どうしていますか。

調査項目		3年 解答数	3年 解答率	4年 解答数	4年 解答率	計 解答数	計 解答率
(a) おやつは（表6）	(ア)いつもおいてある	252	24.3	284	23.2	536	23.7
	(イ)ときどきおいてある	303	29.3	360	29.4	663	29.3
	(ウ)自分でかってたべる	353	34.1	441	36.0	794	35.0
	(エ)たべない	59	5.7	79	6.5	138	6.1
	(オ)そのた	64	6.2	52	4.3	116	5.4
	(カ)無　答	4	0.4	7	0.6	11	0.5
	(キ)　計	1,035		1,223		2,258	
(b) 病気になったりけがをしたときは（表7）	(ア)自分でくすりをつけたりのんだりする	484	46.8	643	52.6	1,127	49.9
	(イ)おいしゃさんへいく	120	11.6	140	11.4	260	11.5
	(ウ)そのままがまんしている	191	18.4	198	16.2	389	173.
	(エ)きんじょの人にみてもらう	98	9.5	95	7.8	193	8.5
	(オ)そのた	138	13.3	140	11.4	278	12.3
	(カ)無　答	4	0.4	7	0.6	11	0.5
	(キ)　計	1,035		1,223		2,258	

（表２）　「留守家庭児童」家庭実態調査　（家庭記入分）

（京都府教育庁指導部社会教育課）

◎　調査対象家庭数（表８）

学年＼項目・性別	在籍児童数 男	在籍児童数 女	在籍児童数 計	留守家庭児童数 男	留守家庭児童数 女	留守家庭児童数 計	留守家庭児童実家庭数 男	留守家庭児童実家庭数 女	留守家庭児童実家庭数 計
3年	5,815	5,618	11,433	526	570	1,096	516	556	1,072
4年	5,955	5,636	11,591	651	668	1,319	635	643	1,278
計	11,770	11,254	23,024	1,177	1,238	2,415	1,151	1,199	2,350

(1)　保護者と家族について（表９）

			父母の有無				父母の健否				父母の年令								
			有	無	無答	計	健	否	無答	計	20～30才	31～35才	36～40才	41～45才	46～50才	51～55才	56才以上	無答	計
父	3年	人数	939	73	20	1,032	914	25	93	1,032	11	132	424	257	84	24	4	96	1,032
		率	(91.0)%	(7.1)	(1.9)		(88.6)	(2.4)	(9.0)		(1.1)	(12.8)	(41.1)	(24.9)	(8.1)	(2.3)	(0.4)	(9.3)	
	4年	人数	1,120	86	15	1,221	1,082	37	102	1,221	4	122	509	336	97	39	11	103	1,221
		率	(91.7)	(7.0)	(1.3)		(88.6)	(3.0)	(8.4)		(0.3)	(10.0)	(41.7)	(27.5)	(7.9)	(3.2)	(0.9)	(8.5)	
	計	人数	2,059	159	35	2,253	1,996	62	195	2,253	15	254	933	593	181	63	15	199	2,253
		率	(91.4)	(7.1)	(1.5)		(88.6)	(2.7)	(8.7)		(0.7)	(11.3)	(41.4)	(26.3)	(8.0)	(2.8)	(0.7)	(8.8)	

			父母の有無				父母の健否				父母の年令								
			有	無	無答	計	健	否	無答	計	20〜30才	31〜35才	36〜40才	41〜45才	46〜50才	51〜55才	56才以上	無答	計
母	3年	人数	990	23	19	1,032	968	28	36	1,032	60	359	405	133	31	1	1	42	1,032
		率	(95.9)%	(2.2)	(1.9)		(93.8)	(2.7)	(3.5)		(5.8)	(34.8)	(39.2)	(12.9)	(3.0)	(0.1)	(0.1)	(4.1)	
	4年	人数	1,186	26	9	1,221	1,155	24	42	1,221	29	373	550	180	48	8	1	32	1,221
		率	(97.2)	(2.1)	(0.7)		(94.6)	(2.0)	(3.4)		(2.4)	(30.6)	(45.1)	(14.8)	(3.7)	(0.7)	(0.1)	(2.6)	
	計	人数	2,176	49	28	2,253	2,123	52	78	2,253	89	732	955	313	79	9	2	74	2,253
		率	(96.6)	(2.2)	(1.2)		(94.2)	(2.3)	(3.5)		(4.0)	(32.4)	(40.4)	(13.9)	(3.5)	(0.4)	(0.1)	(3.3)	

○ 父母の職業について （表10）

			父母の職業												
			農業	林業	漁・水	商業	サービス業	運輸業	会社員	公務員	てつだい	日傭・臨時	そのた	無答	計
父	3年	人数	59	12	17	35	18	37	388	178	13	55	116	104	1,032
		率	(5.7)	(1.2)	(1.6)	(3.4)	(1.7)	(3.6)	(37.7)	(17.3)	(1.3)	(5.3)	(11.2)	(10.0)	
	4年	人数	91	14	16	45	15	66	452	187	8	70	147	110	1,221
		率	(7.5)	(1.1)	(1.3)	(3.7)	(1.2)	(5.4)	(37.1)	(15.3)	(0.7)	(5.7)	(12.0)	(9.0)	
	計	人数	150	26	33	80	33	103	840	365	21	125	263	214	2,253
		率	(6.6)	(1.1)	(1.5)	(3.7)	(1.5)	(4.5)	(37.3)	(16.2)	(0.9)	(5.5)	(11.7)	(9.5)	
	3年	人数	65	3	12	33	28	2	326	120	55	109	195	84	1,032
		率	(6.3)	(0.3)	(1.2)	(3.2)	(2.7)	(0.2)	(31.6)	(11.6)	(5.3)	(10.6)	(18.9)	(8.1)	

母	4年	人数	97	2	14	39	32	14	417	119	72	159	203	53	1,221
		率	(7.9)	(0.2)	(1.2)	(3.2)	(2.6)	(1.1)	(34.2)	(9.7)	(5.9)	(13.1)	(16.6)	(4.3)	
	計	人数	162	5	26	72	60	16	743	239	127	268	398	137	2,253
		率	(7.2)	(0.2)	(1.2)	(3.2)	(2.7)	(0.7)	(33.0)	(10.6)	(5.6)	(11.8)	(17.8)	(6.0)	

。 父母の帰宅時間について （表１１）

			父母の帰宅時間										
			3時まで	4時まで	5時まで	6時まで	7時まで	8時まで	9時まで	10時まで	10時以降	無答	計
父	3年	人数	19	18	123	369	226	81	44	16	28	108	1,032
		率	(1.9)	(1.8)	(11.9)	(35.6)	(21.9)	(7.8)	(4.3)	(1.6)	(2.7)	(10.5)	
	4年	人数	9	9	149	408	303	123	52	30	21	117	1,221
		率	(0.7)	(0.7)	(12.2)	(33.4)	(24.8)	(10.1)	(4.3)	(2.5)	(1.7)	(9.6)	
	計	人数	28	27	272	777	529	204	96	46	49	225	2,253
		率	(1.2)	(1.2)	(12.1)	(34.5)	(23.4)	(9.1)	(4.3)	(2.0)	(2.2)	(10.0)	
母	3年	人数	21	75	362	397	80	28	8	7	10	44	1,032
		率	(2.0)	(7.3)	(35.1)	(38.4)	(7.7)	(2.7)	(0.8)	(0.7)	(1.0)	(4.3)	
	4年	人数	19	78	423	475	129	23	10	9	8	47	1,221
		率	(1.6)	(6.4)	(34.6)	(38.9)	(10.6)	(1.9)	(0.8)	(0.7)	(0.6)	(3.9)	
	計	人数	40	153	785	872	209	51	18	16	18	91	2,253
		率	(1.8)	(6.8)	(34.8)	(38.7)	(9.3)	(2.3)	(0.8)	(0.7)	(0.8)	(4.0)	

(2) 住居について

あなたの住居は

（表１２）

	3年 解答数	3年 率	4年 解答数	4年 率	計 解答数	計 率	備考
(ア) 自宅	565	(54.8)	731	(59.9)	1,296	(57.5)	
(イ) 借家	308	(29.8)	340	(27.8)	648	(28.8)	
(ウ) アパート	60	(5.8)	62	(5.1)	122	(5.4)	
(エ) 間借り	38	(3.7)	24	(2.0)	62	(2.8)	
(オ) その他	46	(4.4)	52	(4.3)	98	(4.3)	
(カ) 無答	15	(1.5)	12	(0.9)	27	(1.2)	
計	1,032		1,221		2,253		

(3) あなたが帰宅されるまで、子どもさんはおもに何をしておられますか。

（表１３）

	3年 解答数	3年 率	4年 解答数	4年 率	計 解答数	計 率
(ア) 勉強している	271	(25.7)	238	(18.9)	509	(22.0)
(イ) 家事手伝をしている	34	(3.2)	54	(4.2)	88	(3.8)
(ウ) テレビやマンガをみている	278	(26.3)	328	(26.0)	606	(26.1)
(エ) 外で遊んでいる	420	(39.8)	593	(47.1)	1,013	(43.7)
(オ) その他	53	(5.0)	49	(3.8)	102	(4.4)
(カ) 無答	0	(0)	0	(0)	0	(0)
計	1,056		1,262		2,318	

(4) あなたが帰宅されるまで、子どもさんの世話をしてくれる人がいますか。それはだれですか。

いる（表14）	(ア)祖父母	224	(21.7)	207	(16.9)	431	(19.0)
	(イ)兄姉	89	(8.6)	129	(10.6)	218	(9.7)
	(ウ)おじ・おば	32	(3.1)	46	(3.8)	78	(3.5)
	(エ)近所の人	82	(8.0)	78	(6.4)	160	(7.1)
	(オ)留守家庭児童施設	30	(2.9)	23	(1.9)	53	(2.4)
	(カ)そのた	21	(2.0)	20	(1.6)	41	(1.8)
	小計	478	(46.3)	503	(41.2)	981	(43.5)
いない		535	(51.9)	701	(57.4)	1,236	(54.9)
	無答	19	(1.8)	17	(1.4)	36	(1.6)
	総計	1,032		1,221		2,253	

(5) あなたが帰宅してから、子どもさんと話しあわれますか。

（表15）

(ア)話しあう	538	(52.1)	656	(53.7)	1,194	(53.0)
(イ)ときどき話しあう	424	(41.1)	509	(41.7)	933	(41.4)
(ウ)話しあう時間がない	33	(3.2)	31	(2.5)	64	(2.8)
(エ)話しあわない	19	(1.8)	23	(1.9)	42	(1.9)
(オ)その他	1	(0.1)	0	(0)	1	(0.1)
(カ)無答	17	(1.6)	2	(0.2)	19	(0.8)
計	1,032		1,221		2,253	

(6) あなたの子どもさんの健康についてどのようにお考えですか。

（表１６）

	3年		4年		計		備考
	解答数	率	解答数	率	解答数	率	
(ア)健康	825	(79.8)	992	(81.2)	1,817	(80.6)	
(イ)やや弱い	173	(16.8)	199	(16.3)	372	(16.6)	
(ウ)弱い	11	(1.1)	8	(0.7)	19	(0.8)	
(エ)病弱	2	(0.2)	1	(0.1)	3	(0.1)	
(オ)その他	7	(0.7)	6	(0.5)	13	(0.6)	
(カ)無答	14	(1.4)	15	(1.2)	29	(1.3)	
計	1,032		1,221		2,253		

(7) 今後子どもさんへの対策について、どのようにお考えですか。

（表１７）

(ア)現在のままでよい	426	(41.4)	524	(42.9)	950	(42.2)	
(イ)なんとかしたい	449	(43.5)	514	(42.1)	963	(42.7)	
(ウ)わからない	118	(11.4)	151	(12.4)	269	(11.9)	
(エ)その他	4	(0.3)	9	(0.7)	13	(0.6)	
(オ)無答	35	(3.4)	23	(1.9)	58	(2.6)	
計	1,032		1,221		2,253		

。 家族の人数について （表18）

		家族の人数										
		2人	3人	4人	5人	6人	7人	8人	9人	10人	11人以上	無答	計
3年	人数	13	164	420	239	102	37	8	1	0	0	48	1,032
	率	(1.3)	(15.9)	(40.7)	(23.2)	(9.9)	(3.6)	(0.8)	(0.1)	(0)	(0)	(4.5)	
4年	人数	19	160	529	304	127	51	11	0	1	0	19	1,221
	率	(1.6)	(13.1)	(43.3)	(24.9)	(10.4)	(4.2)	(0.9)	(0)	(0.1)	(0)	(1.5)	
計	人数	32	324	949	543	229	88	19	1	1	0	67	2,253
	率	(1.4)	(14.4)	(42.1)	(24.1)	(10.2)	(3.9)	(0.8)	(0.1)	(0.1)	(0)	(2.9)	

項目　学年	3年	4年	計
本調査における未回収分	40	57	97
〃　未回収率	(3.7)%	(4.5)%	(4.1)%

2章　調査集計報告

2. 在籍児童数に対する留守家庭児童数の百分比

3 年 生　（表１９）　３年生在籍児童数と留守家庭児童数

	男		女		計	
３年	在籍児童数	留守家庭児童数	在籍児童数	留守家庭児童数	在籍児童数	留守家庭児童数
	5,815	526	5,618	570	11,433	1,096

（図１）　３年男子

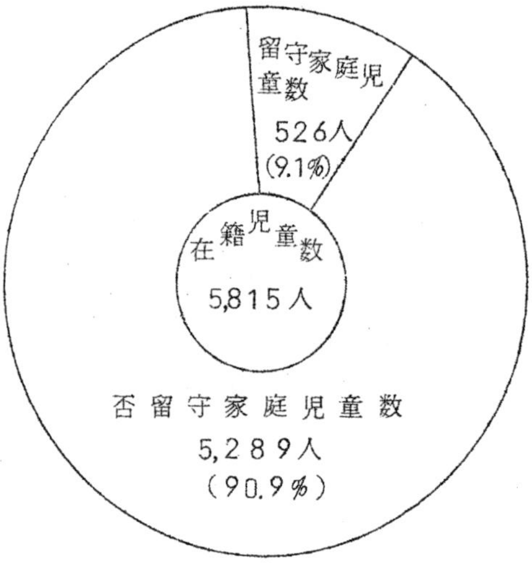

（図２）　３年女子

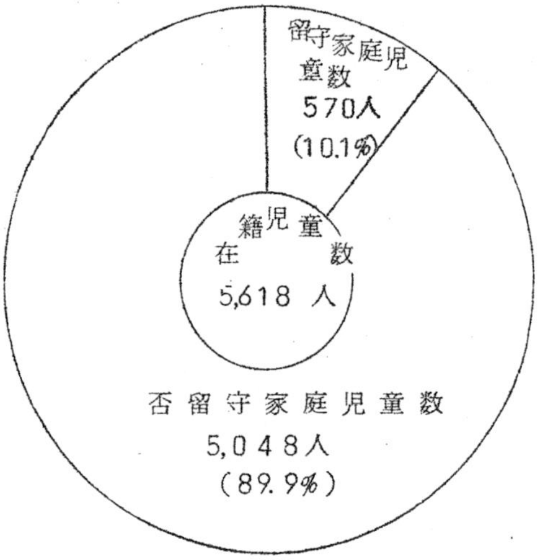

（図３）　３年生

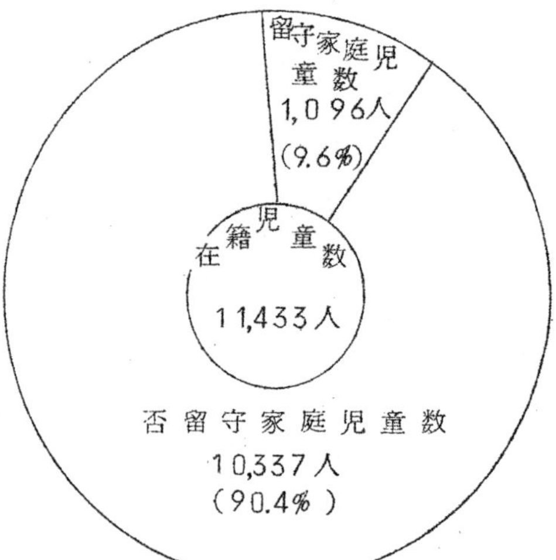

4　年　生　（表２０）　４年生在籍児童数と留守家庭児童数

4年	男		女		計	
	在籍児童数	留守家庭児童数	在籍児童数	留守家庭児童数	在籍児童数	留守家庭児童数
	5,955	651	5,636	668	11,591	1,319

（図４）　４年男子

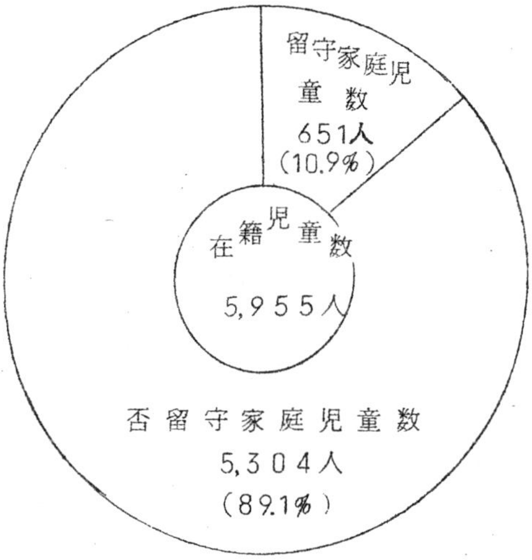

（図５）　４年女子

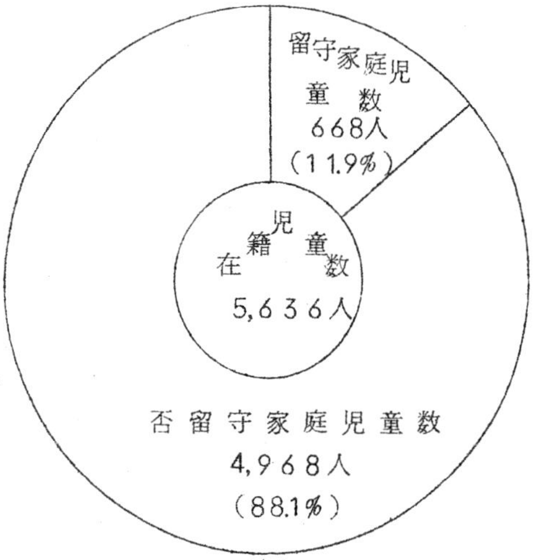

（図６）　４年生

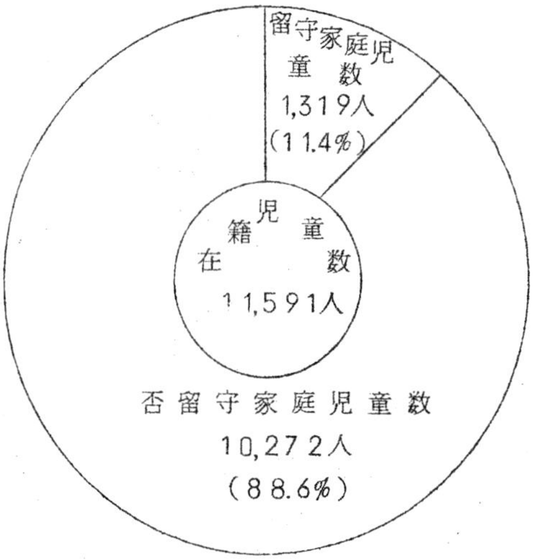

3・4年　（表21）　3・4年在籍児童数と留守家庭児童数

	男		女		計	
3・4年	在籍児童数	留守家庭児童数	在籍児童数	留守家庭児童数	在籍児童数	留守家庭児童数
	11,770	1,177	11,254	1,238	23,024	2,415

（図7）　3・4年男子

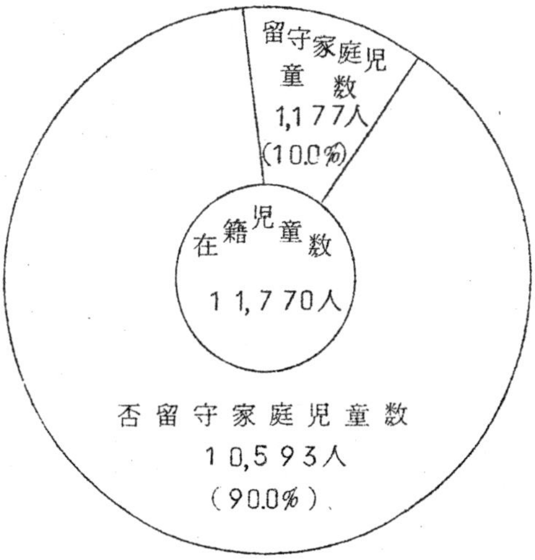

（図8）　3・4年女子

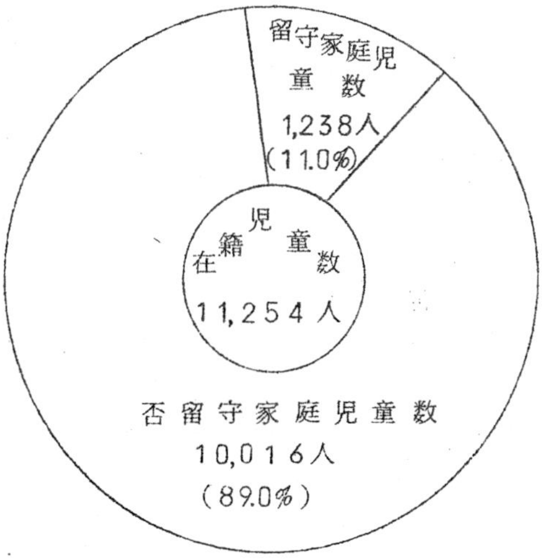

（図9）　3・4年

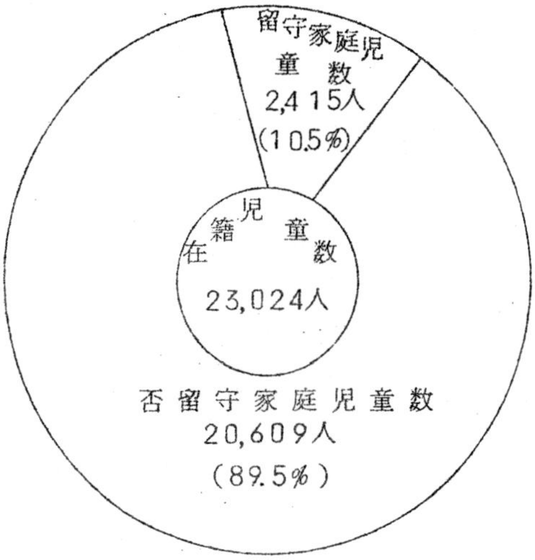

図１から９までをみると、小学校における留守家庭児童の実態を推測することができる。小学校３年・４年の留守家庭児童の百分比をくらべてみると、学年別、性別、総計ともに学年が１学年進むことによって留守家庭児童は 1.８％もふえており、この比率が、そのまま高学年に及ぶと考えるのは早計かも知れないが、母親の働きやすい状態は、高学年になるにしたがってよくなることから推定すると、中学３年生になると相当数の「カギっ子」がいるものと思わなければならない。

心理的に少年期から青年前期に移行する重要な時期にあるので親として、また行政の立場からも十分考えていくことが必要である。

留守家庭児童は、情緒不安定。愛情欠除などにとどまらず、家庭的には経済的。精神的に大きな影響を受けている。

個々で解決できない問題は山積している。そこで、このような問題をそれぞれの団体や組織、さらに地域の中で話し合い、よりよい解決へ地域ぐるみの努力をすべきである。

京都府下にこれだけ多くの留守家庭児童がうみ出されている原因として考えられるのは、京阪神工業地帯を手近にもつ京都府南部のベッドタウン化による過密、また京都府北部では、工業地帯への人口流動による過疎が京都府の子どものしあわせな生活を阻害し、留守家庭児童を多くしてきたものと思われる。

（調査１）

3. ［留守家庭児童］生活実態調査集計　（児童記入分）

(1) あなたは家の人と、どんなにしていますか。

（図１０）　朝ごはんを

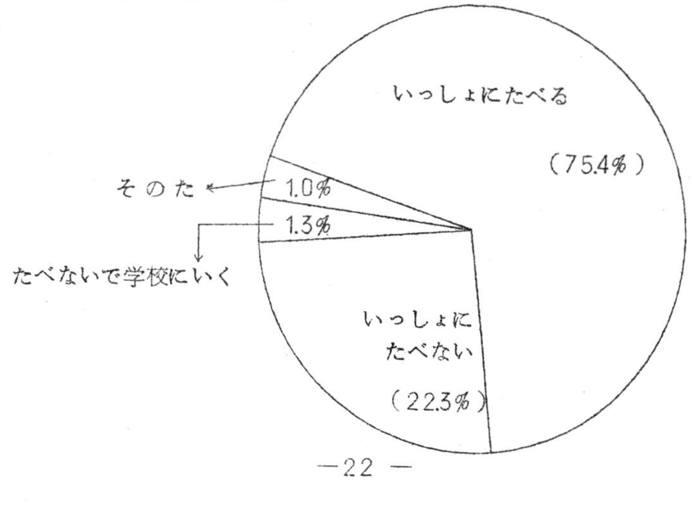

（図１１）　ばんごはんを

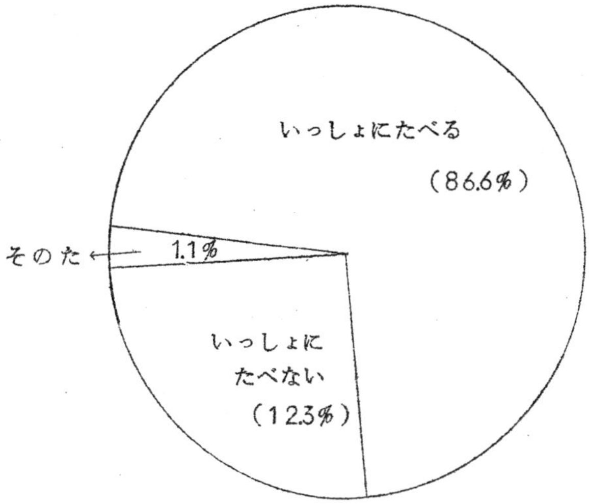

（図１２）　その日にあったことを

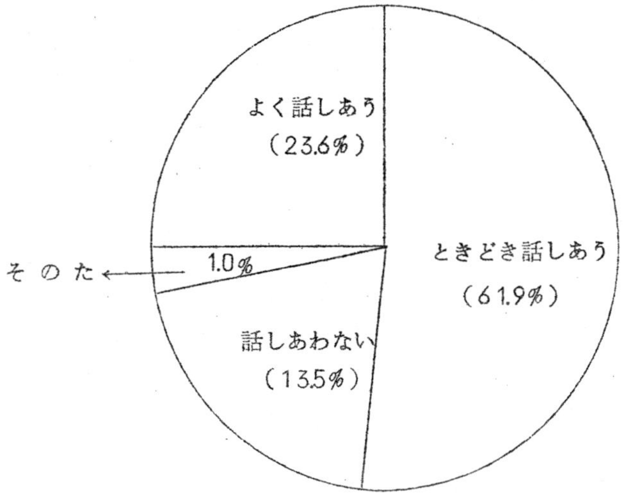

前述したように、調査１は留守家庭児童の生活実態を調査したものである。この調査結果がわかり易いように、次のとおり図表化してみたが、悪条件の中に児童がおかれていることが明らかである。

図１０〜図１２をみてもわかるように、朝ごはんを家族がいっしょに食べない子が２２％強、そのうえ朝ごはんを食べないで学校へ行く子が１.３％もあるという。

少くとも子どもたちが安心して生活し、創造性・社会性を豊かに身につけていく環境を与えてやることはおとなの責任である。

しかし、夕食が８７％弱も家族揃ってできることは誠に結構なことであり、昼間の父母不在の子どもの淋しい気持を夕食以後の家族の時間で取り戻し、家庭のあたたかさ、その日にあったことの話し合いなどを通じて、父母の愛情を子どもたちに明らかにしてほしい。

その日にあったことを話しあわないという１３.５％は、今後の課題として考えていくべきである。

(2)　あなたは学校からかえつたあと、どうしていますか。

（図１３）　どこにいますか

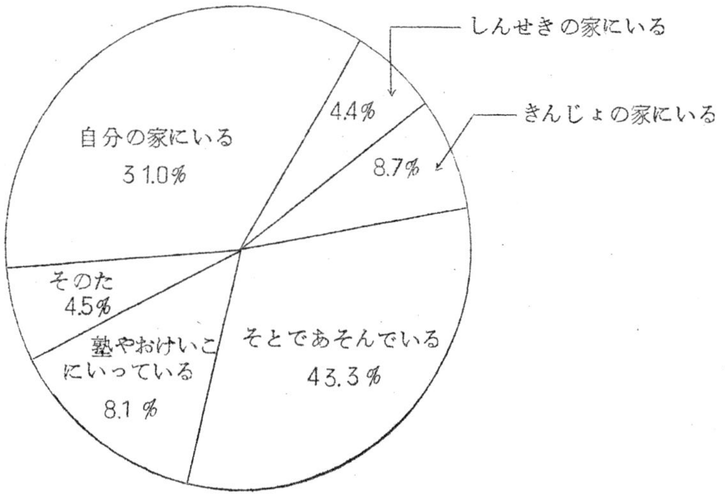

（図１４）　どうしていますか

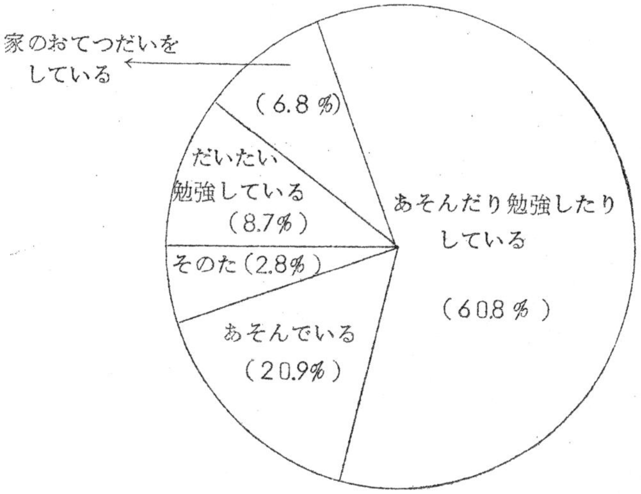

図１３・１４では下校後子どもたちが、どこで何をしているかを知るために調査したものである。留守家庭児童の８０％が遊んだり勉強したりという子どもの自然の姿であるが、ここではとくに交通問題や少年の非行化等の点について、親・地域住民・行政が、それぞれの立場で留守家庭児童のしあわせな生活を保障するための施策を考えるべきである。

図１４の中で、家のてつだいをしている子が6.8％あるが、今後子ども会指導、家庭教育学級の場で、親の労働を子どもなりに理解し、自分の力で、できることは自主的に行動化する、積極性のあるこどもを育成することが大切である。

(3) あなたはつぎのことを、どうしていますか。

（図15）　おやつは

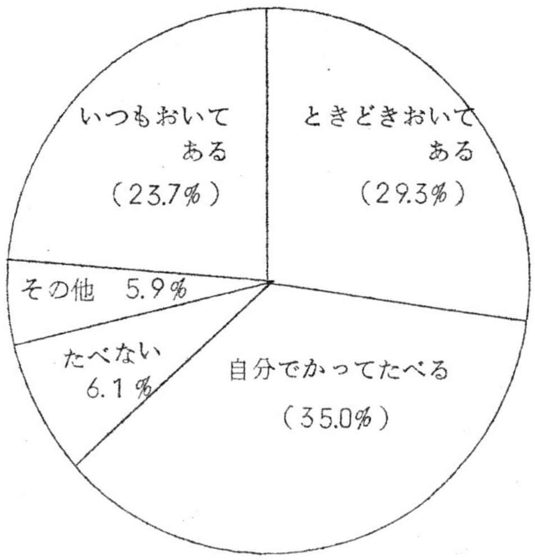

（図16）　病気になったり　けがをしたときは

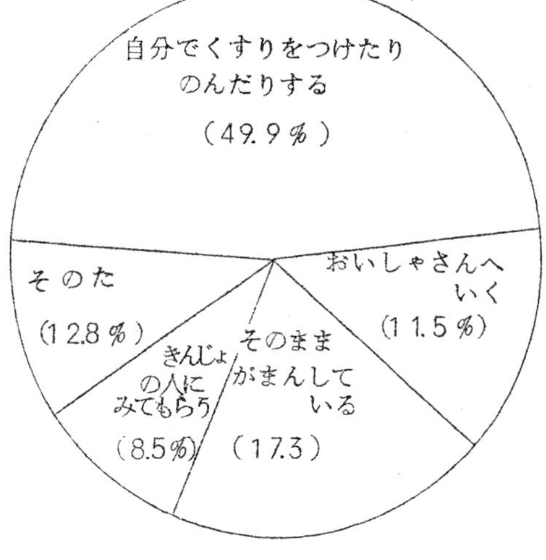

図１５でわかるように、留守家庭児童中１１％の子はおやつを食べない子であり、９０％近くが何等かのかたちでおやつをたべている。

だが、おやつを「自分で買ってたべる」子が３５％という高率を示していることについては、親として金銭の取り扱い上相当注意を要するものと思われる。

とくに母親として、子どもにおやつを与えるのはどうしたらよいのか、金を与えておけば事足りるのか、親子の正しい生活のあり方、愛情の注ぎ方などはどうあるべきなのか、親として今後十分研究を要する問題である。

また、家庭教育学級・参観日等に短時間でもよいから積極的に参加し、正しい家庭教育のあり方・親の責任等の研究を重ね、子どものしあわせのため、よりよい家庭教育の方法を創造してほしいものである。

また図１６では、病気のとき「自分でくすりをのみ、傷の手当も自分でする」が５０％もあるのは、子どもの人命尊重の立場に立って、もっと考えていくことが必要である。

子ども軽視・人命軽視・金尊重の家庭が今後ますます増えるのではないかと心配される。子どもたちが負傷し、また病気になったまま手当もできず、親の帰るまで「そのままがまんしている」子どもたちが実に１７％強という人命軽視も甚だしい現状である。

憲法や児童憲章が何のため、誰のためにつくられているのか、調査を集計しながら、憲法や児童憲章が子どものしあわせな生活を守る法であることを、今後の指導の中で浸透させる必要があることを知らされた。

かけがえのない子どもたちを、このような状態に追いやっておきながら、大資本へ土持ちをし、ますます国民生活がしめつけられていく社会構造を考えるべきではなかろうか。

この苦しい生活状態から脱皮しようと、子どもへの期待過剰が教（狂）育ママを生み、子どもを非行化に追いやるという悪循環に目をむけなくてはならないのが、この調査結果で明らかにされている。

前述したように、調査２においては、留守家庭児童をもつ家庭の実態を調査した。この調査では、子どもたちの生長発達を妨げるものを探り、留守家庭児童の精神的・情緒的安定を取り戻すための時間を少しでも多くし、まともな成長を願うものである。

また児童だけでなく、親自身も目前の経済だけにとらわれず、次代のにない手である子どもを育てる家庭生活のあり方を考えることを忘れてはならない。だからこの項では親の反省する分野も含めて考えていきたい。

(4) 「留守家庭児童」家庭生活実態調査集計

保護者と家族について

（図17）　父の有無

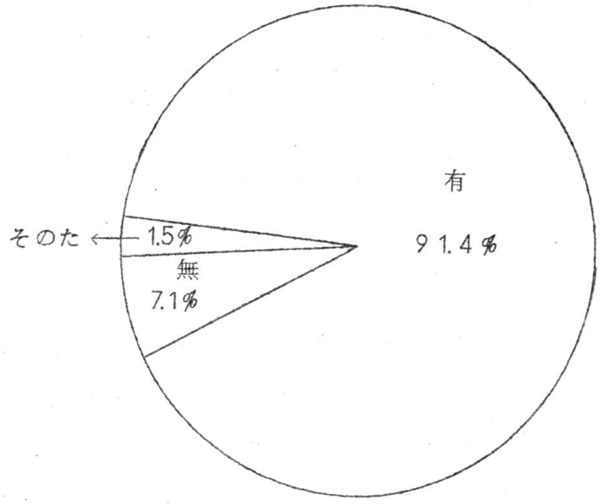

（図18）　母の有無

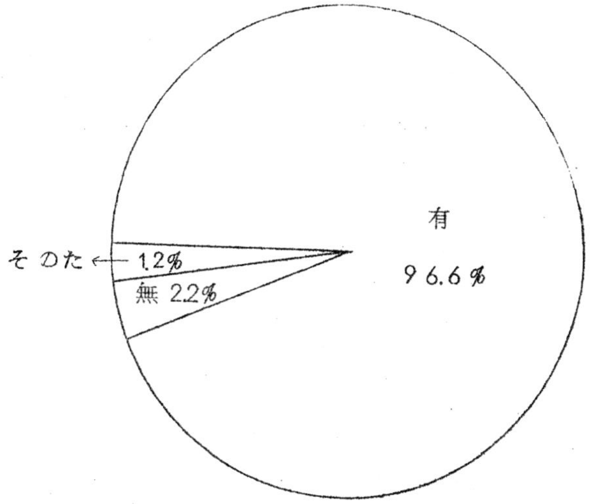

（図１９）　父の健否

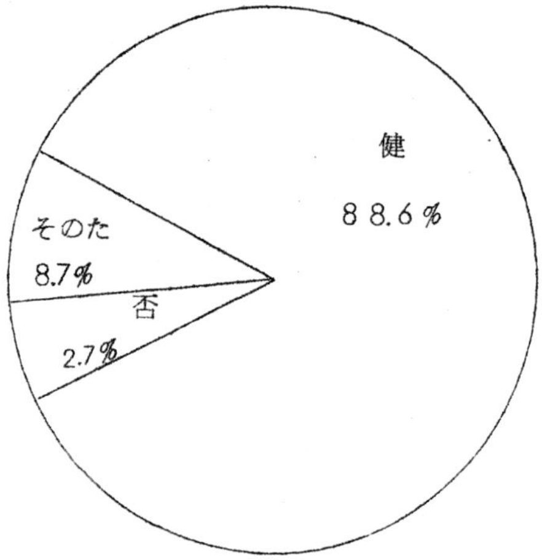

（図２０）　母の健否

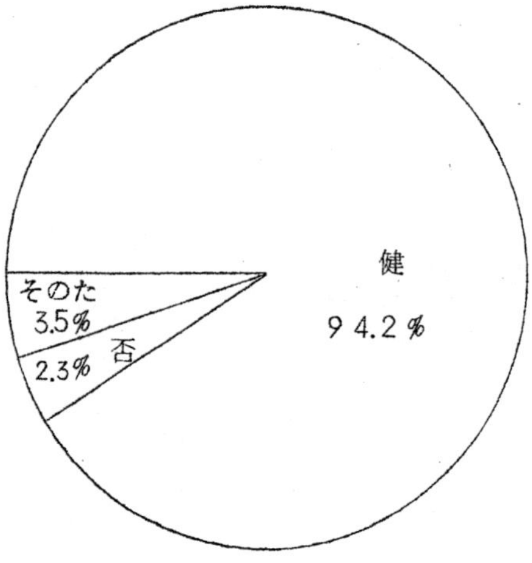

留守家庭児童のうち９％強が母子家庭であることは注目すべきことであり、同時に父子家庭が留守家庭児童の２％強を示していることも軽視できない問題である。

父親・母親がそれぞれどうして不在になったのか、就業の悪条件からくる身体の酷使そして病気、交通事故など、またこのような家庭の実態のなかで子どもたちの健康は守られているのか、人命・人権はどこまで守られているのかを確かめながらまともな子どもの成長発達を願うようにしたいものである。

仲間と協力し合って自分を見つめ、生活を考え合う心身ともに健全な子どもたちが育ってこそ平和で民主的な社会が築かれ、憲法に保障された豊かな国民生活が約束されるのである。

(5) 父母の年令

（図２１）

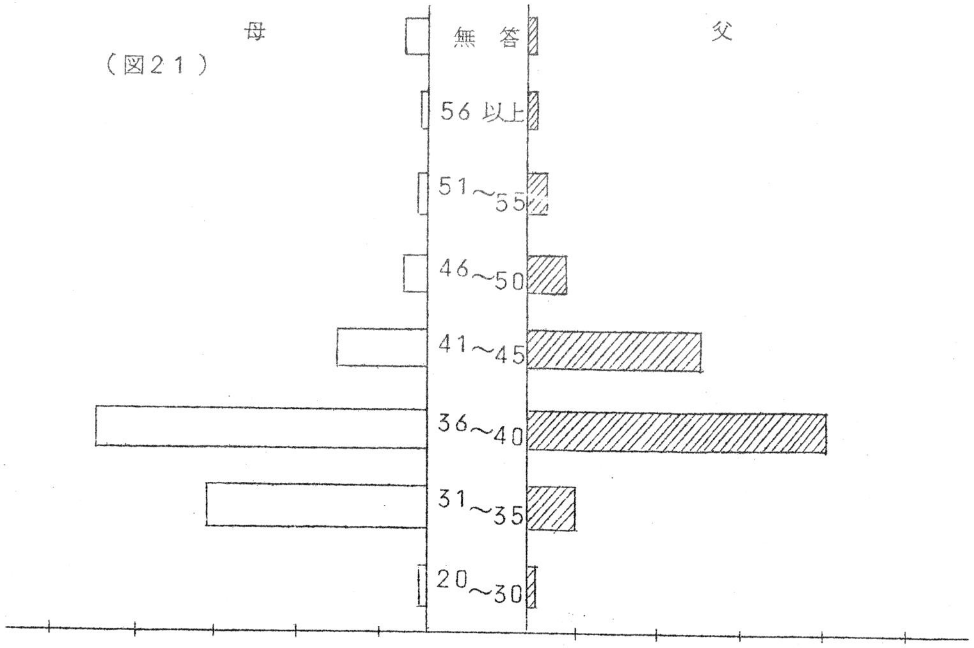

小学校３年生・４年生の子をもつ親は、３５才から４０才が半数をしめており、生活もかなり安定してくる時期である。しかしこの生活年令では父親の収入では生活を維持するのが精一杯で、母親が何らかの形で働かなくては生活が安定しないという追い込まれた日常生活の中で、生活と真けんに取り組むまじめな親の生活態度が子どもの前に示されることが必要である。

そこで、母親が働くときの心構えなり、働く理由が何であるかを親として明らかにしておき、子どもによく納得させたうえで働くことが大切である。働く親の尊い姿、家庭を、家族の生活を守り抜かねばならないという気がいに溢れた親の生活態度と考え方があってこそ、留守家庭児童が生活と真けんに立ち向う、正しい生活のできる子どもに育てることができるものと考えられる。

(6) 父母の職業について

（図22）　父の職業

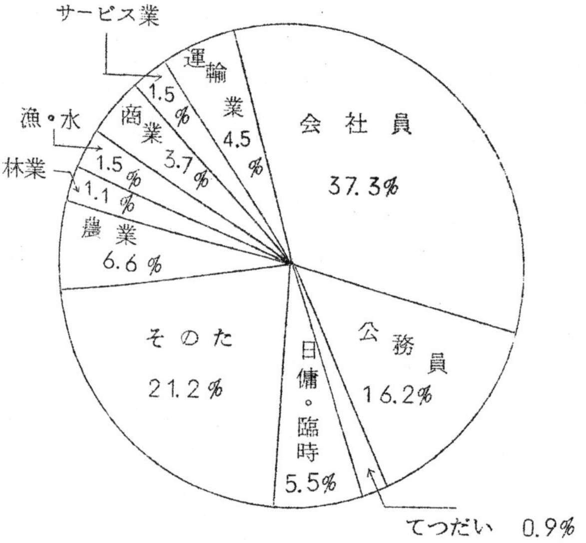

（図23）　母の職業

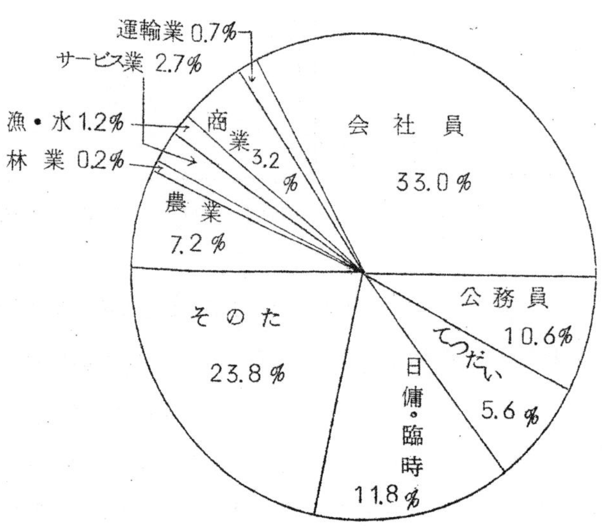

父母ともに３分の１強が会社員である。とくに母親の３３％が会社員、１２％程度が日傭いあるいは臨時職員であることは、現代の世相をよく物語っている。

この2つの職種で５０％近くをしめており、京都府では古くからもっと高率を示していた筈の農業従事者が、父親では僅か6.6％、母親が7.2％と想像もしなかった低率であることは、農村の留守家庭児童はその谷間の産物として生れ、増加の一途をたどっているのであることを物語っている。

農業構造改善事業だの、食管法だのと内容をきめず、一時的な補助金等にまどわされ、農業従事者は生活の最低辺に追いやられ、農業で生活できないようになってきている。

調査結果として、その他が父母ともに２０％強もあるということ自体、生活をきわめて不安定にしている大きな原因であり、この家庭の子どもたちは親から目をかけてもらうことのできない半ば放任された状態の子どもたちであろうことが想像される。

(7) 父母の帰宅時間について

（図２４）

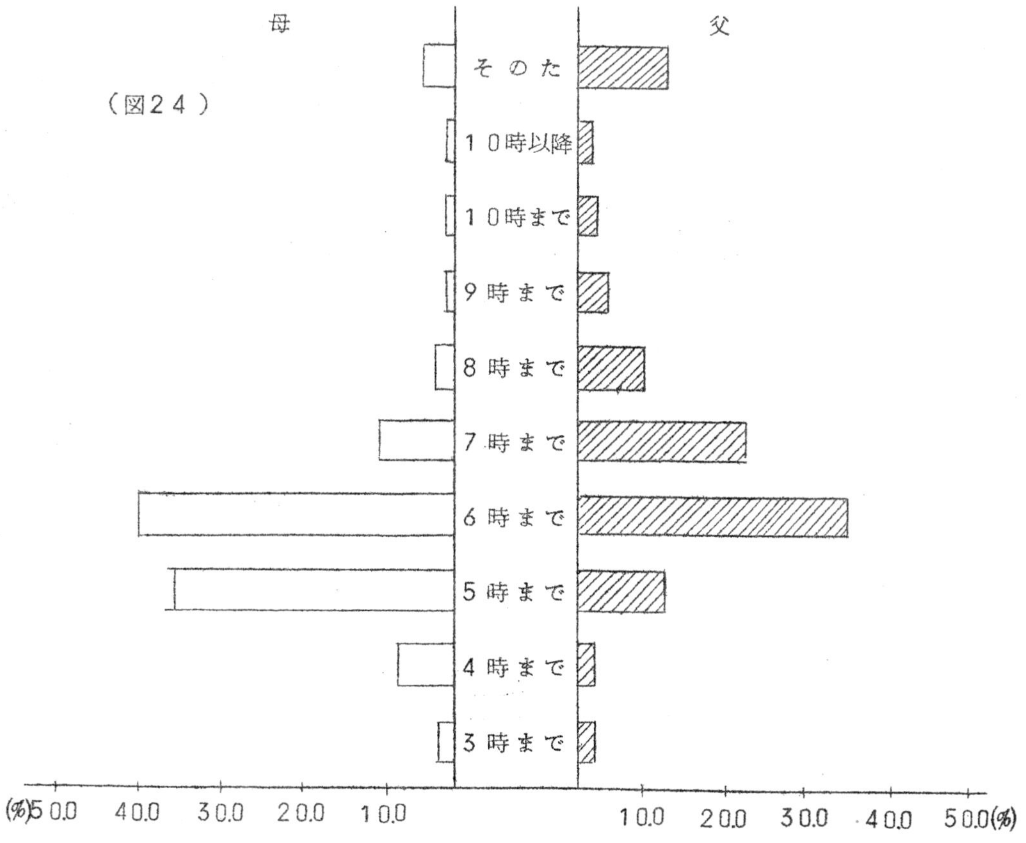

(8) 家族の人数について

（図２５）

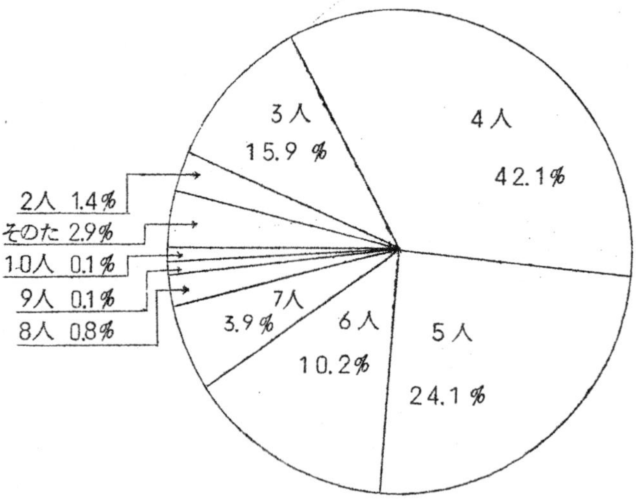

親の帰宅時間の中で、母親が6時以降に帰宅するものが留守家庭児童の５５％もある事実は見逃してはならない。

家庭の主婦、子をもつ母親として母親自身で考え、同じ苦しみをもつ母親同志が話し合い協力して、勤務条件の改善に努力することが大切である。母親同志働く仲間を組織化し、くらしをより高める努力をすること自体、子どものしあわせを守り高めることのできる母親になるのではなかろうか。

子どものしあわせをまともに見つめる母親であってこそ、職場でも正しくまじめに自己の責任を果し得る職業人であり、その親の子どもこそ働く尊さを知り、親の労働を尊いもの。大切なものとして見る目が養われ、人格形成の上にも欠かすことのできない教育的作用をおよぼすものと考えられる。

親が正しく働く姿勢こそ、留守家庭児童をまともに育てる重要な教育機会であると考える。

(9)　住居について

（図２６）　あなたの住居は

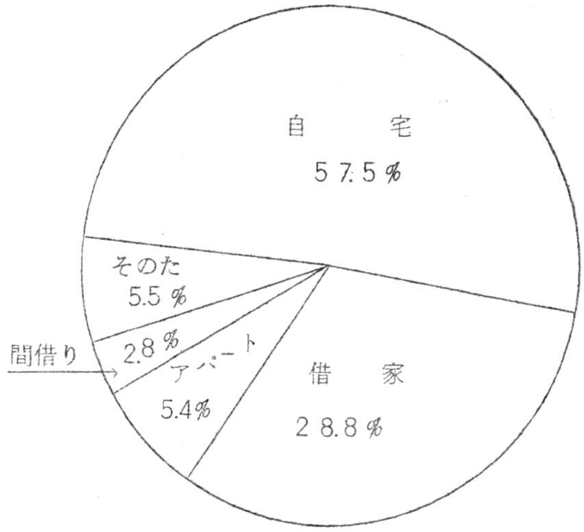

(10)　あなたが帰宅されるまで、子どもさんはおもに何をしておられますか。

（図２７）

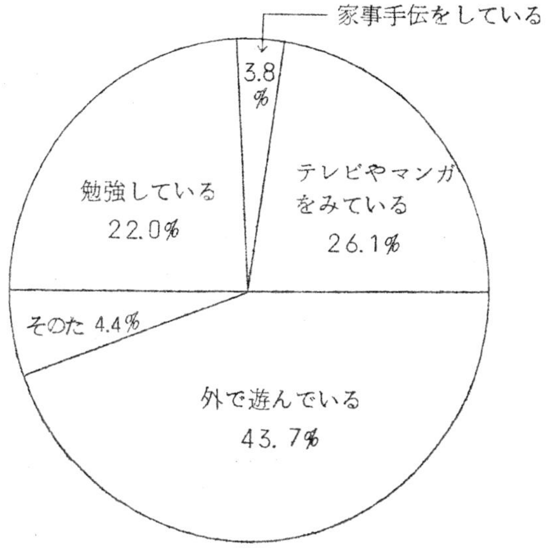

住宅は生活するために欠くことの出来ないものである。留守家庭児童の住宅を分析してみると、自宅が５７.５％で借屋その他が４３％近くとなっている。借屋その他の内容を細かく分析するための調査のできなかったのは残念であるが、一般的にみて過密現象による住宅難の渦の中に巻き込まれている人も多いものと思われる。

しかし、これは基本的な生活権の問題であり、住宅の面で保障されない不安な生活を過しているのが現状である。

このような家庭の親は就労の止むなきに迫られ、子どもたちは１人ぼっちの生活に追いやられている。現状の生活の中で子どもたちがまともな生活をすること自体、困難な条件におかれていることは明らかである。

留守家庭児童を考えるとき学校、市町村、府行政の段階にあってはこのような細かい部分まで分析し、施策を考え指導にあたらなくてはならない。

（11） あなたが帰宅されるまで、子どもさんの世話をしてくれる人がいますか。それはだれですか。

（図２８）

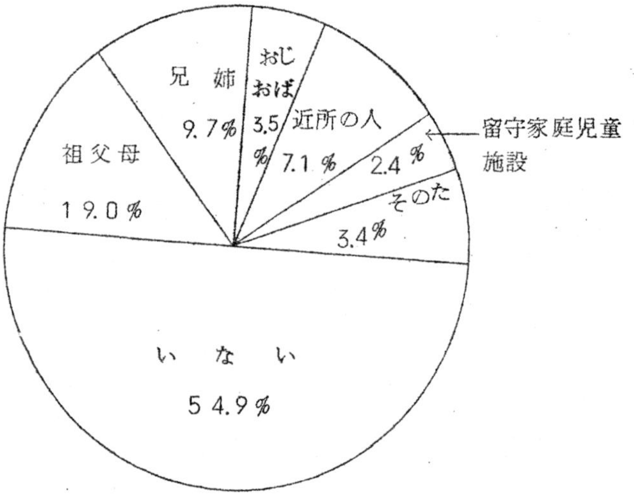

(12)　あなたが帰宅してから、子どもさんと話しあわれますか。

（図29）

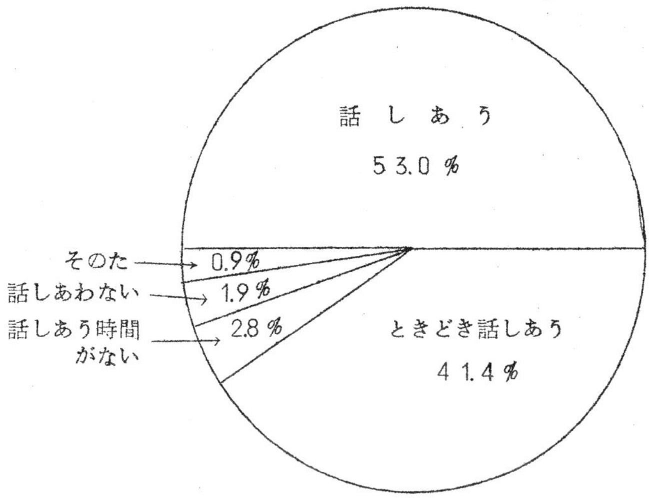

今日的社会の傾向として、父母ともに働く家庭では、祖父母が家庭における父母の役割分担を代行しているものが多いといわれている。

京都府の場合も図２８をみてもわかるように２０％近くの祖父母がその役割を分担している。

この現状をふまえ留守家庭児童の問題を考えていくことが大切である。

また、家族が集まって話し合えない家庭が５０％近くもある現実は見逃すことができない。

このような現状を土台にして、今後各市町村においては、祖父母を対象にした家庭教育学級の開設を考えていくことが急務となってきた。

(13)　あなたの子どもさんの健康についてどのようにお考えですか。

（図３０）

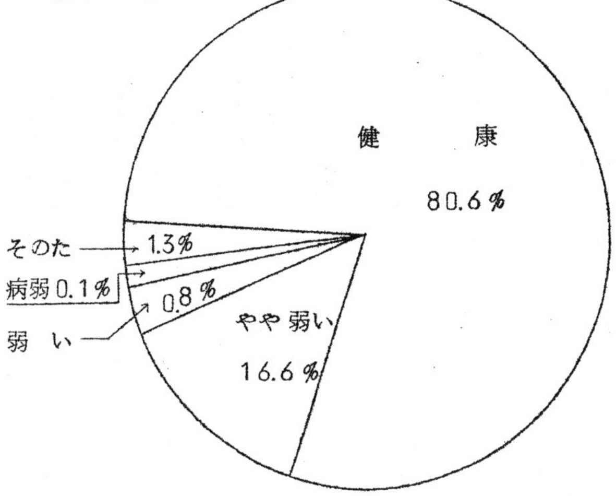

(14)　今後子どもさんへの対策について、どのようにお考えですか。

（図３１）

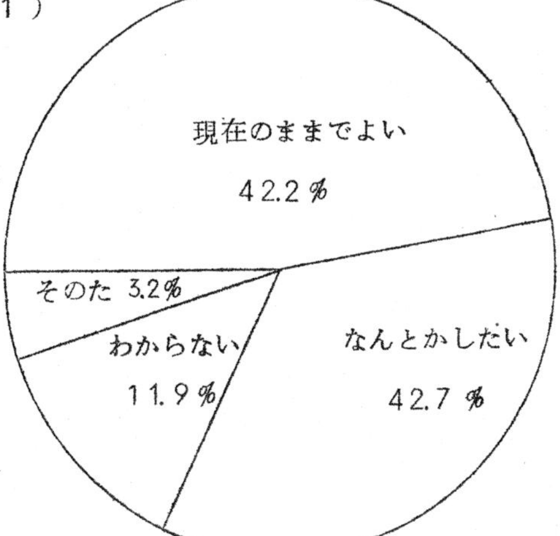

子どもといっしょに生活し、子どもの面倒を細かく見てやりたいのが母親の一様の気持であるが、生計上みてやることもできず、止むなく就労するという家庭の声を市町村別にまとめてみると次のようである。

各市町村同様の声がずい分多いが、地域にある声を確かめるため、あえて同様の願いを市町村別に記録してみた。この頃はそれぞれの立場に立って、親の声をよく読みとり、子どものしあわせな生活を守るため、住民と行政が協力して次代のにない手を育てる努力をする必要がある。

(5) 「留守家庭児童」をもつ親のねがい

（表22） 留守家庭としていまいちばんもとめているのは

市町村名	3年	4年
向日町	子供をみてくれる施設がほしい。家にいて子供のめんどうをみてやりたい。子供を出してから出勤したい。	公立の学童保育所の設置、留守中の子供を見てくれる人がほしい、子供の帰宅後の遊び場がほしい。
大山崎町	学童保育施設、安全な遊び場の設置、経済的理由によって止むなく母が職業についている。子供のことを職場でも1時も忘れたことがない。（交通事故・遊びについての心配）	カギッ子学級のような施設を考えてほしい。学童保育のようなサークルが地域的にあってほしい。共働きとして一番の悩みは低収入のため生計に不安定な面が多い。仕方なく共働きをせざるを得ない。
城陽町	帰校後勉強ができるような施設がほしい。子供を預けられる施設がほしい。遊び場がほしい。	鍵っ子を預かる施設がほしい。留守の間に事故や病気になった時見てくれる人がほしい。
久御山町	現在1間だから2間のあるアパートか貸家を求めている。家族がせめて夕食時など一日のあったことを話しあうようにしたい。健全な遊び場	留守中の保護者、親身になって世話をしてくれる人
田辺町		家庭と学校との連絡を強調していきたい。家にいて子供の面倒をみてやりたい。勉強したり遊んだりできるよう教材楽器をかってやりたい。子供が素直に育ってほしい。安全な遊び場がほしいかぎっ子教室がほしい。休日は子供と共に過している。留守でも家の中は明るく勉強したあとは友達と楽しく遊んでいるので別に心配がない。
加茂町	子供の世話をしてくれる人がほしい。安心できる遊び場がほしい。	留守家庭児童施設がほしい。（学習も意欲によりみてもらえるような所）農業所得が少いため会社勤務をやむを得ずしているので農業だけでいけるようになりたい。
和束町	子供が帰宅後の学習場所（集団として）や遊び場がほしい。子供が素直に育つこと。	安心して働ける「カギッコ」をあづかる施設がほしい。
笠置町	下校後の学習や遊びのできる公共施設がほしい。母親が家にいて子供の世話が出来る様にしたい。父の収入のみで生活できる様な賃金を保障してほしい。	安心して働ける留守家庭児童のための施設がほしい。
山城町	子供の純心な心を持ち続けて成長してほしい。子供の面倒をみてやりたい。留守の家に帰ってすぐ1人で勉強できる子にしたい。近所に迷惑をかけない子、交通事故にあわないよう、留守家庭子供指導施設がほしい。	子供との話しあいがほしい。長く学校においてほしい。事故のおきないように注意したい。病人の快復を望む。
南山城村		安定した生活ができる。話しあう時間がほしい。子供の世話をしてくれる人。

— 39 ～ 40 —

亀岡市	子供を安心してみてもらえる人、施設がほしい。つとめて子供と話しあうようにしたい。子供への愛情をどんな形で表現すれば子供が満足するか。母親が働かなくていい収入がほしい。	かぎっ子の施設や安全に遊べる広場および子供の世話をしてくれる人がほしい。学校で補習がしてほしい。通学路の充実、金銭収入が少いので補助を増額してほしい。子供と話し合う機会がほしい。近隣の人は危険な事やいたずらをしているときは注意をあたえてほしい。子供や家に事故のないこと。
園部町	健康安全な指導の場としての社会施設、親と子の話しあいの時間、親しい友だちを作ってやりたい。子供と接する時間を出来るかぎり多くとりたい。特殊才能があれば伸ばしてやりたい。非行化を防ぎまっすぐに伸ばす。	健康安全な指導の場としての施設、学習への配慮、子供がまじめに健康に育つこと。主人の給料だけで生活できる様に放任にならないようにしたい。子供の無事をねがう。
八木町	1.子供と出来るだけ多く接する機会をつくりたい。2.留守中の災害に対する不安。3.子供のことが心配。	1.学校から帰ってからが一番心配。2.友達又はとなり近所の方達に迷惑をかけず育つこと。3.夜勤を日勤（８：００～１０：００）の勤務にしてほしい。4.共かせぎをしなくても生活できる社会を望む。
日吉町	出来るだけ子供との時間を持ち親子の接触と愛。安心して預けられる留守家庭児童施設がほしい。安全な遊び場。	①両親の帰宅までに子供の面倒をみてくれる人がほしい。②栄養が片寄らないようにしたい。③家で内職出来るとよい。④広い家に移りたい。
丹波町	収入をふやしたい。子供と一緒にすごす時間がほしい。子供が家に帰った時家にいる人がほしい。留守番をしてくれる人がほしい。	夕食だけでも一緒にしたい。勉強する時間をもう少し長くしたい。非行について心配するので社会施設がほしい。長男の成長を待っている。片親どちらかが家にいたい。子供が勉強にもっときばるようにしてやりたい。
和知町	母親だけは家にいるようにしたいが困難な状況である。子供の面倒をみてやりたい。学校の勉強がみてやれるようにしたい。一家そろって暮らしたい。	子供と共に教育を見たりしていきたいと願っている。社会事業がよくならない限り留守にしていることは母親として大変苦しい。家庭生活が放任で親子の信頼感が不安祖父母にまかせ切になる場合はどうしても甘くなる子供が学校から帰宅した折家庭にいて声をかけてやりたい。
瑞穂町	楽器（オルガン）母親が家でできる仕事を望んでいる。	親子が話し合える時間の余裕がもてる勤め場所がほしい。
京北町	帰宅後時間がなくて充分に子供をかまってやれない。自分の家がほしい。兄弟がほしい。きまった時間に帰宅出来る勤めがあればかわりたい。	自分の家がほしい。子供の事。家庭の事。
三和町		あたたかい親の「お帰り」という言葉がかけてやりたい。宿題や複習が見てもらえる人がほしい。
夜久野町		母親が家にいること。子供が小学生のあいだだけでも家庭に居てやりたい。
加悦町	子供に良い友だちがほしい。生活がくるしい。何らかの保護がほしい。家が求めたい。児童に対する情操教育を進めてほしい。子供にさびしい思いをさせたくない。母親が病気なので衣類、食事にこまる。自宅で出来る仕事に転じたいが経済的な面もあり困難、子供の帰宅時間にパートタイム的にでも来宅してくれる人があればよいが。	子供の交友関係をよくしたい。子供がきらくに何でも相談できるような家庭。母親の帰宅まで保護する施設がほしい。家でできる仕事につきたい。帰宅時間を出来るだけ早くしたい。

伊根町	非行化を防ぐため留守中のしつけ、勉強を学校と連絡をとりながら指導したい。	父を失って希望をなくした。交通事故がない様に悪い遊びをしない様に、さびしさを感じないように、1時間程何かしてほしい（習字・音楽）
岩滝町	1.自宅で出来る仕事がほしい。2.住宅がほしい。3.家庭教育が出来ないから充分できる施設がほしい。4.共稼ぎしなくてもよい給料がほしい。	多くの収入を得たい。子供と楽しむ時間を多く持ちたい。子供の遊び場がほしい。家で仕事がしたいが資金がない。安心してまかせられる施設がほしい。
峰山町	(A)下校時から5時30分頃まで安心して見て貰える指導者や施設がほしい（児童館的なもの）(B)子供とゆっくり話しあえる時間がほしい。	下校時から6時頃まで子供の世話をしてくれる指導者、施設がほしい。健康と交通安全を願っている。母親の勤めを出来るだけ早く退めさせたい。
網野町	児童公園及図書館の設置、家庭内における経済性、留守家庭家族の話し合い。子供に接する時間がほしい。	子供の遊び場所がほしい。家庭に母親がおってやりたい。（内職をしながら）
彌栄町	母親が家にいて子供の面倒を見る事が出来る様な状態を希望。公立の塾のようなものがほしい。留守家庭児童の施設がほしい。学童保育の制度が出来ること。子供の遊び場がほしい。家で出来る仕事がほしい。	子供が帰る時間に家にいてやりたい。留守の面倒を見る者がほしい。
久美浜町	安全な子供の遊び場がほしい。保育園がほしい。親子の話し合う時間がほしい。	子供の遊び場を完備してほしい。託児所がほしい。

—43～44—

今後子どもさんへの対策についてどのようにお考えですか

市町村名	3年	4年
向日町	何時までもこの状態ではいけないので施設がほしい。	子どものために早く会社をやめたい。学校とよく連絡したい。
大山崎町	現在のままでよい(4) なんとかしたい(2) 回答なし(1)	現在のままでよい(4) なんとかしたい（鍵っ子学級を学校でつくれ、ソロバン塾等に学習させたい。
城陽町	子供へのメモによって約束を守るようにしたい。	せめて母親だけは家にいたいが経済的に許さないので仕方がない。
久御山町	子供と一緒の時間が多くとれるよう仕事の時間を考える。	
田辺町		休日を利用して出来るだけ子供の面倒を見てやりたい。共稼ぎをしない生活（一般レベル）に早くなりたい。内職をしたい。子供と話し合うよう心がけている。勉強を親といっしょにしてやりたい。
山城町	落着いて勉強できるようにしたい。	
南山城町	留守家庭児童施設を考えてほしい。友人に対してひけ目を感じないように母親が子供の面倒をみたい。	子供の能力のある限り教育する。
亀岡市	かぎっ子は心配であり勉強したり友達と一緒に遊んだりできる場所がほしい。母親が家におられるように生活が豊かでありたい。明るいすなおな子供に育てたい。	子供の面倒をみてくれる人がほしい。家庭でできる仕事をみつけたい。子供と話しあえる時間がほしい。家と店といっしょにしたい。妻のつとめをやめさせたい。
園部町	かぎっ子教室等を考えてみたい。子供の勉強がみてやりたい。子供と話しあいたい。	かぎっ子教室等を考えてみたい。家がほしい。家に居てやりたい。
八木町	共稼ぎのため勢い子供に接する機会が少なくその具体的な解決策に苦慮している。出来れば家で内職をしたい。	家に居てやりたい。
日吉町	児童を預ってくれる施設がほしい。面倒を見なければならないし見たいが現状ではむずかしい。	健康を保ち学業を伸ばしたい。子供の友達として日常の出来事を考えたい。
丹波町	話し合いの時間がほしい。母親が家にいてやりたい。	出来れば団結したい。勉強にうちこめるようにしたい。経済が許すなら母親は家におらせたい。
和知町	躾が充分にできない。けがをしないようにさせたい。家庭学習をしっかりさせたい。夫の病気を早くなおしたい。出来れば母親が家に居てやるようにしたい。	出来れば家にいてやりたい。もっともっと子供と話しあわねばならない。兄弟仲良く親の帰りを待ってほしい。
瑞穂町	家で出来る仕事を考えているところ。	
京北町	現在のままでやむをえない。夜に充分話し合ってその障害の除去につとめている。	近くに職場がほしい。数学、国語を良くしてほしい。

—45 ～ 46—

三　和　町		自分の仕事に便利なところに家を持ちたい。内職の有利なのがあったら始めたい。 子供が小学校を卒業するまでは家にいたい。
夜　久　野　町		自宅をつくり勉強室を造ってやりたい。保護者の帰宅を出来るだけ早くして子供に接する時間を多くしたい。
伊　根　町	いくら言っても聞かない。	
峰　山　町	(A) 子供と一緒に遊んでやったり話しあったりする時間がほしい。 (B) 塾にでもいかせたい（珠算、習字）	(A) 子供と話しあえる時間がほしい。　(B) 出来るだけ早く妻の勤めをやめさせたい。 (C) 自立心を養ってやりたい。
網　野　町	母親が家庭で出来る適当な仕事がほしい。	もっと勉強させたい。
弥　栄　町	学童保育の制度を望む。	
丹　後　町		現在の状態でよいとはいえないが仕方がない。

—47～48—

京都府下における留守家庭児童の分布状況をみてみると、中丹教育局管内、山城教育局管内に多い。特に山城教育局管内と乙訓地方にあっては、目の前に阪神工業地帯をもつ地域として比率も高く共働きによって生活を安定させようと努力している家庭が多くその中から生れる留守家庭児童が多くなっている。

一方北桑田教育局、与謝教育局、丹後教育局等の管内にあっては、農業構造改善事業という美名の蔭で、2〜3年前までのように子どもの面倒も家事もゆっくりみることのできない程の生活苦に追いやられるという、過疎化の中の留守家庭児童が出ており、京都府下の留守家庭児童が本質的に異質のものであっても根はひとつであることを理解し、分布図についての検討をくわえてみたい。

(6) 留 守 家 庭 児 童 分 布 図

(図32) 京都府下教育局別3・4年留守家庭児童百分比

昭和43年 9 月 1 日現在
(数字 %)

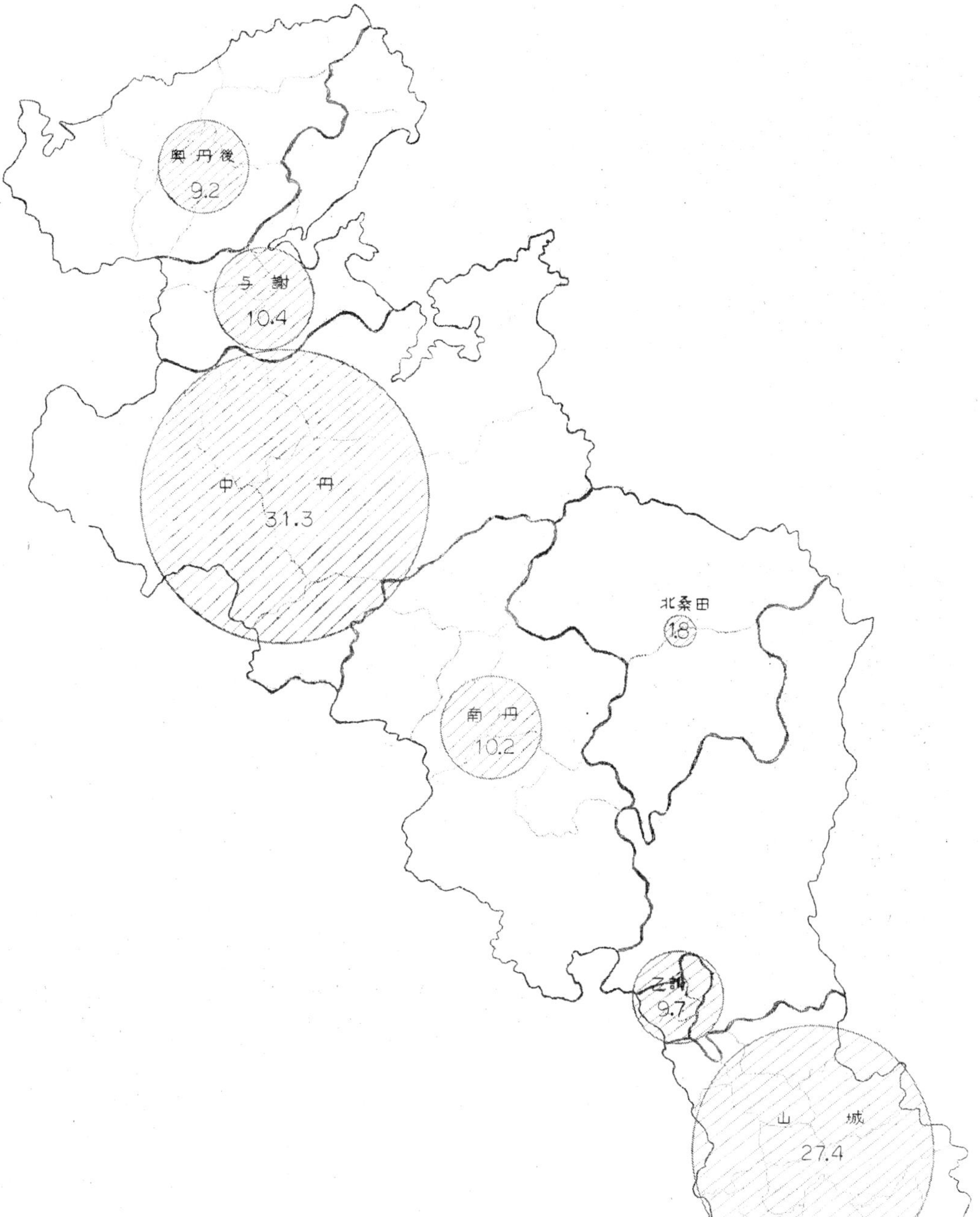

府下 $\frac{\text{教育局別留守家庭児童数}}{\text{府下留守家庭児童総数}} \times 100$

—51～52—

(図33) 教育局別3・4年在籍児童総数に対する留守家庭児童数および百分比

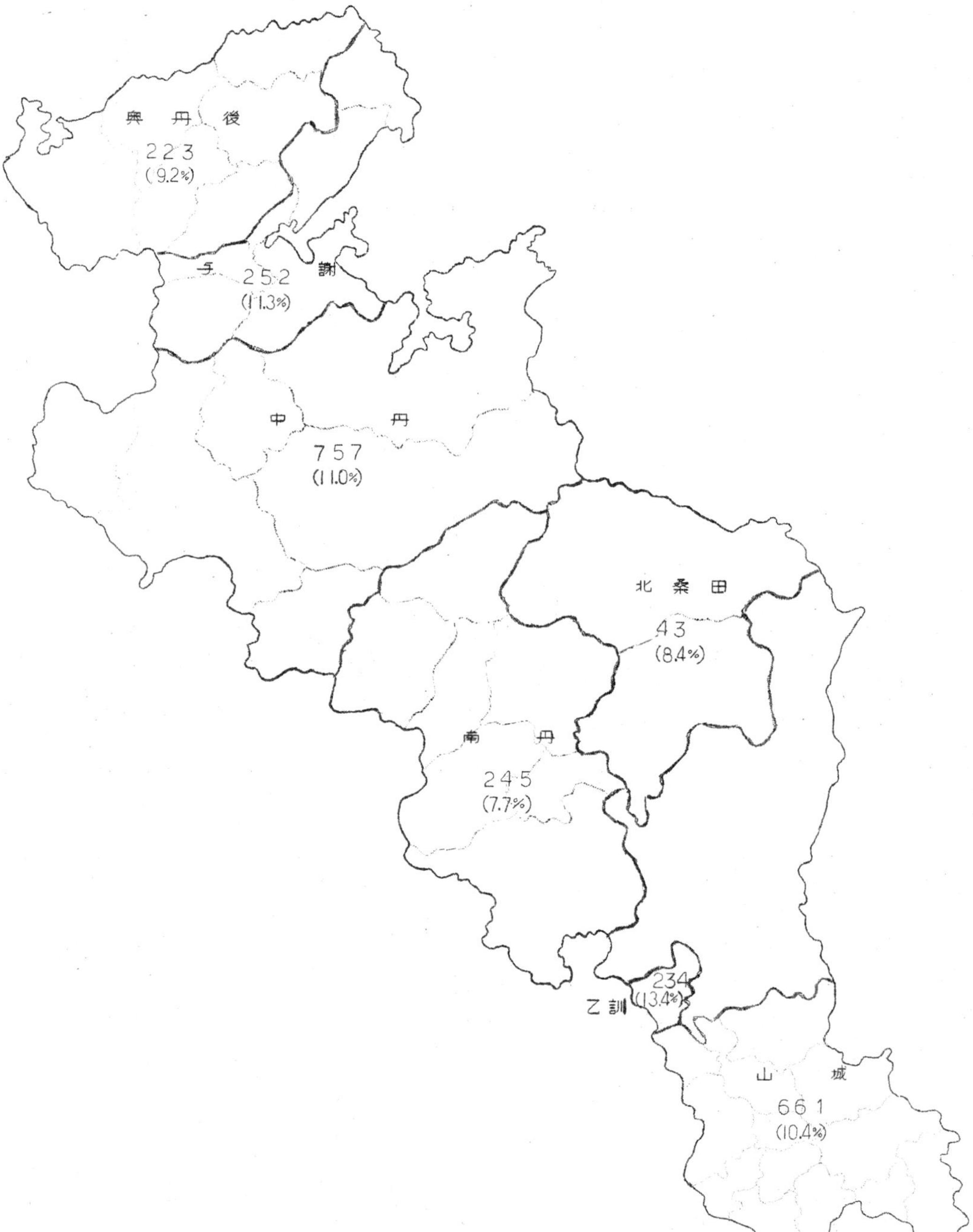

教育局別 $\frac{\text{留守家庭児童数}}{\text{在籍児童総数}} \times 100$

－53～54－

(図34) 京都府下 3·4 年留守家庭児童市町村別分布図

昭和43年 9月 1日現在

(数字 %)

市町村別 $\dfrac{\text{留守家庭児童数}}{\text{在籍児童総数}} \times 100$

－55～56－

（図35）　市町村別留守家庭児童数図表

昭和43年9月1日現在

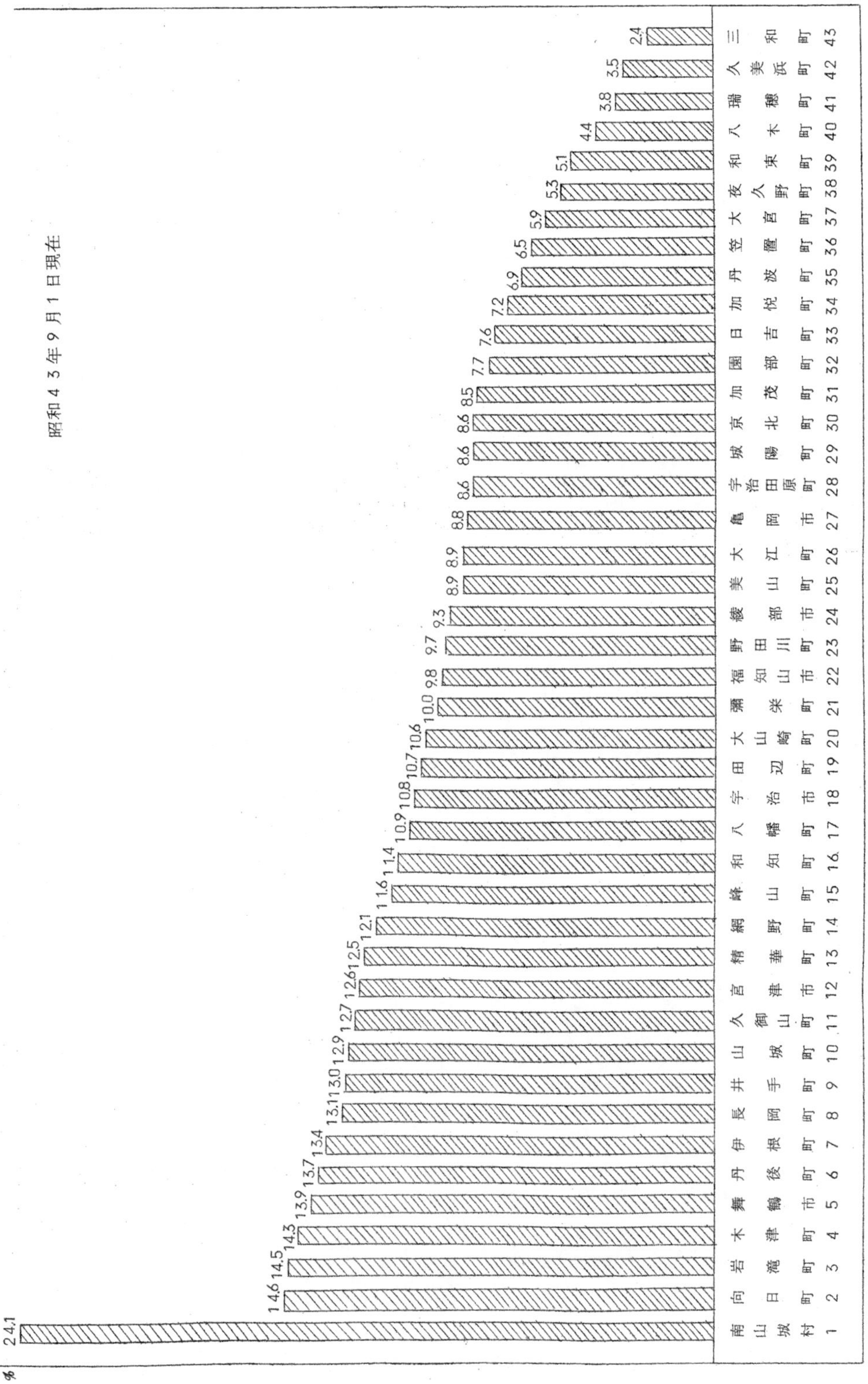
%
1 南山城村 24.1
2 向日町 14.6
3 岩滝町 14.5
4 木津町 14.3
5 舞鶴市 13.9
6 丹後町 13.7
7 伊根町 13.4
8 長岡町 13.1
9 井手町 13.0
10 山城町 12.9
11 久御山町 12.7
12 宮津市 12.6
13 精華町 12.5
14 網野町 12.1
15 峰山町 11.6
16 和知町 11.4
17 八幡町 10.9
18 宇治市 10.8
19 田辺町 10.7
20 大山崎町 10.6
21 弥栄町 10.0
22 福知山市 9.8
23 野田川町 9.7
24 綾部市 9.3
25 美山町 8.9
26 大江町 8.9
27 亀岡市 8.8
28 宇治田原町 8.6
29 城陽町 8.6
30 京北町 8.6
31 加茂町 8.5
32 園部町 7.7
33 日吉町 7.6
34 加悦町 7.2
35 丹波町 6.9
36 笠置町 6.5
37 大宮町 5.9
38 夜久野町 5.3
39 和束町 5.1
40 八木町 4.4
41 瑞穂町 3.8
42 久美浜町 3.5
43 三和町 2.4

—57〜58—

（表６） 留守家庭児童実数 （３・４年）

（昭和４３年９月１日現在）

	市町村教育委員会名	３年						４年						計					
		男		女		計		男		女		計		男		女		計	
		留守家庭児童数	率	留守家庭児童数	率	留守家庭児童数	率	留守家庭児童数	率	留守家庭児童数	率	留守家庭児童数	率	留守家庭児童数	率	留守家庭児童数	率	留守家庭児童数	率
1	南山城村	4	16.7	4	21.1	8	18.6	9	23.1	7	46.7	16	29.6	13	20.6	11	32.4	24	24.1
2	向日町	21	10.1	20	11.5	41	10.7	28	15.8	35	21.5	63	18.5	49	12.7	55	16.3	104	14.6
3	岩滝町	2	3.2	6	22.2	8	6.7	17	26.6	8	15.1	25	21.4	19	15.2	14	12.6	33	14.5
4	木津町	12	13.8	7	11.1	19	12.7	7	9.9	8	12.3	15	11.0	19	12.0	15	11.7	34	14.3
5	舞鶴市	98	13.6	110	15.0	208	14.3	100	13.6	93	13.3	193	13.5	198	13.6	203	14.2	401	13.9
6	丹後町	5	6.9	9	10.8	14	9.0	9	13.2	13	25.0	22	18.3	14	11.2	22	19.8	36	13.7
7	伊根町	6	22.2	3	11.1	9	16.7	3	7.3	5	12.8	8	10.0	9	13.2	8	12.1	17	13.4
8	長岡町	26	12.0	19	8.4	45	10.2	32	15.6	33	16.2	65	15.9	58	13.8	52	12.1	110	13.1
9	井手町	6	10.9	7	12.1	13	11.5	9	14.1	10	14.9	19	14.5	15	12.6	17	13.6	32	13.0
10	山城町	8	12.5	12	27.9	20	18.7	3	5.1	6	9.0	9	7.1	11	8.9	18	16.4	29	12.9
11	久御山町	2	3.6	5	9.6	7	6.5	11	18.6	9	19.6	20	19.0	13	11.4	14	14.3	27	12.7
12	宮津市	31	12.1	25	9.1	56	10.5	40	14.7	41	14.6	81	14.6	71	13.4	66	11.9	137	12.6
13	精華町	7	10.9	11	15.7	18	13.4	8	11.3	7	11.9	15	11.5	15	11.1	18	14.0	33	12.5

	市町村教育委員会名	3年 男 留守家庭児童数	3年 男 率	3年 女 留守家庭児童数	3年 女 率	3年 計 留守家庭児童数	3年 計 率	4年 男 留守家庭児童数	4年 男 率	4年 女 留守家庭児童数	4年 女 率	4年 計 留守家庭児童数	4年 計 率	計 男 留守家庭児童数	計 男 率	計 女 留守家庭児童数	計 女 率	計 計 留守家庭児童数	計 計 率
14	網野町	20	12.8	16	10.1	36	11.4	17	10.3	22	15.8	39	12.8	37	11.5	38	12.8	75	12.1
15	峰山町	14	12.4	11	9.5	25	10.9	23	18.4	7	5.9	30	12.3	37	15.5	18	7.7	55	11.6
16	和知町	4	7.0	6	10.9	10	8.9	3	5.3	14	21.5	17	13.9	7	6.1	20	16.7	27	11.4
17	八幡町	13	8.7	14	9.8	27	9.2	22	14.1	19	13.1	41	13.6	35	11.5	33	11.5	68	10.9
18	宇治市	55	9.8	53	9.3	108	9.6	65	11.9	75	14.1	140	13.0	120	10.8	128	11.6	248	10.8
19	田辺町	9	6.7	16	13.7	25	10.0	7	5.3	23	17.4	30	11.4	16	6.0	39	15.7	55	10.7
20	大山崎町	6	8.8	1	2.7	7	6.7	9	18.0	4	10.0	13	14.4	15	12.7	5	6.5	20	10.6
21	彌栄町	8	13.3	5	8.6	13	11.0	3	8.1	5	9.6	8	9.0	11	11.3	10	9.1	21	10.0
22	福知山市	31	6.6	41	9.6	72	8.0	47	9.8	58	13.3	105	11.5	78	8.2	99	11.5	177	9.8
23	野田川町	9	7.6	9	8.0	18	7.8	9	9.3	14	13.6	23	11.5	18	8.3	23	10.7	41	9.7
24	綾部市	36	9.3	36	10.1	72	9.7	42	11.5	22	6.3	64	8.9	78	10.3	58	8.2	136	9.3
25	美山町	2	5.1	5	14.3	7	9.5	4	7.4	5	9.1	9	8.3	6	6.5	10	11.1	16	8.9
26	大江町	5	8.5	6	7.2	11	7.7	7	9.3	9	10.1	16	10.0	12	9.0	15	8.9	27	8.9
27	亀岡市	24	7.0	26	8.0	50	7.5	36	9.4	37	10.8	73	10.0	60	8.2	63	9.4	123	8.8
28	宇治田原町	6	11.8	2	6.3	8	9.6	1	1.5	8	15.4	9	7.6	7	6.0	10	11.9	17	8.6
29	城陽町	13	7.7	15	8.2	28	8.0	17	13.0	15	8.2	32	9.1	30	8.9	30	8.2	60	8.6
30	京北町	8	8.9	6	8.1	14	9.5	9	9.1	4	5.6	13	7.6	17	9.0	10	6.9	27	8.6

31	加茂町	3	4.8	7	14.9	10	9.1	4	7.4	5	8.6	9	8.0	7	6.0	12	11.4	19	8.5
32	園部町	6	5.9	10	8.9	16	7.5	11	8.0	8	7.6	19	7.8	17	7.1	18	8.3	35	7.7
33	日吉町	4	9.5	8	11.1	12	10.5	3	4.5	4	4.8	7	4.7	7	6.5	12	7.6	19	7.6
34	加悦町	6	6.4	6	7.3	12	6.8	3	4.5	9	9.6	12	7.5	9	5.6	15	8.5	24	7.2
35	丹波町	4	6.3	5	7.6	9	7.0	4	5.6	6	7.9	10	6.8	8	6.0	11	7.7	19	6.9
36	笠置町	1	7.7	2	9.5	3	8.8	1	3.7	1	4.8	2	4.2	2	5.0	3	7.1	5	6.5
37	大宮町			6	7.6	6	3.8	9	9.1	5	6.7	14	8.0	9	5.0	11	7.1	20	5.9
38	夜久野町			3	5.2	3	3.1	4	6.5	4	8.7	8	7.4	4	3.9	7	6.8	11	5.3
39	和束町			5	10.4	5	5.2	3	7.0	2	3.5	5	5.0	3	3.3	7	6.7	10	5.1
40	八木町	3	3.8	4	5.7	7	4.7	5	4.9	2	2.9	74	4.1	8	4.4	6	4.3	14	4.4
41	瑞穂町	2	4.0	2	4.0	4	4.3	1	1.5	3	5.5	4	3.3	3	2.6	5	5.1	8	3.8
42	久美浜町	6	3.9	5	4.4	11	4.2	3	2.4	2	1.5	5	1.9	9	3.2	7	2.8	16	3.5
43	三和町			1	2.2	1	1.1	3	5.6	1	1.9	4	3.7	3	3.0	2	2.0	5	2.4

㊟ 留守家庭児童が在籍児童に対して比率の高い市町村から順に記入した。

以上のように、留守家庭児童自身、また家庭そのもの、さらに親自身を分析してみることによって、かなり多くの問題を、しかもこれが解決には困難な側面を多分にもっていることを、調査結果から知ることができた。

聞きとり調査を実施しておれば、もっといろいろな問題・苦しい生活実態・地域における子どもの実態・過密・過疎化で悩む地域実態・その他いろいろな問題がわかったのではないかと思われる。

いずれにしても、高度経済成長だの、消費者は王様だのと、国民生活をあらゆる手段でゆさぶりながら、その隙間をねらって大資本がふくらんでいくような政策がとられており、これに目を向ける余裕もない間に生活は徐々に苦しい方向に追いやられているのが現状である。

このような今日的社会の産物として、人間社会で最も清潔な心の持主であるはずの、子どものしあわせな生活を阻害し、心を傷つけ留守家庭児童を生み出しているのが今日的社会現象である。

そこで京都府教育委員会は、まずこの子等の生活実態を把握し、その生活実態を土台にして、子どものよりしあわせな生活を保障するために必要な施策を考えようとしたものであり、保護施策ではなく、あくまでも教育的立場に立った少年の健全育成であることをここに明らかにしておきたい。

すでに逐条的に説明を加えてきたので、あらためて申し添えることもないが、児童を対象にした調査を総括的に見ると、留守家庭児童の半数以上が放任に近い状態に置かれていることが明らかになってきた。子どものしあわせのため部分的にでも許すことのできない留守家庭児童の生活実態を明かにし、把握したことは、本調査の大きな成果であった。

この現象は、留守家庭児童の家庭だけでなく、一般家庭においても相当なスピードで広がっていることを確認し、今後家庭教育を推進するうえで、また子ども会指導のうえで、重点的に指導を加えなくてはならないものと考える。

つぎに留守家庭児童の家庭を対象にした調査結果をみると、母親の就労率の高いこと・住居が借屋・アパート等の多いことなど、子どもへ与える影響がかなり大きいものと思われる。

親自身が、自分達の人権・生活権が守られているか、どの程度保障されているかなどについて明らかにし、権利を獲得する手だてを地域ぐるみで考えていくことが必要である。

またこのような問題を解決するためには、現在、府教育委員会が実施している「ろばた懇談会」や諸団体・組織の中で問題の共通化をはかり、小部落・小地域の中まで問題を浸透させ、話し合いをすすめ、解決の方策を住民、組織・団体、行政などが一体となって考えることが、地域に根ざした問題解決への早道であり、そのことに迫られている今日的社会現象であることを述べて本調査の考察を終りたい。

日本家庭福祉会モノグラフ No. 8　1969年5月

留守家庭児の指導に関する研究調査

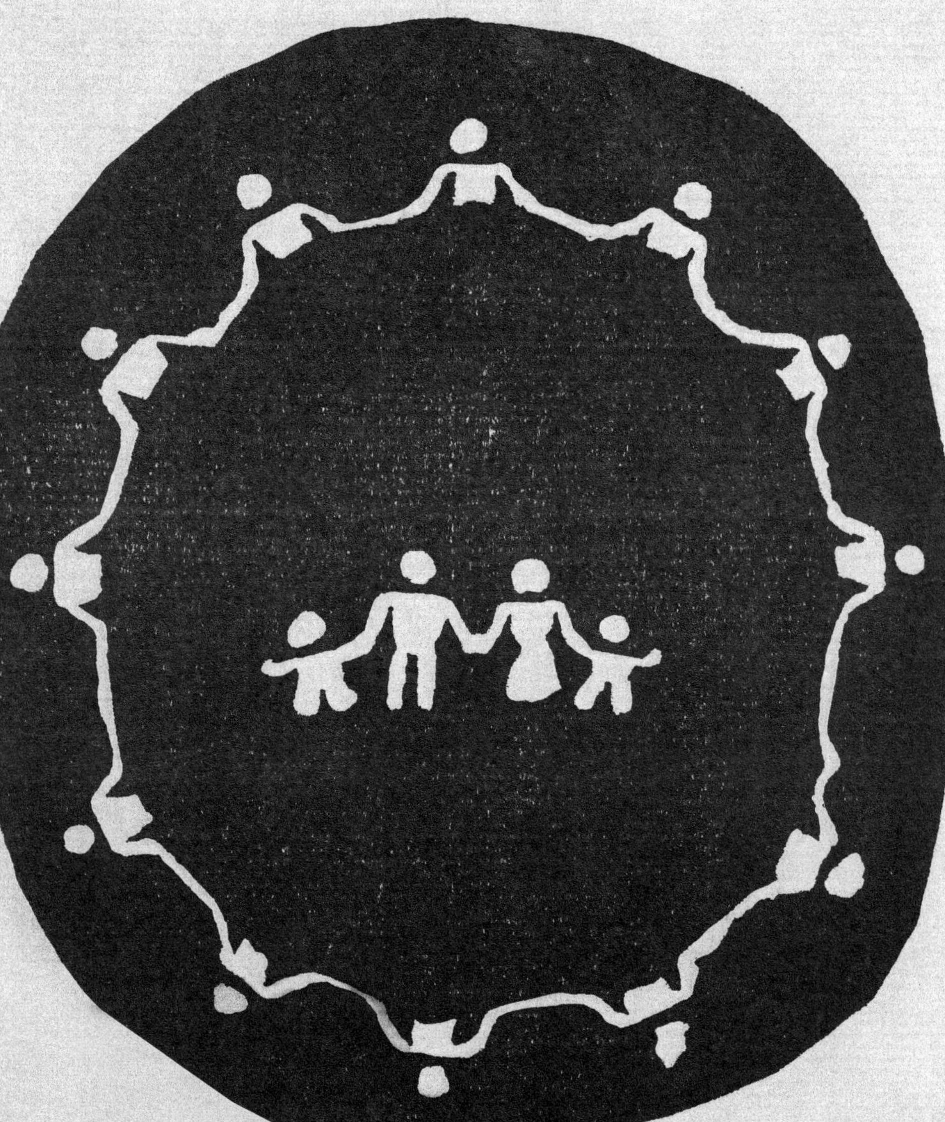

社会福祉法人　日本家庭福祉会

□ 日本自転車振興会 □

公営競技である競輪の収益の一部を、法律にもとづき各種の公益事業に補助金として配分しています。
昭和４３年度の社会福祉関係は、１５億余万円になっており、本研究はその補助金を受けて調査研究したものです。

はしがき

いわゆる「カギっ子」とか「留守家庭児」とよばれる子どもをどうするかということは，いまやわが国の大きな教育的，社会的問題である。技術革新に伴なう生活条件の著しい変化により，こうした子どもの数はますます増大しつつあるが，それに対する対策は十分に立てられていない。

日本家庭福祉会は，その事業の１つとして，これらの子どもの指導を促進，改善するための基本的資料を提供しようとして，これらの子どもに関する調査的，実験的研究を重ねてきた。第一年次は，留守家庭児の実態を把握するための調査研究を，第二年次は，留守家庭児の心身特性に関する実験的研究を行ってきたので，本年度は，留守家庭児指導の実態を調査し，指導上の問題点を把握することを中心として研究を進めてきた。ここにその結果を報告する。

研究費を助成していただいた自転車振興会，めんどうな調査に協力していただいた全国の機関内先生方，さらには資料の整理に当られた助手の方々に深甚な謝意を捧げる次第である。

昭和４４年３月

研究責任者
波多野　勤子
鈴木　清
間宮　武

留守家庭児の指導に関する調査研究報告

1　留守家庭児指導の必要性

高度の経済成長に伴って共稼ぎの家庭が増加し，それに応じていわゆる留守家庭児が急増しつつある。留守家庭児はその全部とはいわないが，その多くは非保護のまま放置されているのが実情である。東京都の民生局と教育庁の共同調査によると昭和３９年においても完全非保護児童は小学生で９.６６％，中学生で１１.８４％であり，親の帰宅のおくれから夕飯を児童自身が支度しているものは，小学生５.２％，中学生１８.６％，外食しているものは小学生２.０％，中学生１.６％であり，唯独りで食事するものが，小学生６.１％，中学生７.５％となっている。（昭和３９年度留守家庭児童生徒調査報告書－昭和４０年２月）

子どもの精神的安らぎをあたえる団らんの機会を奪われていることも教育上大きな問題であるが，放置された生活環境そのものが教育条件として望ましくないのである。

このような悪条件を背負った留守家庭児が年々急増していくことは，教育上からも民生上からも放置することはできない。学校教育でもその枠を越えて校外指導の一環として留守家庭児の指導に手を伸ばさざるを得ないし，市町村の行政からも対策を考えざるを得ない状況にある。

2　本調査のねらいと調査の対象

以上の事情によって留守家庭児の指導に対する関心が芽生え，一部実践されつつあるが，指導方針，指導方法，指導者，指導の場（施設），財政，などの諸点において問題をもち，必ずしも現状に即応した適切な指導体制が確立しているとはいいがたい状況にある。

そこで現実において，どのような指導がなされているかについて実態を把握し，それにもとづいて今後どのような指導がなされるべきかについての目途や方向を見出すために，この実態調査を行ったのである。

この調査は全国的な資料を得るため広く回答を求めたが，現在までに入手できたのは第1表のような129の機関についてである。

回答が比較的少なかった理由は，①組織的に指導していることが少ないので，回答しにくい機関が多いこと，②指導態様が地域事情によって複雑であること，③留守家庭児の指導に行財政，指導者などの点で地域において現実条件に限定されており，調査に協力しても改善の見込みが立たないと考えていること，などにあると考えられる。例えば①については，施設で指導している指導者による直接的回答を市当局が市として統一された指導態様ではないし，市による指導の貧弱さを知られたくないという理由で抑えたという事例もある。この事例でも，留守家庭児の対策や指導は無視することのできないものと認識しながら，それなるがゆえに指導体制の未確立と自信のなさを物語っている。こういうことも留守家庭児指導における現実の問題のかくれた一つとして指摘することができよう。

第1表　調査の範囲

都道府県名	機関数
北海道	3
茨城	1
千葉	17
東京	28
神奈川	23
栃木	2
群馬	2
山梨	7
静岡	3
富山	3
愛知	32
不明	1
無記名	7
計	129

3　指導の動機と着手

留守家庭児の指導がどのようなきっかけで始められたものか，その動機や発端を知ることは今後の留守家庭児対策にとって重要な参考になる。

指導者自身の自発的発意によるものか，それとも公的機関や諸団体の事業として始められたものかを調べてみると，次の如くである。

この結果をみても，わが国の現状では，指導者自身や私的な福祉団体の発意によることが少ない。そして公的な市町村行政の発意によって始められた

第２表　指導の発意

ア　指導者自身の自主的発意	1	1％
イ　学校による自主的発意	13	10
ウ　公的機関からの依頼によって始めた	107	83
エ　私的機関からの依頼によって始めた	0	0
無　記	8	6
計	129	

ものが圧倒的に多く，学校教育の拡張として学校による発意がこれに次いでいる。

なお，公的機関の部局をみると，教育委員会による発意が多く，児童福祉行政として始められたものは教育関係によるものに比較して少ない。このことは，留守家庭児の対策が学校教育に委ねられていることを示し，福祉行政による対策が自主的に行われにくいのか，あるいは学校教育に期待しすぎているのかという問題を今後に残している。

なお，いつごろから，留守家庭児の指導が行われるようになったかについて本調査からみると，次の表の如くである。昭和３７年ごろから始っており，留守家庭児はそれよりも数年前から出はじめているが，その指導についての問題はこのころから社会的関心となりはじめたことを物語っている。

第３表　指導を働きかけた機関

機関の種類	件
市区町村	27
（厚生部）	（10）
（厚生課）	（1）
（福祉課）	（5）
（民生課）	（1）
（無記）	（10）
市区教育委員会	74
無記	7
計	107

第４表　留守家庭児指導を始めた年次

始めた年	件	始めた年	件
37	7	42	25
38	1	43	21
39	12	44	2
40	21	無　記	6
41	34	計	129

4　指導者に関する実態と問題

本調査によると，指導者の年令は２０代から６０代にわたっているが３０代と４０代が多く，２０代がこれに次いでいる。１０代の後半のジュニアーリーダーがいない点に小学生の多い留守家庭児の指導に問題がある。３０代４０代の指導者では単に保護しているにすぎないこともありうるし，児童の求める活動がなされているかどうか疑問だからである。

また，指導者の留守家庭児指導の経験は次の表の如く，３年以内が圧倒的に多く，中には僅少ながら１０年以上にわたるものもある。

第5表　指導者の年令

全	
年　令	人　数
２０才代	２９
３０	３４
４０	３９
５０	１７
６０	８
無　記	２
計	１２９

男	
年　令	人　数
２０才代	９
３０	２
４０	６
５０	５
６０	５
計	２７

女	
年　令	人　数
２０才代	２０
３０	３２
４０	３３
５０	１２
６０	３
計	１００

第６表　留守家庭児の指導経験

全	
年　数	人　数
１	４９
２	３２
３	２４
４	１０
５	２
６	１
７	１
１４	１
無　記	９
計	１２９

男	
年　数	人　数
１	６
２	９
３	６
４	２
５	１
６	１
７	０
１４	１
無　記	１
計	２７

女	
年　数	人　数
1	43
2	23
3	18
4	8
5	1
6	0
7	1
無　記	8
計	102

指導者が教師の場合には，教職経験は１年ないし５年のものが圧倒的に多い。以上のことから，留守家庭児の指導者は，学校の教師は比較的若い教師が多く，民間人の指導者は中年層に多いことを示している。

第７表　教師指導者の教職経験

全	
年　数	人数
1～ 5	38
6～10	9
11～20	6
21～30	6
31～40	9
計	68
全員中％	58％

男	
年　数	人数
1～ 5	9
6～10	1
11～20	3
21～30	3
31～40	9
計	25
全員中％	19

女	
年　数	人数
1～ 5	29
6～10	8
11～20	3
21～30	3
31～40	0
計	43
全員中％	33

なお，教師が指導者となっている場合には校務分掌として担当しているよりも，随時的に委嘱されていることが多いようである。

学校が留守家庭児の特別指導をする場合に教師以外の指導者の協力を求めている。どのくらいの指導者を求めているかというと，第９表１人ないし２人が圧倒的に多い。

このような教師以外の指導者はどんな立場にある人かというと，第１０表の如く一般社会人やＰＴＡの会員である。

また，そのような協力者は有給によって委嘱されたものが圧倒的に多

第８表　指導者を校務分掌として決めているか

ア・いる	25
イ・いない	46
ウ・自発的に担当	18
エ・輪番で担当	5
計	94

第９表　教師以外の指導者の協力

ア．いる	56
（ １人）	（14）
（ 2 ）	（17）
（ 3 ）	（ 3）
（ 4 ）	（11）
（ 5 ）	（ 1）
（10 ）	（ 4）
（無　記）	（ 6）
イ．いない	26
計	

く，ヴォランティーアとして奉仕的に協力しているものは甚だ僅少である。

第１０表　協力的指導者

	全	男	女	不　明
ア．一般社会人	34	4	29	1
イ．ＰＴＡの会員	21	8	11	2
ウ．学　　生	2	0	2	
エ．そ　の　他	15			15
計	72	12	42	18

第１１表　協力的指導者の処遇

ア．有給の嘱託	43
イ．ボランタリーとして小額の謝金程度	2
ウ．まったく無報酬のボランティーア	5

協力的指導者が有給の嘱託であるにしてもその待遇はまことにうすく，これではこの種の民間指導者を獲得することは困難な状況にある。待遇条件は第１２表の如くである。

留守家庭児の指導には指導者の適材を得ることが必要であるが，学校の教師にのみ期待することは無理である。その理由は，教師は校内においてあらゆる教育活動に参加し，さらに何らかの校務分掌をしているので，教材研究や評価に時間的制約をうけ，そのためにエネルギーの余力も限界に来ているからである。

そこで有能な協力的

第１２表　協力的指導者の待遇条件

有給協力者（月額）			ボランティーア(年額)	
報　酬　金　額		件	報　酬　額	件
週１日協力	5,000	1		
1.5日	4,200	1		
2	4,000	1		
	5,000	2		
3	7,200	1		
	12,000	1		
5	10,000	1		
	12,000	5	5,000	2
	15,000	1	15,000	4
	16,000	2		
	18,000	3		
6	15,000	4	12,000	1
	16,000	1		
	20,000	5		
	24,250	1		
月	5,000	1		
年	2,000	1		
無　記	17,000	1		

指導者を必要とするがその資質や指導者としての条件について横浜市の資料は次の如く指摘している。

○教員有資格者のが望ましい。

小中学校の教員資格や幼稚園教員の免許状所有者のほかに保育園保母の有資格，さらに無免許ながら何年かの教員・保母の経験をもつものでもよい。

○学童保育所の規模が大きかったり，予算上豊かな措置が講ぜられて２名以上の専任指導者をおくことが可能の場合には，その中の１人に看護婦の有資格者を入れることも考えられてよい。これは専任指導員は学童の母親がわりになって学童の健康管理や安全指導も必要だからである。

○専任指導員に若さがほしい。

６才から１２才までの伸びざかりの児童と，感覚的にずれの少ない若さをもち，児童と活動を共にしても疲れを知らない旺盛な体力をもつことがのぞましい。さらに留守家庭児童の母親の留守のために持ちやすい暗い気持ちやさびしがりを拭ってやれる明朗な人柄であることがのぞましい。

○公平で，心からの子ども好きであってほしい。

多くの児童の親代りをつとめるこの仕事をしていくには，むやみに感情を激したり，特定の児童を偏愛したりすることは厳につつしまなければならないので，まずどの児童にも公平に接することのできるおおらかな人柄であってほしい。それに加えて一人一人の児童のなやみも，心配ごともきいてやれて，共によろこび，共に悲しんでやれるような温かい心の持主で子ども好きな人であってほしい。

○教養ある人がのぞましい。

どこでも，いつでも専任指導員に教員有資格者を求めることはのぞましいことであるが，現実にはそうはいかない場合が少なくない。そこで以上の諸条件のいくつかを備えた人で，円満な人柄と豊かな教養を身につけた人であればよいとしなくてはなるまい。学童保育をしている間には指導員の人柄と教養とからにじみ出る無言の感化力が四六時中，児童の人間形成に大きな影響力をもっているからである。さらに児童たちの学習の相談相手にもなれる程度の教養がのぞまれる。

○強健な人がのぞましい。

学童保育という仕事は年令的に巾の広い児童を集める上に，学校のように組織化，系列化のむずかしい集団の中で行われる極めて困難な仕事であり，これを満足にやりとげるには強壮な体力が要求される。しかも楽しく明かるいふん囲気を醸し出しながら，遊びや運動の相手をするとなると精神的にも健康であることが要求される。それに加えて，指導の手うすのために稀少価値をもつ存在であるので病気欠勤のないような健康な人がのぞまれる。

（注．「学童保育」というのは，留守家庭児を保護育成するため施設や学校で行う特別の指導を意味している。）

5　指導方針に関する実態

留守家庭児の指導においてどんな点に重点をおいて指導しているかというと，①集団生活経験を通して自主性や協調性や社会的判断力を養うことに重点をおいているものがもっとも多い。次いで，②家庭的なふん意気のもとで，情緒の安定をはかること，③基本的生活習慣をつけ，家庭で当然行われるべきしつけを補強すること，④必要に応じて特別指導すること，⑤宿題や復習などをさせることによって学習の習慣をつけること，⑥児童の安全を期すること，などの順に指導上の重点がおかれており，留守家庭児の生活実態や特性からみて至当な指導がなされているようである。（第１３表）

学校または施設が留守家庭児を指導するにあたって以上のようなことを重点として指導しているが，学校または施設として統一的な指導方針を立てていないところも少なくない。随時随意に指導しているところや教師や指導者にまかせているところがかなりある。（第１４表）

留守家庭児が年令的にも家庭事情からいっても複雑であり，指導者の不足という事情からも統一的な指導方針を打ち立てにくいという理由もあるが，

第１３表　指導の重点

健全な心身の発達を図るー自主性，協調性，社会的判断力，等の集団の中での生活指導	６７
家庭的なふん意気のもとで情緒の安定を図る	４６
情操をたかめる	１１
基礎的な生活習慣，家庭で行うようなしつけ	３７
児童の安全	１７
非行化の防止，発見，治療	１３
必要に応じて特別指導	２０
学習の習慣ー宿題，復習等	１９
読書指導	１２
体　　育	１
クラブ参加	１０
レクリェーション，行事	１

第１４表　統一的な指導方針をもっているか

	件
ア．特に決めていない	38
イ．各教師にそれぞれまかせている	18
ウ．学校（施設）としてはっきり決めている	64
無　　答	9
計	129

このことについては今後研究を要する課題の一つになっている。

なお，横浜市の資料によると，次のような指導目的や運営の方針をあげている。

目　的：

留守家庭の児童を放課後一定の時間学校であずかり，児童の欲求や，このみを考慮して，楽しい生活を営ませ，望ましい交友関係を結ばせ，正常で豊かな心情と，健康な身体を養い，彼らのおちいりやすい非行化の道から守り，交通事故その他の偶発的事故を防いでやる。

方　針：

○受持の負担を軽くするため，なるべく専門の指導員をたのみたい。

○指導の重点を小学校低学年におく。

これは高学年は終業時刻が年間を通じて３時間ごろで，それから終りの会や清掃整理整頓をして帰るようになるので，残るとしても極めて短時間になるからである。

○内容を多角的にして変化をもたせる。

らくな気持ちで参加できるようにするため遊び，ゲーム，散歩，運動など変化をもたせ，母親の不在によるさびしさや欲求不満を解消させる。

○学力低下を防ぎたい

その方法としては予習や復習を本格的にするのでなく，宿題のめんどうをみてやることを考えていく。

○弧立化を防ぐようにしたい

留守家庭の児童は弧独になる傾向があるので，集団的なゲーム，あそび，運動や共同製作，合唱会，お話合等を催して団体生活にとけこめるようにする。

○家庭的なふんいきを出すため環境構成をくふうする。

例えば畳，うすべり等を用意して家族的ふん意気を出し，遊び道具，おもちゃ，テレビ等も用意して，なごやかな場の構成を考える。

以上の目的や方針にもとづいて指導計画を立てるにあたって留意すべき点として横浜市のあげているところをさらに引用すると次の如くなっている。

○無理のない計画

・授業の延長にならないよう，気分を一新して喜こんで参加できるような計画

・地域の実態（父母の職業，生活程度，教育観）を考慮した上で，巾のある計画

・学校の実情（施設，道具，部屋の広さ等）に即した計画

・天候や季節にあわせた計画

・指道者（専任指導者の有無も）に適する計画

○楽しいひとときとき

自由の中にも規律のある生活をさせて，仲よくあそび，のびのびとした一日であるようにしたい。

○安全の確保

・児童の出欠を確認し，保護時間の安全確保を第一とする。

・危険な遊びにならないよう留意する

○自主的な運営

・楽しい共同生活を営む意味からも，できれば当番・係をきめて運営する。

・学習面では宿題の処理と復習をする程度とし，指導者からお話や童話をきいたり，自分たちでそれをやったり，紙芝居をお互いに行ったりする。

・運動面では校庭でボール遊び，なわとび，巾とび，鉄棒等自発的グループによる共同生活を考慮にいれるとよい。

・遊びの面では，各種のゲーム，カルタとり，テレビ等で室内でのすごし方を考える。

・下校時の扱い，後片づけ，下級生の世話，地域別下校等を配慮する。

授業が終り次第参加すること，宿題の整理，運動，遊びを主軸として立案し，附近に適当な場所があれば校外散歩に出かけるのもよい。なるべく教材を豊富にしたり，変化をもたせて，運営するのがよい。

6　指導方法．指導内容．時間などに関する実態

本調査による指導者では小学生の留守家庭児を対象として指導しており，僅かに１名のみが幼児を対象として指導しているものである。１人の指導者がどのくらいの人数の子どもを指導しているかというと第１５表の示す如く，１０人ないし４０人を指導しているものが多い。５０人ないし６０人の留守家庭児を１人の指導者で担当しているものも少なくない。理想的には１０人前後の小集団ごとに１人の指導者といったものであるが，それには程遠い現

状にある。

第１５表　指導する際の子どもの人数

人　　数	件　数
１～１０	３
１１～２１	２８
２１～３０	３５
３１～４０	１９
４１～５０	８
５１～６０	２５
６１～７０	４
７１～８０	１
８１～９０	１
計	１２４

したがって，担当すべき子どもの数が多い点からも，指導方法が制約されている。

個人指導を中心にするか，あるいは集団指導を中心にしているかについてみると，第１６表の如く併用するものが多い。これは留守家庭児の生活実態や特性，担当する人数などから考えて当然といえるだろう。

また，どういう機会をとらえて指導しているかというと，第１７表の如く，学校では放課後僅かの時間を利用して留守家庭児のために特別に指導する機会をつくっていることが多く，次いで地域の施設を活用して指導している。現在の段階では，これらのいずれかになっているといってよかろう。

第１６表　指導の形態

	件
ア．個人指導中心	６
イ．集団指導中心	１２
ウ．両者を併用	１０７
無　　答	４
計	１２９

第１７表　指導の機会

	件
ア．学級の中でのみ	5
イ．学校内で放課後に特別にしている	71
ウ．家庭訪問して指導している	2
エ．学校での放課後と家庭での指導併用	2
オ．校外(地域の施設)に集めて指導している	47
カ．そ　の　他	0
無　　答	5
計	129

これらの機会をとらえて，どのように指導上工夫しているか。その実態としては，とにかく話合い，遊び，おやつ，父母きょうだいの役をひきうける，などによって，家庭的ふんいきを味わせることに努力を払っている。次いで，児童のひとりひとり事情や個性が異るので，それぞれの事情や個性にかなった指導に心がけている。（第１８表）

以上の如く，留守家庭児の事情に即していろいろの指導上の工夫がなされているが，通常の活動でどんなものを内容として指導しているかというと，第１９表に示すごとく，遊びを中心に世話をしていること，生活のしつけを中心にとりいれているものとに両分されるといえる。そのほか，スポーツ・レクリエーションを中心とするものや教科の補習を内容とするもの，さらには工作，絵画などを中心にするものもある。

第１８表　指導上工夫している点

家庭的ふん囲気ー話し合い，遊び，おやつ，父母兄姉の役をひきうけるーを出す	36
無力な子への話しかけ	1
学校の延長にならないように禁止事項を少なくする	30
個性を考える	14
地域の子供達と関連をもたせるため，児童会に遊びにくることを許可	1
普通の児童と差別のないように	3
保護者同伴の遠足	1
幻灯会，誕生会（プレゼントは手作りの紙芝居）紙芝居ゲーム スポーツ，レクリエーション，合宿，その他文化的行動	8
小動物の飼育	1
文集作り	1
工作，絵画，歌	2
仕事分担	2
約束ごとを実行させる	1
一つのことを最後までさせる	1
補　習	2
遊具の後始末	1
父兄会	1
家庭訪問	2
父母と話しあい	8
出欠カード，プリント，学習記録により家庭と連絡	1
グループ作り	3
低．中．高学年の組合せ考慮	2
月の目標を決めて，月の終りに反省	1
月１回の指導員の研修	1
教育相談の依頼（問題児）	1
指導員の連絡会	1

第１９表　主な指導内容

ア．教科学習の補習を中心に	28
イ．生活のしつけを中心に	102
ウ．遊びを中心に	103
エ．工作，絵画などを中心に	15
オ．音楽，演劇などを中心に	5
カ．スポーツ，レクリエーションなどを中心に	35
キ．動物飼育や園芸など作業的なものを中心に	3
ク．その他	4

その他の内容
- 読書指導
- 小さな目づくり
- 習字
- 臨機応変

さらに，留守家庭児の指導のために，どのくらいの時間を割いているかというと，学校が行う場合，教師では次の如くなっている。（第２０表）　すなわち１週間５日ないし６日というのが圧倒的に多く，週日は毎日指導していることになる。しかも１日に平均４ないし５時間指導しているものが圧倒的に多い。日曜日はほとんど休んでおり，これは両親のもとで生活させることから考えて当然といえよう。

なお，指導協力者の場合にも，週間で５日ないし６日指導しているものが圧倒的に多く，教師でも指導協力者でもほとんど毎日指導しているといえる。（第２１表）

第２０表　指導日および１日の指導時間（教師の場合）

週	人
1日	8
2	0
3	2
4	4
5	59
6	23
7	0
無	33
計	129

1日	人
1時間	6
2	1
3	4
4	44
5	27
6	15
7	0
無	32
計	129

日曜日	
ア．休み	97
イ．休まない	2
無記	24
計	129

第２１表　指導日数（指導協力者の場合）

週１日	1件
2	4
3	2
4	0
5	20
6	12
7	0
行事の時	1
無	1
計	41

7　指導のための施設

留守家庭児の指導のためにどんな施設が利用されているかによって指導形態も異るし，指導効果も左右されるので，施設が好条件か否かは留守家庭対策にとって重要な課題である。本調査によると，第２２表の如く，学校が指導の場となっているものが圧倒的に多く，そのほかには僅かに児童館などの地域的施設が利用されているにすぎない。

学校が留守家庭児の指導の場になっている実情から，今後学校教育の延長としての指導的性格を負わすのが至当なのか，それとも学校開放による社会教育や民生保護的性格をもたすべきが至当なのかといった課題が残る。

いずれにしても，現在，学校が指導の場となっているが，それにあてられる学校に留守家庭児の指導のために特別の室やコーナーが設けられているかどうかを調べてみると，留守家庭児を特別指導しているほとんどの学校で特別の室やコーナーを設けて指導にあたっている。（第２３表）

第２２表　指導のための施設

施設の形態	機関数
小学校	６６
青少年館	９
児童会	１４
児童館	６
キリスト教社会館	４
学童保育クラブ	９
よい子の会	３
公民館	２
区役所厚生部福祉	１
子どもの家	２
教育委員会社会福祉課	１
青少年センター	１
個人の家児童センター	１
無記名	１０
計	１２９

第２３表　学校で留守家庭児のため特別の室を設けているか

ア．いる	９８
イ．いない	１５
無答	１６
計	１２９

たとえ，特別の室やコーナーを設けていない学校でも，学校の施設を開放しているものがほとんどである。開放している場所としては校庭が多く，次いで教室，体育館などである。このほか，図書室，遊戯室，講堂，屋上，実習室などがあてられている。（第２４表）

また，これらの場所を全面的に開放している学校もあるが，むしろ広さや

教室を限定して開放しているところのほうが多いというのが現状である。（第２５表）

第２４表　留守家庭児指導のため学校を開放しているか。

ア．開放している	６０
（校　庭）	（３３）
（教　室）	（１８）
（体育館）	（１３）
（その他）＊	（　６）
イ．開放していない	１０

ア．＊ その他の内容

図書室	2
遊戯室	1
講堂	1
屋上	1
実習室	1

第２５表　学校開放の程度

	件
広さや室数を限定している	２６
全面的に開放している	１２
無　　記	２２
計	６０

８　留守家庭児に対する指導効果

以上のような指導体制によってどんな効果があらわれているだろうか。本調査によってみると，いろいろの効果をあげている（第２６表）。なかんづく「児童が積極的になった」「気楽に学校や家庭のことを話すようになった」「情緒が安定してきた」「友人間や下級生の子どもに対する思い遣りが出てきた」「指導者になつくようになった」「協力ができるようになった」「礼儀正しくなった」「規律を守るようになった」「欠席児童が減少してきて，積極的に参加するようになった」などといった効果があらわれている。

この結果をみると，ともすると，生活のしつけが欠け，情緒不安定や弧独的状態に陥りがちな留守家庭児に対し，所期の効果を収めつつあることを証明している。

なお，横浜市の資料でも，「協調性が出てきた」「浪費癖がなおってきた」

第２６表　指導の効果

明るい子供になる	1
情緒安定	11
素直になる	2
積極的になる	21
内向的な子がハキハキしてきた	4
元気になる	1
学校か家庭のことを話すようになる	15
思いやりが友人間，下級生にあらわれる	7
指導者をしたってくれる	6
和気あいあい	3
教育相談の効果	1
責任感が出来る	2
自発的に勉強をする	5
成績が安定する	2
宿題を忘れない	3
集団行動が出来る	5
集団のマナーを知る	2
協力体制がうまれる	6
礼儀正しくなる	6
規律を守る	6
他人の行為により自分の行動を反省するようになる	2
高学年の指導により男子は体育面，女子は紙工作，フォークダンスが進歩する	1
欠席児童の減少，積極的に参加するようになる	6
無駄使いがなくなる	1
入浴の仕方がよくなる	1
事故が減少する	3
衛生に注意する	1
両親が安心して働ける	1
両親から感謝される	2
両親が関心をもつようになる	3
新しい人間の発見	1

「明朗になってきた」などといった児童の生活習慣や性格などの面によい効果があらわれたと同時に「働らく母親が子どもに地する不安から解放されている」とか「地域での関心が高まった」などといった効果もあがっていることを指摘している。このほか横浜市における留守家庭児指導の一実験学校の事例では，「明朗さ，協調性を増し，意欲的になった」「学習成績が徐々に向上してきた」「浪費癖が次第に矯正されてきた」「非行が激減し，交通事故その他の不測の事故が皆無になった」「教師に親近感をいだくようになった」「集団生活がじょうずにできるようになった」などの諸点が指摘されている。

9　市町村からの援助

留守家庭児指導の端緒は市町村などの公的機関によるか，その委嘱によって始められたものが多いので，指導者や施設や財政上の援助の如何によって指導効果が左右される。

そこで市町村の援助の実態をみると，第２７表および第２８表の如く，ほとんどの指導が市町村の援助をうけていることを示している。援助をうけていないとするものや回答の欠けているものがあることから考えると市町村の援助が十分に浸透していないことを裏書している。

第２７表　市町村の援助の有無

ア．うけている	８９
イ．うけていない	４
無　　記	３６
計	１２９

第２８表　市町村による援助の内容

財　政　上	７７
指　導　者	４４
補助職員	１９
そ　の　他	５

このことは，後述のように留守家庭児対策上行政に対する今後の期待を調査したものでも推察することができる。

10　留守家庭児指導上困っている点

現在留守家庭児の指導にあたっているものが，どんな点に困っているかというと，枚挙にいとまのないほどである。調査にあらわれた困難点をあげると第29表（その1）および第29表（その2）のとおりである。

そのうち，主なものをあげると，「施設・設備が乏しく，とくに図書，洗面所，炊事，遊び道具，運道用具に乏しい」「欠席が多く，人数がいつも不定である」「父兄や一般社会の関心が乏しく理解が足りない」「独立の校舎や部屋がない」「一般社会が留守家庭児に対して偏見をもっている」「親が甘やかしすぎて子どもがわがままになっていて指導しにくい」「人数の割りに部屋がせまい」「現代っ子の特徴が出すぎている」「父兄が非協力的で指導員まかせになっている」「父兄が学習塾のように考えている」などといったことがあげられている。

なお，横浜市における一実験学校の実践事例によると，指導上困る問題として提起されている点は，(イ)収容児童を定着させることが困難である。(ロ)帰宅時刻がおそくなるので安全に帰宅させることについて心配がある。(ハ)それでもなお親の帰宅時刻とにズレがあるが，収容時刻に限界がある。(ニ)全校職員の関心を高め，協力を求めることがむずかしい。(ホ)留守家庭児の欲求や興味を満足させてやるために大幅の自由を認めざるを得ないので一般児童の生活指導と矛盾することがある。(ヘ)財政的に経営が困難である。(ト)指導員に適材を得ることが困難である。(チ)家庭のひがみと地域社会の冷淡さに対して，それぞれの理解を深めることに困難な点がある。

11　留守家庭児の保護者への働きかけ

留守家庭児の指導効果を高めるには施設，指導者，財政措置，指導内容や方法などもさることながら，保護者の理解と関心を高めることも重要な条件となる。しかし現実には保護者たる両親の理解は乏しく，関心のうすいものが少なくない。

第２９表（その１）

留守家庭児の指導について，今どんな点に困っていますか。

（困る点）	（件数）
計画が実行されない	1
あまやかしすぎる	4
出席をよくするために興味本位になる	1
生活ルールが一定しない	2
遊びの指導方法がわからない	2
指導の仕方に不安（参考になるものがない）	3
おやつの工夫	3
日課がマンネリになってしまう	
場所が人数のわりにせまい	5
施設，設備が充実していない…図書，洗面所，炊事，遊び具，運動用具	2 3
学校安全の不適用	2
人数が多くてゆきとどかない	2
独立の舎屋がない	8
公民館の一室なので，家庭的環境がつくれない	1
集団の中にとけこめないものがいる	1
欠席があり，人数がいつも一定でない	1 2
長欠児	2
自由に遊び歩きたい子供がいるので困る	1
問題児の取扱い	2
転退入がはげしい	3
家庭教育の不満があらわれる	1
自分本位のものがいて，ケンカが絶えない	1
物を大切にあつかわない	1
年長者がいばる　ボス的存在	2
指導者を独占したがる	2
現代ッ子の導き方	4
消費生活のゆきすぎ（お弁当代を小使いにしてしまう）	2
性格の相違	1
入会しない子，やめる子	2

第２９表（その２）

指導上困っている点

（困る点	（件数）
学校教師の協力がない	1
学校側との連絡がうまくいかない	3
父兄社会一般の関心と理解がたりない	12
父兄社会一般のもつ留守家庭への偏見	6
地域社会との連帯感がない	3
区からの財政上の援助が少ない	1
指導者の研修会，講習会があればよい	1
父兄の非協力，指導員まかせ	4
父兄の遅い帰宅時間，休日出勤	1
父母会がもてない	1
保護者会への出席がわるい	1
父兄との連絡がうまくいかない	3
傘をかえさない	1
おやつ代をおさめない	1
父兄が学習塾のように考えている	4
オーバーワークになる	1

そこで現状ではどんな働きかけをしているだろうか。

本調査によると第３０表の如きいろいろな働きかけが市町村当局や教育委員会，あるいは学校や指導員によってそれぞれなされている。

そのうち，比較的多くのものによってなされているのは「学校や指導員と保護者との連絡懇談会を開くこと」「連絡帳によって父母と意見交換をすること」「学校便り，クラブ便りにより活動状況を紹介すること」「児童を親が迎えにくるようにしている」「保護者会やお楽しみ会への参加をよびかける」「親子の話合いの機会をつくる」「家庭訪問」などである。

なお，横浜市では留守家庭児の指導に関して実践的実験学校を１０校指定して学校を場とした指導体制をとった（１９６６年）それによると次のような働きかけがなされた。

第３０表

留守家庭児の保護者に対して，どんな働きかけをしていますか。

施設参加，協力の呼びかけ	9
学校便り，クラブ便りにより紹介	27
児童会による独自な働きかけ（休暇，必要な時に応じて）	1
保護者会，お楽しみ会への参加呼びかけ	13
連絡帳により，父母との意見交換	51
家庭訪問	19
家庭における指導の徹底	1
安全としつけ	1
金銭的な面への注意	4
衣服を清潔にする	1
親子の話し合い，無関心，過保護のないように	13
留守家庭児に対しての理解と協力	5
家をあけて働くことをよく考えてみる	1
保護者間の相互理解と協力	2
家庭料理に関する基礎的な事についてＰＲ	1
帰宅時間を厳守	2
児童を迎えにくる	25
指導者との連絡を密にしてもらう	16
児童館の周辺の清掃	2
父兄会，保護者会，懇談会を開く	55
自主的　1	
月一度　3	
各学期毎　16	
第２回　3	
必要に応じて　31	
その他　1	

○一般父兄への啓蒙

自校が留守家庭児童保護育成の実験校であることを一般父兄に知らせるため，ＰＴＡの総会・実行委員会・学級懇談会，地区集会・新入児父兄会等の機会を利用して，実験校としての趣旨・方針・運営方法等につき説明して関心と理解を求める。

○留守家庭児童の実態調査

年度当初に留守家庭児童の実態調査をする。

○募集の方法

年度はじめに担任の教師によって報告された留守家庭児童に対して，申込書を兼ねた案内書を配布する。案内書には目的・方針・日時・生活の概要，指導者などについての概略がしるされている。保護の必要があるにもかかわらず，家庭の無関心，あるいは児童の気ままによって参加しないようなときは，担任教師または校長の指導助言によって参加がすすめられることもある。このほか年度初めに該当児童の父兄会をひらき内容の説明をして申込みをとる学校も２，３ある。途中入学児童にして該当児童である場合や，新しく留守家庭児童になった場合でも，その都度申込書を配布したり，直接父兄と話しあいをして参加させるようにする。

12　指導者ののぞむ今後の対策

留守家庭児指導の現状からみて，今後どんな点を改善すべきかについていろいろの意見がある。すべての点において貧弱な現状からみれば，改善というよりも抜本的対策が講ぜざるべきであるが，大まかにいって，第一は施設・設備の充実（専用施設または専用室の設置，戸外活動の場，室内の調度など）である。第二に経費の確保（教材教具遊具の充実，運営費，指導員手当の増額，受益者負担の検討など）が必要である。第三に運営の効率化（指導員の確保，指導員の資質条件の向上，プログラムの豊富化と弾力性，実施時間，対象の参加度向上，保護者との連けいの緊密化など）をはかることにある。

これらの事項に関して本調査において具体的に指摘されたものをあげると第３１表，第３２表および第３３表がそれである。

以上の調査結果よりみると，行政に期待するところが甚だ多いが，行政的措置として不可能なものではない。何といっても，施設・設備の充実がのぞ

第３１表　行政にのぞむ今後の対策

(事　　項)	(件数)
各校に設置	2
施設の拡充	5
施設の独立，特別設置	１４
財政的援助，現物よりも現金運営費	8
教育委員会の管理下におく	2
民生保護関係の管理下におく	1
厚生省の児童福祉行政	1
国の政策	2
指導員の養成機関をもうける	2
専門指導員の巡回制をつくる	1
位置づけ	1
収容年次の巾を広げる	1
内容の充実	7
カギッ子対策の重要性を再認識	2
保護者に対する啓蒙指導	1
問題児に関する保護政策	1
積極的に協力	1

第３２表　学校を場とする場合の今後の対策

学校教育と分離した施設が必要	8
学校内に特別教室を	1
施設・備品・用具の積極的な協力体制（プール）	１１
連　絡	3

第３３表　指導者に関する今後の改善点

身分の保障…日給より月給，交通費，保険額など	３２
謝金程度で主人の扶養からとりのぞかれるのは心外である	
保障があれば，やりたくなる人もふえるだろう	
指導者たる指導者	
資格（保母，教師，最低資格）	7
人間性	7

子供好，音楽に秀でているもの	1
２０～４０代の者	1
後任の育成（専門養成）	3
指導者を増す	1
専任指導者	4
研究会を開いてほしい	8
他との交流	1
自己研修の時間がほしい	1

まれ，できれば独立の施設も部屋の設置と指導員の確保と質的向上とが今後の対策をすすめるに当っての鍵となっている。

１３　留守家庭児指導の成功事例

各地でそれぞれ成果をあげているが，どんなことを工夫して成功したかについて具体的な実践例を求めた。それをまとめたものが第３４表（その１）および第３４表（その２）である。

第３４表（その１）　具体的実践の成功例

（指導のくふう）	（成　　果）
学習態度について〃その日のことはその日に〃を申しあう	自発的行動
勉強したがらない子につきそい，学校の先生にほめてもらう	自発的に宿題
細かな観察，細かな指導（学習をみてあげる）野外観察…メダカ，エビガニ，がり	子供がよろこぶ
決まった学習を復習	学習が楽しくなり，学習成績向上
全員もれなくなにかの役につける	プライドをもって熱心に仕事をする
一日の生活態度を表にして○印をつける	進んでお手伝い，整頓をする
小動物の飼育を種々する，あらゆる角度から計画，実行	愛情責任をもつことを体得

指導員，関係者の温かい愛情ある指導	—— 明るい生活
無口な子供に対して，用事をいいつけたり等働きかける	—— 一年位までには少ないながら話しはじめた
うそをつく子に対して，こまかい所まで手がゆきとどくように愛情を示した	—— うそが少しづつなくなった
教職経験30年の方がやめた後，主婦（PTAの会員）にかわり，母親代行としての指導がよく子どもに伝わる	
"すりむきの手当"　"かぎざきの修理"など	—— 子どもがよろこび，甘えている
学校の延長にならないよう，明るくのびのびしたふん囲気	—— 明るく，のびのびと，子どもたちがたのしみにしてくる
良い行為をほめてやる	—— ズックがきちんと整頓されている
真の愛情	—— 問題児だった子がよくなる
個人指導による（原因をききだし除去する）	—— 集団生活の出来ない子に糸口をあたえ，その子の良い点をのばすことに成功

第34表（その2）　具体的実践の成功例

（指導のくふう）	（成　　功）
入学まで郷里の祖父母にあづけられ，両親のもとに帰ってきた無口，無気力な子への積極的な働きかけ	—— 子供らしい性格，生活の獲得，成績向上
来館をしぶっていた子へ積極的な働きかけ	—— まだ仲間と遊ぶというまでいかないが，指導員とふざけるよううになってきた。指導員を独占したい気持ちもあるが，それを素直に表現出来ない。

家庭訪問，毎日の連絡	父兄会も回を重ねるごとに出席率向上，協力が高まってきた
ドッチボール	入会した時には何時も泣いていたがすばらしくのびる運動能力を発揮するように明るく元気になってきた
レクリエーション，遊びを通じて，甘えっ子，ひねくれっ子，我の強い子供の要求をつかむ	甘えっ子，ひねくれっ子，我の強い子が解消
父兄同伴のかき狩り	腕白が勉強もまじめにやり，下級生をいたわる
親を説得（子供を塾にやりたがっていた）	親が児童会のことを再認識

14　結　　語

留守家庭児の対策や指導体制が確立しないままに，その数は急増しつつある。こうした推移の中にあって，留守家庭児の指導がどのようになされているか，どんな点に問題があるか，今後どんなことを改善していくべきかについて実態をとらえようとしたのが本調査研究である。

調査してみると，貧困な財政や施設や指導者の現状にありながら，真剣に難問題にとり組み，その成果を着々とあげている姿を発見した。まだまだ解決されぬままに今後に残された課題は非常に多いが，とりあえず指導の実態をとらえ，これを参考として，留守家庭児の指導体制の一日も早く確立されることを願ってやまない。

なお，終りにあたって，次の資料も参考にさせていただいたことに対し謝意を表する次第である。

横浜市教育委員会篇：「留守家庭児童保護育成実験校報告書(3)」（１９６６）
東京都民生局・教育庁篇：「留守家庭児童生徒調査報告書」(昭和４０年2月)

昭和44年5月　印刷発行

（転載またはご利用のむきは
下記宛ご連絡下さい）

東京都文京区大塚1－3－1
社会福祉法人　日本家庭福祉会
TEL.（946）4521番

◉――編・解説者紹介

石原剛志（いしはら・つよし）

1969年生まれ

静岡大学学術院教授

主要論文・著作

「大阪学童保育連絡協議会結成の経過とその歴史的意義」、日本学童保育学会『学童保育』編集委員会編『学童保育』第14巻、2024年

「日本の学童保育史研究の課題と展望」、日本学童保育学会編『学童保育研究の課題と展望』明誠書林、2021年

連載「講座　学童保育を求め、つくってきた人々　学童保育の歴史から学ぶ」（第1回～第6回）、全国学童保育連絡協議会編・発行『月刊日本の学童ほいく』第506号～第511号、2017年10月～2018年3月

編集復刻版

学童保育関係資料集成

第2巻　ISBN978-4-86617-268-2

2024年12月15日発行

揃定価　本体80,000円＋税　セットコードISBN978-4-86617-266-8

編　者　石原剛志

発行者　山本有紀乃

発行所　六花出版

〒101-0051　東京都千代田区神田神保町1-28

電話03-3293-8787　ファクシミリ03-3293-8788

e-mail：info@rikka-press.jp

組　版　昴印刷

印刷所　栄光

製本所　青木製本

装　丁　臼井弘志

乱丁・落丁はお取り替えいたします。Printed in Japan